Die Fujifilm X-T3

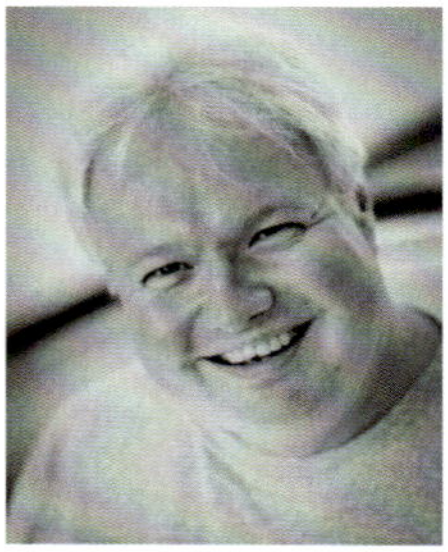

Rico Pfirstinger hat Kommunikationswissenschaft studiert und arbeitet seit Mitte der 80er-Jahre als Journalist, Publizist und Fotograf. Er ist Autor mehrerer Bücher sowie eines Bildbandes und war unter anderem als Ressortleiter beim Münchner Burda-Verlag und als Chefredakteur eines Wintersportportals tätig. Nach acht Jahren als Filmkorrespondent in Los Angeles lebt er inzwischen wieder überwiegend in Deutschland und widmet sein Interesse der digitalen Fotografie mit spiegellosen Kamerasystemen. Rico Pfirstinger war für den englischsprachigen Blog »X-Pert Corner« verantwortlich, schreibt jeden Monat für die Magazine »FUJILOVE« und »FUJILOVE Gear Talk« und bietet unter dem Namen »Fuji X Secrets« Workshops rund um das Fujifilm X-System an.

Rico Pfirstinger

Die Fujifilm X-T3

150 Profitipps

dpunkt.verlag

Rico Pfirstinger
www.fuji-x-secrets.de

Lektorat: Gerhard Rossbach
Lektoratsassistenz/Projektkoordinierung: Anja Weimer
Übersetzung: Christian Alkemper (BdÜ)
Video-Experte: Wolfgang Url
Copy-Editing: Sandra Gottmann, Münster-Nienberge
Satz: Petra Strauch, Bonn
Herstellung: Stefanie Weidner
Umschlaggestaltung: Anna Diechtierow, Heidelberg
Druck und Bindung: Grafisches Centrum Cuno GmbH & Co. KG, 39240 Calbe (Saale)

Bibliografische Information der Deutschen Nationalbibliothek
Die Deutsche Nationalbibliothek verzeichnet diese Publikation in der Deutschen Nationalbibliografie; detaillierte bibliografische Daten sind im Internet über *http://dnb.d-nb.de* abrufbar.

ISBN:
Print 978-3-86490-650-3
PDF 978-3-96088-724-9
ePub 978-3-96088-725-6
mobi 978-3-96088-726-3

1. Auflage 2020

Wieblinger Weg 17
69123 Heidelberg

Hinweis:
Der Umwelt zuliebe verzichten wir auf die Einschweißfolie.

Schreiben Sie uns:
Falls Sie Anregungen, Wünsche und Kommentare haben, lassen Sie es uns wissen:
hallo@dpunkt.de.

5 4 3 2 1 0

Inhaltsverzeichnis

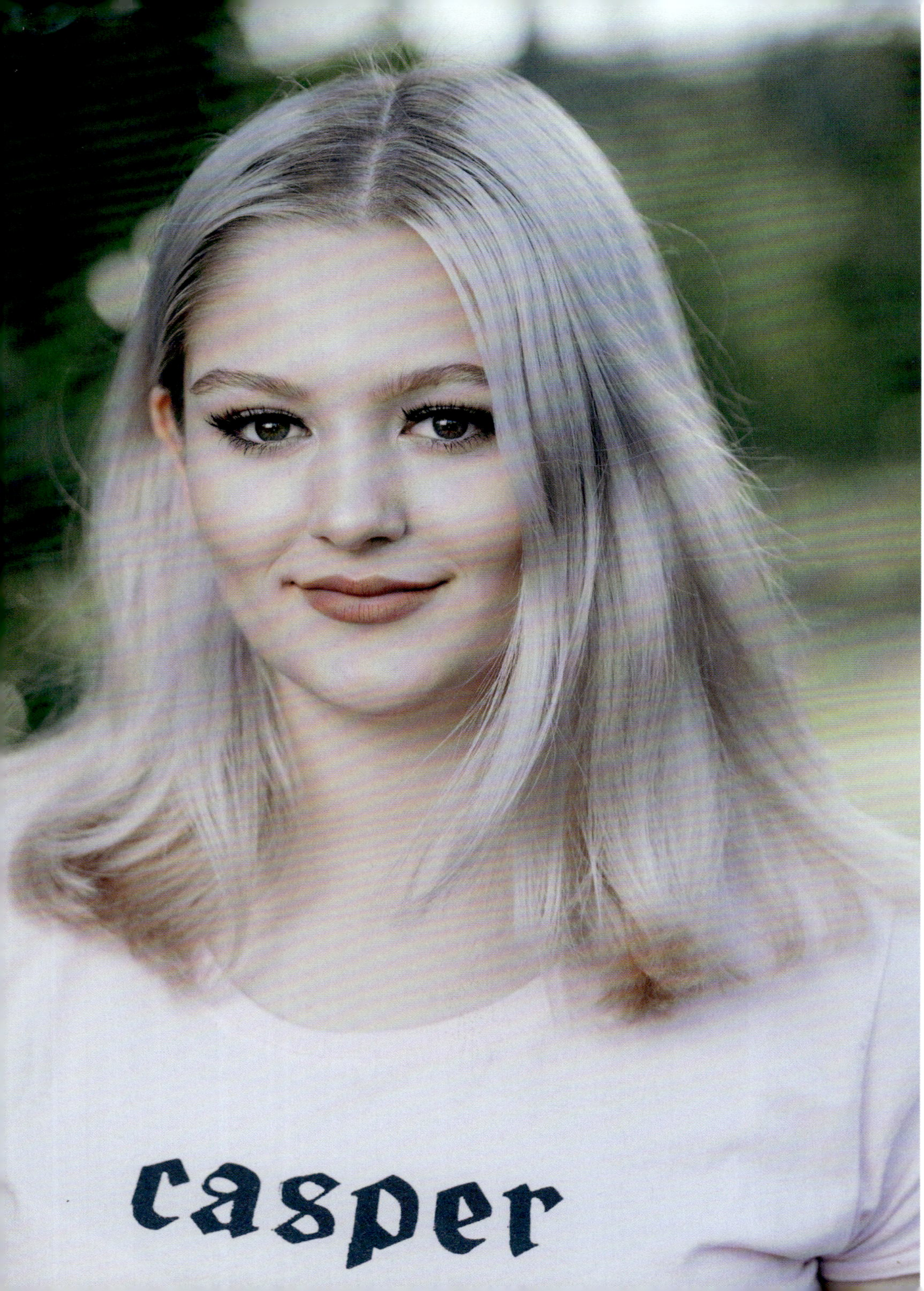
casper

1 IHR X-T3-SYSTEM

Damit wir dieselbe Sprache sprechen, gebe ich Ihnen als Erstes einen knappen Überblick über die verschiedenen Tasten und Bedienelemente Ihrer Fujifilm X-T3:

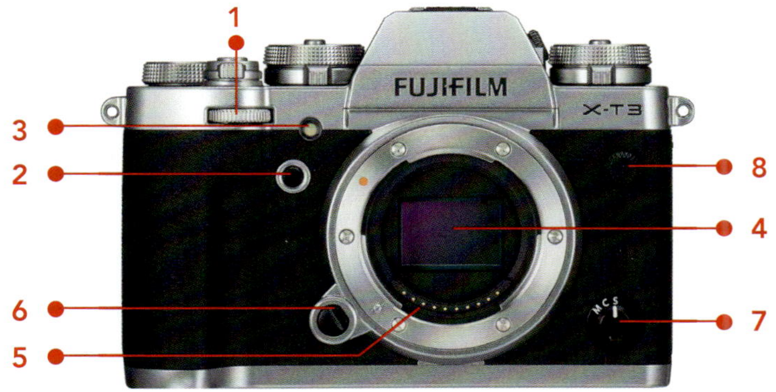

Abbildung 1:
Vorderseite der X-T3: vorderes Einstellrad mit integrierter Drucktaste (1), Fn-Taste (2), AF-Hilfslicht/Indikatorlampe für Selbstauslöser (3), X-Trans-Sensor (4), Objektivkontakte (5), Objektiventriegelungstaste (6), Fokuswahlschalter (7), Blitzsynchronanschluss (8)

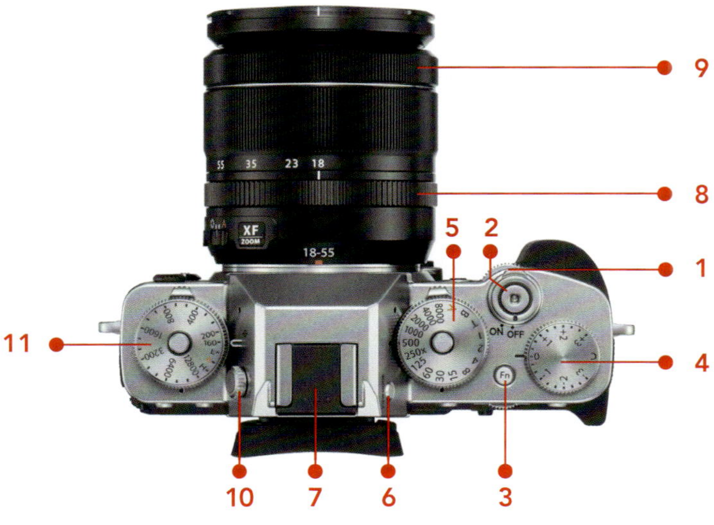

Abbildung 2:
Draufsicht der X-T3 (mit XF18–55mmF2.8–4 R LM OIS-Objektiv): Ein-/Aus-Schalter (1), Auslöser (2), Fn-Taste (3), Belichtungskorrekturrad (4), Belichtungszeitwahlrad mit darunterliegendem Belichtungsmessungsmodus-Einstellrad (5), View-Mode-Taste (6), Blitzschuh (7), Blendenring (8), Fokusring (9), Dioptrieneinstellrad (10), ISO-Einstellrad mit darunterliegendem DRIVE-Einstellrad (11)

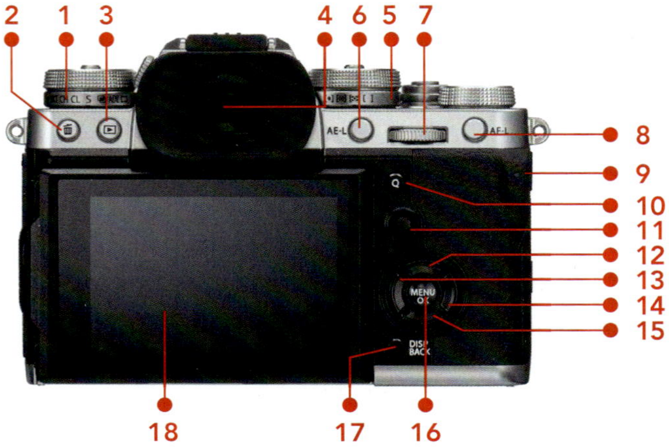

Abbildung 3: **Rückansicht der X-T3:** DRIVE-Einstellrad (1), Löschtaste (2), Wiedergabetaste (3), Sucher (4), Belichtungsmessungsmodus-Einstellrad (5), AE-L-Taste/Fn-Taste (6), hinteres Einstellrad mit integrierter Drucktaste (7), AF-L-Taste/Fn-Taste (8), Statusleuchte (9), Q-Taste für Schnellmenü (10), Fokus-Stick mit integrierter Drucktaste (11), obere Richtungstaste/Fn-Taste (12), linke Richtungstaste/Fn-Taste (13), rechte Richtungstaste/Fn-Taste (14), untere Richtungstaste/Fn-Taste (15), MENU/OK-Taste (16), DISP/BACK-Taste (17), LCD-Bildschirm (18)

1.1 DIE BASICS (1): GRUNDLEGENDES ZU IHRER FUJIFILM X-T3

RTFM! Read the Fuji Manual! TIPP 1

Falls Sie Ihr Benutzerhandbuch verlegt haben oder am liebsten die aktuelle Version verwenden möchten, finden Sie bei Fujifilm PDF-Versionen [1] in allen unterstützten Sprachen zum Download. Außerdem gibt es dort Aktualisierungen und ergänzendes Material, das neue Funktionen und Änderungen behandelt, die Bestandteil von Firmware-Updates sind.

Bitte tun Sie sich selbst einen Gefallen und lesen Sie sich die Handbücher zu Ihrer Kamera und Ihren Objektiven aufmerksam durch, um alle Funktionen kennenzulernen. Dieses Buch soll das Handbuch nicht ersetzen, sondern *ergänzen*. Deswegen erhalten Sie hier weiterführende Tipps, Hinweise und Erläuterungen, um mehr aus Ihrer X-T3 zu machen.

Ersatzakkus und Nachbauten von Drittanbietern TIPP 2

Die X-T3 ist eine kompakte und handliche Kamera. Dementsprechend klein ist der zugehörige Akku. Je nach Art der Nutzung reicht eine volle Akkuladung für ca. 250 bis 400 Aufnahmen.

Ich empfehle, die X-T3 grundsätzlich im Boost-Modus (EINRICHTUNG > POWER MANAGEMENT > LEISTUNG > VERSTÄRK) zu betreiben, da die maximale Leistung, etwa des Autofokus, sonst nicht zur Verfügung steht.

Beachten Sie dabei Folgendes:

- Die X-T3 verfügt über eine präzise Akkuanzeige mit fünf Balken und einer Prozentangabe. Allerdings bedingt eine exakte Angabe die Verwendung von OEM-Akkus (NP-W126S).
- Im Aufnahmemodus erscheint der Prozentwert nur in der INFO-Anzeige. Zum Aktivieren der INFO-Anzeige drücken Sie so oft die DISP/BACK-Taste, bis die INFO-Anzeige erscheint. Im Wiedergabemodus erhalten Sie

die Prozentangabe, indem Sie mit der DISP/BACK-Taste die INFO-Anzeige aufrufen *oder* sich mit der oberen Richtungstaste durch die beiden erweiterten INFO-Anzeigeseiten klicken.

- Fällt die Batterieanzeige auf einen Balken und wird dabei rot, ist es höchste Zeit, den nun fast leeren Akku gegen einen vollen auszutauschen.

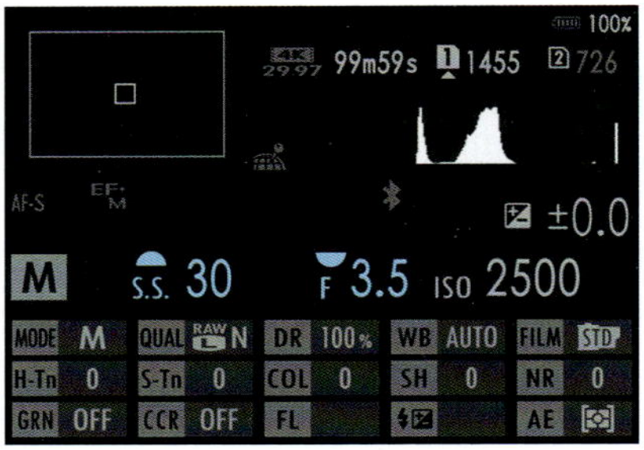

Abbildung 4: Die **INFO-Anzeige** stellt die verbleibende Akkukapazität in prozentualer Form präzise dar. Drücken Sie wiederholt auf die DISP/BACK-Taste, um die INFO-Anzeige aufzurufen.

Ihre X-T3 verwendet Akkus vom Typ NP-W126S. Dieser Typ wird auch in den Fujifilm-Kameramodellen X-Pro1, X-Pro2, X-Pro3, X-E1, X-E2, X-E2S, X-E3, X-T1, X-T2, X-H1, X-T10, X-T20, X-T30, X-T100, X-M1, X-A1, X-A2, X-A3, X-A5, X-A7, X-A10, X-A20 und X100F eingesetzt, d. h., die Akkus dieser Modelle sind untereinander austauschbar.

Sie können auch ältere NP-W126-Akkus von Fujifilm verwenden, aber davon rate ich ab. Der wesentliche Unterschied zwischen normalen und S-Akkus besteht im Wärmemanagement und in der Fähigkeit, die maximale Leistung über einen längeren Zeitraum hinweg aufrechtzuerhalten. Für anspruchsvolle Anwendungen wie längere Videoaufnahmen in 4K bei hohen Temperaturen oder Aufnahmen im Boost-Modus ist der neuere NP-W126S-Akku eindeutig zu bevorzugen. Wenn Sie einen älteren NP-W126-Akku verwenden, gibt die X-T3 beim Einschalten eine Warnung aus.

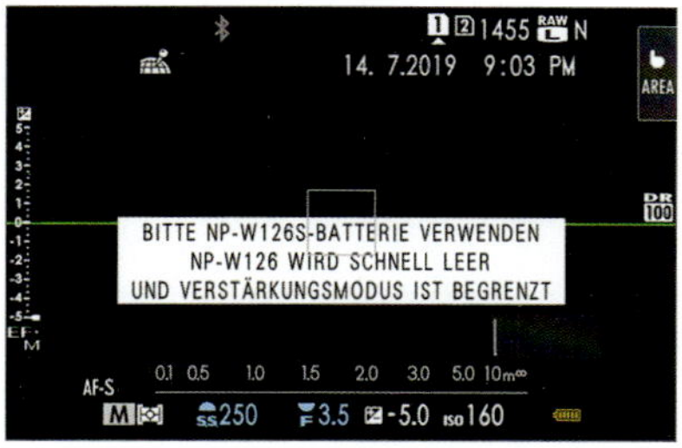

Abbildung 5: Bei **Verwendung älterer NP-W126-Akkus** werden Sie von Ihrer X-T3 beim Einschalten freundlich auf diesen Umstand hingewiesen. Außerdem wird das Batteriesymbol dann gelb (statt weiß) angezeigt. Die Warnung erfolgt auch bei vielen Nachahmerprodukten von Drittanbietern. Aber auch ihr Ausbleiben bei Verwendung solcher Produkte lässt keineswegs den Schluss zu, dass alles so funktionieren wird, wie es soll: Der Fremdakku täuscht nämlich in diesem Fall vor, ein Original zu sein. Ich würde mich nicht unbedingt darauf verlassen, zumal in anspruchsvollen Situationen ein erhöhtes Risiko besteht, dass das Gerät ausfällt oder sich aufhängt.

Sie können NP-W126S-Akkus entweder direkt bei Fujifilm beziehen oder vollkompatible Akkus verschiedener Drittanbieter einsetzen. Allerdings bieten nicht alle Drittanbieter durchweg einwandfreie Qualität. Einige Angebote verfügen zudem über weniger Kapazität, kosten dafür aber meist auch nur den Bruchteil eines Originalakkus. Die meisten Akkus von Drittanbietern lösen beim Einschalten der X-T3 eine Warnung aus. Deswegen werden bei einer Vielzahl davon »Tricks« angewendet, um die Nachbauten als NP-W126S-Originalakkus zu tarnen und die Einschaltwarnung so zu unterdrücken.

Die Verwendung von Drittanbieterakkus führt außerdem oft zu einer ungenauen Restlaufzeitanzeige, sodass sich die Kamera unvermittelt selbst ausschaltet, obwohl die Anzeige noch Kapazität vorgaukelt. Um dies zu vermeiden, sollten Sie NP-W126S-Originalakkus von Fujifilm verwenden.

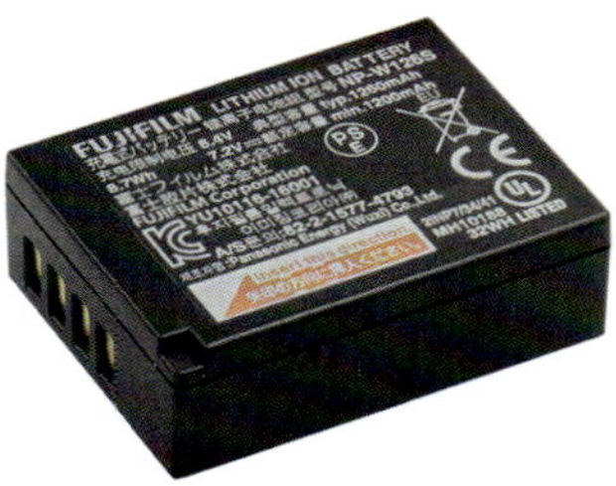

Abbildung 6:
Zweifelsohne ist der Originalakku **NP-W126S** von Fujifilm die beste Wahl. Allerdings ist er auch etwas teurer als die Nachahmungen von Drittanbietern.

Wenn Sie Ihre Kamera über einen Zeitraum von mehreren Tagen oder länger ohne eingelegten und geladenen Akku lagern, kann es passieren, dass der fest eingebauten Notstromversorgung der Saft ausgeht und alle Kameraeinstellungen zurückgesetzt werden.

TIPP 3 Ladegeräte und Reiseadapter

Neben Ersatzakkus gibt es von Drittanbietern auch Ladegeräte, darunter solche, die Sie nicht nur an einer Steckdose, sondern auch am Zigarettenanzünder Ihres Autos oder an einem USB-Anschluss betreiben können. Damit können Sie die Batterien Ihrer Kamera nicht nur am normalen Stromnetz, sondern auch im Auto, im Flugzeug oder an Ihrem Computer aufladen.

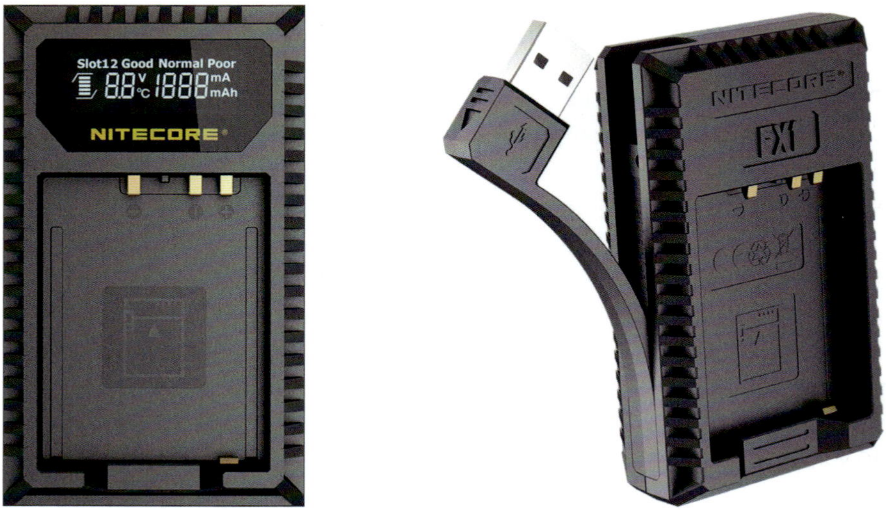

Abbildung 7: Mein persönlicher Favorit bei den Ladegeräten für unterwegs ist das **Nitecore FX1** [2] mit zwei Steckplätzen und Statusanzeige (links). Es kann an jeden USB-A-Anschluss (rechts) angeschlossen werden und lädt die Originalakkus NP-W126 und NP-W126S von Fujifilm mit Temperaturüberwachung auf.

Denken Sie auf Reisen auch stets daran, dass im Ausland häufig andere Netzsteckdosenformate als zu Hause üblich sind. In diesem Fall helfen passende Reiseadapter.

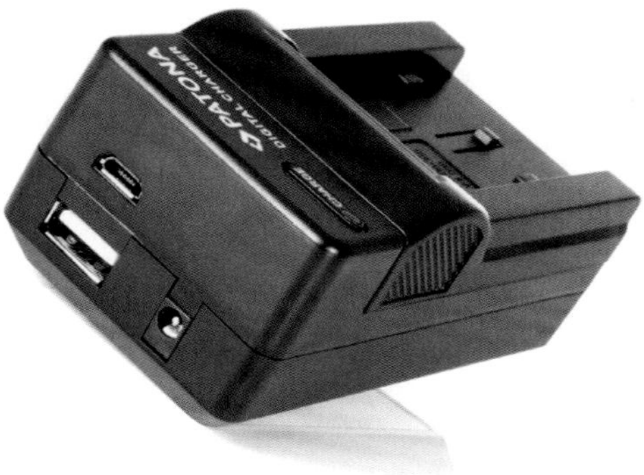

Abbildung 8: Einige **Ladegeräte von Drittanbietern** können an unterschiedliche Stromquellen angeschlossen werden: Netzsteckdosen, USB-Ports und sogar Zigarettenanzünder im Auto.

Als Alternative zu externen Ladegeräten können Sie Ihre X-T3 auch direkt über den eingebauten USB-Anschluss aufladen. Über ein Kabel (USB-A oder USB-C jeweils auf USB-C) können Sie Ihre Kamera mit so ziemlich jeder Stromquelle mit USB-Anschluss verbinden: mit Ihrem Laptop, Ihrem Telefonladegerät, Ihrer Powerbank oder einem USB-Netzteil. Die X-T3 unterstützt USB-C mit Power Delivery (PD). Wenn Sie das Aufladen beschleunigen möchten, verwenden Sie mithin ein USB-C-Netzteil mit mindestens 30 W Leistung und ein USB-Kabel (USB-C auf USB-C), das Power Delivery unterstützt.

USB-Ladegeräte und mobile Powerbanks laden nicht nur Ihre X-T3, sondern können auch Ihre Kamera mit Strom versorgen, wenn sie eingeschaltet und in Betrieb ist. Weitere Informationen zu kompatiblen X-Kameras und Akkus finden Sie im entsprechenden Support-Dokument auf der Website von Fujifilm [3].

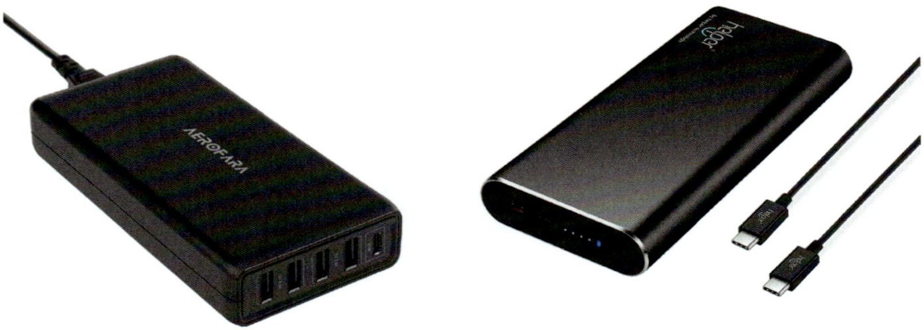

Abbildung 9: **USB-Ladegeräte** (links) und **Powerbanks** (rechts) sind nützliches Zubehör für unterwegs und für Benutzer, die ihre Kamera extern mit Strom versorgen wollen – etwa für Langzeitbelichtungen oder Video-, Zeitraffer- und Intervallaufnahmen.

TIPP 4 Wo finde ich die aktuelle Firmware?

Fujifilm entwickelt die Firmware Ihrer Kamera und Objektive kontinuierlich weiter.

- Wenn Sie die Firmware-Version Ihrer Kamera und Ihres Objektivs abfragen wollen, schalten Sie die Kamera bei gedrückter DISP/BACK-Taste ein.
- Sie können – und sollten – immer die neuesten Firmware-Versionen für Kamera und Objektiv von Fujifilm [4] herunterladen. Und wenn Sie schon mal dort sind, können Sie auch gleich aktuelle Versionen der Anwendungssoftware von Fuji herunterladen, etwa RAW File Converter EX, Fujifilm X RAW Studio und Fujifilm X Acquire.
- Eine ausführliche Videoanleitung, die zeigt, wie Sie das Firmware-Upgrade durchführen, finden Sie online unter [5]. Auf dieser Supportwebsite von Fujifilm finden Anwender von macOS [6] und Windows [7] auch detaillierte Anweisungen zum Herunterladen der Firmware für ihr jeweiliges Betriebssystem.

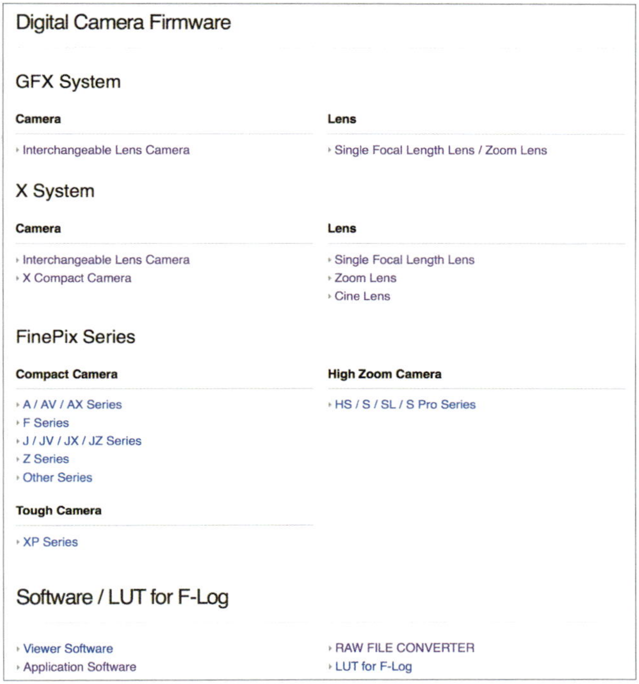

Abbildung 10: Die Fujifilm-Seite **Software, Treiber und Firmware** ist Ihre zentrale Anlaufstelle: Hier finden Sie Firmware-Updates für Ihre X-T3 und Ihre Objektive sowie aktuelle Versionen der Zusatzsoftware wie X RAW Studio und RAW File Converter EX.

Firmware aktualisieren — TIPP 5

- Verwenden Sie für Firmware-Aktualisierungen stets den Speicherkartensteckplatz 1.
- Sollte auf Fujis Firmware-Website trotz anderslautender Ankündigungen keine neue Firmware für Ihre Kamera oder Ihre Objektive angeboten werden, kann es sein, dass Ihr Webbrowser noch eine ältere Version der Seite im Cache gespeichert hat. Leeren Sie in diesem Fall den Cache Ihres Browsers oder erzwingen Sie ein erneutes Laden der Seite aus dem Netz.
- Achten Sie darauf, dass Ihr Computer den Namen der neuen Firmware-Datei beim Herunterladen nicht zwecks Konfliktlösung ändert,

weil sich im Zielverzeichnis bereits eine Datei mit demselben Namen befindet – etwa eine ältere Version der Firmware, die Sie zu einem früheren Zeitpunkt heruntergeladen haben. Ihre Kamera kann die Firmware-Datei nur erkennen, wenn deren Dateiname nicht verändert wurde. Der Dateiname der Firmware für das X-T3-Kameragehäuse lautet unabhängig von der darin enthaltenen Firmware-Version immer »FWUP0019.DAT«.

- Achten Sie darauf, dass Ihr Akku vollständig aufgeladen ist, bevor Sie die Firmware-Aktualisierung starten.
- Kopieren Sie die Firmware-Dateien für Ihre Kamera bzw. Ihre Objektive stets in das Stammverzeichnis einer zuvor in der Kamera formatierten SD-Karte und melden Sie die Karte anschließend korrekt von Ihrem Computer ab. Ziehen Sie die Karte nie einfach ohne Abmeldung heraus.
- Wenn Sie ein bestimmtes Objektiv aktualisieren möchten, muss dieses dafür an die Kamera angeschlossen werden.
- Schalten Sie die Kamera mit gedrückter DISP/BACK-Taste ein und folgen Sie den Anweisungen auf dem Bildschirm, um eine Firmware-Aktualisierung für die Kamera oder ein Objektiv zu starten.
- Schalten Sie die Kamera niemals bei laufender Aktualisierung aus. Die Kamera informiert Sie, wenn das Update abgeschlossen ist. Erst dann können Sie sie sicher ausschalten.

Wenn die Firmware in Ihrer Kamera nicht mehr vollständig mit der Firmware im jeweils verwendeten Objektiv kompatibel ist, empfiehlt Ihnen die X-T3 möglicherweise beim Einschalten, die Firmware der Kamera bzw. des Objektivs zu aktualisieren. Sie finden die neue Firmware dann an der in Tipp 4 angegebenen Webadresse.

Drahtlose Firmware-Updates per Bluetooth und WLAN

TIPP 6

Da Ihre Kamera Bluetooth unterstützt, können Sie drahtlose Firmware-Updates mit Ihrem Smartphone oder Tablet durchführen. Die hierfür erforderliche Camera Remote-App von Fujifilm steht kostenlos für iOS und Android zur Verfügung. Eine nützliche Anleitung, die die verschiedenen Funktionen der App erklärt, finden Sie online [8]. Updates über drahtlose Verbindungen sind nur für die Firmware des Kameragehäuses verfügbar, nicht für Objektive oder Zubehör.

Wenn Ihre X-T3 mit Ihrem drahtlosen Gerät gekoppelt ist, meldet die Camera Remote-App die Verfügbarkeit einer neuen Kamera-Firmware und bietet an, diese auf Ihr Smartphone oder Tablet herunterzuladen. Von dort aus wird die Firmware-Datei über den kameraeigenen WLAN-Hotspot an die Kamera übertragen.

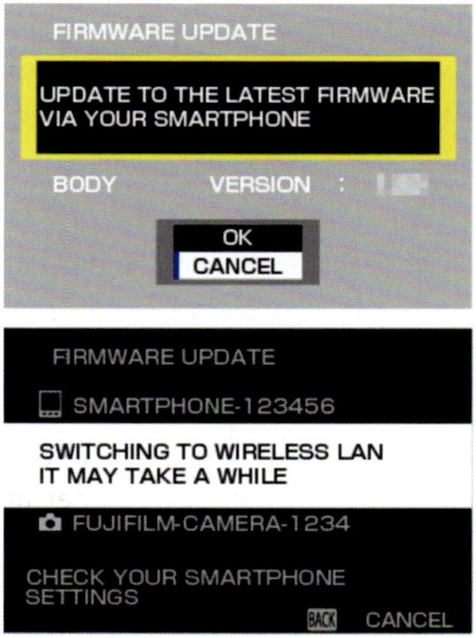

Abbildung 11:
Firmware-Update per WLAN: Wenn die Camera Remote-App auf Ihrem Smartphone oder Tablet das Herunterladen der neuen Kamera-Firmware abgeschlossen hat, muss ihr WLAN auf den kameraeigenen Hotspot umgestellt werden, um die Firmware-Datei zu übertragen.

Die Verwendung von Camera Remote ist eine empfehlenswerte Möglichkeit für Benutzer, die eine neue Firmware ohne Verwendung eines Computers installieren möchten. Eine ausführliche Anleitung für drahtlose Firmware-Updates finden Sie online [9].

TIPP 7 Welche Speicherkarten sollten Sie verwenden?

Um Ihrer Kamera Beine und den eingebauten Bilderpufferspeicher möglichst schnell für neue Aufnahmen nutzbar zu machen, sollten Sie stets besonders schnelle und hochgradig zuverlässige UHS-I- und UHS-II-Speicherkarten verwenden:

- Da Ihre X-T3 über zwei schnelle UHS-II-Steckplätze mit Übertragungsgeschwindigkeiten von bis zu 300 MB/s verfügt, empfehle ich **Sony SF-G-** und **Sony SF-G Tough**-Karten mit Schreibgeschwindigkeiten von bis zu 299 MB/s. Diese Karten gelten außerdem als extrem zuverlässig und verursachen auch in Kombination mit Hochleistungskameras wie der X-T3 praktisch keine Kameraabstürze.
- Sind Geschwindigkeit und Leistungsfähigkeit Ihrer X-T3 für Sie weniger relevant, dann können Sie auch mit Karten mit dem langsameren UHS-I-Standard und Übertragungsraten von maximal 95 MB/s vorliebnehmen. In dieser Kategorie empfehle ich **SanDisk Extreme Pro 95 MB/s**-Karten, die mittlerweile auch als Karten mit »170 MB/s« vermarktet werden. Dies hat jedoch keinen Einfluss auf die Schreibgeschwindigkeit.

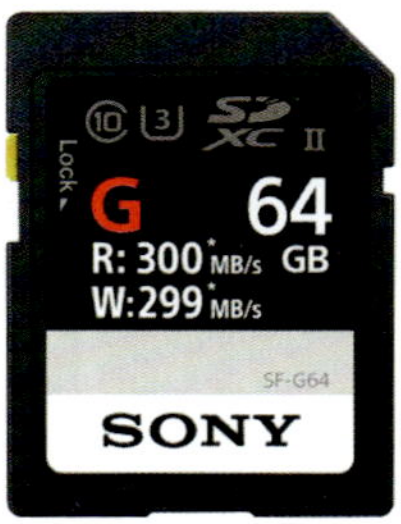

Abbildung 12:
Legen Sie Wert auf maximale UHS-II-Leistung und -Kompatibilität, dann möchte ich Ihnen die superschnellen **Sony SF-G-Karten** ans Herz legen.

Achten Sie auf Fälschungen! Leider gibt es einen erheblichen Anteil gefälschter SD-Karten auf dem Markt. Besonders betroffen sind High-End-Marken und -Modelle, daher sollten Sie Ihre schnellen UHS-I- und UHS-II-Karten aus namhaften Quellen beziehen. Gefälschte Karten sind nicht nur langsamer und weniger zuverlässig als die Originale, sondern geben tendenziell auch falsche Auskunft betreffs ihrer Ist-Kapazität. Eine gefälschte

64-GB-Karte könnte in Wirklichkeit einen billigen 8-GB-Chip mit einem manipulierten Controller enthalten, der der Kamera 64 GB Speicherplatz vorgaukelt. So besteht die Gefahr, dass Ihre großartigen Aufnahmen unversehens im Datennirwana landen.

Arbeiten mit zwei Steckplätzen

TIPP 8

Ihre X-T3 verfügt über zwei SD-Kartensteckplätze, die mit »1« und »2« nummeriert sind. Sie können also zwei SD-Karten gleichzeitig verwenden.

Beachten Sie dabei Folgendes:

- Der primäre SD-Kartensteckplatz Ihres X-T3 ist immer Steckplatz 1. Wenn Sie mit nur einer SD-Karte arbeiten, setzen Sie diese immer in diesen Steckplatz ein.
- Für Firmware-Updates ist nur Steckplatz 1 geeignet.
- Beide Slots unterstützen UHS-II und sind somit für sehr schnelle Speicherkarten wie die der Sony SF-G-Serie geeignet.

Bei gleichzeitiger Verwendung von zwei Speicherkarten gibt es drei Möglichkeiten, die Übertragung von Bilddaten auf Ihre SD-Karten zu konfigurieren. Wählen Sie dazu EINRICHTUNG > DATENSPEICHER-EINSTELLUNG > STECKPL.-EINST. (STANDB.) aus und wählen Sie eine der folgenden Optionen:

- **SEQUENZ:** Hier speichert die Kamera sämtliche Bilddaten (RAW und JPEG) in dem jeweils ausgewählten Steckplatz ab. Die Daten werden nicht zwischen zwei Karten aufgeteilt oder auf zwei Karten gesichert. Um der Kamera mitzuteilen, in welchen der beiden Steckplätze sie im Aufnahmemodus die Bilddaten schreiben soll, wählen Sie EINRICHTUNG > DATENSPEICHER-EINSTELLUNG > STECKPL.WÄHL. (SEQUENZ) aus.
- **SICHERUNG:** In diesem Modus sichert die X-T3 die Bilddaten (RAW und JPEG) in beiden Steckplätzen gleichzeitig. Für den Fall, dass eine Speicherkarte defekt ist oder verloren geht, haben Sie also noch eine Kopie Ihrer Aufnahmen auf der zweiten Speicherkarte. Nachteil: Die Geschwindigkeit der Kamera orientiert sich in diesem Modus an der langsameren der

beiden verwendeten Karten. In Situationen mit vielen schnellen Serienbildaufnahmen kann dies problematisch werden, sodass es sich empfiehlt, zwei gleich schnelle Karten zu verwenden.

- **RAW/JPEG:** Dieser Modus teilt die Bilddaten auf, sodass RAWs auf Karte 1 und JPEGs parallel dazu auf Karte 2 geschrieben werden. Dieser Modus ist also per se nur sinnvoll, wenn man RAWs und JPEGs gleichzeitig aufnimmt, also wie von mir empfohlen mit den Aufnahmeeinstellungen FINE+RAW oder NORMAL+RAW operiert. Stellt man die Kamera dagegen so ein, dass sie nur RAW- oder nur JPEG-Dateien aufzeichnet, verhält sich der RAW-/JPEG-Speichermodus wie die vorhin beschriebene Einstellung SICHERUNG und sichert die RAW- bzw. JPEG-Daten auf beiden Speicherkarten.

Fotografen, die mit der von mir grundsätzlich empfohlenen Konfiguration FINE+RAW fotografieren (und dabei ultraschnelle UHS-II-Karten in den Steckplätzen 1 und 2 verwenden), liefert der Speichermodus RAW/JPEG die bestmögliche Kamera-Performance.

Der Speichermodus RAW/JPEG hat jedoch auch Nachteile:

- Die Auftrennung von RAWs und JPEGs auf zwei Speicherkarten erfolgt nur bei regulären Aufnahmen. Wenn Sie hingegen mit dem eingebauten RAW-Konverter der X-T3 weitere JPEGs von auf Karte 1 gespeicherten RAWs erstellen, speichert die Kamera diese neuen JPEGs ebenfalls auf Karte 1 ab – und nicht etwa auf der für JPEGs eigentlich vorgesehenen Karte 2.
- Im Wiedergabemodus zeigt die X-T3 standardmäßig nicht etwa die hochauflösenden JPEGs von Karte 2 an, sondern nur die in den RAW-Dateien versteckten Mini-JPEGs von Karte 1. Um Zugriff auf die hochauflösenden JPEGs auf Karte 2 zu erhalten (etwa zur Schärfekontrolle), müssen Sie bei aktivierter Bildanzeige manuell den Kartensteckplatz wechseln. Hierzu halten Sie die Wiedergabetaste einige Sekunden lang gedrückt, bis die Kamera Ihnen eine entsprechende Rückmeldung gibt. Leider merkt sich die X-T3 den Steckplatzwechsel nur so lange, bis Sie eine weitere Aufnahme machen. Die nächste Bildanzeige kommt bei der Wiedergabe

dann erneut von Karte 1, auf der gar keine hochauflösenden JPEGs für die effektive Schärfekontrolle gespeichert sind, sodass Sie erneut manuell auf Steckplatz 2 wechseln müssen.

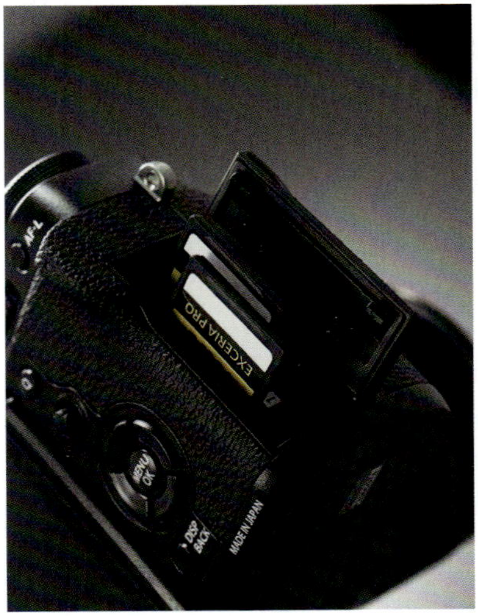

Abbildung 13:
Die X-T3 kann **auf zwei SD-Speicherkarten gleichzeitig aufnehmen**. Wenn Sie maximale Leistung brauchen, sollten Sie schnelle UHS-II-Karten verwenden.

Zurücksetzen des Bildzählers und Festlegen einer neuen Bildstartnummer TIPP 9

Verwenden Sie eine einzelne SD-Karte, die in Steckplatz 1 eingesetzt ist. Dann gehen Sie wie folgt vor, um den Bildzähler der Kamera zurückzusetzen:

- Wählen Sie EINRICHTUNG > DATENSPEICHER-EINSTELLUNG > BILDNUMMER > NEU aus, formatieren Sie die Karte in der Kamera anschließend mit EINRICHTUNG > BENUTZER-EINSTELLUNG > FORMATIEREN > STECKPLATZ 1 und machen Sie eine Aufnahme. Der Bildzähler beginnt nun wieder von vorn.
- Damit der Bildzähler bei der nächsten Formatierung nicht zurückgesetzt wird, sollten Sie die Kamera wieder mit EINRICHTUNG > DATENSPEICHER-EINSTELLUNG > BILDNUMMER > KONT. auf die herkömmliche fortlaufende Zählweise umstellen.

Sie können bei Bedarf praktisch *jede* Zahl als Startwert für den Bildzähler der Kamera vergeben. Die Methode ähnelt der oben beschriebenen, umfasst aber einen zusätzlichen Schritt auf Ihrem Computer. Verwenden Sie auch hier nur eine SD-Karte in Steckplatz 1:

- Wählen Sie EINRICHTUNG > DATENSPEICHER-EINSTELLUNG > BILDNUMMER > NEU aus und formatieren Sie die Karte in der Kamera anschließend mit EINRICHTUNG > BENUTZER-EINSTELLUNG > FORMATIEREN > STECKPLATZ 1. Der Bildzähler beginnt nun wieder von vorn.
- Machen Sie eine Aufnahme, nehmen Sie die Speicherkarte aus der Kamera und legen Sie die Karte in Ihren Computer oder Kartenleser ein. Navigieren Sie jetzt auf der Karte zur Aufnahmedatei (»DSCF0001.JPG« oder »DSCF0001.RAF«) im DCIM-Ordner und ändern Sie die Bildnummer »0001« in die von Ihnen gewünschte Zahl um. Sie können beispielsweise den Dateinamen in »DSCF2000.JPG« ändern.
- Melden Sie die Speicherkarte von Ihrem Rechner ab und setzen Sie sie wieder in die Kamera ein. Machen Sie dann eine weitere Aufnahme. Siehe da: Die Kamera verwendet nun die geänderte Bildnummer als Ausgangspunkt. In unserem Beispiel wäre der Name des nächsten Bildes »DSCF2001«.
- Damit der Bildzähler bei der nächsten Formatierung nicht zurückgesetzt wird, sollten Sie die Kamera wieder mit EINRICHTUNG > DATENSPEICHER-EINSTELLUNG > BILDNUMMER > KONT. auf die herkömmliche fortlaufende Zählweise umstellen.

TIPP 10 Verwenden Sie den Boost-Modus!

Standardmäßig arbeitet Ihre X-T3 aus Gründen der Energieersparnis nicht mit voller Kraft. Um in den Genuss der maximalen Kameraleistung zu kommen, wählen Sie EINRICHTUNG > POWER MANAGEMENT > LEISTUNG > VERSTÄRK, oder weisen Sie die Funktion LEISTUNG einer der frei belegbaren Funktionstasten (Fn-Tasten) der Kamera zu.

Wenn Sie den Batteriehandgriff VG-XT3 an Ihrer X-T3 verwenden, können Sie den Boost-Modus mit einem Umschalter direkt am Handgriff einstellen. Die Kamera verbraucht im Boost-Modus etwas mehr Energie als im standardmäßig vorgegebenen Normalmodus. Wenn Sie die vorgenannten Tipps beherzigt und sich ein paar Ersatzakkus zugelegt haben, tangiert Sie dieser kleine Nachteil in der Praxis jedoch kaum.

Im Boost-Modus liefert die Kamera eine verbesserte AF-Performance und erhöht die Bildwiederholrate im elektronischen Sucher. Ferner verkürzen sich der Aufnahmeabstand, die Auslöseverzögerung und die Dunkelpause (Blackout) zwischen aufeinanderfolgenden Aufnahmen.

Wichtig: *Wenn der Boost-Modus ausgeschaltet ist, wechselt die Kamera nach ca. zehn Sekunden Inaktivität des Benutzers in einen Energiesparmodus. Folge ist eine drastische Reduzierung der Bildrate im Live-View. Sobald Sie aber eine Taste drücken oder ein Einstellrad betätigen, wechselt der Live-View wieder in den Normalzustand zurück.*

Halten Sie den Kamerasensor sauber — TIPP 11

Bei allen Kameras mit Wechselobjektiven fallen früher oder später Staub und Schmutz auf den Sensor, die sich in den Aufnahmen als störende Flecken bemerkbar machen können. Dem können Sie entgegenwirken, indem Sie Sensorschmutz möglichst vermeiden und den eingebauten Reinigungsmechanismus Ihrer Kamera benutzen:

- Mit EINRICHTUNG > BENUTZER-EINSTELLUNG > SENSORREINIGUNG > OK schütteln Sie den Sensor kurz durch, sodass sich Staubpartikel lösen. Standardmäßig ist diese Sensorreinigung beim *Ausschalten* der Kamera aktiv. Ich empfehle jedoch, die Funktion zusätzlich auch bei jedem *Einschalten* zu nutzen. Wählen Sie hierzu EINRICHTUNG > BENUTZER-EINSTELLUNG > SENSORREINIGUNG > WENN EINGESCHALTET > AN.

Hilfreich ist außerdem die Umsetzung einer Schmutzvermeidungsstrategie:

- Legen Sie die Kamera nicht unnötigerweise ohne angebrachtes Objektiv oder Deckel ab.

- Wechseln Sie Objektive möglichst nicht in staubiger oder schmutziger Umgebung.
- Halten Sie die Kamera beim Objektivwechsel stets nach unten, nicht nach oben.
- Achten Sie beim Wechseln eines Objektivs darauf, dass die Rückseite der Optik sauber ist. Staub- und Schmutzpartikel können sich sonst vom Objektiv lösen und auf den Sensor fallen.
- Berühren Sie niemals den Sensor!

Abbildung 14: **Staubflecken** auf dem Sensor – sichtbar gemacht. Dieser Sensor muss dringend gereinigt werden.

TIPP 12 Sensorreinigung selbst vornehmen

Wenn die eingebaute Sensorreinigungsfunktion der Kamera nicht mehr weiterhilft, haben Sie drei grundsätzliche Möglichkeiten, um dem Staub- und Schmutzproblem mit anderen Mitteln zu begegnen:

- Berührungsfreie Sensorreinigung
- Trockenreinigung
- Feuchtreinigung

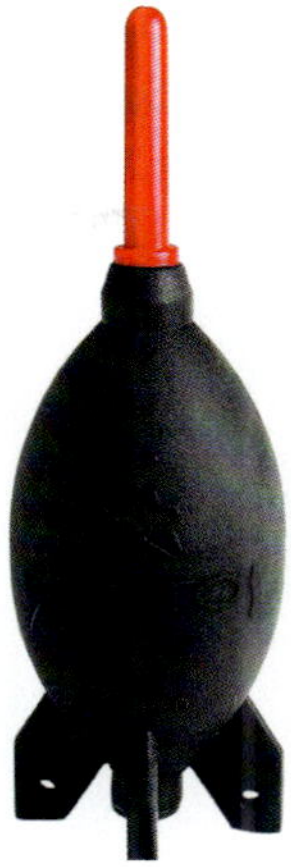

Abbildung 15: Berührungsfreie Sensorreinigung: **Giottos Rocket Air Blaster**.

Berührungsfrei können Sie den Sensor Ihrer X-T3 mit einem Blasebalg von Staub und Partikeln befreien, etwa dem Giottos Rocket Air Blaster. Ein wichtiges Merkmal dieser speziell für die Sensorreinigung entwickelten Handpumpen ist ein Filter im Lufteinlassventil, der dafür sorgt, dass ein sauberer Luftstrahl auf die Sensoroberfläche geblasen wird.

Wichtig: Verwenden Sie keine Druckluft aus Dosen. Die enthaltenen Treibmittelpartikel wirken wie winzige Geschosse und könnten den Oberflächenschutz beschädigen!

Eine beliebte Variante zur **Trockenreinigung mit Sensorkontakt** ist das *Pentax Sensor Cleaning Kit,* auch »Fruchtgummi am Stiel« genannt. Mit dem klebrigen bunten Kopf dieses ulkigen Reinigungsgeräts können Sie die Sensorfläche vorsichtig abtupfen und dabei Staub und Schmutz aufsammeln.

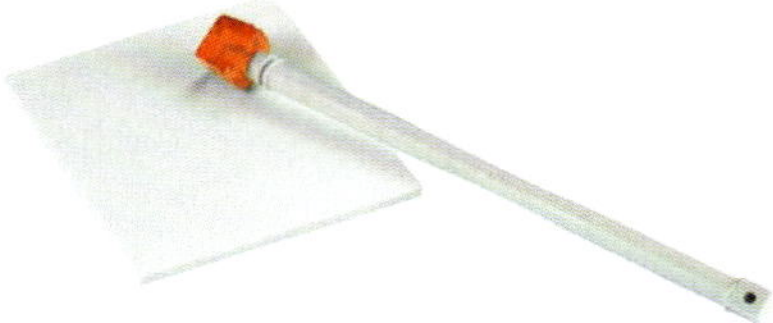

Abbildung 16: Trockenreinigung: Pentax Sensor Cleaning Kit

Hartnäckiger Schmutz und Belag lassen sich am besten per **Feuchtreinigung** mit einem sogenannten *Sensor Swab* beseitigen. Diese unter anderem von den Firmen Photographic Solutions und Visible Dust angebotenen »Scheibenwischer« werden mit einem dazu passenden Lösungsmittel (beispielsweise Eclipse) benetzt und anschließend mit jeder Wischerseite genau einmal von links nach rechts und einmal von rechts nach links über die volle Sensorbreite gezogen. Für Ihre X-Mount-Kamera benötigen Sie Swabs im APS-C-Sensorformat. Bei Photographic Solutions entspricht dies der Produktgröße 2.

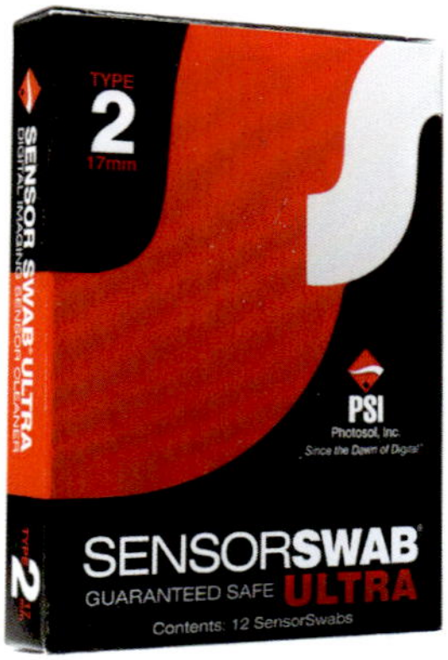

Abbildung 17:
Feuchtreinigung: **Sensor Swab** von Photographic Solutions

Eine preiswerte und meiner Erfahrung nach sehr wirkungsvolle Alternative zu den Produkten von Visible Dust und Photographic Solutions sind APS-C-Swabs des Anbieters VSGO.

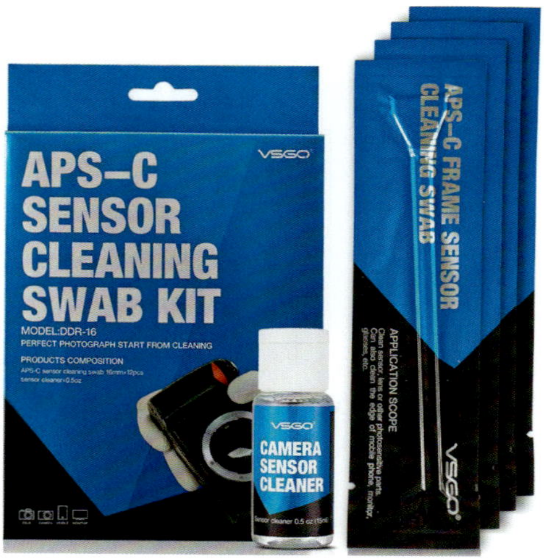

Abbildung 18:
Meine Empfehlung für die Sensorreinigung von X-Mount-Kameras: **VSGO**-Swabs und Reinigungsflüssigkeit.

Wichtig: *Bitte beachten Sie, dass es in Ausnahmefällen vorkommen kann, dass Staubpartikel durch einen Herstellungsfehler im Sensor* ***unterhalb*** *der durchsichtigen Schutzschicht eingeschlossen sind. In solchen Fällen, oder wenn einige Flecken gar nicht weggehen wollen, muss die Kamera von Fujifilm repariert werden.*

Pixel-Mapping

TIPP 13

Ihre X-T3 verfügt über eine Automatikfunktion für das Pixel-Mapping. Um es zu verwenden, wählen Sie im Aufnahmemenü BILDQUALITÄTS-EINSTELLUNG > PIXEL-MAPPING aus. Das Pixel-Mapping erkennt defekte Pixel auf Ihrem Sensor und interpoliert diese anhand der Informationen der umliegenden Pixel. Da die Anzahl der Hot Pixel mit zunehmender Sensortemperatur zunimmt, kann das Pixel-Mapping nur verwendet werden, wenn sich die Kamera nicht bereits erwärmt hat.

Beachten Sie, dass das Vorhandensein einiger defekter Pixel bei jeder Digitalkamera völlig normal ist. Mit zunehmendem Alter des Sensors steigt die Anzahl fehlerhafter Pixel – und zwar auch dann, wenn die Kamera nicht in Gebrauch ist. Nicht nur der Herstellungsprozess, sondern auch kosmische Strahlung ist für defekte Pixel ursächlich. Beispielsweise erhöht die häufige Mitnahme Ihrer Kamera auf Langstreckenflügen das Risiko ihrer Entstehung.

Aus diesem Grund ist es ratsam, das Pixel-Mapping regelmäßig zu verwenden, damit Ihre Kamera immer über Anzahl und Position defekter Pixel auf dem Laufenden ist. Das Gute: Der Vorgang dauert nur wenige Sekunden.

1.2 DIE BASICS (2): OBJEKTIVE UND IHRE BESONDERHEITEN

Die X-T3 ist mit folgenden X-Mount-Objektiven kompatibel:

- Fujinon XF-Objektive (Festbrennweiten und Zoomobjektive)
- Fujinon XC-Objektive (kompakte und kostengünstige Zooms und Festbrennweiten)
- Zeiss Touit X-Mount-Objektive (nur Festbrennweiten)

Und wer kann nun was? Hier ein Überblick (Stand Ende 2019):

- Fujinon-Zoomobjektive verfügen – mit Ausnahme des XF16–55mmF2.8- und des XF8–16mmF2.8-Zooms – über eine optische Bildstabilisierung (Optical Image Stabilizer, OIS).
- Abgesehen vom XF27mmF2.8 verfügen alle XF-Objektive über einen Blendenring. Gleiches gilt für die Zeiss Touit-Objektive.
- Fujinon XC-Objektive haben keinen Blendenring. Die Blendeneinstellung erfolgt hier über ein Einstellrad der Kamera.
- Zeiss Touit- sowie Fujinon XF- und XC-Objektive unterstützen (mit Ausnahme der XF56mm-APD-Festbrennweite) den schnellen Phase Detection Autofocus (PDAF). Fehlende Firmware-Updates haben die Touits jedoch hinter die Performance von Fujifilms eigenen Objektiven zurückfallen lassen.
- Fujinon XF-Objektive unterstützen außerdem den LMO (Lens Modulation Optimizer) Ihrer X-T3. Der LMO reduziert optische Effekte wie die beim starken Abblenden auftretende Beugungsunschärfe.
- Zeiss Touit- und Fujinon XC-Zoom-Objektive unterstützen den LMO *nicht*. Die neue XC35mmF2 Festbrennweite unterstützt hingegen den LMO.

Neben X-Mount-Objektiven können Sie mit geeigneten Adaptern auch viele ältere und aktuelle Fremdobjektive von zahlreichen Herstellern an Ihrer

X-T3 verwenden. Autofokus, Programmautomatik und Blendenautomatik stehen in diesem Fall – sofern Sie nicht einen sogenannten »Smart-Adapter« einsetzen – allerdings nicht mehr zur Verfügung und die adaptierten Objektive operieren (je nach Bauart und Adapter) stets bei Arbeitsblende bzw. nur bei Offenblende.

Samyang baut keine nativen Objektive!

TIPP 14

Objektive mit manueller Scharfstellung von Samyang, Rokinon, Walimex und ähnlichen Marken sind keine nativen X-Mount-Objektive. Sie werden vielmehr einfach mit einem mechanisch kompatiblen Anschluss geliefert, sodass Sie keinen Adapter hinzukaufen müssen. Sie sparen hier also nur den Kauf eines Adapters, die Objektive verhalten sich ansonsten jedoch wie adaptierte Fremdobjektive: Sie kommunizieren nicht mit der X-T3 (leiten also auch keine Informationen über die eingestellte Blende an die Kamera weiter), bieten keinen Autofokus, operieren auch im Live-View [10] stets mit der eingestellten Arbeitsblende und können nur in den Belichtungsmodi A und M betrieben werden.

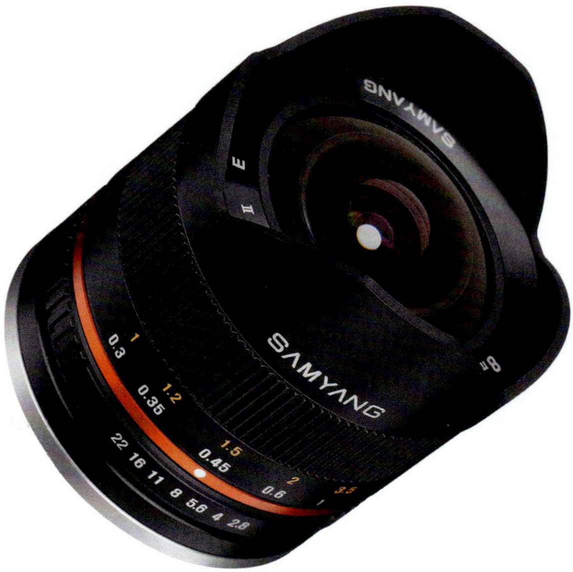

Abbildung 19: Aufgrund seines erschwinglichen Preises ist das **Samyang 8mmF2.8 Fisheye II** für den Fujifilm X-Mount ein beliebtes MF-Objektiv für extreme Weitwinkelaufnahmen.

TIPP 15 Zeiss Touit-Objektive

Die im Auftrag von Zeiss bei Fujinon hergestellten Touit-Objektive mit X-Mount-Anschluss liefern zwar eine sehr gute Bildqualität, die Unterstützung neuerer Kamerafunktionen wie PDAF über entsprechende Firmware-Updates erfolgte jedoch sehr schleppend bzw. – im Fall vom LMO – gar nicht. Es sieht zudem nicht so aus, als würde Zeiss die Touit-Linie weiterverfolgen.

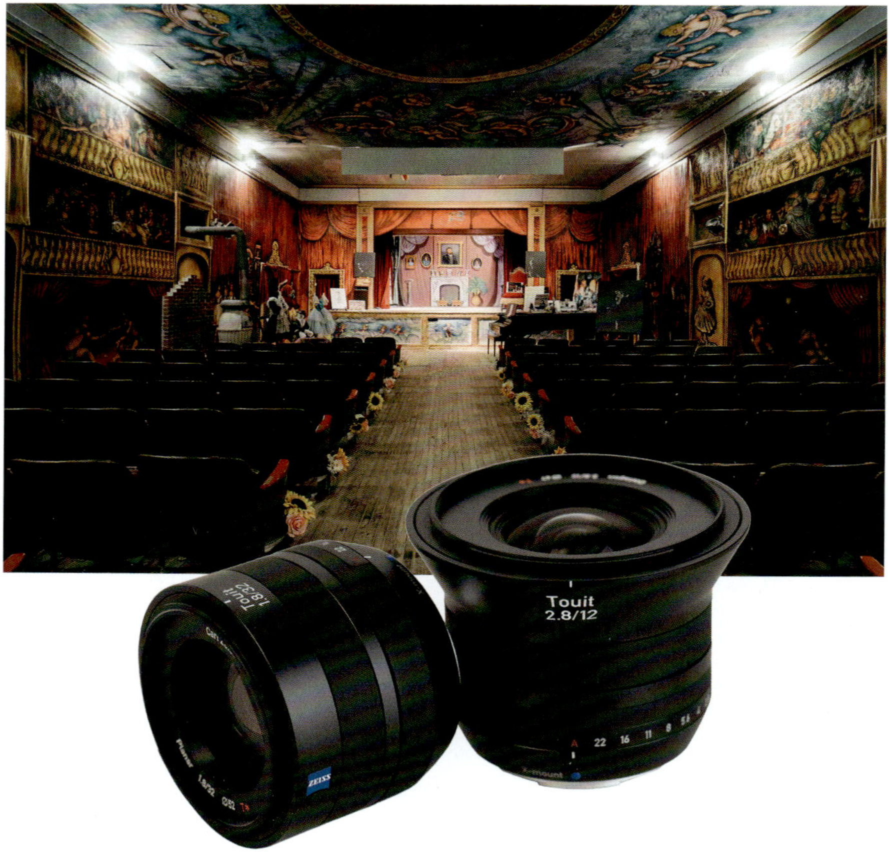

Abbildung 20: Die **Zeiss Touit-Objektive 1.8/32 mm und 2.8/12 mm** sind AF-Objektive mit nativer X-Mount-Kompatibilität. Der breite Bildwinkel macht das Touit 2.8/12 mm zum perfekten Objektiv für Landschafts- und Innenaufnahmen.

AF-Objektive von Viltrox — TIPP 16

Der in China ansässige Hersteller Viltrox bietet eine wachsende Auswahl preiswerter AF-Festbrennweiten für verschiedene Bajonette, darunter auch den Fujifilm X-Mount. Beachten Sie jedoch, dass die von Viltrox hergestellten X-Mount-Objektive von Fujifilm weder lizenziert noch unterstützt werden. Deswegen basieren Firmware und Autofokusfunktion auf Reverse Engineering. Dies kann naheliegenderweise zu Performance- und Kompatibilitätsproblemen führen, weswegen die Nutzung dieser Objektive stets auf eigenes Risiko erfolgt.

Was bedeutet eigentlich XF18–135mmF3.5–5.6 R LM OIS WR? — TIPP 17

Dieser Hinweis gehört in die Kategorie »Was Sie schon immer wissen wollten, aber nie zu fragen wagten«:

- **XF:** »X« steht für X-Mount oder X-Serie, »F« steht für »Fine«. Wir haben es hier also mit Fujifilms Reihe besonders hochwertiger X-Mount-Objektive zu tun. Neben XF gibt es mit XC auch eine Reihe kompakterer Zoomobjektive und Festbrennweiten (»C« = »Compact« oder »Casual«). Nicht vergessen dürfen wir auch die GF-Objektive für GFX-Mittelformatkameras (G-Mount).
- **18–135mm:** 18–135mm ist der Brennweitenbereich des Zoomobjektivs. Um auf die äquivalente Kleinbildbrennweite zu kommen, müssen Sie die Angaben mit dem APS-C-Cropfaktor [11] 1,5 multiplizieren. Der Bildwinkel des 18–135-mm-Zooms an Ihrer X-T3 entspricht somit dem Bildwinkel eines 27–202-mm-Zoomobjektivs an einer Kleinbildkamera.
- **F3.5–5.6:** Diese Angabe beschreibt die größtmögliche Blendenöffnung des Objektivs im verfügbaren Zoombereich. Das Objektiv bietet bei 18 mm also eine Offenblende von 3,5 und bei 135 mm eine Offenblende von 5,6. Bei den dazwischenliegenden Brennweiten liegt die Offenblende somit zwischen 3,5 und 5,6.
- **R:** Steht für »Ring«, d.h., das Objektiv verfügt über einen eigenen Blendenring. Bei Objektiven ohne Blendenring (etwa dem XF27mmF2.8 Pan-

cake oder den XC-Zooms) müssen Sie die Blende in den Belichtungsmodi **A** und **M** mit einem Einstellrad an der Kamera einstellen.

- **LM:** Steht für »Linear Motor«, eine besonders leise und schnelle Autofokusvariante.
- **OIS:** Optical Image Stabilizer [12], zu Deutsch »optische Bildstabilisierung«. Die Funktion erlaubt den verwacklungsfreien Einsatz des Objektivs mit um bis zu fünf Belichtungsstufen längeren Belichtungszeiten als gewöhnlich. Wo Sie also normalerweise aus der Hand mit 1/160 s fotografieren müssten, ermöglicht der OIS die Verwendung einer Verschlusszeit von 1/8 s – zumindest in der Theorie. In der Praxis können die Ergebnisse manchmal schlechter, manchmal aber auch besser ausfallen. Zu beachten ist hier natürlich, dass bei längeren Belichtungszeiten häufig Bewegungsunschärfe [13] auftritt, denn nicht alle Motive halten während der Belichtung völlig still.
- **WR:** Dieser Zusatz bezeichnet wetterfeste Objektive (»Weather Resistant«).

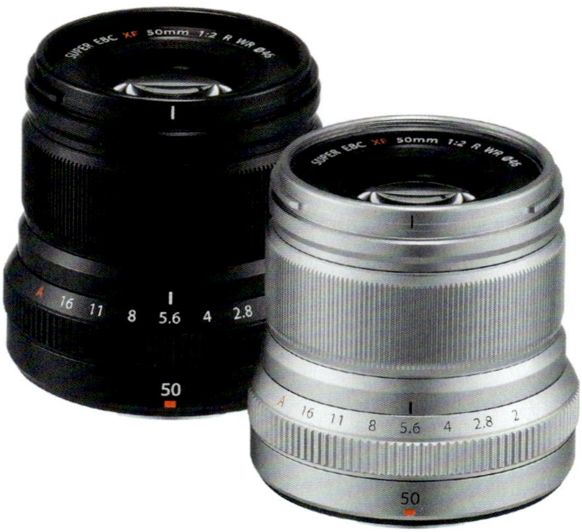

Abbildung 21: Neben den Objektivmodellen XF35mmF2 R WR, XF23mmF2 R WR und XF16mmF2.8 R WR gehört das kostengünstige **XF50mmF2 R WR** zu Fujifilms beliebtesten Kompaktfestbrennweiten für die X-Serie. Diese Objektive sind wetterfest und mit ihrem schlanken Design speziell auf die Verwendung mit dem optischen Sucher der X-Pro1, X-Pro2 und X-Pro3 abgestimmt. Sie sind in den Farben Schwarz und Silber erhältlich.

Optischen Bildstabilisator (OIS) verwenden

TIPP 18

Die meisten XF- und XC-Zoomobjektive wie auch einige ausgewählte Festbrennweiten bieten einen optischen Bildstabilisator (OIS). Wenn Sie Aufnahmen aus der Hand mit längeren Verschlusszeiten als üblich machen wollen, schalten Sie den OIS ein, um Verwacklungen und verschwommene Bilder zu vermeiden. Die meisten XF-Objektive verfügen über einen speziellen OIS-Ein-/Aus-Schalter am Objektivtubus. Dagegen wird der OIS bei XC-Objektiven und beim XF16–80mmF4 über das Kameramenü eingestellt.

Eine alte Fotografenregel zieht hierfür den Kehrwert aus der kleinbildäquivalenten Brennweite heran. Bei einer Brennweite von 50 mm liegt die Verwacklungsgrenze nach dieser Regel somit bei *[1 ÷ (50 × 1,5)] s = 1/75 s*. Anders gesagt: Wenn Sie mit einer 50-mm-Brennweite fotografieren und die Aufnahme nicht unscharf werden soll, sollten Sie Verschlusszeiten von weniger als 1/75 s verwenden – oder eben den OIS einschalten.

Typisch für solche Faustregeln ist, dass sie für den einen Benutzer zu streng und für den anderen zu lax sind. Letztendlich wissen Sie als erfahrener Fotograf am besten, welche Verschlusszeiten Sie unter welchen Bedingungen noch »halten« können – und welche eher nicht.

Grundsätzlich gibt es zwei OIS-Modi, zwischen denen Sie im Aufnahmemenü wählen können (AUFNAHME-EINSTELLUNG > IS MODUS):

- **OIS-Modus 1 (DAUERHAFT)** ist die Standardeinstellung, hier stabilisiert die Kamera das Bild andauernd, also auch schon vor dem Auslösen, etwa während Sie durch den Sucher schauen und den Bildausschnitt festlegen.
- **OIS-Modus 2 (NUR AUFNAHME)** stabilisiert das Bild erst im Moment der Aufnahme, also wenn Sie den Auslöser vollständig (bzw. – im AF-C-Modus – zur Hälfte) durchdrücken.

Bitte beachten Sie, dass der OIS in ungünstigen Fällen – speziell bei sehr kurzen (!) Verschlusszeiten – auch zum Verwackeln der Aufnahme *beitragen* kann. Dieser unerfreuliche Effekt tritt im Modus 1 mit einer höheren Wahrscheinlichkeit auf als im Modus 2. Auf der anderen Seite ist der OIS-Modus 1 bei besonders langen Verschlusszeiten (etwa 1/15 s, 1/8 s oder 1/4 s) effektiver.

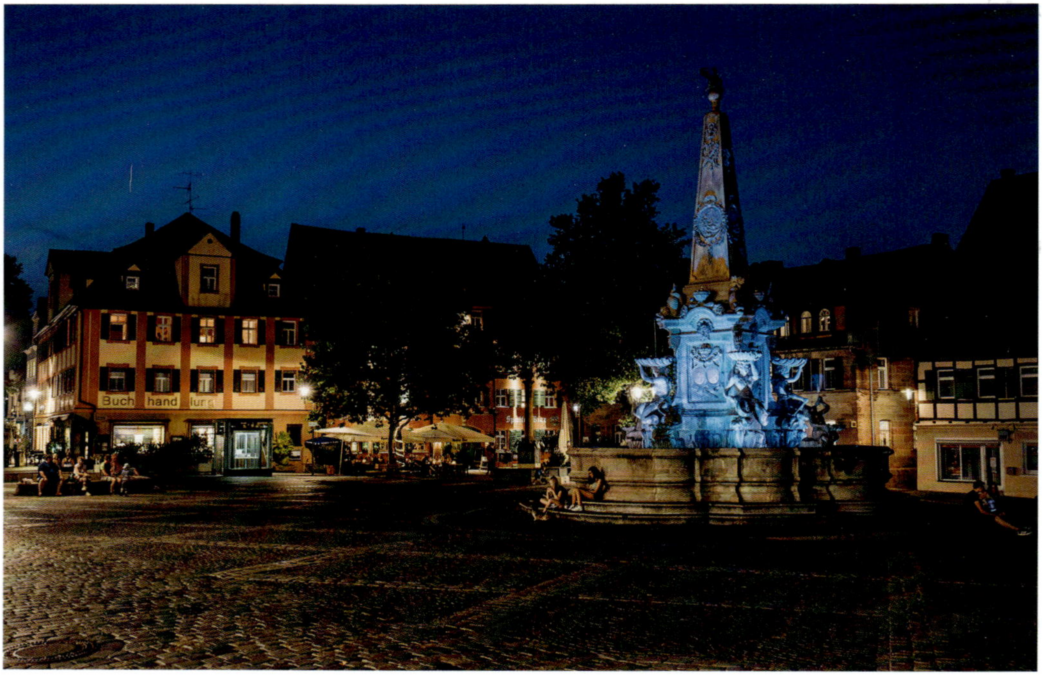

Abbildung 22: Der **optische Bildstabilisator** des XF16–80mmF4 R OIS WR in Aktion: Durch die lange Verschlusszeit von 1/2 s konnte ich diese Nachtaufnahme mit ISO 160 stehend aus der Hand schießen. Dank OIS konnte eine Verwacklungsunschärfe erfolgreich vermieden werden.

Daraus ergeben sich folgende Empfehlungen für den OIS-Gebrauch:

- Schalten Sie den OIS nur dann ein, wenn es notwendig ist. Bei kurzen Verschlusszeiten, für die ohnehin keine Bildstabilisierung notwendig ist, können Sie die Funktion ausschalten und den OIS somit als potenziellen Störfaktor eliminieren. Gleichwohl habe ich festgestellt, dass der OIS auch bei Verschlusszeiten von 1/2000 s und 1/4000 s sehr praktisch sein kann – z. B. in einer Situation, in der ich mit einem XF18–55-mm-Objektiv Aufnahmen aus einem kleinen Hubschrauber heraus machte, der im Flug extrem hochfrequente Vibrationen aufwies.

- Ich verwende bevorzugt den OIS-Modus 2 (»Nur Aufnahme«). Modus 1 kann sich jedoch insbesondere dann als praktischer erweisen, wenn Sie mit besonders langen Verschlusszeiten arbeiten oder ein Teleobjektiv einsetzen: In diesem Fall stabilisiert der OIS nämlich bereits das Live-View-Bild, wodurch die Auswahl des Bildausschnitts und das Scharfstellen wesentlich erleichtert werden.
- Im Zweifelsfall können Sie den OIS auch abschalten, wenn Sie mit einem stabilen Stativ oder Verschlusszeiten von länger als einer Sekunde arbeiten. Natürlich hängt diese Entscheidung sehr stark von der Robustheit des Stativs, den vorherrschenden Windverhältnissen und verkehrsbedingten Vibrationen ab. Beim Arbeiten in einem geschäftigen Umfeld – etwa tagsüber in einer belebten Innenstadt – treten häufig Situationen auf, in denen Sie auch bei Verwendung eines noch so robusten Stativs den OIS besser eingeschaltet lassen sollten. Das XF16–80mmF4 R OIS WR hat sogar eine eingebaute »Stativerkennung« und deaktiviert seinen sechsstufigen OIS bei Bedarf automatisch.
- Abhängig vom verwendeten Objektiv sollten Sie den OIS auch dann ausschalten, wenn Sie »Mitzieher« [14] mit längeren Belichtungszeiten fotografieren. Es kann nämlich bei eingeschaltetem OIS manchmal etwas schwierig sein, das Motiv richtig zu erfassen. Auch für diesen Fall verspricht das XF16–80mmF4, Ihre Mitziehbewegung zu erkennen und sich entsprechend darauf einzustellen.

Übrigens: Der OIS emittiert im Aufnahmemodus stets ein summendes Geräusch – und zwar auch dann, wenn die Funktion ausgeschaltet wurde. Aber keine Sorge: Das ist vollkommen normal.

So unterscheiden sich XF23mmF1.4 R, XF16mmF1.4 R WR und XF14mmF2.8 R

TIPP 19

Im Gegensatz zu herkömmlichen X-Mount-Objektiven besitzen die Weitwinkel-Festbrennweiten XF14mmF2.8 R, XF16mmF1.4 R WR und XF23mm F1.4 R einen verschiebbaren MF-Ring zum manuellen Scharfstellen:

- Ziehen Sie den Fokusring zur Kamera hin, um Objektiv und X-T3 in den MF-Modus zu versetzen.
- Schieben Sie den Fokusring von der Kamera weg, um Objektiv und X-T3 zurück in den AF-Modus zu versetzen.
- Alternativ können Sie mit dem kameraeigenen Fokuswahlschalter auch auf manuelles Scharfstellen umschalten. Das Objektiv verbleibt dabei in der AF-Stellung. In diesem Fall beschränkt sich der MF jedoch auf die »Instant-AF«-Funktion (die normalerweise der AF-L-Taste zugewiesen ist), d. h., Sie können den Fokus nach dem Drücken von AF-L am Objektiv nicht mehr verändern oder nachjustieren.
- Umgekehrt steht Instant-AF bei diesen Objektiven nicht zur Verfügung, wenn Sie durch Verschieben des Fokusrings am Objektiv auf die manuelle Scharfstellung umschalten. Sie können dann nur noch mit dem Fokusring scharfstellen.
- Die im Objektiv eingravierten Schärfentiefeangaben [15] sind weniger konservativ und meiner Meinung nach auch weniger nützlich als die pixelbasierte Skala der Kamera. Hintergrund dieser Diskrepanz sind unterschiedlich große Zerstreuungskreise [16], die für die Berechnung der Schärfentiefe herangezogen werden: Die elektronische Skala geht bei PIXEL-BASIS von einer pixelscharfen Betrachtung bei 100-%-Vergrößerung am Computerbildschirm aus, die in die Objektive eingravierte Skala basiert hingegen auf typischen Betrachtungsabständen von ausgedruckten Bildern. Einige Fotografen halten die eingravierten Angaben (also die FILMFORMAT-BASIS) für praxisgerechter als die Anzeige auf PIXEL-BASIS, ich hingegen bevorzuge letztere. Der Unterschied zwischen den beiden Skalen beträgt etwa 3 2/3 Blendenstufen.
- Die Drehrichtung des Fokusrings kann bei den 14-mm-, 16-mm- und 23-mm-Objektiven mit verschiebbarem Blendenring nicht umgestellt werden.
- Wenn Sie bei Ihrer X-T3 den Modus AF+MF einschalten (Aufnahmemenü > AF/MF-EINSTELLUNG > AF+MF > AN), können Sie diese Funktion nur nutzen, wenn sich das Objektiv im MF-Modus und die Kamera

im AF-Modus (AF-S) befindet. In dieser Konfiguration können Sie dann mit halb durchgedrücktem Auslöser automatisch fokussieren und die Schärfe anschließend am Fokusring manuell nachjustieren.

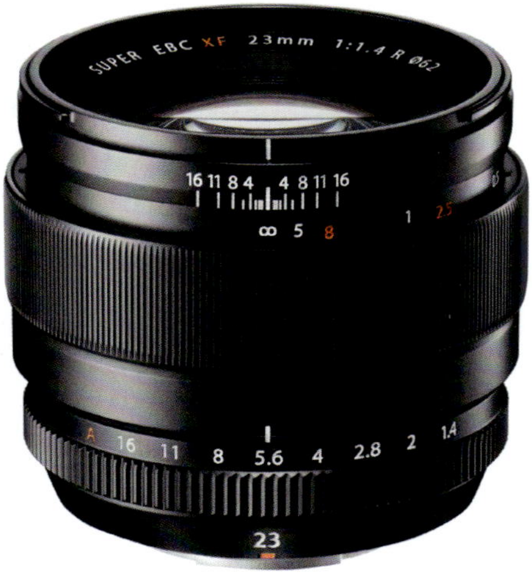

Abbildung 23: **Fujinon XF23mmF1.4 R** mit eingravierter Fokus- und Schärfentiefeskala: Der Retro-Anmutung fielen leider einige praktische Funktionen zum Opfer.

Lens Modulation Optimizer (LMO) verwenden

TIPP 20

Die X-T3 unterstützt den sogenannten LMO (Lens Modulation Optimizer). Dieses erstmals in der X100S und X20 (wo es nicht ausgeschaltet werden kann) eingesetzte Feature kompensiert bei der Umwandlung von RAW-Daten in JPEGs unerwünschte optische Effekte wie Beugungs- [17] oder Randunschärfe. Damit das funktioniert, muss die Firmware des angeschlossenen Objektivs der Kamera entsprechende Korrekturdaten liefern. Diese landen als verborgene Metadaten in jeder Bilddatei.

- Fujinon XC-Zoom-Objektive und Zeiss Touit-Objektive bieten keine Unterstützung für den LMO.
- LMO-Daten sind herstellerspezifisch und externen RAW-Konvertern unzugänglich.

Unterstützt das angeschlossene Objektiv den LMO (was alle Fujinon XF-Objektive tun), dann sollten Sie die Funktion im Aufnahmemenü über BILD-QUALITÄTS-EINSTELLUNG > OBJEKTIVMOD.-OPT. > AN einschalten. Alternativ können Sie die Funktion auch im eingebauten RAW-Konverter Ihrer Kamera (Wiedergabemenü > RAW-KONVERTIERUNG) ein- bzw. ausschalten. Mit dieser Option können Sie auf einfache Weise zwei Versionen einer Aufnahme – mit und ohne LMO – erzeugen und sich die Unterschiede genauer ansehen.

Mit dem LMO bekommen Sie vor allem die folgenden optischen Effekte in den Griff:

- **Beugungsunschärfe:** Dieser Effekt entsteht beim starken Abblenden eines Objektivs. Bei APS-C-Kameras mit 26 MP tritt er typischerweise ab Blende 9 sichtbar auf. Während beim Abblenden des Objektivs die Schärfentiefe stetig zunimmt, verringert sich zugleich die maximale Schärfe. Der LMO wirkt diesem unerwünschten Effekt entgegen und sorgt bei kleinen Blendenöffnungen für eine bessere Detailschärfe.
- **Randunschärfe:** Auch das beste Objektiv zeichnet am Rand nicht mehr so scharf wie in der Mitte. Der LMO kann diesen Schärfeabfall selektiv kompensieren.

LMO-Korrekturen können zumindest derzeit nur in der Kamera durchgeführt werden: Externe RAW-Konverter wie Adobe Lightroom, Adobe Camera Raw, Capture One, Silkypix, Iridient Developer, Photo Ninja oder AccuRaw können LMO-Daten (noch) nicht verarbeiten. Somit wirken sich LMO-Korrekturen ausschließlich auf in der Kamera erzeugte JPEGs aus.

Allerdings bietet Capture One Pro mittlerweile spezielle Fujifilm-Objektivprofile an, die nicht nur die eingebauten digitalen Objektivkorrekturen von Fujifilm ersetzen, sondern auch Beugungsunschärfen reduzieren und die Randschärfe verbessern können.

Was Sie über digitale Objektivkorrekturen wissen sollten

TIPP 21

Die meisten modernen Objektive für Digitalkameras erzielen ihre optimale Bildqualität mit einer Kombination aus optischen und digitalen Korrekturen. Dabei handelt es sich vorwiegend um die drei folgenden Problembereiche:

- **Vignettierung:** Hierunter versteht man den Helligkeitsabfall eines jeden Objektivs zum Rand hin. Die Vignettierung [18] tritt umso stärker auf, je weiter die Blende bei der Aufnahme geöffnet ist.
- **Verzeichnung:** Hierbei handelt es sich um eine kissen- oder tonnenförmige Bildverzerrung [19], in deren Folge eigentlich gerade Linien krumm erscheinen. Die Verzeichnung wird bei verschiedenen, besonders hochwertigen Festbrennweiten – etwa bei XF14mm, XF23mm (F1.4 und F2), XF35mmF1.4, XF56mm und XF90mm – ausschließlich optisch korrigiert. Andere Objektive wie etwa Zeiss Touit-Objektive, kompakte Pancakes, das XF35mmF2 und XF16mmF2.8 sowie Zoomobjektive setzen dagegen auf eine Kombination aus optischer und digitaler Verzeichnungskorrektur.
- **Chromatische Aberrationen:** Diese sogenannten Farbquer- und Farblängsfehler [20] führen zu unschönen Farbsäumen. Man kann sie entweder optisch mithilfe apochromatischer Objektive korrigieren oder aber bei der RAW-Konvertierung digital beseitigen.

Während Kameras anderer Hersteller oft auf eigenständige Korrekturprofile für externe RAW-Konverter setzen, legt die X-T3 die Korrekturdaten des jeweils angeschlossenen Objektivs in den Metadaten der RAW-Datei ab. Auf diese Metadaten kann nicht nur der eingebaute RAW-Konverter zugreifen. Auch externe RAW-Konverter wie Adobe Lightroom, Silkypix, Iridient Developer oder Capture One können die Daten nutzen, um Vignettierung, Verzeichnung und chromatische Aberrationen digital zu kompensieren.

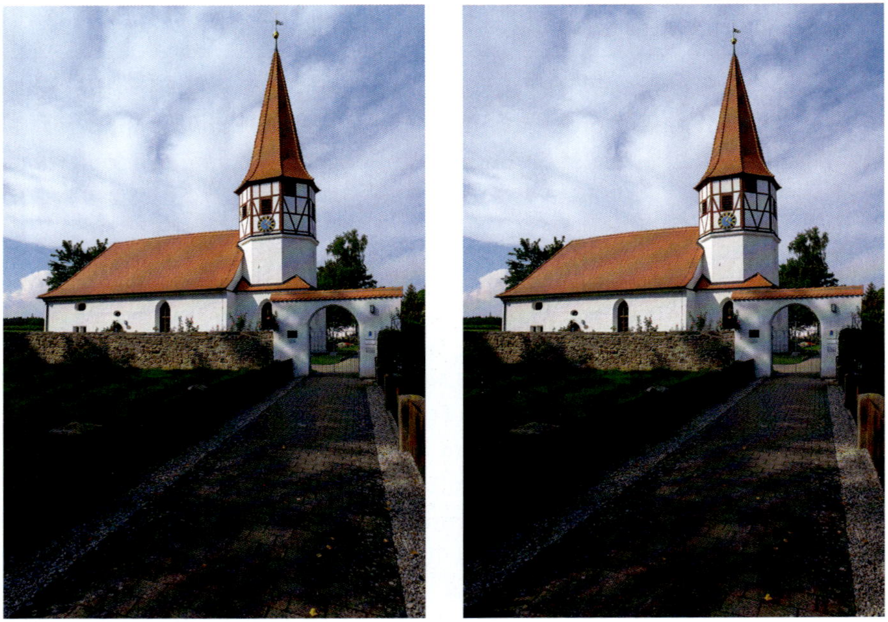

Abbildung 24: Dieses Beispiel eines XF16–80mmF4 R OIS WR zeigt dasselbe Bild mit (links) und ohne digitale Objektivkorrekturen (rechts) für Verzeichnung, Vignettierung und chromatische Aberrationen. Es wurde mit f/8 und einer Brennweite von 16 mm aufgenommen.

Der größte Vorteil dieser Methode besteht darin, dass Sie sich bei den genannten RAW-Konvertern nicht um aktuelle Objektivprofile kümmern müssen. Alle wichtigen Korrekturdaten werden von Fujifilm selbst geliefert und in den Metadaten der RAW-Datei gespeichert. Ein Nachteil ist wiederum, dass man diese Form der Korrektur im eingebauten RAW-Konverter sowie in einigen externen Konvertern (etwa Lightroom, Adobe Camera Raw, Silkypix) nicht ausschalten kann. Die Korrekturen erfolgen also auch dann, wenn sie aus Sicht des Anwenders gar nicht notwendig wären. Dies betrifft vor allem die digitale Verzeichnungskorrektur, die stets mit einer die Bildschärfe verringernden Streckung und Pixelinterpolation verbunden ist.

Einige Programme (wie Capture One Pro oder Iridient Developer) sind hier zum Glück flexibel und lassen den Benutzer selbst entscheiden, ob bzw. in welcher Stärke er bestimmte digitale Korrekturen gerne anwenden möchte. Andere Anwendungen wie etwa Photo Ninja oder AccuRaw können wiederum mit den Korrekturdaten nichts anfangen und ignorieren sie einfach. Hier müssen Sie notwendige Korrekturen bei der RAW-Entwicklung also manuell oder mit eigenen Profilen durchführen.

Capture One Pro unterstützt sogar beide Optionen: Es kann Korrekturen auf Basis von RAW-Metadaten vornehmen und bietet gleichzeitig eine Anzahl maßgeschneiderter Objektivkorrekturprofile für eine schnell wachsende Anzahl von X-Mount-Objektiven an. Es liegt also letztendlich an Ihnen, die für Sie geeignete digitale Objektivkorrektur zu wählen.

Telekonverter verwenden — TIPP 22

Ein Telekonverter wird zwischen dem Kameragehäuse und einem kompatiblen XF-Objektiv installiert. Er verlängert die effektive Brennweite des Objektivs um den Faktor 1,4 oder 2. Dies hat den Verlust von ein bis zwei Blendenstufen zur Folge und auch die Bildauflösung wird – geringfügig – beeinträchtigt. Daher sollten Telekonverter nur gemeinsam mit hochwertigen Objektiven verwendet werden, die eine ausreichend hohe Auflösungsreserve bieten, aufgrund derer man diese Beeinträchtigung der Bildqualität vernachlässigen kann.

Zum Zeitpunkt der Abfassung dieses Buchs bietet Fujifilm die folgenden Telekonverter an:

- Der **XF1.4x TC WR** und der **XF2x TC WR** für X-Mount sind mechanisch kompatibel mit den Objektiven XF50–140mmF2.8 R LM OIS WR, XF100–400mmF4.5–5.6 R LM OIS WR und XF80mmF2.8 R LM OIS WR Macro. *Abgeraten* wird dagegen vom Einsatz in Kombination mit dem XF200mmF2 R LM OIS WR.
- Der **XF1.4x TC F2 WR** ist kompatibel mit der High-End-Telefestbrennweite XF200mmF2 R LM OIS WR. Er kann außerdem, sofern die Ende Dezember 2018 veröffentlichten Firmware-Updates aufgespielt wurden, mit den Objektivmodellen XF50–140mmF2.8 R LM OIS WR, XF100–400mmF4.5–5.6 R LM OIS WR und XF80mmF2.8 R LM OIS WR Macro eingesetzt werden.

Im Gegensatz zu anschraubbaren Konverterobjektiven für die Kameras der X70- und X100-Serie beeinflussen XF-Telekonverter die Lichtstärke (d.h. die maximale Helligkeit) der resultierenden Objektivkombination. Exemplarisch sei das ultrascharfe XF80mmF2.8 R LM OIS WR Macro-Objektiv genannt, aus dem bei Verwendung des XF2x TC WR-Konverters praktisch ein XF160mmF5.6 R LM OIS WR Macro wird. Stellt man die Blende dieser Kombination auf f/2.8, dann legt man damit also eine effektive Blende von f/5.6 fest. Bei Verwendung eines Zweifach-Telekonverters beläuft sich der Lichtverlust auf zwei Blendenstufen, bei 1,4-fach-Konvertern ist es dagegen nur eine Stufe.

Glücklicherweise werden diese Eigenschaften von der Firmware von Kamera und Objektiv erkannt und berücksichtigt (sofern sie sich auf dem neuesten Stand befinden). Die Firmware passt die Bildschirmanzeigen und die EXIF-Daten [21] automatisch an die *effektiven* Blendenwerte an. Sie ändert zudem die Metadaten für die Objektivkorrektur (unter Berücksichtigung aktualisierter Werte für Verzeichnung, Vignettierung und chromatische Aberrationen) und berücksichtigt auch das Vorhandensein des Telekonverters in der EXIF-Objektivbeschreibung.

Je nach Qualität Ihres verwendeten Objektivexemplars können bei Verwendung eines XF100–400mmF4.5–5.6 R LM OIS WR in Verbindung mit einem XF2x TC WR tendenziell Einbußen in den Bereichen Leistung und Bildqualität insbesondere am langen Ende des Brennweitenbereichs auftreten. Bei einer effektiven Brennweite von 800 mm (dem Kleinbildäquivalent von 1200 mm) beläuft sich die Blendenvollöffnung auf f/11. Dieser Umstand kann es für den Autofokus Ihrer Kamera schwierig machen, genügend Licht einzufangen, um schnell und präzise zu arbeiten. Zudem ist mit einem gewissen Verlust in Sachen Auflösung zu rechnen – und zwar nicht nur wegen der verwendeten Optik, sondern auch wegen atmosphärischer Effekte bei der Aufnahme weit entfernter Motive.

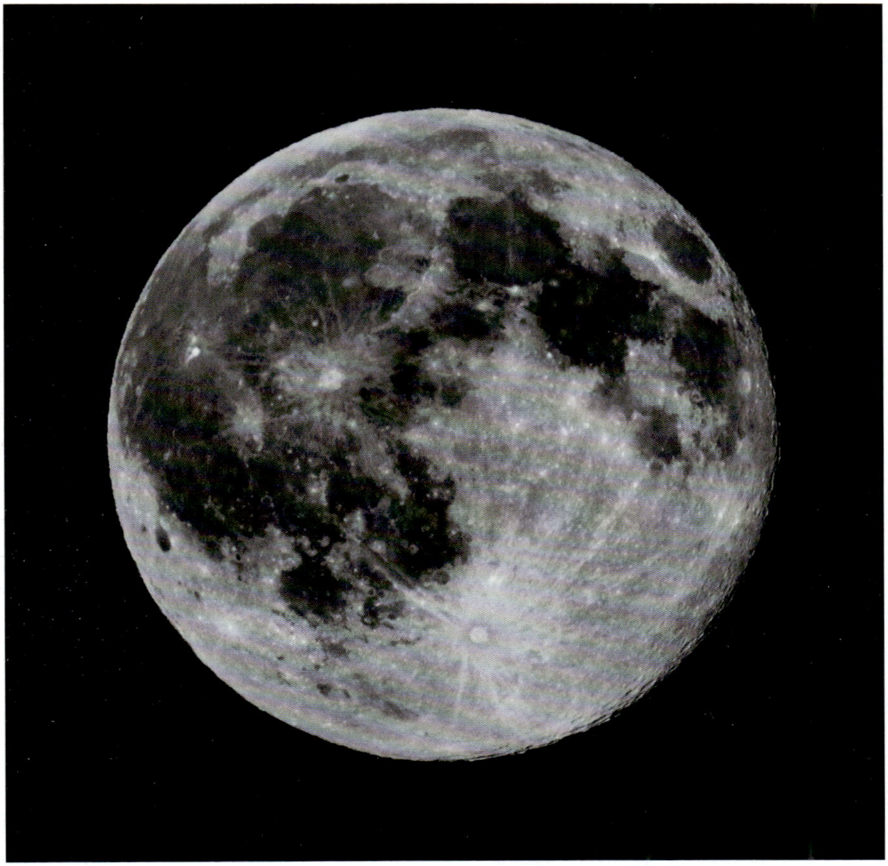

Abbildung 25: **XF100–400mmF4.5–5.6 R LM OIS WR und XF2x TC WR:** Die Aufnahme des Mondes mit einer effektiven Brennweite von 800 mm (entspricht der Kleinbildbrennweite von 1200 mm) in einer warmen Sommernacht führte zu einigen unerwünschten atmosphärischen Effekten. Dies ist übrigens auch der Grund dafür, warum sich Sternwarten häufig auf Berggipfeln oder gleich im Weltraum befinden. Dieses Beispiel basiert auf einem quadratischen 5-MP-Ausschnitt.

Verwenden Sie die mitgelieferten Streulichtblenden TIPP 23

Mit Ausnahme des Pancake-Objektivs XF27mmF2.8 liefert Fujifilm bei allen XF-Objektiven eine maßgeschneiderte Streulichtblende mit, die Sie grundsätzlich verwenden sollten. Neben ihrer eigentlichen optischen Funktion dienen diese Blenden auch dem Schutz des Objektivs und verhindern, dass das Frontglas durch Stöße oder sonstigen »Feindkontakt« beschädigt wird.

Streulichtblenden haben allerdings auch Nachteile: Sie machen das Objektiv größer, als es eigentlich ist, können das AF-Hilfslicht und das Blitzlicht abschatten und verbrauchen zusätzlichen Platz in Ihrer Fototasche. Den letztgenannten Punkt versucht Fujifilm dadurch zu kompensieren, dass man fast alle Streulichtblenden zu Transportzwecken umgekehrt am Objektiv befestigen kann.

Wenn Sie mit dem mitgelieferten Kamerablitz fotografieren oder auf das AF-Hilfslicht angewiesen sind, sollten Sie die Streulichtblende abnehmen.

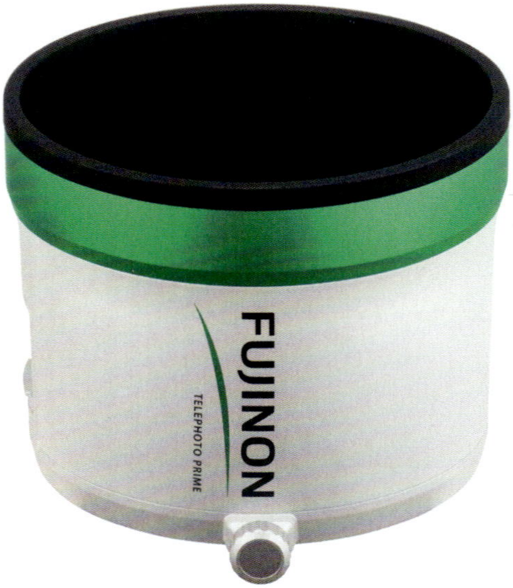

Abbildung 26:
Streulichtblenden wie dieser große Aufsatz für das **XF200mmF2 R LM OIS WR** bieten optische Vorteile und robusten Schutz für Ihr Objektiv.

Wichtig: *Verwenden Sie bei Objektiven mit versenkbarem Innentubus – etwa dem XF27mmF2.8, dem XF60mmF2.4 R Macro oder dem XF35mmF1.4 R – keine aufschraubbaren Streulichtblenden. Die Innenröhre dieser Objektive bewältigt Schläge und Druck nämlich eher nicht so gut. Durch die Verwendung einer aufschraubbaren Blende können Druck oder Stöße direkt von der Streulichtblende auf die empfindliche Objektivröhre übertragen werden. So sind Katastrophen vorprogrammiert.*

Objektivschutzfilter – ja oder nein? TIPP 24

Die früher in der Analogfotografie weit verbreiteten UV- oder Skylightfilter sind bei digitalen Kameras wie der X-T3 nicht mehr erforderlich. Ein dauerhaft vor dem Objektiv angebrachter Filter besitzt somit in erster Linie eine Schutzfunktion, kann jedoch gleichzeitig die optische Leistung negativ beeinflussen. Gerade nachts oder in Gegenlichtsituationen erhöhen Filter die Wahrscheinlichkeit von unerwünschten Geisterbildern, Spiegelungen oder flauen Kontrasten.

Schutzfilter sollte man grundsätzlich nur dann verwenden, wenn man sie tatsächlich braucht. In der Regel bietet die Gegenlichtblende ausreichend Schutz. Falls Sie sich für den Einsatz eines Schutzfilters entscheiden, sollten Sie auf jeden Fall ein hochwertiges Markenprodukt verwenden. Auch Fujifilm selbst bietet passende Schutzfilter mit der gleichen »Super EBC«-Vergütung wie bei den XF- und XC-Objektivgläsern als Zubehör an. Kostenseitig sind diese Filter allerdings kein Pappenstiel.

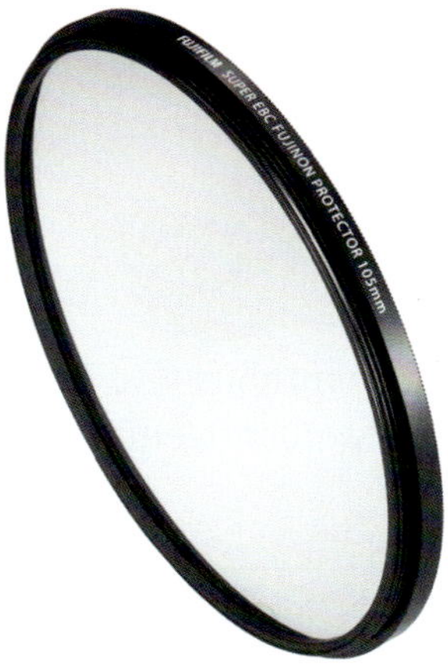

Abbildung 27:
Mit einem Durchmesser von 105 mm ist der **PRF-105** für das XF200mmF2 der (bislang) größte Objektivschutzfilter für die X-Serie.

Aufgepasst bei 39-mm-Filtern TIPP 25

Die auf das XF60mmF2.4 R und das XF27mmF2.8 passenden Filter mit einem 39 mm kleinen Schraubgewinde sind so gestaltet, dass sich der Objektivtubus beim Fokussieren mitsamt dem Filter einige Millimeter in das Objektivgehäuse zurückziehen kann. Ist dies nicht möglich – etwa bei Verwendung eines zu dünnen Step-up-Rings direkt am Filtergewinde –, kann das Objektiv beschädigt und die Funktion der Kamera beeinträchtigt werden.

Ein typisches Indiz für ein solches Problem ist die im Display erscheinende Aufforderung, die Kamera aus- und wieder einzuschalten. Eine mögliche Lösung besteht darin, vor den Step-up-Ring einen 39-mm-Schutzfilter (möglichst mit herausgebrochenem Filterglas) als Platzhalter zu montieren, der den inneren Tubus verlängert. Sie können dafür jeden billigen, alten oder nicht mehr benötigten 39-mm-Filter verwenden, solange dieser nicht mit dem äußeren Objektivtubus in Kontakt kommt, wenn der innere Tubus eingezogen wird.

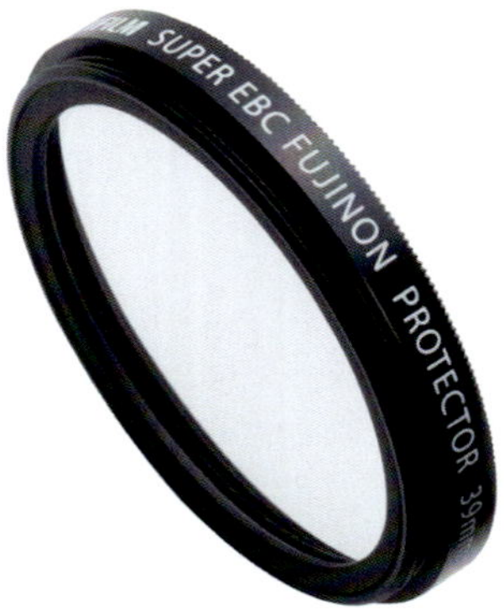

Abbildung 28:
39-mm-Schutzglasfilter von Fujifilm. Ein vergleichbarer Filter mit herausgebrochenem Glas eignet sich auch als Platzhalter für den Anschluss eines Step-up-Rings.

Nicht vergessen: Bei Objektiven mit einziehbarem Innentubus wie etwa dem XF27mmF2.8 ist das Montieren aufschraubbarer Streulichtblenden ein absolutes No-Go!

TIPP 26 **Vor dem Objektivwechsel Kamera abschalten!**

Der Bedienungsanleitung können Sie entnehmen, dass Sie die Kamera vor dem Objektivwechsel ausschalten müssen. Aber ganz ehrlich: Interessiert das irgendjemanden? Im Eifer des Gefechts versäumen es viele von uns aus Zeitmangel oder Nachlässigkeit, diesem Rat zu folgen. Und es ist ja bis jetzt auch immer gut gegangen.

Statt sich aber nun eine schlechte Angewohnheit zuzulegen, sollten wir uns vielleicht besser doch ein paar Gedanken darüber machen, warum Fujifilm uns nahelegt, das zu tun.

- Verschiedene Objektive wie etwa das XF60mmF2.4 R Macro oder das XF27mmF2.8 weisen bewegliche Innentuben auf. Beim Fokussieren können diese über den Schutzrand des Außentubus hinausragen. Der sichere Lager- und Transportzustand für solche Objektive ist immer ein vollständig eingefahrener Innentubus, der beim Ausschalten der Kamera *vor* dem Abnehmen des Objektivs automatisch aktiviert wird.
- Gleiches gilt für Objektive wie das XC15–45mmF3.5–5.6 OIS PZ Power Zoom. Schalten Sie die Kamera aus, während das Objektiv noch befestigt ist, woraufhin der Motorzoom sicher in die kompakte Transport- und Aufbewahrungsposition zurückfährt. Wenn Sie das Objektiv vor dem Ausschalten der Kamera abnehmen, ist das potenzielle Schadensrisiko für Ihr Objektiv erheblich höher.
- Wenn die Kamera bzw. das Objektiv ausgeschaltet wird, hält ein Verriegelungsmechanismus das von einem Linearmotor angetriebene Innenfokussierelement des XF200mmF2 R LM OIS WR in Position. Hierdurch wird das (durch die lose Objektivgruppe verursachte) Klappergeräusch unterdrückt, das auftritt, wenn Sie das Objektiv von der Kamera getrennt transportieren. Wenn Sie das Objektiv bei eingeschalteter Kamera abnehmen, wird dieser Verriegelungsmechanismus nicht aktiviert. Übrigens sind Klappergeräusche bei anderen Objektiven mit Innenfokussierung wie dem XF90mmF2 R LM WR oder dem XF50–140mmF2.8 R LM OIS WR völlig normal – Sie müssen sich also keine Sorgen machen, dass irgendetwas kaputtgegangen wäre. Ist das Objektiv nämlich nicht mit der Kamera verbunden, dann ist schlicht und einfach kein Magnetfeld vorhanden, das das hintere Element an seiner Position hält. Und wenn Sie dann am Objektiv rütteln, bewegt es sich im Tubus.

1.3 DIE BASICS (3): DAS RICHTIGE ZUBEHÖR

Das Angebot an Zubehör für Ihre X-T3 ist zu reichhaltig, um es hier ausführlich zu besprechen. Einige ausgewählte Zubehörteile möchte ich Ihnen allerdings nicht vorenthalten, da sie sich für viele Benutzer als ausgesprochen nützlich erwiesen haben.

TIPP 27 Optionale Kamerahandgriffe

Ein optionaler Handgriff verbessert die Ergonomie der Kamera vor allem beim Einsatz großer und schwerer Objektive.

Der **Metallhandgriff MHG-XT3** verfügt über einen Stativanschluss auf der optischen Achse, erlaubt direkten Zugriff auf das Batteriefach und ist mit dem Arca-Swiss-Stativstandard kompatibel, sodass Sie keine zusätzliche Stativplatte benötigen – denn der Handgriff *ist* die Stativplatte.

Abbildung 29: Der optionale Handgriff **MHG-XT3** verfügt über eine Aussparung für das Batteriefach und kann direkt auf Arca-Swiss-kompatiblen Stativköpfen montiert werden.

Der **Vertical Battery Grip** ist eine weitere nützliche Option, um Ergonomie und Leistung der X-T3 zu verbessern. Der Griff kann zwei Akkus aufnehmen und die Leistungskapazität der Kamera so auf mehr als 1000 Aufnahmen erhöhen.

Für einfacheres Arbeiten im Hochformat spiegelt der Griff verschiedene Kamerafunktionen wie den Auslöser, die Q-Taste, den Fokus-Stick, die beiden Einstellräder, die AF-L- und AE-L-Tasten sowie eine Fn-Taste. Der Objektivanschluss liegt auf der optischen Achse und der Handgriff ist gegen Feuchtigkeit und Staub geschützt. Er verfügt über einen eigenen Ladeanschluss und kann zwei Akkus mit dem mitgelieferten Netzteil innerhalb von zwei Stunden aufladen.

Außerdem umfasst der Vertical Battery Grip einen dedizierten Umschalter für den Boost-Modus, mit dem sich AF-Geschwindigkeit und EVF-Bildwiederholrate verbessern und Aufnahmeabstand, Auslöseverzögerung und Dunkelpause (Blackout) verkürzen lassen.

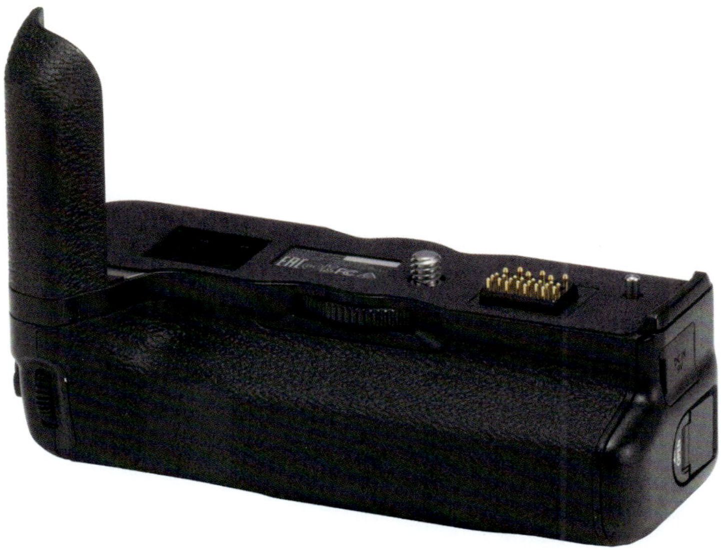

Abbildung 30: Der **Vertical Battery Grip** ist ein nützlicher Begleiter für die X-T3. Ich persönlich nehme ihn nur selten ab. Der Griff verbessert die Handhabung der Kamera in Verbindung mit großen und schweren Objektiven und bietet eine optimierte Ergonomie bei Aufnahmen im Hochformat. Mit insgesamt drei Akkus in Kameragehäuse und Griff kann der Benutzer einen ganzen Tag lang unterwegs fotografieren, ohne die Akkus wechseln oder aufladen zu müssen. Der Vertical Battery Grip kann auch zum schnellen Aufladen von zwei Akkus verwendet werden. Ob er dabei mit der Kamera verbunden ist oder nicht, spielt keine Rolle.

TIPP 28 Fernauslöseroptionen

Es gibt immer wieder Situationen, in denen Sie Ihre Kamera erschütterungsfrei auslösen möchten. Neben dem eingebauten Selbstauslöser mit einem Vorlauf von zehn oder zwei Sekunden bietet sich hierfür ein Fernauslöser an, den Sie als Zubehör im Fachhandel kaufen können.

Ihre X-T3 bietet drei Optionen für den Fernauslöser:

- das **Gewinde** im Auslöseknopf für den Anschluss traditioneller mechanischer Drahtauslöser,
- einen Fernauslöseranschluss (2,5-mm-Klinkenbuchse) für den Anschluss von elektronischen Fernauslösern an den **Fernauslöseranschluss RR-100** der Kamera und
- die kostenlose Camera Remote-App [22] von Fujifilm zum Auslösen via **Bluetooth**.

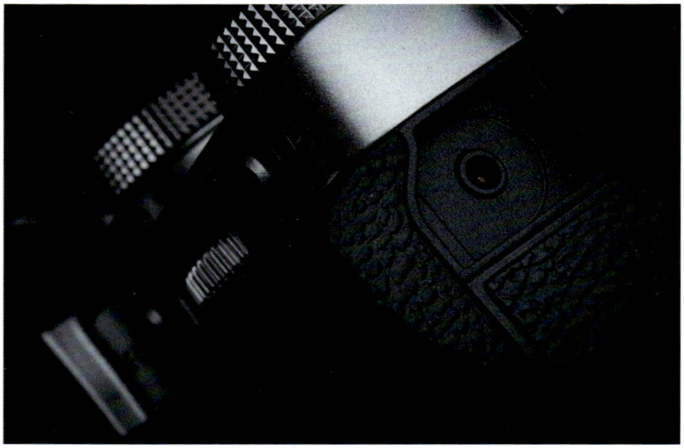

Abbildung 31: Der **elektronische Fernauslöseranschluss RR-100** befindet sich oben rechts am Gehäuse.

Bei elektronischen Fernauslösern haben Sie die Wahl zwischen kabelgebundenen und drahtlosen Lösungen. Drahtlose Fernauslöser bestehen aus einer Sender- und einer Empfangseinheit. Mit dem Sender lösen Sie die Kamera aus, während der Empfänger mit der Kamera über den RR-100-Fernauslöseranschluss verbunden ist.

Fujifilm selbst bietet einen einfachen RR-100-Fernauslöser mit Kabelanschluss an, darüber hinaus gibt es von Drittherstellern eine Reihe von kabelgebundenen und kabellosen Lösungen.

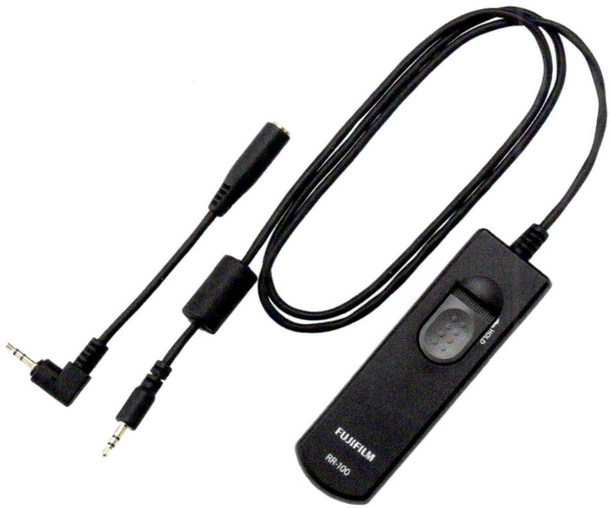

Abbildung 32: Der **RR-100**-Fernauslöser von Fujifilm ist eine simple und zuverlässige Fernsteuerung für Ihre X-T3.

Der Fernauslöseranschluss der X-T3 entspricht einem weit verbreiteten Canon-Fernauslöserstandard und ist unter anderem mit folgenden Kameras kompatibel: Canon EOS Digital Rebel, Canon EOS 1000D, Canon EOS 100D, Canon EOS 1100D, Canon EOS 300D, Canon EOS 350D, Canon EOS 400D, Canon EOS 450D, Canon EOS 500D, Canon EOS 550D, Canon EOS 600D, Canon EOS 60D, Canon EOS 60Da, Canon EOS 650D, Canon EOS 700D, Canon EOS Kiss Digital, Canon EOS Kiss F, Canon EOS Kiss Digital N, Canon EOS Kiss X2, Canon EOS Kiss X3, Canon EOS Kiss X4, Canon EOS Kiss X5, Canon EOS Kiss X50, Canon EOS Kiss X6i, Canon PowerShot G1 X, Canon PowerShot G10, Canon PowerShot G11, Canon PowerShot G12, Canon PowerShot G15, Canon PowerShot SX50 HS, Canon EOS Rebel SL1, Canon EOS Rebel T1i, Canon EOS Rebel 70 T2i, Canon EOS Rebel T3, Canon EOS Rebel T3i, Canon EOS Rebel T4i, Canon EOS Rebel XS, Canon EOS Rebel XSi, Canon EOS Rebel XT, Canon

EOS Rebel XTi, Canon EOS Rebel T5i, Contax 645, Contax N, Contax N Digital, Contax N1, Contax NX, Hasselblad H1, Hasselblad H3D, Hasselblad H4D-200MS, Hasselblad H4D-31, Hasselblad H4D-40, Hasselblad H4D-50, Hasselblad H4D-50MS, Hasselblad H4D-60, Pentax 645D, Pentax *ist D, Pentax *ist DL, Pentax *ist DL2, Pentax *ist DS, Pentax *ist DS2, Pentax K-30, Pentax K-5, Pentax K-7, Pentax K-m, Pentax K10 Grand Prix, Pentax K100D, Pentax K100D Super, Pentax K10D, Pentax K110D, Pentax K200D, Pentax K20D, Pentax MZ-6, Pentax MZ-L, Pentax ZX-L, Samsung GX-1L, Samsung GX-1S, Samsung GX-20, Samsung NX10, Samsung NX100, Samsung NX11, Samsung NX5, Sigma SD1, Sigma SD1 Merrill und Sigma SD15.

Diese Liste ist sicherlich nicht vollständig, aber ein recht guter Anhaltspunkt. Fernauslöser, die mit einer der oben genannten Kameras funktionieren, sollten auch mit Ihrer X-T3 zusammenarbeiten.

Ich persönlich bin ja ein riesiger Fan des elektronischen Fernauslösers **RS-60E3** von Canon, der ebenso einfach wie genial ist. Er ist klein, erschwinglich und zeichnet sich durch seine Liebe zum Detail aus.

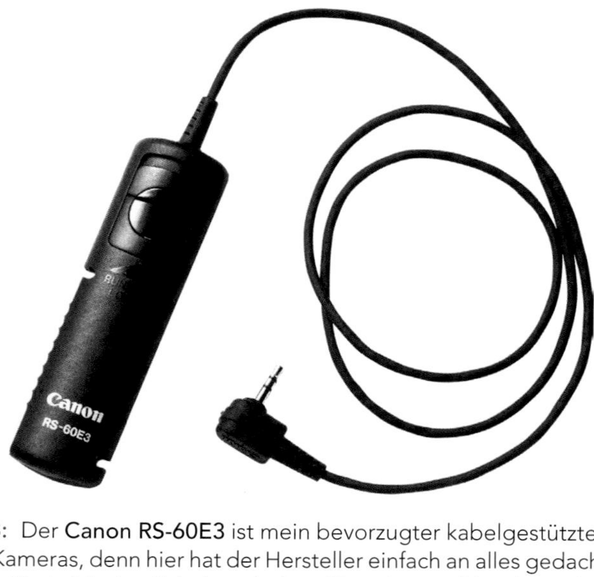

Abbildung 33: Der **Canon RS-60E3** ist mein bevorzugter kabelgestützter Fernauslöser für Fujifilm X-Kameras, denn hier hat der Hersteller einfach an alles gedacht. Dank zweier Einkerbungen lässt sich das Kabel nach dem Shooting problemlos aufwickeln. Zudem gibt es für den 2,5-mm-Stecker auch eine eingebaute Buchse, die verhindert, dass sich das Kabel im Beutel abspult.

Da Ihre X-T3 Bluetooth-fähig ist, können Sie diese halbpermanente kabellose Verbindung zu Ihrem Smartphone oder Tablet nutzen, um den Auslöser [23] mit der Camera Remote-App [8] zu betätigen. Alternativ können Sie Ihre X-T3 aber auch über eine WLAN-Verbindung fernbedienen. Eine ausführliche Anleitung finden Sie online [24].

2 ARBEITEN MIT DER X-T3

2.1 AUF DIE PLÄTZE, FERTIG, LOS!

Eine der am häufigsten gestellten Fragen frischgebackener Benutzer ist die nach den »optimalen Einstellungen« für ihre neue Kamera. Die kurze Antwort: Es gibt keine. Gäbe es sie, hätte sich Fujifilm bei der X-T3 viele Menüoptionen sparen und die Kamera stattdessen fest mit diesen »optimalen Einstellungen« ausliefern können. Trotzdem bitte ich um Erlaubnis, Ihnen einige Grundeinstellungen zu empfehlen, die aus meiner Sicht eine gute Gesamtleistung mit maximaler Flexibilität verbinden.

- Mit diesen Einstellungsempfehlungen möchte ich dieses Kapitel beginnen. Zahlreiche weitere Einstellungen (wie Filmsimulation, Farbsättigung, Kontrast, Schärfung, Rauschunterdrückung, künstliches Filmkorn usw.) gehören zur Kategorie der »JPEG-Parameter«, betreffen also nur das Erscheinungsbild der JPEG-Ergebnisse, die in der Kamera aus den RAW-Daten gewonnen werden. Diese Einstellungen sind nicht kamera-, sondern *bildspezifisch* und sollten deshalb für jede Aufnahme individuell angepasst und optimiert werden.
- Neben den empfehlenswerten Grundeinstellungen gibt es eine ganze Reihe von Kürzeln und Tastenkombinationen, um schneller und direkter auf häufig verwendete Features und Funktionen zugreifen zu können.

TIPP 29 **Empfehlenswerte Grundeinstellungen für Ihre X-T3**

Eine einzige perfekte Kameragrundeinstellung für alle Benutzer und Situationen gibt es nicht. Was es gibt, sind Erfahrungswerte und Zielvorstellungen. Die folgenden Einstellungen dienen nach meinem Dafürhalten dem Zweck, mit der X-T3 möglichst flexibel und mit maximaler Leistung arbeiten zu können:

- Wählen Sie im Aufnahmemenü unter BILDQUALITÄTS-EINSTELLUNG > BILDQUALITÄT die Einstellung **FINE+RAW** oder **NORMAL+RAW** aus, um hochauflösende JPEGs aus der Kamera (»digitale Bildabzüge«) und *gleichzeitig* flexible RAW-Dateien (»digitale Negative«) zu erhalten. Die RAW-Datei gibt Ihnen die Möglichkeit, in der Kamera mithilfe des eingebauten RAW-Konverters (aufzurufen über den Eintrag RAW-KONVERTIERUNG im Wiedergabemenü) JPEGs mit jeweils unterschiedlichen bzw. optimierten Einstellungen zu erzeugen. Dabei handelt es sich um sogenannte JPEG-Parameter wie Weißabgleich, Filmsimulation, Rauschunterdrückung oder Farbsättigung. Auf diese Weise können Sie von einer Aufnahme zum Beispiel eine farbige und eine Schwarz-Weiß-Version mit jeweils unterschiedlichen Kontrasteinstellungen erzeugen. Und: Sie brauchen sich bei der Aufnahme selbst keine Gedanken über die »perfekten« JPEG-Einstellungen zu machen, da Sie diese später mit dem eingebauten RAW-Konverter jederzeit verändern und optimieren können.
- Verwenden Sie **E-FRONT + MECHANISCH** als Standardeinstellung für den Verschluss. Hierzu wählen Sie im Aufnahmemenü AUFNAHME-EINSTELLUNG > AUSLÖSERTYP > EF+M aus. Die Verwendung des elektronischen Verschlusses (ES oder MS+ES) kann zu allen möglichen Problemen führen und sollte deswegen auf diejenigen – seltenen! – Fälle beschränkt bleiben, in denen dieser Verschlusstyp von Vorteil ist. Das wären beispielsweise Aufnahmen mit einer weit geöffneten Blende und ohne ND-Filter bei hellem Tageslicht, Situationen, in denen Sie in völliger Stille fotografieren müssen (und die Alternative lediglich darin bestünde, überhaupt keine Fotos zu machen), oder Szenarien, in denen Bildwiederholraten von bis zu 30 fps ohne Dunkelpause gefragt sind.
- Die typische Grundeinstellung der Kamera ist **Einzelbild-Autofokus** (AF-S, wählen Sie hierzu S vorne am Fokuswahlschalter) sowie **Einzelbild** (S) am DRIVE-Einstellrad.
- Die flexibelste Einstellung für den AF-Modus ist **ALLE** (Aufnahmemenü > AF/MF-EINSTELLUNG > AF-MODUS > ALLE). Scheuen Sie sich also nicht, diesen Modus als Standardeinstellung festzulegen. Auf diese Weise können Sie nahtlos zwischen den AF-Modi EINZELPUNKT, ZONE und WEIT/

VERFOLGUNG wechseln, indem Sie einfach die AF-Feldgröße ändern. (Hierzu drücken Sie den Fokus-Stick und ändern die AF-Feldgröße dann mit dem hinteren Einstellrad.)

- Aktivieren Sie den **Boost-Modus** an der X-T3, um maximale Leistung zu erzielen. Hierzu wählen Sie EINRICHTUNG > POWER MANAGEMENT > LEISTUNG > VERSTÄRK aus. Nur in diesem *werksseitig ausgeschalteten* Modus erreicht die X-T3 die von Fujifilm beworbenen Leistungsdaten, etwa die maximal mögliche Bildwiederholrate im EVF und die damit zusammenhängende größtmögliche AF-Performance. Die Kamera verbraucht im Boost-Modus etwas mehr Energie, sodass Sie den Ratschlag, stets einen oder mehrere voll aufgeladene Ersatzakkus mitzuführen, beherzigen sollten.
- Legen Sie über das Aufnahmemenü > AF/MF-EINSTELLUNG > PRIO. AUSLÖSEN/FOKUS > FOKUS die **Fokuspriorität** fest. Dies stellt sicher, dass die Kamera nur dann ein Bild aufnimmt, wenn der Autofokus glaubt, ein Ziel gefunden zu haben. In der Einstellung AUSLÖSEN macht die X-T3 dagegen auch dann eine Aufnahme, wenn der Autofokus kein Ziel findet. Bitte beachten Sie, dass AF-S im Modus AF+MF stets mit Auslösepriorität operiert. Deswegen ist AUS meine empfohlene Grundeinstellung für AF/MF-EINSTELLUNG > AF+MF.
- Wenn Sie mehrere Aufnahmen hintereinander in schneller Folge machen möchten, bietet es sich an, EINRICHTUNG > DISPLAY-EINSTELLUNG > BILDVORSCHAU auf AUS zu stellen, um Ihren Arbeitsfluss nicht zu unterbrechen. *Normalerweise* verwende ich für die **Bildvorschau** jedoch die kürzeste verfügbare Einstellung von 0,5 SEK. Warum? Um nach jedem gemachten Bild eine kurze Einblendung des Bildergebnisses im Sucher oder auf dem Display anzusehen, die im Hinblick auf die Belichtungs- und Dynamikbereichseinstellungen aussagekräftig ist. Sie können die eingeblendete Bildvorschau jederzeit abbrechen und weiterfotografieren, indem Sie kurz den Auslöser antippen.
- Benutzen Sie die VIEW MODE-Taste, um den **Augensensor** und damit die automatische Umschaltung zwischen Sucher (EVF) und LCD-Bildschirm zu aktivieren. Der alternative Modus NUR EVF + AUGENSENSOR ist ein

guter Energiesparmodus für Sucher-Fans, der die Handhabung der Kamera allerdings insofern erschwert, als der LCD-Bildschirm dann im Aufnahmemodus für Menüeinstellungen nicht mehr zur Verfügung steht.

- Ich empfehle Ihnen MEHRFELD als Grundeinstellung für die **Belichtungsmessung,** da die »intelligente« Matrixmessung in der Praxis meist für gute Ergebnisse ohne dramatischen Korrekturbedarf sorgt. Sie können den Modus für die Belichtungsmessung mit dem dafür vorgesehenen Einstellrad auswählen. Es befindet sich direkt unter dem Belichtungszeitenwahlrad.

- Aktivieren Sie im Aufnahmemenü via BILDQUALITÄTS-EINSTELLUNG > WEISSABGLEICH > AUTO den **automatischen Weißabgleich,** um der Kamera die Ermittlung der passenden Farbtemperatur für Ihr Motiv zu überlassen. Da Sie mit FINE+RAW oder NORMAL+RAW fotografieren, können Sie den Weißabgleich später jederzeit selbst anpassen – entweder in der Kamera mithilfe des eingebauten RAW-Konverters oder mit einem externen RAW-Konverter wie Lightroom. Oft liegt die Kamera mit AUTO aber schon goldrichtig – oder liefert zumindest einen guten Ausgangspunkt für weitere Anpassungen.

- Legen Sie den **Dynamikumfang** im Aufnahmemenü durch Auswahl von BILDQUALITÄTS-EINSTELLUNG > DYNAMIKBEREICH > DR100% als Standardeinstellung fest. Wenn Sie für ein bestimmtes Motiv mehr Lichterdynamik benötigen, um zu vermeiden, dass die Lichter ausfressen, dann können Sie manuell DR200% (für *eine* Blendenstufe zusätzliche Lichterdynamik) oder DR400% (für *zwei* zusätzliche Blendenstufen ebendort) einstellen. Von der Einstellung AUTO für DYNAMIKBEREICH wird *abgeraten*. Eine Erweiterung des Dynamikumfangs kann die Textur in ansonsten ausgefressenen Bereichen der Aufnahme wiederherstellen (denken Sie etwa an weiße Wolken an einem sonnigen Tag).

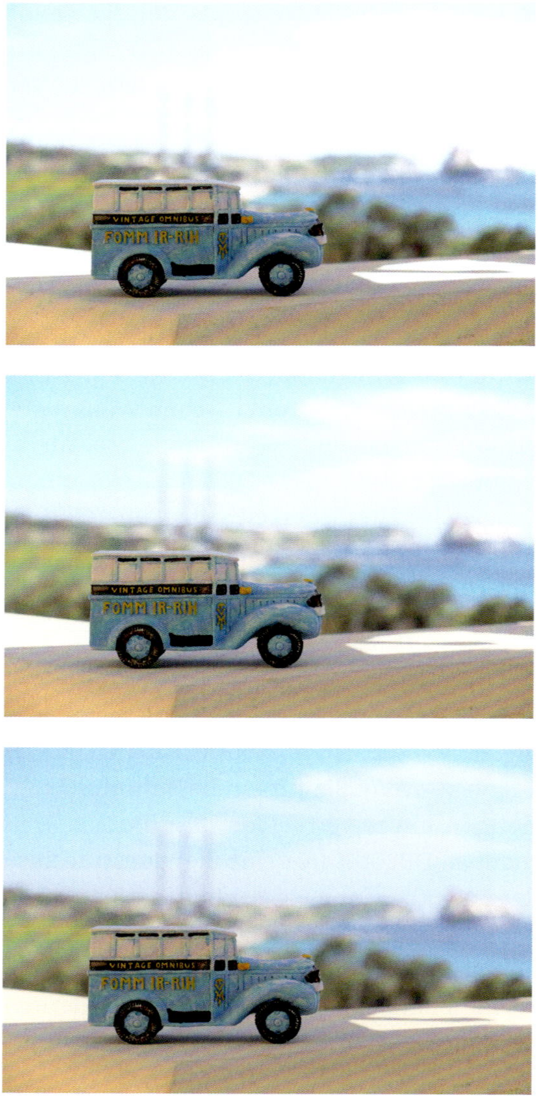

Abbildung 34: Alle X-Kameras von Fujifilm verfügen über eine leistungsstarke, aber oft missverstandene **DR-Funktion,** mit der sich die Lichterdynamik um bis zu zwei Blendenstufen (EV) erhöhen lässt. Oben sehen Sie die Standardeinstellung (DR100%). Erkennen Sie die unschönen Überbelichtungen in den Lichtern? Wenn Sie den Dynamikbereich jetzt auf DR200% (Mitte) oder DR400% (unten) erhöhen, erhalten Sie in den Lichtern ein bzw. zwei zusätzliche Blendenstufen.

- Zur Verwendung **adaptierter Objektive** mit Ihrer X-T3 benötigen Sie entweder den Leica M-Adapter von Fujifilm oder einen geeigneten Adapter eines Drittanbieters. Damit mechanische Drittanbieterprodukte funktionieren, müssen Sie EINRICHTUNG > TASTEN/RAD-EINSTELLUNG > AUFN. OHNE OBJ. > AN auswählen. Die Kamera macht mit dieser Einstellung auch dann Fotos, wenn kein Objektiv angeschlossen ist oder sie kein solches erkennen kann, weil das Objektiv keine elektronischen X-Mount-Kontakte besitzt. Wenn Sie mit einem mechanisch adaptierten Objektiv arbeiten, sollten Sie dessen Brennweite außerdem im Aufnahmemenü unter AUFNAHME-EINSTELLUNG > ADAPTEREINST. auswählen oder eintragen, damit die Brennweite später in den EXIF-Daten [21] korrekt angezeigt wird.

- Machen Sie hin und wieder Aufnahmen mit langen Belichtungszeiten von mehreren Sekunden? In diesem Fall sollten Sie im Aufnahmemenü BILDQUALITÄTS-EINSTELLUNG > NR LANGZ. BELICHT. > AN festlegen, um die Qualität entsprechender Bildergebnisse zu verbessern. In diesem **Langzeitbelichtungsmodus** nimmt die Kamera einen sogenannten Schwarzbildabzug bzw. Dunkelbildabzug [25] vor, um Bildfehler wie Hot Pixel auszugleichen. Allerdings wird hierbei die Belichtungszeit mindestens verdoppelt, da die Kamera das Bild zweimal – einmal normal und einmal mit geschlossenem Verschluss – aufzeichnet und die beiden Ergebnisse verrechnet, ehe die RAW- und JPEG-Dateien erzeugt werden.

- Es mag verlockend sein, die **Helligkeit des elektronischen Suchers** auf AUTO zu stellen, aber *ich rate davon ab*. Die automatische Helligkeitsanpassung zeigt an sonnigen Tagen nämlich gerne ein unrealistisch helles und bei schwachem Licht ein unrealistisch dunkles Sucherbild. Deshalb stelle ich die EVF-Helligkeit lieber mit EINRICHTUNG > DISPLAY-EINSTELLUNG > EVF HELLIGKEIT > MANUELL auf den neutralen Wert 0 ein.

- Bei diesem Buch gehen wir davon aus, dass sowohl AUSLÖSER AF als auch AUSLÖSER AE (im Menü EINRICHTUNG > TASTEN/RAD-EINSTELLUNG) auf AN stehen, was auch den Werkseinstellungen der Kamera entspricht. Auf diese Weise werden Autofokus und Belichtung festgelegt, wenn der Auslöser im AF-S-Modus halb durchgedrückt wird, sodass die Aufnahme (dank voreingestelltem Fokus und voreingestellter Arbeitsblende) mit minimaler Auslöseverzögerung gemacht werden kann, wenn der Auslöser schließlich ganz durchgedrückt wird. Im AF-C-Modus bedeutet, wenn AUSLÖSER AF auf AN steht, dass der Autofokus das Motiv erfasst, solange der Auslöser halb oder ganz durchgedrückt wird. Wenn AUSLÖSER AE auf AN festgelegt ist, wird die Belichtung bei halb oder ganz durchgedrücktem Auslöser sicher gespeichert.

- Ich verwende EINRICHTUNG > TASTEN/RAD-EINSTELLUNG > BEDIENRAD-EINST. > *vorderes Einstellrad* 1 > S.S. und BEDIENRAD-EINST > *hinteres Einstellrad* > F, um die X-T3 mit anderen X-Serie-Kameras kompatibel zu halten, bei denen das vordere Einstellrad zum Anpassen der Verschlusszeit und das hintere (bei Objektiven ohne Blendenring) zum Einstellen der Blende verwendet wird. Alle entsprechenden Tipps in diesem Buch gehen von dieser Einstellung aus. Im selben Menü sind für *vorderes Einstellrad* 2 und *vorderes Einstellrad* 3 die Werte ISO bzw. BELICHTUNGSKORREKTUR festgelegt. Das bedeutet, dass Sie durch wiederholtes Drücken des vorderen Einstellrades zwischen den Einstellungen für Verschlusszeit, ISO und Belichtungskorrektur wechseln können. Natürlich können Sie Ihre X-T3 auch anders konfigurieren – Sie müssen lediglich im Kopf behalten, welches Rad für eine bestimmte Funktion zuständig ist, die ich in diesem Buch erwähne.

TIPP 30 Es geht auch schneller: praktische Shortcuts für die X-T3

Der Weg über verschachtelte Menüs ist in der Fotopraxis oft recht umständlich. Deshalb verfügt die X-T3 über das Schnellmenü (Q-Taste) sowie konfigurierbare Fn-Tasten, die Ihnen einen direkten Zugriff auf wichtige und häufig benutzte Kamerafunktionen und -einstellungen erlauben.

Darüber hinaus besitzt die X-T3 konfigurierbare Speicherplätze für sieben Sets mit häufig verwendeten Einstellungen (C1 bis C7), die Sie über das Schnellmenü oder eine entsprechend konfigurierte Fn-Taste bequem auswählen können. Dabei werden die aktuellen Kameraeinstellungen mit den Einstellungen des jeweils ausgewählten Sets (oder auch »Profile«) überschrieben. Es handelt sich bei C1 bis C7 also nicht um Kamera*modi,* sondern lediglich um Speicherplätze für vorkonfigurierte Einstellungen, die Sie direkt abrufen und dann als Ihre neuen aktuellen Einstellungen verwenden können.

Schließlich besitzt die Kamera auch noch die Einstellungen unter MEIN MENÜ. Hier können Sie häufig verwendete Menübefehle auf zwei übersichtlichen Menüseiten selbst zusammenstellen.

Damit nicht genug: Die X-T3 verfügt auch über eine Reihe von Kürzeln (Shortcuts) – und zwar buchstäblich auf Tastendruck:

- Halten Sie im bereits aufgerufenen (!) Schnellmenü die Q-Taste einige Sekunden lang gedrückt, um direkt ins Konfigurationsmenü für die benutzerdefinierbaren Einstellungen C1 bis C7 zu gelangen.
- Drücken Sie bei *nicht* angezeigtem Schnellmenü die Q-Taste einige Sekunden lang, um direkt zur Konfiguration des Schnellmenüs zu gelangen. In diesem Modus können Sie selbst festlegen, welche der zur Auswahl stehenden Einstellungen Sie auf jeden der 16 Shortcuts im Schnellmenü legen möchten. Dabei steht auch die Option KEINE zur Auswahl, mit der Sie das Schnellmenü verkleinern und übersichtlicher gestalten können.
- Um zu sehen, wo sich die Fn- und Touch Fn-Tasten befinden und wie sie belegt sind, drücken und halten Sie im Aufnahmemodus die DISP/BACK-Taste. In diesem Menü können Sie dann auch gleich die Belegung sämtlicher Fn- und Touch Fn-Tasten ändern.
- Um im Aufnahmemodus eine in einem Menü ausgewählte Funktion zu bestätigen, können Sie anstelle der MENU/OK-Taste auch einfach den Auslöser halb durchdrücken.
- Drücken Sie den Auslöser halb durch, um vom Wiedergabemodus direkt in den Aufnahmemodus zu wechseln.
- Drücken Sie den Auslöser halb durch, um eine laufende Bildvorschau (siehe EINRICHTUNG > DISPLAY-EINSTELLUNG > BILDVORSCHAU) abzubrechen und sofort weitere Aufnahmen machen zu können.
- Halten Sie den Auslöser einige Sekunden lang halb durchgedrückt, um die schlafende Kamera aus dem Energiesparmodus aufzuwecken.

- Drücken Sie im AF-S-Einzelpunkt-Modus oder MF-Modus das hintere Einstellrad, um den gewählten Fokussierrahmen im Live-View zu vergrößern. Drehen Sie anschließend das hintere Einstellrad, um zwischen den verschiedenen vorhandenen Vergrößerungsstufen zu wechseln. Alternativ können Sie den vergrößerten Teil im Live-View auch ändern, indem Sie mit dem Fokus-Stick direkt zu einem anderen Fokussierrahmen springen. Bitte beachten Sie, dass dieses Vergrößerungswerkzeug standardmäßig der Fn-Taste des hinteren Einstellrades zugewiesen ist. Sie können für die Taste natürlich eine andere Funktion konfigurieren, aber dann steht Ihnen dieser praktische Zoom-Shortcut nicht mehr zur Verfügung.

- Drücken und halten Sie im MF-Modus das hintere Einstellrad, um zwischen den verfügbaren manuellen Fokushilfen zu wechseln. Zur Auswahl stehen digitales Schnittbild, Focus Peaking, digitales Mikroprisma und ein Standardbild ohne MF-Assistenz.

- Drücken und halten Sie im Aufnahmemodus den Fokus-Stick, um direkt zu den zugehörigen Optionen zu gelangen. Sie haben hier die Wahl, den Fokus-Stick ganz abzuschalten, ihn nur auf Druck zu aktivieren oder ihn stets funktionsbereit zu halten. In diesem Buch gehen wir von der zuletzt genannten Option (AN) aus, d. h. der Fokus-Stick ist immer direkt einsatzbereit.

- Wenn Sie im Aufnahmemodus den Fokus-Stick drücken, rufen Sie den Bildschirm FOKUSSIERBEREICH auf. Hier können Sie den aktiven Fokussierrahmen oder die aktive Fokussierzone mit dem Fokus-Stick verschieben und deren Größe durch Drehen eines der Einstellräder ändern. Drücken Sie den Fokus-Stick in diesem Modus erneut, um das Fokusfeld bzw. die Fokuszone zu zentrieren.

- Auf dem Bildschirm FOKUSSIERBEREICH, der durch Drücken des Fokus-Sticks aufgerufen wird, können Sie das AF-Feld bzw. die AF-Zone außerdem mit den vier Richtungstasten verschieben. Drücken Sie die DISP/BACK-Taste, um die Position des AF-Felds oder der AF-Zone in die Mitte zurückzusetzen. Die Größe eines AF-Feldes bzw. einer AF-Zone können Sie durch Drehen eines der beiden Einstellräder ändern. Zum Wiederherstellen der Standardgröße von AF-Feld oder AF-Zone drücken Sie einfach auf eines der Einstellräder.

- Wenn Sie den Fokus-Stick im Aufnahmemodus direkt in eine der acht möglichen Richtungen bewegen, können Sie das aktive Fokusfeld bzw. die aktive Fokuszone unmittelbar verschieben, jedoch nicht ihre Größe ändern. Zum Ändern der Feldgröße müssen Sie den Fokus-Stick kurz drücken, um zur eigentlichen Auswahl des Fokussierbereichs zu gelangen.
- Benutzen Sie das vordere Einstellrad, um im Wiedergabemodus rasch durch die aufgenommenen Bilder zu blättern.
- Drehen Sie im Wiedergabemodus das hintere Einstellrad, um in ein Bild hineinzuzoomen. Mit DISP/BACK gelangen Sie dabei zurück zur Vollansicht. Drücken Sie im Wiedergabemodus das hintere Einstellrad, um direkt zu einer auf 100 % vergrößerten Ansicht der gerade betrachteten Aufnahme zu gelangen. Befinden Sie sich bereits in einer vergrößerten oder verkleinerten Bildansicht bzw. -übersicht, kehren Sie mit einem weiteren Druck auf das hintere Einstellrad direkt zur regulären Vollansicht der ausgewählten Aufnahme zurück.
- Drücken Sie im Wiedergabemodus die Q-Taste, um den eingebauten RAW-Konverter direkt aufzurufen. Dort können Sie weitere JPEG-Abzüge Ihrer RAW-Datei erstellen und zahlreiche Aufnahmeparameter nachträglich ändern.
- Drücken Sie im Wiedergabemodus die obere Richtungstaste, um die erste von zwei Bildschirmseiten mit erweiterten Bildinformationen und dem bei der Aufnahme aktiven Fokuspunkt (grünes Kreuz) anzuzeigen. Diese Funktion steht in der Favoritenansicht nicht zur Verfügung.
- Der Fokus-Stick kann im Wiedergabemodus alternativ zum Steuerkreuz und zur MENU/OK-Taste verwendet werden.
- Drücken und halten Sie im Wiedergabemodus die Wiedergabetaste, um bei der Verwendung von zwei Speicherkarten das Speicherkartenfach zu wechseln.

- Drücken und halten Sie die LÖSCHTASTE (Papierkorbsymbol) für etwa drei Sekunden und drücken Sie dann bei weiterhin gedrückter LÖSCHTASTE das hintere Einstellrad, um direkt zum Menü für die Speicherkartenformatierung zu gelangen.

TIPP 31 Empfohlene Belegung der Fn-Tasten

Eine sinnvolle Belegung der Fn- und Touch Fn-Tasten Ihrer X-T3 erspart Ihnen unnötige und umständliche Aufrufe des Kameramenüs. Um die Belegung der Fn-Tasten der Kamera in einem Aufwasch anzuzeigen und zu verändern, drücken und halten Sie die DISP/BACK-Taste im Aufnahmemodus so lange gedrückt, bis das Konfigurationsmenü FUNKTIONEN (Fn) erscheint.

Hier lesen Sie meine empfohlene Fn- und Touch Fn-Tastenbelegung:

- **Fn1: HISTOGRAMM.** Ihre X-T3 verfügt über ein RGB-Live-Histogramm, das unter anderem Live-Überbelichtungswarnungen (auch »Blinkies« genannt) anzeigt. Die einzige Möglichkeit, auf diese wichtige Funktion zuzugreifen, ist die Verwendung einer Fn- oder Touch Fn-Taste. Eine solche Zuweisung müssen Sie also in jedem Fall vornehmen. Persönlich verwende ich Fn1.

- **Fn2: WASSERWAAGE.** Zusätzlich zur normalen einachsigen Anzeige bietet die X-T3 eine zweiachsige elektronische Wasserwaage. Diese Anzeige hilft Ihnen, die Kamera richtig auszurichten, um stürzende vertikale Linien zu vermeiden. Dies ist vor allem beim Arbeiten im urbanen Umfeld und bei Architekturaufnahmen sinnvoll. Wie das RGB-Histogramm ist auch diese Funktion nur über eine Fn- oder Touch Fn-Taste zugänglich.

- **Fn3: AF-C BENUTZERDEF. EINST.** Die benutzerdefinierten AF-C-Einstellungen ermöglichen die Feinabstimmung der X-T3 in Bezug auf Action-Bilder und alle Aufnahmesituationen mit sich bewegenden Motiven. In solchen Situationen muss es in der Regel schnell gehen, sodass ich auf dieses Menü über eine Fn-Taste direkt zugreifen möchte.

- **Fn4: SPORT-SUCHER-MODUS.** Diese Funktion reduziert den Bildbereich auf einen Ausschnitt von etwas mehr als 16 MP. Dies kann sich bei Sport-

und Actionszenen mit Motiven, die sich schnell bewegen oder abrupt erscheinen, als nützlich erweisen. Alternativ weise ich dieser Fn-Taste die Funktion **ISO** zu, um direkt auf die AUTO-ISO-Einstellungen zugreifen zu können.

- **Fn5: DYNAMIKBEREICH.** Die DR-Funktion ist bei Kameras von Fujifilm besonders leistungsfähig, deshalb habe ich sie gern in Griffweite. Mit dem transparenten Menü kann man die Wirkung der unterschiedlichen Einstellungen (DR100%, DR200%, DR400%) zudem sofort im Live-View sehen.
- **Fn6: GESICHTSAUSWAHL.** Seit Firmware Version 3.00 können Sie mit der Funktion GESICHTSAUSWAHL (mit der die Gesichtserkennung automatisch aktiviert wird) eines von mehreren erkannten Gesichtern auswählen. Wenn nicht das gewünschte, sondern ein anderes Gesicht ausgewählt wurde, können Sie zur Korrektur den Fokus-Stick in die gewünschte Richtung bewegen.
- **Touch-Fn1: DRIVE-EINSTELLUNG.** Über eine Fn- oder Touch Fn-Taste auf das Menü mit den DRIVE-Optionen zugreifen zu können, ist von Vorteil, da dieses Menü im Gegensatz zum normalen Menü kontextsensitiv ist und nur DRIVE-Optionen anzeigt, die für den aktuell mit dem DRIVE-Einstellrad ausgewählten DRIVE-Modus gelten. Wenn Sie beispielsweise im DRIVE-Modus CH T-Fn1 betätigen, werden nur Optionen angezeigt, die die schnelle Serienaufnahme CH betreffen.
- **Touch-Fn2: LEISTUNG.** Mit dieser Taste können Sie schnell zwischen dem normalen und dem Boost-Modus umschalten. Wenn Sie allerdings den Vertical Battery Grip verwenden, der über einen eigenen Boost-Umschalter verfügt, wird diese Funktion überflüssig, sodass wir die Taste anderweitig nutzen können – etwa zum Aufrufen des Menüs EINSTELLUNG BLITZFUNKTION, für AUTO-ISO-Einstellungen oder die TTL-SPERRE.
- **Touch-Fn3: WEISSABGLEICH.** T-Fn3 gehört zu den Tasten, die ich als eine Art »Platzhalter« verwende, um ihr jeweils eine Funktion zuzuweisen, die für eine bestimmte Aufgabe erforderlich ist. Meine aktuelle Standardeinstellung ist WEISSABGLEICH.

- **Touch-Fn4: GESICHTSERKENNUNG EIN/AUS.** Auch diese Funktion habe ich gerne schnell zur Hand, um die Gesichts- und Augenerkennung bei Bedarf (aber auch nur dann) ohne Umwege aktivieren und anschließend genauso schnell wieder ausschalten zu können.
- **AF-L & AE-L: AF-ON und BEL.VORSCHAU WEISSABGLEICH MAN.** Die AF-L- und AE-L-Tasten fungieren bei der X-T3 auch als Fn-Tasten, können also bei Bedarf umgewidmet werden. Allerdings tendiere ich nicht dazu, die Zuweisung *radikal* zu ändern, sondern konfiguriere die AF-L-Taste lediglich mit der Funktion AF-ON (sogenanntes »Back-Button Focusing«). Und weil ich mehr als 95 % meiner Bilder im manuellen Belichtungsmodus aufnehme (in dem das AE-Lock bedeutungslos ist), weise ich gleich noch der AE-L-Taste die Funktion BEL.VORSCHAU WEISSABGLEICH MAN. zu.
- **Hinteres Einstellrad: FOKUSKONTROLLE.** Auch das hintere Einstellrad fungiert gleichzeitig als Fn-Taste. Werkseitig voreingestellt ist hier die FOKUSKONTROLLE, mit der Sie in das Live-View-Bild auf dem elektronischen Sucher oder LCD-Monitor zoomen können. Da es sich hierbei um eine ebenso wichtige wie komfortable Funktion handelt, rate ich davon ab, diese Standardzuordnung zu ändern. Beachten Sie, dass alle in diesem Buch beschriebenen Tipps ggf. davon ausgehen, dass FOKUSKONTROLLE als Tastenfunktion für das hintere Einstellrad konfiguriert ist.

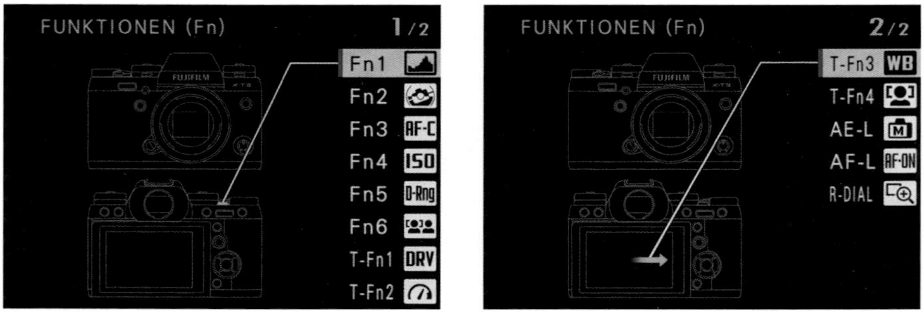

Abbildung 35: So weit also die **Fn-Tastenbelegung meiner X-T3**. Zum Umkonfigurieren der Fn-Tasten Ihrer Kamera halten Sie die DISP/BACK-Taste gedrückt, bis die Konfigurationsseite erscheint.

Empfohlene Konfiguration für MEIN MENÜ und das Schnellmenü — TIPP 32

Für einen unkomplizierten und ungestörten Aufnahmevorgang ist es wichtig, den leicht zugänglichen Fn-Tasten häufig verwendete Funktionen zuzuweisen. Allerdings ist die Anzahl der verfügbaren Tasten beschränkt. Zum Glück gibt es auch noch MEIN MENÜ und das Schnellmenü (Q-Taste). Hiermit können Sie schnell auf häufig verwendete Funktionen und Menüs zugreifen, die Sie den Funktionstasten nicht mehr zuweisen konnten.

- Um **MEIN MENÜ** zu konfigurieren, wählen Sie EINRICHTUNG > BENUTZER-EINSTELLUNG > MEINE MENÜ-EINSTELLUNG aus. Hier können Sie neue Elemente hinzufügen, die Anordnung der vorhandenen Elemente neu sortieren oder Elemente aus dem Menü entfernen.
- Um das **Schnellmenü** zu konfigurieren, halten Sie die Q-Taste gedrückt, bis die Konfigurationsseite für das Schnellmenü angezeigt wird. Hier können Sie jedes der 16 Elemente ändern und entweder eine neue Funktion oder gar keine Funktion (KEINE) zuweisen.

Die folgenden Abbildungen zeigen die Einstellungen für MEIN MENÜ und das Schnellmenü auf meiner X-T3. Wie immer gilt: Statt diese Einstellung zu übernehmen, können Sie eine Konfiguration erstellen, die zu Ihrer ganz eigenen Arbeitsweise passt.

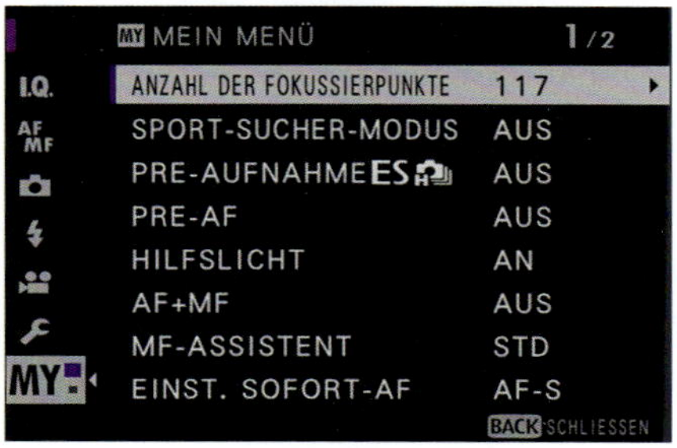

Abbildung 36: MEIN MENÜ umfasst auf meiner X-T3 wie auch auf anderen aktuellen Kameras der X-Serie zwei Menüseiten mit insgesamt 16 möglichen Einträgen. Auf der ersten Seite habe ich alle Funktionen versammelt, mit denen ich die Autofokuskonfiguration schnell kontrollieren und ggf. ändern kann.

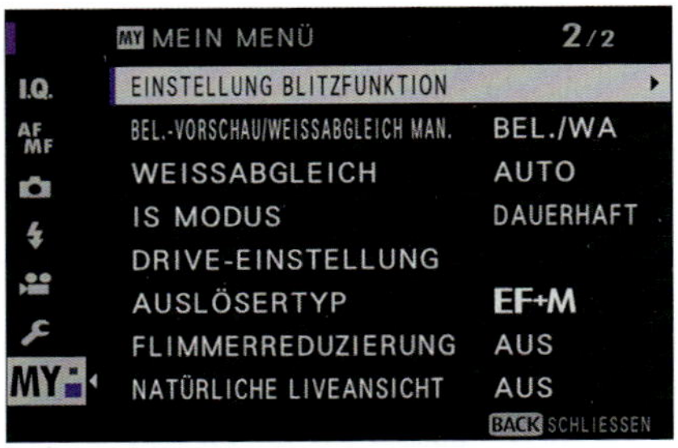

Abbildung 37: Die zweite **MEIN MENÜ**-Seite ist bei mir für Belichtungseinstellungen und allgemeine Parameter wie den OIS-Modus, den Verschlusstyp, die Blitzkonfiguration und die Optionen für die verschiedenen DRIVE-Modi reserviert.

Das Menü für den OIS-Modus ist nur verfügbar, wenn ein Objektiv mit OIS mit der Kamera verbunden ist. Ähnlich muss der manuelle Belichtungsmodus M aktiviert werden, um auf die Einstellung BEL.-VORSCHAU/WEISSABGLEICH MAN. zugreifen zu können.

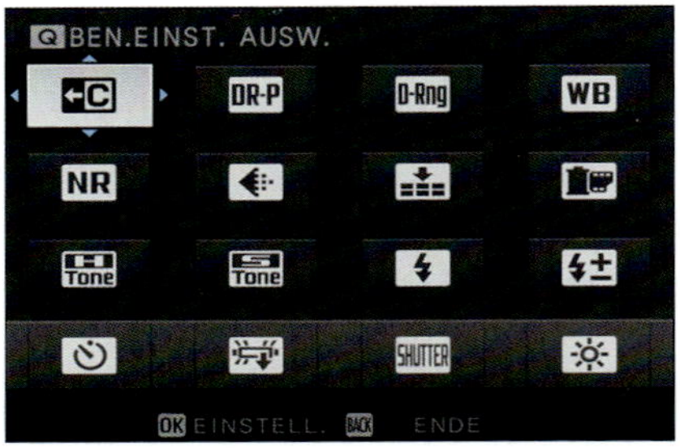

Abbildung 38: Auf der **Schnellmenü**-Seite meiner X-T3 habe ich die Werkseinstellungen zum großen Teil übernommen. Ich achte immer darauf, dass ich aus diesem Menü heraus direkt auf den Blitzmodus und die Blitzbelichtungskorrektur zugreifen kann. Außerdem brauche ich möglichst direkten Zugang zum Verschlusstyp und zur Flimmererkennung. Weil ich umgekehrt die Elemente FARBE und SCHÄRFE eher selten benötige, habe ich sie durch die Elemente zur Blitzkonfiguration ersetzt.

TIPP 33 Verwenden Sie stets FINE+RAW oder NORMAL+RAW!

Sollten Sie nun im RAW- [26] oder im JPEG-Format [27] fotografieren? Keine Frage: Am besten in beiden! Hierzu legen Sie im Aufnahmemenü unter BILDQUALITÄTS-EINSTELLUNG > BILDQUALITÄT > FINE+RAW (oder

NORMAL+RAW) fest. Dies gilt unabhängig davon, ob Sie sich selbst als eingefleischten RAW- oder JPEG-Shooter betrachten.

RAW-Shooter erhalten mit FINE+RAW und NORMAL+RAW folgende Vorteile:

- Das JPEG kann bei einer externen RAW-Entwicklung als Referenz dienen, die es zu schlagen gilt.
- Eine Fokuskontrolle in der 100-%-Ansicht ist nur mit einem JPEG-Vollbild möglich. Das in der RAW-Datei eingebettete JPEG ist dafür leider zu klein. Sie benötigen also ein zusätzliches hochauflösendes JPEG, um kritische Schärfe im Wiedergabemodus sicher beurteilen zu können. Achten Sie deswegen darauf, dass im Aufnahmemenü unter BILDQUALITÄTS-EINSTELLUNG > BILDGRÖSSE eine Option ausgewählt ist, die mit einem L (wie »Large«) beginnt.
- Das BILDGRÖSSE-Menü steht im reinen RAW-Modus nicht zur Verfügung. Die Aufnahmeformate 1:1 und 16:9 können folglich nur in den JPEG-Modi oder in FINE+RAW (bzw. NORMAL+RAW) ausgewählt werden. Autofokus und Belichtungsmessung der Kamera richten sich nach dem eingestellten Bildformat und liefern damit bessere und zuverlässigere Resultate. Keine Angst: Das RAW-Bild wird dennoch in voller Auflösung und im nativen Format (bei der X-T3 also 3:2) aufgezeichnet, sodass Sie den Beschnitt später jederzeit ändern können.

JPEG-Shooter erhalten mit FINE+RAW und NORMAL+RAW folgende Vorteile:

- Niemand kann die Belichtung, den Weißabgleich sowie alle JPEG-Parameter (Farbe, Filmsimulation, Schärfe, Rauschunterdrückung, Schatten- und Lichterkontraste, Korneffekt) und den Dynamikbereich für jede Aufnahme im Vorfeld *exakt* bestimmen und optimal einstellen. FINE+RAW löst dieses Problem, da Sie die genannten Einstellungen auch im Nachhinein jederzeit korrigieren oder ändern können – entweder mithilfe des in der Kamera eingebauten RAW-Konverters oder einer externen RAW-Konvertierungssoftware. Sie können sich beim Fotografieren also auf die wesentlichen Dinge konzentrieren und müssen sich weniger Gedanken um die JPEG-Einstellungen machen.

- Selbst wenn Sie die optimalen Einstellungen bereits im Vorfeld kennen, könnte es sein, dass Sie von einer Aufnahme mehr als nur eine einzige Version haben möchten – etwa eine Farb- und eine Schwarz-Weiß-Version oder eine weitere Version mit weniger Rauschunterdrückung oder mit einer anderen Filmsimulation. Auch hier helfen FINE+RAW und NORMAL+RAW, da Sie mit dem eingebauten RAW-Konverter jederzeit weitere Varianten einer Aufnahme erzeugen oder miteinander vergleichen können.

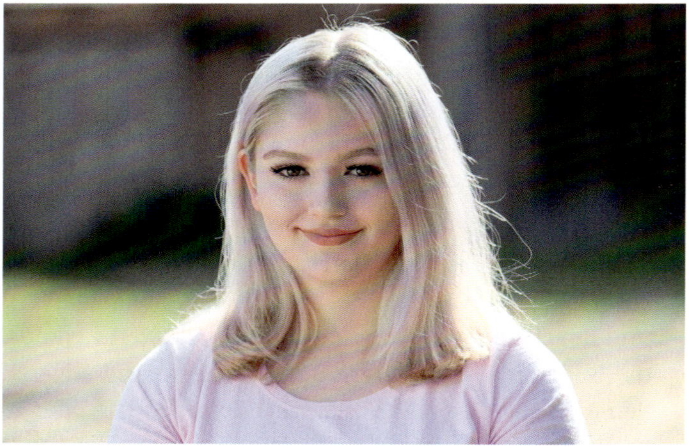

Abbildung 39:
Die X-T3 verfügt über einen **integrierten RAW-Konverter,** mit dem Sie schnell verschiedene JPEG-Versionen einer Aufnahme erstellen können. Es dauert nur wenige Sekunden, um Belichtung, Kontrasteinstellungen und Rauschunterdrückung für ein Farbbild zu ändern (oben) oder eine Schwarz-Weiß-Variante zu erstellen (unten). Alles, was Sie brauchen, ist die RAW-Datei der Aufnahme.

- Der Fortschritt im Digitalbereich macht keine Pause: Was heute noch unmöglich erscheint, kann in einigen Jahren Wirklichkeit sein. Es ist durchaus möglich, dass dann einfach zu bedienende RAW-Konverter zur Verfügung stehen, die aus Ihren RAW-Dateien deutlich mehr herausholen können, als es Ihre Kamera oder ein externer Konverter heute vermögen. Allein für diese Eventualität ist es sinnvoll, die RAW-Dateien Ihrer Aufnahmen zu behalten und zu archivieren. Speicherplatz ist schließlich ausgesprochen günstig.
- Nicht nur die Technik, auch Ihre Fähigkeiten als Fotograf entwickeln sich weiter. Selbst wenn Sie heute der Meinung sind, dass eine externe RAW-Entwicklung mit einem Programm wie Lightroom für Sie nicht infrage kommt, muss das nicht für alle Zeiten gelten. In einem Jahr sieht vielleicht schon alles anders aus. Wäre es nicht schade, wenn Sie dann keinen Zugriff mehr auf die digitalen Negative Ihrer früheren Aufnahmen hätten, sondern mit komprimierten JPEGs und deren begrenztem Bearbeitungsspielraum vorliebnehmen müssten? Bedenken Sie: Nur RAW-Dateien enthalten wirklich alle vom Sensor aufgezeichneten Bildinformationen – sie sind das digitale Negativ. JPEGs sind dagegen digitale Abzüge: Sie bilden lediglich einen Ausschnitt der RAW-Daten ab und sind dabei nicht verlustfrei komprimiert. RAW-Dateien verfügen deshalb auch über einen deutlich größeren Dynamik- und Tonwertumfang als die JPEG-Resultate. Der eingebaute RAW-Konverter ist übrigens nicht komplizierter oder schwieriger zu bedienen als die JPEG-Einstellungen im Aufnahmemenü, die Sie als eingefleischter JPEG-Shooter ohnehin beherrschen sollten, da Ihre Aufnahmen sonst nicht das Niveau der Kameragrundeinstellungen verlassen.

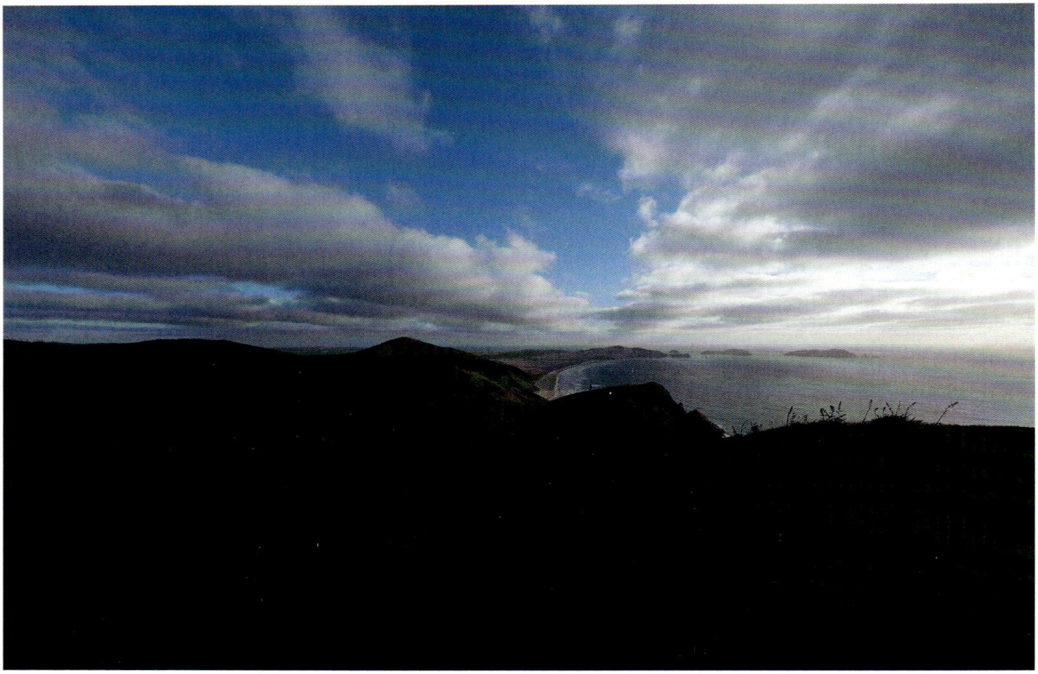

Abbildung 40: Die Kameras der X-Serie verfügen über leistungsstarke JPEG-Engines mit tollen Filmsimulationen, aber das bedeutet nicht, dass **die ausschließliche Verwendung von JPEG-Aufnahmen** der beste Weg wäre. Diese JPEG-Aufnahme wurde mit der PRO NEG. HI-Filmsimulation bearbeitet, und auch wenn Sie meinen, dass Sie genau dieses Ergebnis erzielen wollten, veranschaulicht es deutlich den begrenzten Dynamikumfang von direkt von der Kamera stammenden JPEG-Dateien, die oft kontrastreiche Szenen mit überzeichneten Lichtern und/oder unterbelichteten Schatten wiedergeben. Unschön ist, dass es keine sinnvolle Möglichkeit gibt, bei der JPEG-Bearbeitung verloren gegangene Informationen wiederherzustellen. Und deswegen müssen wir stattdessen die RAW-Datei der Aufnahme für die Weiterverarbeitung verwenden.

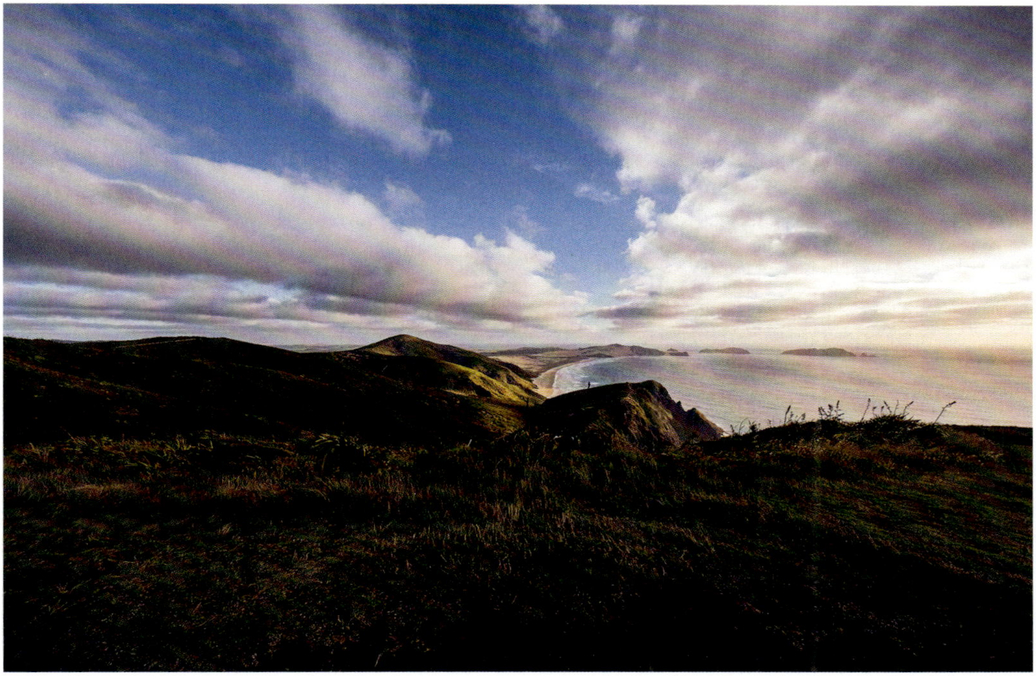

Abbildung 41: Hierbei handelt es sich um eine **in Lightroom bearbeitete Version** der RAW-Datei der vorherigen Aufnahme. Der überlegene Dynamikumfang der ursprünglichen Sensordaten der Kamera ist auf den ersten Blick ersichtlich. Trotz ihrer geringen Größe und ihres erschwinglichen Preises bietet Ihre Fujifilm APS-C-Kamera einen Dynamikumfang, der mit dem diverser aktueller Kleinbildkameras von Canon und Leica konkurriert oder diesen sogar übertrifft. Sie benötigen allerdings immer die RAW-Datei, um dieses Potenzial zu erschließen.

Sie sehen: Ganz gleich, ob Sie RAW- oder JPEG-Shooter sind, mit FINE+RAW liegen Sie bei der X-T3 immer richtig. Natürlich haben die Modi FINE+RAW und NORMAL+RAW zumindest theoretisch auch einen Nachteil: Es fallen größere Datenmengen an. In der Praxis fällt dies jedoch kaum ins Gewicht, da Ihre Kamera in der Lage ist, auch große Datenmengen flink auf die Speicherkarte zu übertragen. Sie müssen ihr lediglich eine schnelle Speicherkarte gönnen. Sparen Sie hier bitte nicht am falschen Ende!

Lassen Sie mich an dieser Stelle noch mit einem weit verbreiteten Missverständnis aufräumen: RAW-Dateien sind keine Bilder, die man sich direkt ansehen kann. Es handelt sich vielmehr um *Daten,* die von der Kamera oder einer externen Software erst in ein Bild *übersetzt* oder *entwickelt* werden müssen. Jedes digitale Bild – von der Echtzeitvorschau im Live-View über das 8-Bit-JPEG aus der Kamera bis hin zur 16-Bit-TIFF-Datei aus Lightroom – ist solch eine Übersetzung oder Interpretation.

Als JPEG-Shooter, der die RAW-Datei nicht aufzeichnet, legen Sie sich bereits im Vorfeld auf eine einzige Interpretation fest, ohne dass Sie vorher wirklich wissen können, ob es sich dabei um die beste aller Möglichkeiten handelt. Ohne RAW-Datei mutiert Ihre X-Kamera somit zu einer digitalen Sofortbildkamera, die von jeder Aufnahme nur ein einziges fertiges Ergebnis ausspuckt, mit dem Sie fortan leben müssen.

TIPP 34 **Komprimierte oder unkomprimierte RAW-Dateien?**

Die X-T3 kann RAW-Dateien komprimiert oder unkomprimiert aufzeichnen (Aufnahmemenü > BILDQUALITÄTS-EINSTELLUNG > RAW-AUFNAHME). Die Komprimierung reduziert die Größe der RAW-Dateien um etwa die Hälfte, sodass mehr Bilder auf der Speicherkarte oder Festplatte Platz finden. Die Komprimierung beschleunigt außerdem die Kamera: Es dauert länger, bis der Pufferspeicher voll ist, und die kleineren Dateien werden schneller auf die Speicherkarte übertragen.

Bitte beachten Sie, dass Fujifilms RAW-Komprimierung verlustfrei erfolgt, sodass komprimierte und unkomprimierte RAW-Dateien dieselbe Bildqualität aufweisen. Allerdings unterstützen nicht alle RAW-Konverter Fujis proprietäres Kompressionsformat. RAW-Konverter-Hersteller haben jedoch die Möglichkeit, das Format über die Einbindung eines kostenlosen SDK zu unterstützen.

Windows-Benutzer sollten immer die neueste Version von RAW FILE CONVERTER EX installieren – selbst dann, wenn sie nie beabsichtigen, sie zu verwenden. Diese Software ist als kostenloser Download verfügbar [28]. Mit ihr wird ein Codec installiert, der es Windows ermöglicht, Miniaturansichten von verlustfrei komprimierten Fuji-RAW-Dateien an beliebiger Stelle auf Ihrem PC anzuzeigen.

Geeignetes Bildformat auswählen

TIPP 35

Die volle Sensorauflösung der X-T3 (ca. 26 Megapixel) steht ausschließlich im Bildformat 3:2 zur Verfügung. Dennoch kann es sich anbieten, in einem anderen Bildformat (16:9 oder 1:1) zu fotografieren, um etwa Ergebnisse auf einem 16:9-Fernseher darzustellen. Und auch das von Mittelformatkameras bekannte quadratische 1:1-Format hat viele Anhänger.

Ganz gleich, welches Bildformat und welche Auflösung Sie im Aufnahmemenü mit BILDQUALITÄTS-EINSTELLUNG > BILDGRÖSSE einstellen: Die Einstellung gilt immer nur für das bei der Aufnahme erzeugte JPEG, die Kamera zeichnet die zum JPEG gehörende RAW-Datei also stets mit voller Auflösung im 3:2-Format auf. Sie verlieren folglich nichts und können jederzeit mithilfe des eingebauten (oder eines externen) RAW-Konverters weitere JPEGs Ihrer Aufnahmen in voller Auflösung und im 3:2-Format erstellen. Dies gilt freilich nur dann, wenn Sie die RAW-Aufzeichnung bei BILDQUALITÄTS-EINSTELLUNG > BILDQUALITÄT nicht ausgeschaltet haben.

Wenn Sie Aufnahmen im Format 16:9 oder 1:1 erstellen möchten, sollten Sie das entsprechende Bildformat im Kameramenü einstellen. Denn:

- Der Bildausschnitt im Sucher wird an das gewählte Format angepasst und erleichtert Ihnen die Bildkomposition.
- Die Autofokusfelder passen sich an das gewählte Bildformat an.
- Die Belichtungsmessung der Kamera basiert auf dem angezeigten Live-View-Bild. Eine auf 16:9 oder 1:1 beschnittene Live-View-Anzeige liefert somit eine genauere Belichtungsmessung, da außerhalb des angezeigten Formats liegende Motivteile nicht in die Belichtungsmessung (und das Live-Histogramm) einfließen.

Machen Sie ruhig halbe Sachen!

TIPP 36

Eine Grundregel, um erfolgreich mit digitalen Kameras zu arbeiten, besteht darin, die Zeitverzögerung zwischen dem Drücken des Auslösers und dem Moment, in dem das Bild aufgenommen wird, so gering wie möglich zu halten. Es gilt, den entscheidenden Augenblick nicht zu verpassen.

Entwickeln Sie deswegen für solche Momente ein instinktives Gespür. Indem Sie den Auslöser halb durchdrücken, bringen Sie die Kamera quasi »in Position«: Belichtung und Autofokus werden ermittelt und gespeichert und die Blende fährt im Objektiv auf ihre eingestellte Arbeitsposition (Arbeitsblende). Nun ist die Kamera für die Aufnahme bereit, es fehlt nur noch das Auslösen des Verschlusses im richtigen Moment. Und genau das macht Ihre X-T3, wenn Sie den bereits angedrückten Auslöser ganz durchdrücken, und zwar mit minimaler Zeitverzögerung – der Augenblick ist festgehalten.

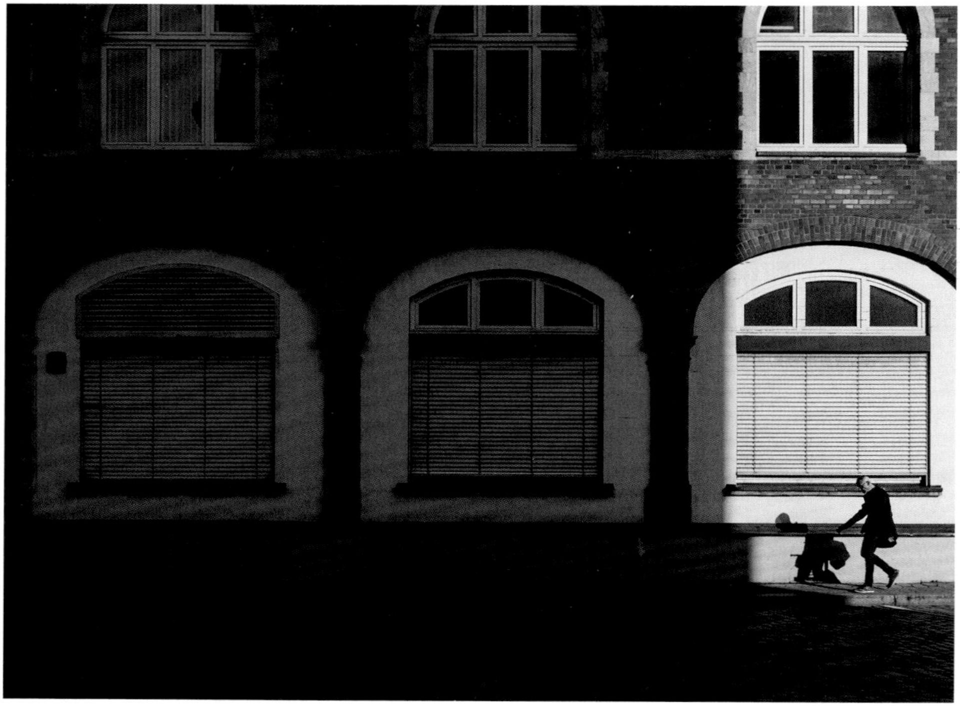

Abbildung 42: Damit Ihre Kamera im entscheidenden Moment bereit ist, sollten Sie sie startklar machen, indem Sie **den Auslöser zur Hälfte durchdrücken**.

Bitte vergessen Sie nicht, dass das halbe Durchdrücken des Auslösers nur dann die gewünschte Wirkung zeigen kann, wenn AUSLÖSER AE und AUSLÖSER AF im Menü EINRICHTUNG > TASTEN/RAD-EINSTELLUNG für AF-S und AF-C eingeschaltet sind.

2.2 BILDSCHIRM UND SUCHER

Die X-T3 besitzt einen hochauflösenden elektronischen Sucher (Electronic View Finder, EVF) und einen berührungsempfindlichen LCD-Bildschirm, die beide sowohl zur Festlegung des Bildausschnitts im Aufnahmemodus als auch zum Betrachten von Bildern im Wiedergabemodus verwendet werden können.

Verwenden Sie den Augensensor! TIPP 37

Aktivieren Sie den Augensensor mit der VIEW MODE-Taste, und zwar jeweils getrennt im Aufnahme- und Wiedergabemodus. Die Kamera wechselt nun sowohl bei der Bildaufnahme als auch bei der Wiedergabe automatisch zwischen EVF und LCD-Bildschirm.

Wenn Sie mit einem Stativ arbeiten oder die Kamera sehr nah am Körper halten, kann dies den Augensensor verwirren. In solchen Fällen drücken Sie die VIEW MODE-Taste so oft, bis die Kamera sich im Modus NUR LCD befindet.

Schnelle Bildvorschau TIPP 38

Um eine Aufnahme unmittelbar nach dem Drücken des Auslösers zu kontrollieren, können Sie die Bildvorschau aktivieren. Wählen Sie hierzu EINRICHTUNG > DISPLAY-EINSTELLUNG > BILDVORSCHAU und dann die gewünschte Anzeigedauer (0,5 SEK, 1,5 SEK oder DAUERND). Die Bildvorschau erfolgt in der ausgewählten Anzeige (LCD oder EVF), wechselt bei aktivem Augensensor aber automatisch mit, wenn Sie die Kamera vom oder ans Auge nehmen.

Sie können die eingeblendete Bildvorschau jederzeit abbrechen und weiterfotografieren, indem Sie den Auslöser kurz antippen. In der Einstellung DAUERND stehen Ihnen außerdem die Zoomfunktionen zur Verfügung, um mithilfe des hinteren Einstellrades den Bildausschnitt zu vergrößern und ihn mit den Richtungstasten oder dem Fokus-Stick zu verschieben. Durch

Drücken des hinteren Einstellrads können Sie die maximale Vergrößerung direkt aufrufen.

In Situationen, in denen Sie schnell hintereinander mehrere Aufnahmen machen möchten, können Sie auf die schnelle Bildvorschau verzichten, um Ihren Arbeitsfluss nicht zu unterbrechen. Wählen Sie hierzu EINRICHTUNG > DISPLAY-EINSTELLUNG > BILDVORSCHAU > AUS. Sie können eine gerade gemachte Aufnahme auch bei ausgeschalteter Bildvorschau jederzeit durch Drücken der Wiedergabetaste kontrollieren.

Denken Sie wie immer daran, dass eine maximale Vergrößerungsansicht (und somit eine optimale Schärfekontrolle) nur dann möglich ist, wenn die Kamera neben der RAW-Datei *auch* JPEGs in der Größe L aufzeichnet.

Durch wiederholtes Drücken der VIEW MODE-Taste können Sie einen anderen Bildvorschaumodus namens AUGENSENSOR + LCD-BILDSCHIRM aktivieren. Wenn Sie in diesem Ansichtsmodus eine Aufnahme mit dem EVF machen und die Kamera dann sofort vom Auge entfernen, können Sie das gerade aufgenommene Bild für den im Menü EINRICHTUNG > DISPLAY-EINSTELLUNG > BILDVORSCHAU festgelegten Zeitraum im LCD-Display auf der Rückseite betrachten. Dieser Modus wurde auf Wunsch früherer DLSR-Anwender entwickelt, die auf eine etwas zweifelhafte Angewohnheit einfach nicht verzichten wollten: eine mit dem Sucher gemachte Aufnahme sofort auf dem hinteren LCD-Display zu betrachten. Natürlich können Sie bei spiegellosen EVF-Kameras Ihre letzte Aufnahme einfach im elektronischen Sucher betrachten. Der EVF zeigt das Bild größer, mit höherer Auflösung und ohne Beeinträchtigung durch das Umgebungslicht an. Sie müssen die Kamera nicht mehr nach jeder Aufnahme vom Auge entfernen und sparen so Zeit und Aufwand. Allerdings kann die »DSLR-Methode« für diejenigen nützlich sein, die nicht jede Aufnahme einzeln kontrollieren, sondern sich gezielt bestimmte Bilder ansehen möchten.

TIPP 39 Die Tücken der DISP/BACK-Taste

Die DISP/BACK-Taste erfüllt eine doppelte Funktion:

- Als BACK-Taste ermöglicht sie bei Kamera- und Menüeinstellungen die Rückkehr von einer tieferen auf die nächsthöhere Auswahlebene, ohne eventuell geänderte Einstellungen zu übernehmen. Sie ist quasi das Gegenstück zur OK-Taste, die vorgenommene Einstellungen bestätigt und übernimmt (und als MENU-Taste ebenfalls eine doppelte Funktion erfüllt).

- Als DISPLAY-Taste ändert die Taste den Ansichtsmodus der gerade aktiven Anzeige (Bildschirm oder Sucher).

Man kann gar nicht oft genug darauf hinweisen, dass sich der Wechsel des Ansichtsmodus immer nur auf die gerade aktive Anzeige bezieht. Wenn Sie also den Ansichtsmodus des elektronischen Suchers ändern möchten, muss der elektronische Sucher aktiv sein, während Sie die DISP/BACK-Taste drücken – am besten, indem Sie bei aktiviertem Augensensor durch den EVF schauen, während Sie die Taste betätigen, um zwischen den verschiedenen Ansichten zu wechseln. Bitte beachten Sie, dass EVF und LCD im Aufnahmemodus unterschiedliche Ansichtsmodi besitzen können. Im Wiedergabemodus haben EVF und LCD hingegen immer synchron den gleichen Ansichtsmodus.

Welche Elemente und Anzeigen konkret erscheinen, können Sie selbst festlegen. Wählen Sie hierzu EINRICHTUNG > DISPLAY-EINSTELLUNG > DISPLAY EINSTELL. und markieren dann die Elemente in der Liste, die Sie gerne sehen möchten, bzw. wählen jene ab, die Sie nicht sehen wollen. Ich persönlich aktiviere alle verfügbaren Kästchen mit Ausnahme von LIVEANS. GLANZLICHTALARM.

WYSIWYG: What You See Is What You Get! TIPP 40

EVF und LCD-Bildschirme spiegelloser Kameras operieren normalerweise im WYSIWYG-Modus [29]. Die Abkürzung steht für »What You See Is What You Get« und bedeutet, dass Bildschirm und Sucher stets versuchen, ein möglichst genaues Abbild [10] des endgültigen JPEG-Bildergebnisses darzustellen. EVF und LCD-Display simulieren im Live-View die Belichtung, die Farben, den Kontrast und den Weißabgleich. Bei halb durchgedrücktem Auslöser stellt die Kamera die gewählte Arbeitsblende ein und zeigt in der Anzeige somit auch eine Vorschau der zu erwartenden Schärfentiefe.

Die Belichtungssimulation der Anzeige ist sehr hilfreich, da Belichtungsprobleme hiermit erkannt und korrigiert werden können, *bevor* Sie die Aufnahme machen. Das Live-Histogramm basiert dabei stets auf dem Inhalt des im Live-View angezeigten Vorschaubilds.

Die Belichtungssimulation steht in allen vier Belichtungsmodi – Programmautomatik **P**, Zeitautomatik **A**, Blendenautomatik **S** und manueller Modus **M** – zur Verfügung.

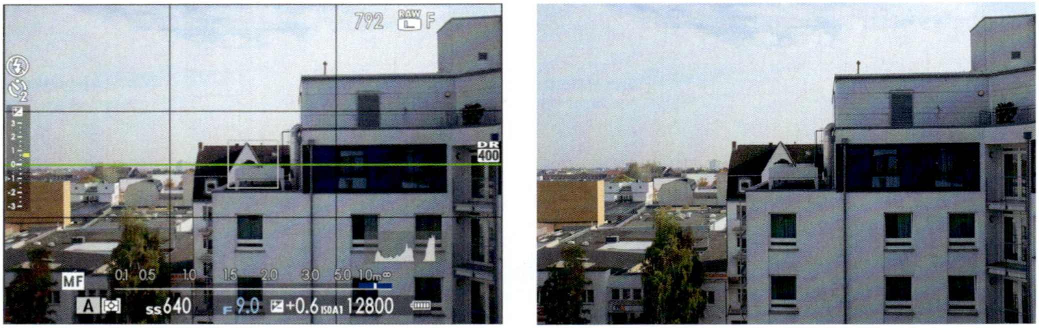

Abbildung 43: **WYSIWYG:** Dieses Beispiel veranschaulicht, wie nah der Live-View (links) dem tatsächlich von der Kamera aufgenommenen JPEG (rechts) kommt. Der Live-View simuliert dabei nicht nur Belichtung, Weißabgleich, Filmsimulation und weitere JPEG-Einstellungen, sondern zeigt auch feste Dynamikbereichseinstellungen wie DR400% als Vorschau an.

Im manuellen Modus **M** erlaubt die X-T3 das Ausschalten der Belichtungssimulation. Hierzu legen Sie EINRICHTUNG > DISPLAY-EINSTELLUNG > BEL.-VORSCHAU/WEISSABGLEICH MAN. > AUS fest. So zeigt die Kamera dann im manuellen Modus unabhängig von den eingestellten Belichtungsparametern (Belichtungszeit, Blende, ISO) stets ein helles Sucherbild an. Diese Einstellung ist vor allem im Studio im Rahmen der Blitzfotografie hilfreich, wenn das Umgebungslicht minimiert und faktisch ausgeblendet wird. Belichtungsvorschau und Live-Histogramm sind dann freilich nicht mehr aussagekräftig.

Vergessen Sie nicht, die Belichtungsvorschau wieder einzuschalten, wenn Sie auch im manuellen Modus **M** mit dem Live-Histogramm arbeiten und in den Genuss einer aussagekräftigen Belichtungssimulation kommen möchten.

Die Belichtungssimulation im Live-View kann bei sehr schwachem Licht und langen Belichtungszeiten an ihre technischen Grenzen stoßen – Sucherbild und Live-Histogramm erscheinen dann möglicherweise dunkler, als die Aufnahme tatsächlich ausfällt. In solchen Fällen bietet es sich an, eine Testaufnahme zu machen und das Ergebnis im Wiedergabemodus zu betrachten. In der Bildinformationsansicht, die Sie mit der DISP/BACK-Taste auswählen können, steht Ihnen dabei auch ein Wiedergabehistogramm zur Verfügung. Überbelichtete (ausgefressene) Bildpartien werden in dieser Ansicht zudem blinkend dargestellt.

Der Natural Live View (NATÜRLICHE LIVEANSICHT) — TIPP 41

Im Natural Live View wird die WYSIWYG-Darstellung von JPEG-Einstellungen wie Filmsimulationen, Kontrasteinstellungen (SCHATTIER. TON, TON LICHTER) oder Farbe deaktiviert. Stattdessen zeigt der Live-View ein relativ flaues Sucherbild mit erweitertem Dynamikumfang in den Lichtern und Schattenbereichen, das eher dem entsprechen soll, was unser menschliches Auge beim Blick durch einen optischen Sucher sehen würde. Der Natural Live View setzt das elektronische Sucherbild zudem auf automatischen Weißabgleich, simuliert also keinen benutzerspezifischen Weißabgleich und keine ausgewählten Weißabgleichpresets. Selbstverständlich betrifft dies alles nur die Darstellung im Live-View – die gemachten Aufnahmen spiegeln die *tatsächlichen* Einstellungen vollständig wider.

Um den Natural Live View einzuschalten, wählen Sie EINRICHTUNG > DISPLAY-EINSTELLUNG > NATÜRLICHE LIVEANSICHT > AN. Dies führt zu generischen Vorschaubildern für Farb-, Schwarz-Weiß- und Sepia-Aufnahmen, die *nicht* mehr den tatsächlichen JPEG-Ergebnissen entsprechen.

Wichtig: *Der Natural Live View der X-T3 erweitert die Lichterdynamik um zwei Blendenstufen, sodass Live-View und Live-Histogramm für die Dynamikeinstellungen DR-AUTO, DR100%, DR200%, D-BEREICHSPRIORITÄT SCHWACH und D-BEREICHSPRIORITÄT AUTO nicht mehr aussagekräftig sind. Aktivieren Sie den Natural Live View* ***nicht,*** *wenn Sie den Live-View und/oder das Live-Histogramm verwenden möchten, um die Belichtung zu beurteilen und einzustellen!*

TIPP 42 LCD-Touchscreen verwenden

Die X-T3 verfügt über einen Touchscreen, der im Aufnahme- und Wiedergabemodus verschiedene Funktionen bereitstellt. Zum Verwenden des Touchscreens muss EINRICHTUNG > TASTEN/RAD-EINSTELLUNG > TOUCHSCREEN-EINSTELLUNG > *Kamera* TOUCHSCREEN-EINSTELLUNG auf AN festgelegt sein.

Im *Aufnahmemodus* können Sie über den Touchscreen ein Fokusfeld oder eine Fokuszone auswählen und mit dem ausgewählten Fokusfeld bzw. der ausgewählten Fokuszone wahlweise nur autofokussieren oder aber autofokussieren und aufnehmen.

- **BEREICH:** Tippen Sie einmal auf den LCD-Touchscreen, um ein Fokusfeld oder eine Fokuszone auszuwählen.
- **AF:** Tippen Sie auf den LCD-Touchscreen, um ein Fokusfeld oder eine Fokuszone festzulegen und den Autofokus auszulösen. Im MF-Modus erfolgt hierbei eine Fokussierung mit Instant-AF.
- **AUFNAHME:** Tippen Sie auf den Touchscreen, um ein Fokusfeld oder eine Fokuszone auszuwählen, den Autofokus für dieses Feld oder diese Zone zu aktivieren und ohne weitere Verzögerung ein Bild zu machen. Im MF-Modus macht diese Option sofort – also ohne (Neu-)Fokussierung – eine Aufnahme.
- **AUS:** Hiermit deaktivieren Sie die Aufnahme per Touchscreen vorübergehend. Dadurch wird verhindert, dass Sie versehentlich eine der drei anderen Touchscreen-Funktionen auslösen.

Neben dem Fokussieren und dem Auslösen der Kamera bietet der Touchscreen einige weitere Funktionen:

- Im *Wiedergabemodus* können Sie den Touchscreen wie ein Smartphone verwenden, um durch Bilder zu blättern. Durch Doppeltippen können Sie in ein Bild hinein- und wieder herauszoomen, und auch das Auf- und Zuziehen mit zwei Fingern funktioniert wie vom Smartphone bekannt. Zum Verwenden des Touchscreens im Wiedergabemodus muss EINRICH-

TUNG > TASTEN/RAD-EINSTELLUNG > TOUCHSCREEN-EINSTELLUNG > *Wiedergabe* TOUCHSCREEN-EINSTELLUNG auf AN gesetzt sein.

- Sie können den Touchscreen auch verwenden, während Sie mit dem elektronischen Sucher (EVF) fotografieren. In diesem Anwendungsszenario funktioniert der Touchscreen wie ein Trackpad, mit dem Sie das aktive Fokusfeld quasi blind verschieben können. Zum Definieren des aktiven Touchscreen-Bereichs im EVF-Betrieb wählen Sie EINRICHTUNG > TASTEN/RAD-EINSTELLUNG > TOUCHSCREEN-EINSTELLUNG > EVF-TOUCHS. EINST. aus. Dort stehen sieben aktive Bereiche und AUS zur Auswahl.
- Sie können im Aufnahme- und Wiedergabemodus auch doppelt auf den Touchscreen tippen, um in das Bild hineinzuzoomen. Die Funktion hat den gleichen Effekt wie das Drücken des hinteren Einstellrades in der Standardkonfiguration FOKUSKONTROLLE. Damit Ihnen diese Funktion im Aufnahmemodus zur Verfügung steht, wählen Sie EINRICHTUNG > TASTEN/RAD-EINSTELLUNG > TOUCHSCREEN-EINSTELLUNG > *Kamera* EINST. DOPPELKLICKEN > AN. Das Doppeltippen funktioniert auch bei Verwendung des EVF – Sie müssen lediglich einen aktiven Touchscreen-Bereich für den EVF-Betrieb definiert haben.
- Zu guter Letzt bietet Ihnen der Touchscreen Zugriff auf vier virtuelle Fn-Tasten: die sogenannten Touch Fn-Tasten oder – kürzer – T-Fn-Tasten. Sie können diese virtuellen Tasten »betätigen«, indem Sie auf dem Bildschirm mit dem Finger nach links, rechts, oben oder unten wischen. Die Zuweisung von Funktionen zu den T-Fn-Tasten erfolgt dadurch, dass Sie die DISP/BACK-Taste so lange drücken, bis der Bildschirm FUNKTIONEN (Fn) erscheint. Bitte beachten Sie, dass die T-Fn-Tasten nur verfügbar sind, wenn EINRICHTUNG > TASTEN/RAD-EINSTELLUNG > TOUCHSCREEN-EINSTELLUNG > TOUCH-FUNKTION auf AN gesetzt ist.

2.3 RICHTIG BELICHTEN

Die richtige Belichtung ist nicht Sache der Kamera. Sie ist Sache des Fotografen. Selbstverständlich besitzt auch die X-T3 eine Belichtungsautomatik. Sie arbeitet mit den üblichen drei Modi: Zeitautomatik A, Blendenautomatik S und Programmautomatik P.

- Die **Zeitautomatik** A ermittelt zu einer vorgewählten Blende automatisch die passende Belichtungszeit.
- Die **Blendenautomatik** S ermittelt zu einer vorgewählten Belichtungszeit automatisch den passenden Blendenwert.
- Die **Programmautomatik** P ermittelt eine passende Kombination aus Belichtungszeit und Blendenwert.
- Darüber hinaus stellt die **Auto-ISO**-Funktion einen (im Rahmen der Vorgaben liegenden) ISO-Wert bereit. Der ISO-Wert ist bei digitalen Kameras der Grad der Bildsignalverstärkung und beeinflusst somit ebenfalls die Helligkeit der Bildergebnisse.

Die Belichtungsautomatik (Auto Exposure, AE) wird normalerweise mit dem Blendenring am Objektiv und dem Verschlusszeitenregler am Kameragehäuse eingestellt: Wenn Sie eine Blende vorwählen und das Verschlusszeitrad auf »A« stellen, wird die *Zeitautomatik* aktiviert. Wählen Sie dagegen »A« am Blendenring oder am Objektiv in Verbindung mit einer bestimmten Verschlusszeit aus, wird die *Blendenautomatik* aktiviert. Schließlich wird, wenn Sie »A« sowohl am Objektiv als auch am Verschlusszeitregler einstellen, die *Programmautomatik* aktiviert.

Es ist wichtig zu verstehen, dass die soeben genannten Belichtungsautomatiken (inkl. Auto-ISO) nicht für die korrekte Belichtung einer Aufnahme verantwortlich sind. Die korrekte Belichtung liegt ausschließlich im Verantwortungsbereich des Fotografen. Die Belichtungsautomatiken ermitteln für die jeweiligen Variablen (etwa für die Belichtungszeit in der Zeitautomatik A) lediglich automatisch einen passenden Wert – und zwar stets auf Basis der vom Benutzer eingestellten und verantworteten Belichtung. Die

Automatiken liefern folglich nur dann gute Ergebnisse, wenn Sie als Fotograf richtig belichten.

RICHTIG BELICHTEN: WIE GEHT DAS?

Keine Panik: Spiegellose Kameras machen es Ihnen leichter als konventionelle Spiegelreflexkameras. Mit bis zu vier verschiedenen Belichtungsmessmethoden (Integralmessung, mittenbetonte Messung, Spotmessung, Mehrfeldmessung), dem WYSIWYG-Live-View (im EVF sowie auf dem LCD-Bildschirm) und dem Live-Histogramm (RGB) ermitteln Sie auch in schwierigen Situationen die richtige Belichtung. Wenn Sie in einem dieser drei Blendenautomatikmodi fotografieren, ist Ihr wichtigstes Werkzeug dabei das Belichtungskorrekturrad, mit dem Sie die von der Kamera gemessene Belichtung in 1/3-EV-Schritten um bis zu ±3 EV (Exposure Values oder Blendenstufen) anpassen können. Unter Belichtung verstehen wir also nicht, was die Kamera misst, sondern das, was *Sie* als Fotograf mit diesem Messergebnis durch Einstellung von Belichtungskorrektur oder Festlegen manueller Belichtungseinstellungen machen.

Belichtung messen mit Methode — TIPP 43

Die X-T3 bietet bis zu vier verschiedene Varianten für die Messung der über das Objektiv auf den Sensor einfallenden Lichtmenge an:

- Die **Integralmessung** bildet einen nicht gewichteten Durchschnitt aus dem auf die gesamte Sensorfläche einfallenden Licht.
- Die **Spotmessung** misst hingegen nur zwei Prozent der Sensorfläche. Der Messbereich liegt in der Mitte des Bildfelds und entspricht etwa einem Fokusfeld der Standardgröße. Alternativ können Sie die Spotmessung auch an die Größe und Position des gerade aktiven Fokusfelds koppeln (im AF-Modus EINZELPUNKT und im MF-Modus).
- Die **mittenbetonte Integralmessung** ist eine Art Mischung aus Integralmessung und Spotmessung. Sie bezieht sich auf die volle Sensorfläche, gewichtet die Bildmitte dabei aber stärker.

- Die **Mehrfeldmessung** bildet einen gewichteten Durchschnitt aus dem auf die gesamte Sensorfläche einfallenden Licht. Die Gewichtung erfolgt mithilfe von 256 Messbereichen (Matrix), die ausgewertet und mit typischen Belichtungssituationen verglichen werden. Die Mehrfeldmessung gilt deshalb auch als »intelligenter« als die anderen Messverfahren. Sie ist beispielsweise (zumindest theoretisch) in der Lage, bestimmte Gegenlichtsituationen zu erkennen.

Integralmessung, Spotmessung und mittenbetonte Messung haben gemeinsam, dass sie (nach der jeweiligen Messung und Gewichtung bzw. Durchschnittsbildung) eine Belichtung empfehlen, die dieses Messergebnis mittelgrau erscheinen lässt. Mit anderen Worten: Wenn Sie – ganz gleich mit welchem der drei genannten Messverfahren – zuerst ein schwarzes und dann ein weißes Blatt Papier jeweils flächenfüllend mit Belichtungsautomatik (AE) fotografieren und dabei der automatischen Belichtungsmessung folgen, kommt in beiden Fällen ein mittelgraues Bild heraus. Daraus folgt:

- Wenn das schwarze Blatt im Ergebnis schwarz und nicht mittelgrau erscheinen soll, müssen Sie die vorgeschlagene Belichtung manuell nach unten korrigieren.
- Soll das weiße Blatt im Ergebnis weiß statt mittelgrau erscheinen, müssen Sie die vorgeschlagene Belichtung manuell nach oben korrigieren.

Abbildung 44: Hier wurden ein weißer und ein schwarzer Karton je einmal mit der Spotmessung ohne weitere Korrektur fotografiert. Wie Sie sehen, wählte die Belichtungsautomatik für das Motiv in beiden Fällen eine **mittelgraue Belichtung** aus. Um die unterschiedlichen Kartons mit ihrer tatsächlichen Helligkeit zu zeigen, bedarf es also in beiden Fällen einer Belichtungskorrektur.

Fujifilm gibt einige grobe Empfehlungen, wie Sie die Belichtung in bestimmten Aufnahmesituationen korrigieren sollten. So empfiehlt das Handbuch bei Motiven in hellen Schneefeldern eine Korrektur von +1 EV oder bei Aufnahmen von Motiven im Scheinwerferlicht eine Korrektur von −2/3 EV. Das ist gut und schön, für unsere Zwecke jedoch nicht genau und umfassend genug. Anstatt zu raten oder Faustregeln zu folgen, ist es sinnvoller, methodisch vorzugehen und eine eventuell notwendige Belichtungskorrektur mithilfe der Live-View-Anzeige und des Live-Histogramms präziser zu ermitteln. Damit die erforderlichen Korrekturen möglichst gering ausfallen, empfiehlt es sich, die Belichtungsmessung mit einem zum Motiv und zu der Aufgabe passenden Messmodus vorzunehmen:

- Die **Mehrfeldmessung** eignet sich für die meisten Aufnahmesituationen. Sie werden feststellen, dass Sie mit dieser Messmethode häufig nur wenige Korrekturen (wenn überhaupt) vornehmen müssen, sondern den Belichtungsvorschlag der Kamera ohne Weiteres akzeptieren können.

- **Integralmessung** (und bis zu einem gewissen Maße auch die **mittenbetonte Integralmessung**) sind recht neutrale und gutmütige Messmethoden, die auf kleine Änderungen im Motiv oder Bildausschnitt nicht so sensibel reagieren wie die Mehrfeld- oder insbesondere die Spotmessung. Die Integralmessung bietet sich deshalb auch an, wenn Sie von einem Motiv mehrere Aufnahmen hintereinander mit einer eher einheitlichen Belichtung machen möchten.

- Die **Spotmessung** bringt die Belichtung buchstäblich auf den Punkt. Hier müssen Sie präzise arbeiten und genau den Motivbereich anmessen, dessen Belichtung Ihnen wichtig ist. Die Kamera belichtet dann so, dass genau dieser Motivbereich mit mittelgrauer Helligkeit dargestellt wird. Beispiel: Wenn Sie mit der Spotmessung das Gesicht eines Kindes im direkten Gegenlicht anmessen, führt die von der Kamera ermittelte Belichtung zu einem Bild, bei dem das Gesicht mit mittelgrauer Helligkeit (oder Zone 5 im Zonensystem von Ansel Adams [30]) dargestellt wird. Wenn Ihnen das zu dunkel ist (etwa weil es sich um ein Kind mit sehr heller Haut handelt), können Sie diese gemessene Belichtung mit dem Belichtungskorrekturrad verändern, in diesem Beispiel etwa um +1/3 EV oder

+2/3 EV nach oben. Hat die Person hingegen dunkle Haut, kann es sinnvoll sein, die Belichtung etwas nach unten zu korrigieren. Ihre Aufgabe besteht darin, die Zone (Helligkeit) desjenigen Bildbereichs auszuwählen, der punktgenau gemessen werden soll.

Die Spotmessung ist die anspruchsvollste und zugleich leistungsstärkste Messmethode. Sie eignet sich für »schwierige« Fälle, in denen die anderen Messmethoden keine befriedigenden Ergebnisse liefern. Ein typisches Beispiel sind isolierte helle Motive vor einem dunklen Hintergrund oder umgekehrt. Denken Sie etwa an eine Theateraufführung mit einzelnen Schauspielern in Scheinwerferkegeln vor einem schwarzen Off oder an Motive im direkten Gegenlicht. Wann immer Sie »auf den Punkt genau« belichten müssen, ist die Spotmessung eine praktische Alternative.

Allerdings erfordert die Spotmessung genaues Arbeiten, da bereits kleinste Änderungen in dem von ihr gemessenen Bildausschnitt zu dramatischen Veränderungen der Messergebnisse führen können. Deshalb ist es oft sinnvoll, die Spotmessung zusammen mit der AE-L-Funktion zu verwenden, die gemessene Belichtung also zu speichern, bevor Sie den Bildausschnitt verändern (oder sich Ihr Motiv bewegt) und Sie das Foto machen.

Am besten können Sie die Spotmessung im manuellen Belichtungsmodus M verwenden. In diesem Modus hat die Belichtungsmessung keinen Einfluss auf die Belichtungsautomatik (es gibt hier tatsächlich keine Automatik, Sie stellen Belichtungszeit, Blende und ISO schließlich selbst ein und überlassen nichts der Kamera), sodass Sie mit der Spotmessung die wichtigen Motivteile anmessen und die passende Belichtung dann selbst einstellen können. Wie weit sich der gemessene Motivteil bezogen auf die gerade von Ihnen eingestellte Blende und Belichtungszeit ober- oder unterhalb der mittelgrauen Zone 5 befindet, können Sie im manuellen Belichtungsmodus bequem in der am Bildrand eingeblendeten Belichtungsskala ablesen. (Angegeben werden je nach Einstellung des Modus für das Belichtungskorrekturrad entweder ±3 oder ±5 EV).

Bitte denken Sie daran, Auto-ISO im manuellen Belichtungsmodus M *auszuschalten,* da die Kamera die ISO-Werte sonst stets automatisch so anpasst, dass der gemessene Motivbereich mit mittelgrauer Helligkeit (Zone 5) belichtet wird. Im manuellen Modus möchten Sie die Helligkeit eines Motivbereichs jedoch selbst bestimmen und nicht der Kamera überlassen.

Verknüpfen von Spotmessung und Fokusfeldern — TIPP 44

Normalerweise misst die Spotmessung einen kleinen Ausschnitt in der Bildmitte, der etwa einem Fokusfeld der Standardgröße entspricht. Mit der Einstellung AF/MF-EINSTELLUNG > SPERRE SPOT-AE & FOKUSS. > AN im Aufnahmemenü können Sie dies ändern und die Spotmessung im Modus Einzelpunkt-AF (sowie im MF-Modus) auf die Position und Größe (!) des gerade ausgewählten Fokusfelds beschränken.

Hierbei handelt es sich um eine sehr sinnvolle Funktion für solche Fälle, in denen Sie mit einem der vielen AF-Felder fotografieren, die sich nicht exakt in der Bildmitte befinden. Schließlich ist es in der Regel so, dass das ausgewählte Fokusfeld genau den Bereich Ihres Motivs anmisst, der auch für die Spotbelichtungsmessung von Interesse ist – etwa das hell beleuchtete Gesicht eines Musikers oder Bühnenschauspielers vor einem schwarzen Hintergrund.

Um die Spotmessung vom ausgewählten Fokusfeld abzukoppeln und stets die Bildmitte anzumessen, wählen Sie im Aufnahmemenü AF/MF-EINSTELLUNG > SPERRE SPOT-AE & FOKUSS. > AUS.

Bitte denken Sie daran, dass die Koppelung von Spotmessung sowie Fokusfeldposition und -größe nur im AF-Modus EINZELPUNKT und im MF-Modus zur Verfügung steht. In den AF-Modi ZONE und WEIT/VERFOLGUNG arbeitet die Spotbelichtungsmessung hingegen stets mit einem Ausschnitt in der Bildmitte von der Größe eines mittelgroßen Fokusfelds.

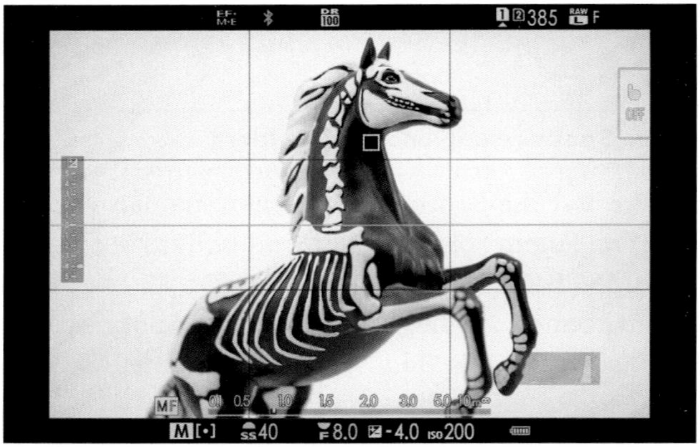
385
OFF
MF
SS 40
F 8.0
-4.0
ISO 200

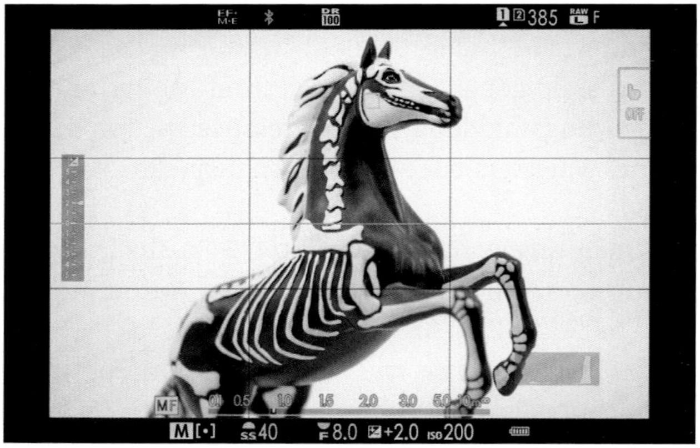
385
OFF
MF
SS 40
F 8.0
+2.0
ISO 200

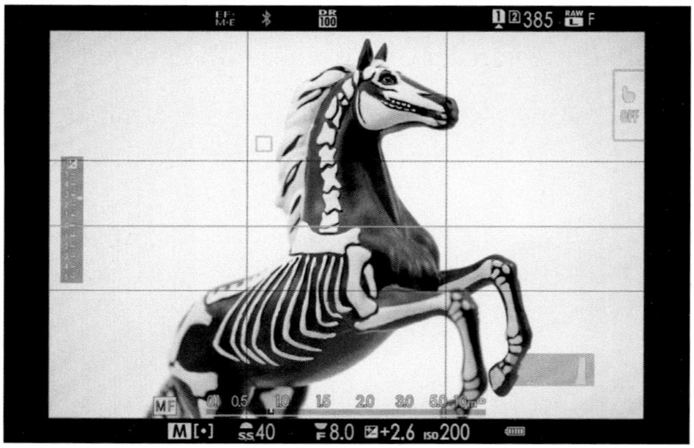
385
OFF
MF
SS 40
F 8.0
+2.6
ISO 200

Abbildung 45: **Spotmessung und manuelle Belichtungssteuerung:** Mit der Spotmessung ist das Messen verschiedener Teile eines Bildes ganz einfach. Stellen Sie einfach eine Belichtung ein (Blende, Verschlusszeit und ISO) und richten Sie dann den kleinen Spotmessbereich auf verschiedene Teile des Motivs. Die Belichtungsskala am linken oder unteren Rand Ihres Live-View informiert über die Helligkeit der jeweils gemessenen Punkte. Dabei steht 0 für Mittelgrau (Zone 5 im Zonensystem von Ansel Adams). Um die Angelegenheit zu vereinfachen und effektiver zu gestalten, koppeln Sie die Spotmessung mit der Größe und Position des gegenwärtig aktiven Fokusfeldes und wählen das kleinste vorhandene Fokusfeld im AF-S- oder MF-Modus aus.

In diesem Beispiel habe ich eine Spotmessung des dunkelsten Bereichs des Modellpferdes bei –4 EV (oben), den hellsten Teil bei +2 EV (Mitte) und den hellsten Bereich des Motivs insgesamt bei +2,66 EV (unten) gemessen. Folglich umfasst der Dynamikumfang dieser Szene weniger als 7 EV (2,66 + 4 = 6,66) und passt damit problemlos in ein normales DR100%-JPEG-Bild.

Belichten mit Live-View und Live-Histogramm

TIPP 45

Im Gegensatz zum optischen Sucher einer Spiegelreflexkamera bietet Ihnen der elektronische Live-View einer modernen spiegellosen Kamera wie der X-T3 die Möglichkeit, schon vor der Aufnahme eines JPEG-Bildes zu sehen, was am Ende herauskommen wird. Diese Vorschau umfasst neben Farben und Kontrasten auch die Belichtung (Helligkeit) der Aufnahme und schließt zudem Effekteinstellungen ein.

Ergänzt wird die WYSIWYG-Bildvorschau durch ein auf ihr basierendes Live-Histogramm [31]. Ich empfehle Ihnen dringend, dieses Live-Histogramm zu verwenden, da es Ihnen einen guten Überblick über die Helligkeitsverteilung einer Szene gibt. Darüber hinaus hilft es Ihnen dabei, Über- oder Unterbelichtungen im Vorfeld zu erkennen und die Belichtung dementsprechend zu korrigieren:

- Türmt sich am rechten Rand des Live-Histogramms ein angeschnittenes Gebirge auf, ist dies ein Zeichen dafür, dass Teile der Aufnahme überbelichtet sind. Betrifft dies bildwichtige Teile des Motivs, sollten Sie die Belichtung nach unten korrigieren oder den Dynamikumfang der Aufnahme mithilfe der DR-Funktion erweitern (DR200% oder DR400%).
- Ist das Histogramm dagegen linkslastig mit viel »Luft« am rechten Rand, dann ist die Aufnahme wahrscheinlich zu knapp belichtet. In diesem Fall bietet es sich an, reichlicher zu belichten und die Belichtung nach oben zu korrigieren.

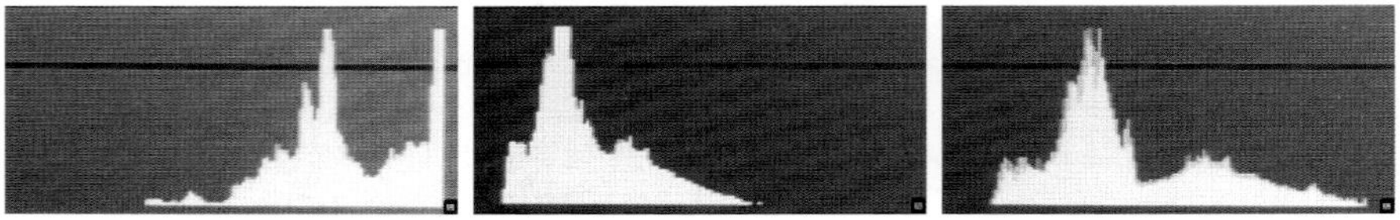

Abbildung 46: Drei **Live-Histogramme** desselben Motivs: einmal über-, einmal unterbelichtet und einmal mit ausgewogener Belichtung.

Das Histogramm vermittelt eine technische Darstellung der Live-View-Simulation. Live-View und Live-Histogramm spiegeln (sofern der Natural Live View ausgeschaltet ist) stets die eingestellten JPEG-Parameter wider (Weißabgleich, Filmsimulation, Licht- und Schattenkontrast). Die Filmsimulation VELVIA etwa ist kontrastreicher als ETERNA und weist eine im Vergleich stärkere Farbsättigung auf, und dies schlägt sich auch in Live-View und Live-Histogramm nieder.

Wenn Sie also manuell DR200% oder DR400% auswählen, um die Lichterdynamik um eine oder zwei Blendenstufen zu erweitern, dann wird diese Erweiterung nun auch bereits im Live-View und im Live-Histogramm simuliert. Wählen Sie hingegen DR-AUTO aus, zeigen Live-View und Live-Histogramm nur eine DR100%-Vorschau an, auch wenn sich die Kamera beim Auslösen für DR200% entscheiden sollte.

Wenn Sie den Auslöser halb durchdrücken, zeigt Ihnen der Live-View der Kamera jedoch eine möglichst genaue Vorschau des Dynamikumfangs der aktuellen Aufnahme an. Allerdings steht Ihnen bei halb gedrücktem Auslöser kein Live-Histogramm mehr zur Verfügung, Sie müssen sich also ausschließlich auf den visuellen Bildeindruck verlassen.

Die X-T3 bietet Ihnen auch ein **RGB-Histogramm** [32]. Allerdings ist dieses nur zugänglich, wenn es zuvor einer Fn- oder Touch Fn-Taste zugewiesen wurde. Auch das RGB-Histogramm basiert auf dem aktuellen Live-View-Bild und stellt somit das resultierende JPEG-Bild dar. Dabei zeigt es im Grunde genommen vier verschiedene Histogramme gleichzeitig: die Gesamtverteilung der Leuchtstärke (also eine größere Version des Standardhistogramms) sowie separate Histogramme für die drei Farbkanäle Rot, Grün und Blau. Auf diese Weise erkennen Sie sofort das Clipping einzelner Farbkanäle in Ihrem JPEG. Wenn Sie beispielsweise eine rote Rose fotografieren, clippt als Erstes der rote Kanal und verliert dadurch Textur.

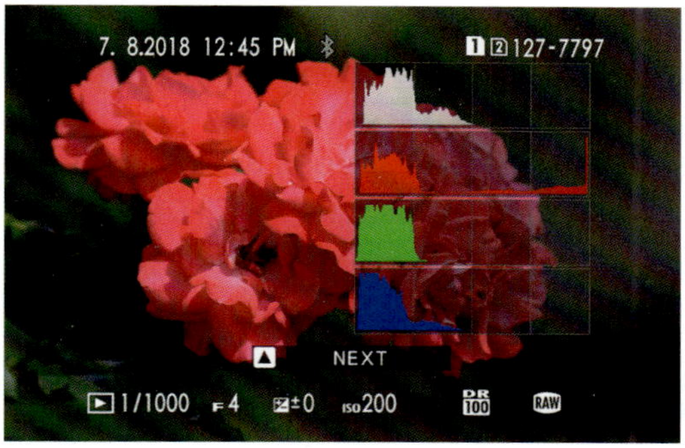

Abbildung 47: Das **RGB-Histogramm** dieser Aufnahme einer Rose veranschaulicht das frühzeitige Clipping des roten Kanals, das an der ausgeprägten Linie am rechten Rand des Histogramms für den roten Kanal gut zu erkennen ist. Dagegen tut sich in den Histogrammen für Grün, Blau und Gesamtleuchtstärke im rechten Bereich praktisch gar nichts. Bitte beachten Sie, dass das Histogramm bei ausgeschaltetem Natural Live View immer die aktuellen JPEG-Einstellungen (Filmsimulation, Kontrasteinstellungen, Farbsättigungseinstellung usw.) berücksichtigt.

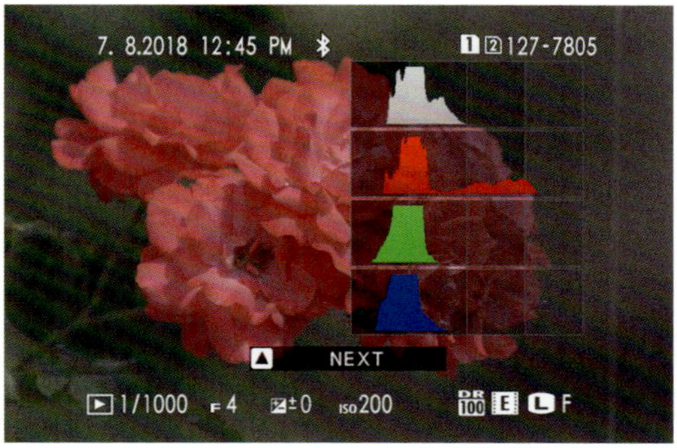

Abbildung 48: Dies ist dasselbe RAW-Bild, diesmal jedoch mit **kontrastarmen JPEG-Einstellungen** bearbeitet: ETERNA-Filmsimulation, SCHATTIER. TON bei −2, TON LICHTER bei −2 und FARBE bei −4. Diese Einstellungen spiegeln das kontrastärmste Farbprofil wider, das Sie mit Ihrer X-T3 umsetzen können. So erhalten Sie in Schatten und Lichtern deutlich mehr Reserven. Dank dem deutlich höheren Dynamikumfang des kontrastarmen JPEG erfolgte auch kein Clipping im roten Kanal des Histogramms. Dieses JPEG spiegelt den Dynamikumfang der eigentlichen RAW-Datei viel besser wider als die JPEG-Standardeinstellungen der Kamera. Deswegen verwenden viele RAW-Shooter diese oder ähnliche kontrastarme JPEG-Einstellungen in Verbindung mit dem RGB-Histogramm, da es die Bestimmung der optimalen Belichtung direkt an der Sättigungsgrenze des Sensors erleichtert.

Das RGB-Histogramm enthält auch »Blinkies«, bei denen es sich um nichts anderes als sehr auffällige Warnungen vor Überbelichtung oder Clipping handelt. Wenn helle Teile Ihres Motivs im RGB-Histogrammmodus zu blinken beginnen, werden die blinkenden Bereiche im resultierenden JPEG überzeichnet, verlieren also Textur und Detail. Dies erleichtert das Einstellen einer Belichtung, bei der die wichtigen Lichter geschützt sind (also in der RGB-Histogrammansicht nicht blinken).

TIPP 46 Automatisch belichten in den Modi P, A und S

P (Programmautomatik), A (Zeitautomatik) und S (Blendenautomatik) sind die drei automatischen Belichtungsmodi Ihrer X-T3.

Kurz zur Erinnerung:

- Die **Programmautomatik** P ermittelt eine passende Kombination aus Belichtungszeit und Blendenwert.
- Die **Zeitautomatik** A ermittelt zu einer vorgewählten Blende automatisch die passende Belichtungszeit.
- Die **Blendenautomatik** S schließlich ermittelt zu einer vorgewählten Belichtungszeit automatisch den passenden Blendenwert.

Um eine Aufnahme in einem dieser Modi zu machen, können Sie wie folgt vorgehen:

- Zum Messen der Belichtung bedienen Sie sich zunächst einer Messmethode Ihrer Wahl: Mehrfeldmessung, mittenbetonte Messung, Integralmessung oder Spotmessung.
- Nachdem Sie die Belichtung gemessen haben, nehmen Sie mit dem Belichtungskorrekturrad die gewünschten Einstellungen vor. Dabei helfen Ihnen der Live-View und das Live-Histogramm. Wir erinnern uns: Nicht die Kamera belichtet, sondern Sie. Folgen Sie dem Vorschlag der Belichtungsmessung niemals blind, sondern behalten Sie das Live-View-Bild und das Live-Histogramm immer im Auge.

- Sobald Sie den Auslöser halb durchdrücken, wird die von Ihnen gemessene und ggf. korrigierte Belichtung so lange gespeichert, wie sie ihn halb durchgedrückt halten. Sie können den Bildausschnitt mit halb durchgedrücktem Auslöser also anpassen, ohne dass sich die Belichtung Ihrer Aufnahme dadurch ändert.
- Alternativ zum halb durchgedrückten Auslöseknopf können Sie die Belichtung auch mit der AE-L-Taste messen und speichern. Sie können diese Taste so konfigurieren, dass die Belichtung nur so lange gespeichert wird, wie Sie die AE-L-Taste gedrückt halten (EINRICHTUNG > TASTEN/RAD-EINSTELLUNG > AE/AF LOCK MODUS > AE/AF-L WENN GEDR), oder die AE-L-Taste als Ein-/Ausschalter für den Belichtungsspeicher konfigurieren (EINRICHTUNG > TASTEN/RAD-EINSTELLUNG > AE/AF LOCK MODUS > AE/AF-L EIN/AUS). Persönlich empfehle ich die letztgenannte Option. Eine mit AE-L gespeicherte Belichtung kann weiterhin mit dem Belichtungskorrekturrad angepasst werden.
- Um die Aufnahme zu machen, drücken Sie den Auslöser ganz durch.

Belichtungsmessung und Belichtung sind zwei verschiedene Dinge: Zwischen der Belichtungsmessung und der Belichtung liegt die Belichtungskorrektur durch den Fotografen.

- Die **Belichtungsmessung** erfolgt mithilfe der Mehrfeldmessung, mittenbetonten Messung, Integralmessung oder Spotmessung.
- Zur Belichtungskorrektur drehen Sie am **Belichtungskorrekturrad**. Dabei helfen Ihnen der Live-View und das Live-Histogramm. Selbstverständlich gibt es Situationen, in denen eine Korrektur gar nicht notwendig ist, weil die Belichtungsmessung gute Arbeit leistet.
- Die **Belichtung** erfolgt mit einem der drei automatischen Belichtungsprogramme: Zeitautomatik, Blendenautomatik oder Programmautomatik.

Hinweis: Wenn Sie das Belichtungskorrekturrad auf die Position C stellen, wird die Belichtungskorrektur mithilfe eines der Einstellräder und einem erweiterten Wertebereich von ±5 EV anstelle von ±3 EV durchgeführt. Möchten Sie ein bestimmtes Einstellrad als Belichtungskorrekturrad konfigurieren, dann rufen Sie den Bildschirm EINRICHTUNG > TASTEN/RAD-EINSTELLUNG > BEDIENRAD-EINST. auf.

TIPP 47 Manuell belichten im Modus M

Im manuellen Belichtungsmodus geben Sie die drei Aufnahmeparameter Blende, Belichtungszeit und ISO-Einstellung selbst vor. Dementsprechend muss Auto-ISO im manuellen Modus ausgeschaltet werden, weil sonst weiterhin eine automatische Belichtungssteuerung (mit dem ISO-Wert als der von der Kamera gesteuerten Variablen) erfolgt.

Damit Live-View und Live-Histogramm im manuellen Modus aussagekräftige Anzeigen liefern, muss EINRICHTUNG > DISPLAY-EINSTELLUNG > BEL.-VORSCHAU/WEISSABGLEICH MAN. > VORSCHAU BEL./WA ausgewählt sein. Stellen Sie die Kamera außerdem auf Spotmessung ein.

Gehen Sie nun folgendermaßen vor:

- Wählen Sie eine zu Ihrem Motiv passende Blende und Belichtungszeit aus. Mit der Blende steuern Sie die Schärfentiefe [15], mit der Belichtungszeit bekommen Sie die Bewegungsunschärfe [13] und das Verwackeln in den Griff.
- In der Regel sollten Sie eine Vorstellung davon haben, welche Blende und welche Belichtungszeit Sie für ein Motiv oder Vorhaben benötigen. Passen Sie anschließend die ISO-Einstellung so an, dass Live-View und Live-Histogramm eine ausgewogene Belichtung mit der von Ihnen gewünschten Helligkeit anzeigen.
- Messen Sie zur Kontrolle die besonders bildwichtigen Motivteile mit der Spotmessung an. Der Pfeil in der Anzeige (»Lichtwaage«) am Bildschirmrand zeigt Ihnen in ±3 Belichtungsstufen, wie hell oder dunkel der jeweils gemessene Motivteil mit den aktuellen Einstellungen für Blende, Belichtungszeit und ISO in Bezug auf »Mittelgrau« (= Zone 5) belichtet wird.
- Justieren Sie ISO, Blende und/oder Belichtungszeit entsprechend diesen Messergebnissen ggf. nach und machen Sie die Aufnahme(n).

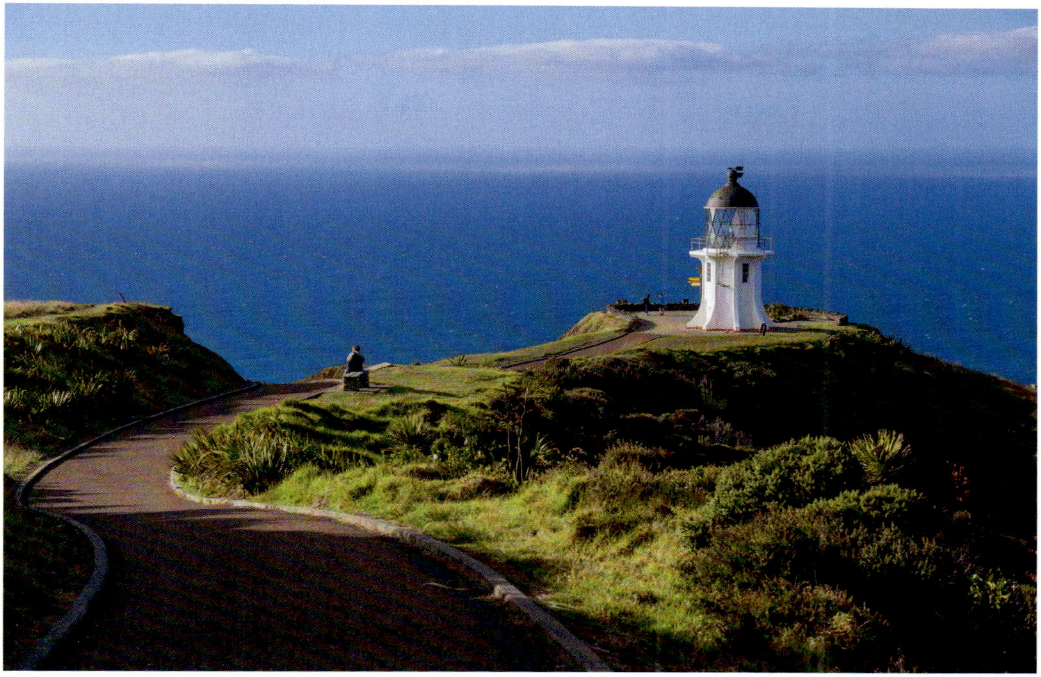

Abbildung 49: Ich fotografiere meistens im **manuellen Belichtungsmodus** und kann Ihnen das auch nur empfehlen. Die Kamera macht nicht nur weniger Fehler, wenn Sie das Sagen haben, sondern der manuelle Modus bietet Ihnen auch die Kontrolle über Blende (Schärfentiefe), Verschlusszeit (Bewegungsunschärfe, Verwackeln) und ISO (Rauschpegel, effektiver Dynamikumfang). Zudem stellt die Verwendung des manuellen Modus sicher, dass mehrere Aufnahmen eines Motivs dieselbe Belichtung haben, da sich diese nur ändert, wenn *Sie* sie ändern. Außerdem sind Sie gezwungen, sich über die Belichtungsparameter Gedanken zu machen: Warum wählen Sie genau diese Einstellung und keine andere für Blende, Verschlusszeit oder ISO? Dank des WYSIWYG-Prinzips spiegelloser Kameras können Sie bei Verwendung des manuellen Belichtungsmodus einige unschöne Überraschungen vermeiden: *Sie* bestimmen die Belichtung, *Sie* kontrollieren den Live-View und *Sie* entscheiden letztendlich aufgrund dessen, was Sie im JPEG gesehen haben.

TIPP 48 Fotografieren mit der Zeitautomatik A

Bei der Zeitautomatik [33] geben Sie die Blende [34] vor, während die Kamera die dazu passende Belichtungszeit auswählt. Die automatische Auswahl der Belichtungszeit erfolgt auf Basis der von Ihnen gemessenen und mit dem Belichtungskorrekturrad angepassten Belichtung. Welche Blende ist die richtige? Hier gilt es, einige grundsätzliche Zusammenhänge zu beachten:

- Je kleiner die eingestellte Blende (d. h. je größer die ausgewählte Blendenzahl), desto größer ist die Schärfentiefe [15], also der Bereich vor und hinter dem eigentlichen Fokuspunkt, der in der fertigen Aufnahme scharf erscheint. Im Display-Standardmodus können Sie diesen Schärfentiefebereich in der eingeblendeten Fokusleiste nach dem Scharfstellen (etwa bei halb durchgedrücktem Auslöser) selbst ablesen.
- Bei lichtstarken Objektiven wie dem XF56mmF1.2 oder dem XF35mmF1.4 ist der Schärfentiefebereich bei Offenblende oft nur wenige Zentimeter groß. So wird auf Porträts möglicherweise nur eines der beiden Augen des Modells scharf abgebildet. In solchen Fällen gilt es entweder weiter abzublenden oder die Position so zu wechseln, dass beide Augen den gleichen Abstand zur Kamera haben.
- Umgekehrt tritt bei starkem Abblenden (etwa ab Blende 9) über das gesamte Bildfeld eine zunehmend sichtbare Beugungsunschärfe [17] auf. Zwar nimmt mit zunehmender Blendenzahl die Schärfentiefe zu, die maximal mögliche Schärfe nimmt dabei jedoch ab. Anders gesagt: Wenn Sie mit einem Weitwinkelobjektiv bei Blende 22 fotografieren, haben Sie zwar gute Chancen, dass Ihr Motiv von vorne bis in die unendliche Weite scharf abgebildet wird, die Schärfe der Aufnahme ist durch die Beugung jedoch insgesamt geringer als etwa bei Blende 8. Der Lens Modulation Optimizer (LMO) der Kamera kann den Beugungseffekt bis zu einem gewissen Grad ausgleichen. Dies gilt jedoch nur für JPEGs aus der Kamera (bzw. dem eingebauten RAW-Konverter), da externe RAW-Konverter den LMO nicht unterstützen.

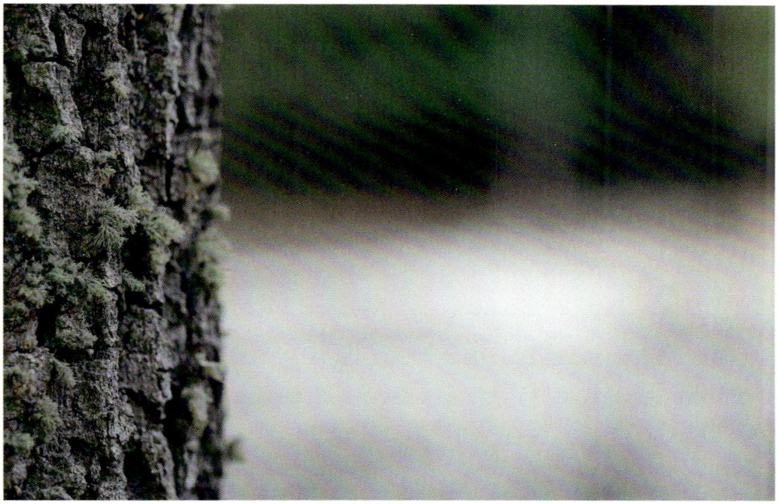

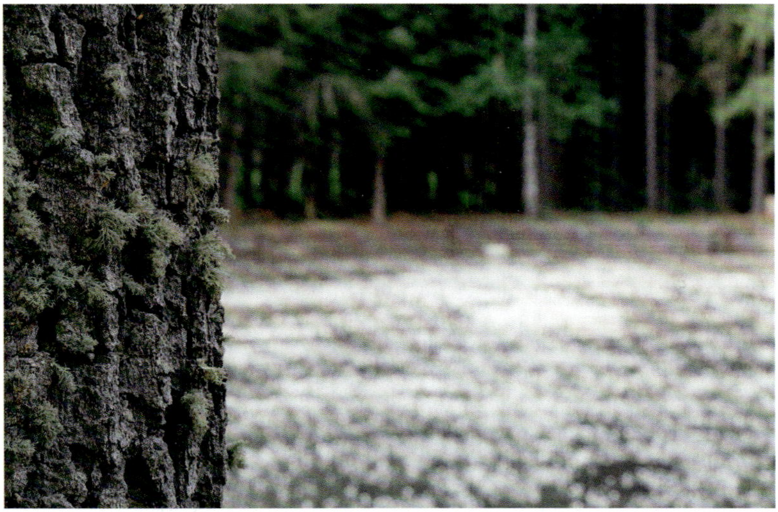

Abbildung 50: Dieses Beispiel zeigt zwei Aufnahmen desselben Motivs, die mit dem Objektiv XF90mmF2 R LM WR erstellt wurden. Das obere Bild wurde mit Offenblende (f/2) aufgenommen; beim unteren bin ich auf das Maximum von f/16 gegangen. Zwar nimmt beim Abblenden des Objektivs die Schärfentiefe stetig zu, doch behält der unscharfe Hintergrund (auch *Bokeh* genannt) seine sanfte und seidige Anmutung. Dies ist ein Markenzeichen des XF90mmF2-Objektivs. Für mich ist es im Fujifilm X-Mount-Universum das »perfekte« Objektiv, da es in keinem Anwendungsbereich relevante Schwächen aufweist.

- Ist die Blendenöffnung sehr groß (also der Blendenwert sehr klein) gewählt oder der ISO-Wert zu hoch eingestellt, kann es passieren, dass die kürzestmögliche Verschlusszeit von 1/8000 s nicht mehr ausreicht, um die gewählte Belichtung zu realisieren. In diesem Fall wird die Belichtungszeit in der Kamera rot dargestellt (Überbelichtungswarnung). Sie können aber durchaus Belichtungszeiten verwenden, die die mechanische Schwelle überwinden. Hierzu aktivieren Sie den elektronischen Verschluss der Kamera.

TIPP 49 Fotografieren mit der Blendenautomatik S

Die Blendenautomatik [35] ist das Gegenstück zur Zeitautomatik: Sie geben eine Belichtungszeit [36] vor und die Kamera wählt die dazu passende Blende aus. Die Blendenautomatik steht nur für native X-Mount-Objektive zur Verfügung. Adaptierte Objektive (zumindest solche mit mechanischen Adaptern) können dagegen nur im manuellen Modus oder mit der Zeitautomatik betrieben werden.

Die Wahl der passenden Belichtungszeit hängt grundsätzlich von zwei Faktoren ab:

- Bewegungsunschärfe [13]: Je schneller sich das Motiv bewegt, umso kürzer müssen Sie die Belichtungszeit einstellen, wenn die Aufnahme keine Bewegungsunschärfe aufweisen soll. Das bedeutet nicht, dass man Bewegungsunschärfe grundsätzlich vermeiden sollte, man kann sie auch gezielt als Stilmittel einsetzen, um der Aufnahme Dynamik zu verleihen. Sogenannte »Mitzieher« [14] sind eine Mischform: Die längere Belichtungszeit sorgt hier für einen verwischten Hintergrund, während das Hauptobjekt scharf abgebildet wird, indem man die Kamera synchron mit dem sich bewegenden Objekt bewegt bzw. schwenkt. Auch Langzeitbelichtungen [37] profitieren häufig von Bewegungsunschärfe, etwa indem Wasserflächen glatt erscheinen, Wolken verwischen oder Sterne Bahnen ziehen.

» Wenn dem **Fotografen** nichts mehr einfällt, wechselt er das **Objektiv**. «

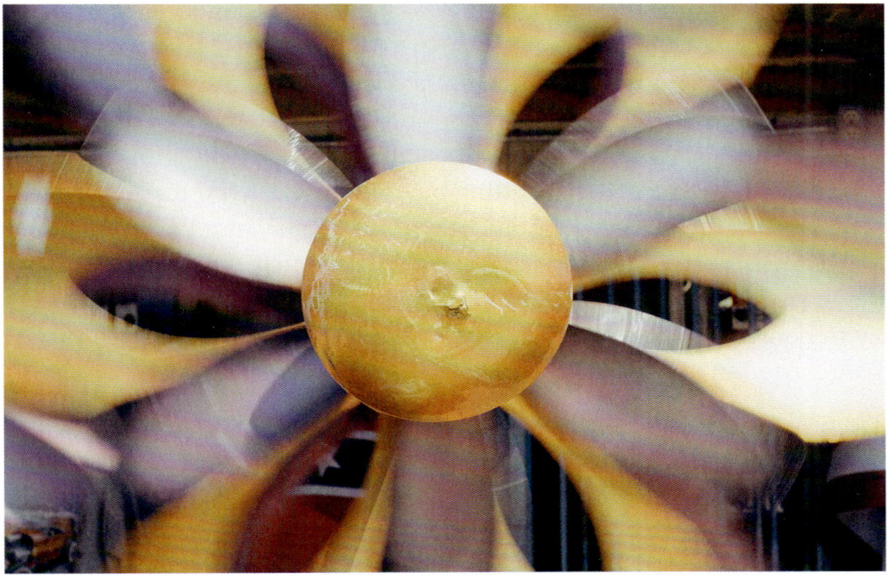

Abbildung 51: Bei dieser aus der Hand geschossenen Aufnahme eines sich drehenden Windrades war der Einsatz der **Bewegungsunschärfe** eine bewusste Entscheidung. Aufgenommen mit dem vielseitigen XF27mmF2.8-Pancake-Objektiv bei f/13 war die gewählte Verschlusszeit von 1/30 s mit dem ISO-Basiswert lang genug, um die Bewegung der Propeller um den statischen (und damit scharf fokussierten) Knoten darzustellen. Gleichzeitig war sie aber auch kurz genug, um Verwacklungen zu vermeiden, die auch die unbeweglichen Teile unscharf gezeigt hätten.

- Unschärfe durch Verwackeln [38]: Hier kommen Sie als Fotograf ins Spiel, denn wenn Sie die Kamera nicht ruhig genug halten, verwackeln Sie das Bild. Dem kann der optische Bildstabilisator [12] (OIS) entgegenwirken. Sie können die Kamera aber auch auf ein Stativ bzw. einen festen Untergrund stellen und lösen dann mit einem Fern- oder Selbstauslöser aus. Bei normalen Aufnahmen gilt als Faustregel, mindestens mit dem Kehrwert der Kleinbildbrennweite zu fotografieren. Bei einem 200-mm-Objektiv an Ihrer APS-C-Kamera (und abgeschaltetem OIS) sollte Ihre Verschlusszeit mindestens 1/300 s betragen, denn Sie müssen die Brennweite mit dem Cropfaktor [11] des APS-C-Formats (1,5) multiplizieren. Solche Faustregeln gelten natürlich nicht pauschal für alle: Jeder Fotograf hat seine eigenen Erfahrungswerte und nicht jede Hand ist gleich ruhig.

Ist die Belichtungszeit zu lang gewählt oder im Blendenautomatikmodus ein zu hoher ISO-Wert eingestellt, kann es passieren, dass selbst die kleinstmögliche Blendenöffnung des angeschlossenen Objektivs nicht mehr ausreicht, um eine Überbelichtung zu verhindern. In diesem Fall wird der Blendenwert im Sucher rot angezeigt. Reicht umgekehrt die größtmögliche Blende für eine korrekte Belichtung nicht mehr aus, wird dieser Blendenwert als Unterbelichtungswarnung ebenfalls im Sucher rot angezeigt.

Da Ihre Kamera ein eigenes Einstellrad für die Verschlusszeit hat, können Sie diese damit schnell in ganzen Blendenstufen ändern. Feinere 1/3-EV-Zwischenstufen können Sie wählen, indem Sie am für die Verschlusszeit konfigurierten Einstellrad drehen.

Tipp: Wenn Sie das Belichtungszeitwahlrad auf **T** stellen, können Sie mit dem dafür konfigurierten Einstellrad **sämtliche** verfügbaren Verschlusszeiten in 1/3-EV-Schritten einstellen. Die Zuordnung der Verschlusszeitregelung zu einem der Einstellräder erfolgt über EINRICHTUNG > TASTEN/RAD-EINSTELLUNG > BEDIENRAD-EINST. Ich für meinen Teil verknüpfe die Verschlusszeit immer mit dem vorderen Einstellrad.

TIPP 50 Fotografieren mit der Programmautomatik P und Programm-Shift

Mit der Programmautomatik überlassen Sie es der X-T3, eine zur gewählten Belichtung passende Kombination aus Blende *und* Belichtungszeit einzustellen. Dieser Modus eignet sich besonders gut für unerfahrene Fotografen, die mit dem Zusammenspiel von Blende (zur Steuerung der Schärfentiefe) und Belichtungszeit (zur Steuerung der Bewegungsunschärfe) noch nicht vertraut sind.

Die längste von der Kamera gewählte Belichtungszeit beträgt in diesem Modus vier Sekunden. Reicht diese Zeit zusammen mit der maximalen Blendenöffnung nicht aus, kommt es zu einer Unterbelichtung und einer entsprechenden roten Warnanzeige.

Eine gewisse Einflussnahme auf die Belichtungsparameter erlaubt der sogenannte Programm-Shift [39]. Darunter versteht man die Möglichkeit, die von der Kamera gewählte Kombination aus Blende und Belichtungszeit gegenläufig nach oben oder unten zu verschieben, indem man das zugewiesene Einstellrad nach links oder rechts dreht. Programm-Shift bietet Ihnen die Möglichkeit, eine passendere Kombination aus Blende und Belichtungszeit als die von der Programmautomatik vorgeschlagene auszuwählen. Drehen Sie dazu am zugewiesenen Einstellrad und beobachten Sie, wie sich die verschiedenen Kombinationen aus Blende und Belichtungszeit gegenläufig verändern: Wenn Sie die Blende mit Programm-Shift weiter öffnen, verkürzt sich dadurch die Belichtungszeit. Wird die Kamera im Programmautomatikmodus betrieben, dann können Sie den Programm-Shift mit dem Einstellrad aktivieren, welches ansonsten für die Einstellung der Verschlusszeit zuständig ist.

Angenommen, wir nehmen ein Porträt mit einem XF16–55mmF2.8 R LM WR-Zoomobjektiv auf. Der Tag ist hell und freundlich, also schlägt die Programmautomatik eine Verschlusszeit von 1/500 s bei einem Blendenwert von f/5.6 vor. Sie hingegen möchten das Porträt lieber bei Offenblende (f/2.8) aufnehmen, um einen verschwommeneren Hintergrund zu erhalten. In dieser Situation haben Sie zwei Möglichkeiten: Sie können entweder in den Zeitautomatikmodus wechseln, indem Sie manuell eine Blende von f/2.8 einstellen, oder Sie nutzen den Programm-Shift, indem Sie das Einstellrad drehen, bis der Blendenwert f/2.8 angezeigt wird. Wenn Sie die Blende um zwei Stufen – von f/5.6 auf f/2.8 – öffnen, wird die ursprüngliche Belichtung nicht geändert, weil der Programm-Shift die Verschlusszeit automatisch ebenfalls um zwei Stufen – von 1/500 auf 1/2000 s – verschiebt.

***Wichtig:** Programm-Shift steht nur dann zur Verfügung, wenn DR-AUTO nicht ausgewählt ist und kein TTL-Blitz verwendet wird.*

Mit Belichtungsreihen auf Nummer sicher gehen — TIPP 51

Wie Sie wissen, sorgt die Belichtungsautomatik mit ihren Modi P, A und S nur für die passenden Belichtungsparameter – für die richtige Belichtung sind Sie als Fotograf dagegen selbst verantwortlich. Dabei helfen Ihnen die Belichtungsmessung (Mehrfeld, Mittenbetont, Integral und Spot), der Live-View und das Live-Histogramm.

Aber: Nobody is perfect! Wenn Sie auf Nummer sicher gehen möchten, kann Ihnen eine Belichtungsreihe [40] helfen. In diesem Modus macht die

Kamera sehr schnell hintereinander mindestens zwei Aufnahmen mit jeweils unterschiedlicher Belichtung. Bei dieser Methode weist eine Aufnahme meist normale Belichtung auf, eine Aufnahme ist unter- und eine andere überbelichtet.

Belichtungsreihen eignen sich insbesondere für unbewegte Motive, die Ihnen nicht weglaufen. Sie können so aus den vorhandenen Belichtungsvarianten später in Ruhe die beste Option auswählen.

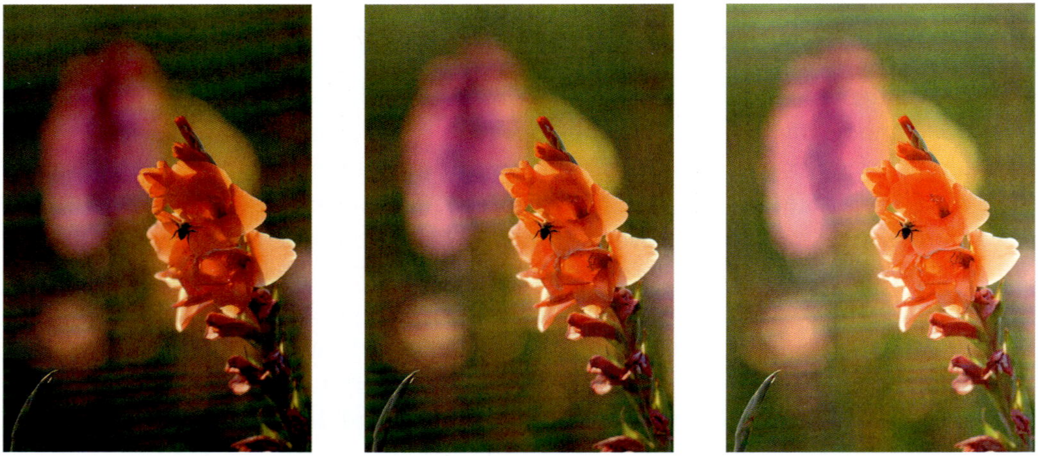

Abbildung 52: Bei **automatischen Belichtungsreihen** werden automatisch mindestens zwei Aufnahmen mit unterschiedlicher Belichtung gemacht. Anders als der Name es vermuten ließe, funktionieren Auto-Belichtungsreihen auch im manuellen Belichtungsmodus. Sie können also eine Belichtung (Blende, Verschlusszeit, ISO), die Sie für geeignet halten, manuell festlegen. Die Auto-Belichtungsreihen bieten Ihnen dann weitere Optionen mit verschiedenen Verschlusszeiten, die heller oder dunkler sind als Ihre ursprünglich gewählte Belichtung. In diesem Beispiel zeigt das Bild in der Mitte die ursprünglich eingestellte Belichtung. Das Bild links wurde um 2/3 EV dunkler belichtet, das rechte Bild um 2/3 EV heller.

Sie können die Funktion AUTO-BELICHTUNGS-SERIE aktivieren, indem Sie am DRIVE-Einstellrad die Einstellung BKT festlegen. Sie müssen dabei darauf achten, dass im Aufnahmemenü die Auto-Belichtungsreihen ausgewählt sind. Wählen Sie hierzu AUFNAHME-EINSTELLUNG > DRIVE-EINSTELLUNG > BKT-EINSTELLUNG > BKT AUSWAHL > AUTO-BELICHTUNGS-SERIE aus. Sie können auch Parameter für Auto-Belichtungsreihen einstellen, so etwa die Belichtungsdifferenz zwischen den einzelnen Bildern. Dies tun Sie im Aufnahmemenü unter AUFNAHME-EINSTELLUNG > DRIVE-EINSTELLUNG > BKT-EINSTELLUNG > AUTO-BELICHTUNGS-SERIE > ANZAHL/ABSTUFUNG.

Langzeitbelichtungen TIPP 52

Langzeitbelichtungen sind ein beliebtes Stilmittel: Ob Feuerwerk, Nachtaufnahmen, Wasserflächen, Sterne oder Wolkenbewegungen: Mit langen Belichtungszeiten von mehreren Sekunden oder sogar Minuten lassen sich zeitlich längere Verläufe zu einem Augenblick verkürzen. Hierzu ist es wichtig, die Kamera auf ein stabiles Stativ oder eine feste und schwingungsfreie Unterlage zu stellen.

Sie haben folgende Optionen:

- Stellen Sie das Belichtungszeitwahlrad auf **T** (Time), um an der Kamera mit dem entsprechenden Einstellrad die gewünschte längere Belichtungszeit einzustellen. Lösen Sie anschließend am besten mit einem Fern- oder Selbstauslöser aus, um Verwackeln zu vermeiden.
- Stellen Sie das Belichtungszeitwahlrad auf **B** (Bulb), um so lange zu belichten, wie Sie den Auslöser gedrückt halten. Sinnvollerweise sollten Sie für Bulb einen Fernauslöser mit Feststelltaste verwenden.

Für bestmögliche Bildergebnisse ist es wichtig, im Aufnahmemenü die Option BILDQUALITÄTS-EINSTELLUNG > NR LANGZ. BELICHT. > AN zu wählen. Die Kamera nimmt dann bei Langzeitbelichtungen abhängig von der Belichtungsdauer und der ISO-Einstellung einen sogenannten Schwarzbild- [25] oder auch Dunkelbildabzug vor. Dadurch verdoppelt sich die effektive Aufnahmedauer, sodass Sie je nach Länge der verwendeten Belichtungszeit etwas Geduld mitbringen müssen.

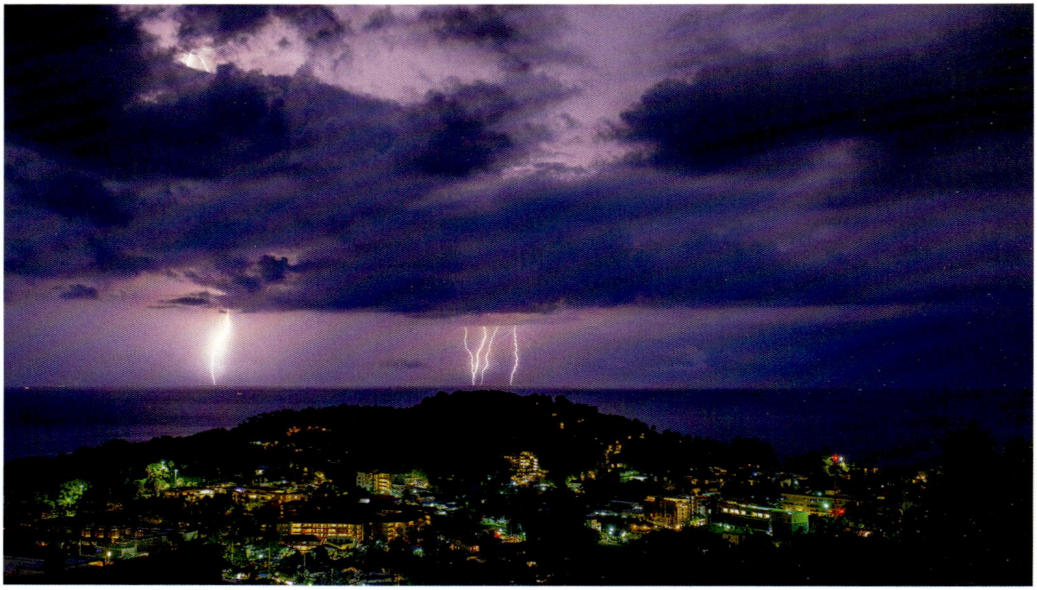

Abbildung 53: Eine **Langzeitbelichtung** von 30 Sekunden mit der T-Einstellung. Bitte verwenden Sie für solche Aufnahmen ein stabiles Stativ und lösen Sie mit Fern- oder Selbstauslöser aus.

TIPP 53 Langzeitbelichtungen bei Tageslicht

Um bei normalem Tageslicht lange Belichtungszeiten zu realisieren, genügt es in der Regel nicht, das Objektiv weit abzublenden, etwa auf f/22. Zudem: Bei der X-T3 tritt bei Blendenwerten jenseits von f/9 eine sichtbare Beugungsunschärfe auf, sodass wir gut beraten sind, nur dann weiter abzublenden, wenn es sich nicht vermeiden lässt.

Um bei guten Lichtverhältnissen lange Belichtungszeiten zu erhalten, ist ein ND-Filter [41] (Neutraldichtefilter) die bessere Wahl. Dabei handelt es sich um einen Graufilter, der vor dem Objektiv angebracht wird und einen guten Teil des einfallenden Lichts abblockt, sodass weniger Licht auf den Sensor fällt.

Ein Filter mit der Stärke ND 3.0 zum Beispiel verlängert die Belichtungszeit ungefähr um den Faktor 1000 (oder zehn Blendenstufen). Das bedeutet, dass mit diesem Filter eine Szene, die normalerweise mit f/8 und 1/50 Sekunden aufgenommen werden müsste, mit f/8 und einer Belichtungszeit von 20 Sekunden fotografiert werden kann.

Dabei ist jedoch zu beachten, dass die Kameras der X-Serie einen recht schwachen Infrarot-Sperrfilter vor dem Bildsensor besitzen. Deshalb ist es sinnvoll, für mehrminütige Langzeitbelichtungen bei hellem Tageslicht nicht nur einen herkömmlichen Neutralgraufilter (ND-Filter) zur Verlängerung der Belichtungszeit, sondern zusätzlich auch noch einen dedizierten IR-Sperrfilter vor das Objektiv zu schrauben, um Farbverfälschungen zu vermeiden. Einige wenige ND-Filter verfügen bereits über eine eingebaute IR-Sperrfunktion.

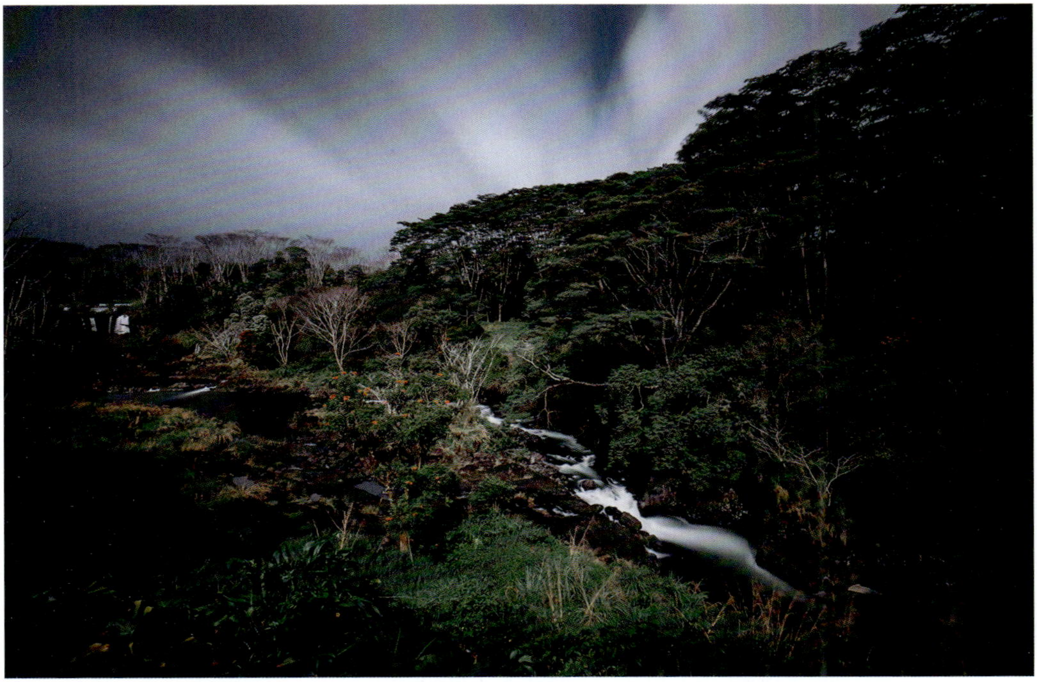

Abbildung 54: Diese **Langzeitbelichtung bei Tageslicht** dauerte fast vier Minuten und wurde durch einen starken ND-Filter ermöglicht.

TIPP 54 ISO-Einstellungen: Was steckt dahinter?

ISO wird bei digitalen Kameras häufig missverstanden. Anders als bei Analogfilm erhöht ein höherer ISO-Wert die Empfindlichkeit des Sensors *nicht*. Der Sensor in der X-T3 bleibt vielmehr immer gleich empfindlich und ist auf ISO 160 (nach dem sogenannten SOS-Standard [42] kalibriert.

Es macht keinen Unterschied, ob Sie eine Aufnahme bei Blende f/5.6 und 1/60 s mit ISO L (80) oder ISO H (25600) belichten: Der Sensor bekommt in beiden Fällen aufgrund der identisch eingestellten Blende und Zeit die gleiche Lichtmenge ab, wird also in beiden Fällen gleich hell belichtet. Blende und Belichtungszeit allein bestimmen die Lichtmenge, die auf den Sensor fällt.

Was also macht der ISO-Wert? Ganz einfach: Er regelt die *Signalverstärkung* in der Kamera! Bei ISO 160, dem Nennwert des X-T3-Sensors, findet die Grundverstärkung statt. Bei ISO 320 werden die aufgenommenen Bilddaten um eine zusätzliche Blendenstufe (1 EV) verstärkt oder »gepusht«. Bei ISO 640 sind es dann zwei Blendenstufen (2 EV) usw. Bei ISO 12800 schließlich beträgt die zusätzliche Signalverstärkung über sechs Blendenstufen. Das ist eine ganze Menge, weshalb es auch nicht verwunderlich ist, dass die Bildqualität mit zunehmender Verstärkung immer schlechter wird – Rauschen, Störungen und Artefakte werden schließlich parallel zu den Nutzdaten mitverstärkt.

Die »Verstärkung«, über die wir hier sprechen, ist eine Aufhellung des Bildes. Dieses Konzept der Verstärkung beschränkt sich nicht allein auf die Kamera, sondern ist auch Teil des gesamten Workflows von der Kamerabelichtung über die RAW-Datei (Digitalnegativ) bis hin zur fertigen JPEG- oder TIFF-Datei (Digitalabzug). Wenn Sie mit RAW-Konvertern wie Lightroom vertraut sind, wissen Sie, dass es dort einen Belichtungsregler gibt. Bewegen Sie diesen Schieberegler nach links oder rechts, dann ändern Sie die Belichtung (und damit die ISO-Helligkeit) eines Bildes nachträglich.

Wenn Sie mit ISO 640 fotografieren, wird die Aufnahme von der Belichtungsautomatik um zwei Blendenstufen dunkler belichtet als bei ISO 160, es fällt also um zwei Belichtungsstufen (EV) weniger Licht auf den Sensor. Folglich muss das Bildsignal anschließend um zwei Belichtungsstufen zusätzlich verstärkt werden, denn natürlich soll das Bildergebnis wieder die korrekte Helligkeit aufweisen.

Grundsätzlich gilt: Niedrigere ISO-Werte führen zu qualitativ besseren Ergebnissen. ISO 200 liefert also eine bessere Bildqualität als ISO 6400. Deshalb ist es ratsam, die ISO-Einstellung so niedrig wie möglich zu halten. In der Praxis gelingt das freilich nicht immer, schließlich möchten wir auch bei schlechtem Licht fotografieren können.

Die Bildsignalverstärkung kann auf zweierlei Weise erfolgen:

- **Analoge und digitale Hybridverstärkung *vor* dem Schreiben der RAW-Datei:** Hierbei wird die Aufnahme mit einer Mischung aus analoger Signalverstärkung und digitalen Rechenoperationen »gepusht« und das digitale Ergebnis schließlich in der RAW-Datei gespeichert.
- **Digitale Verstärkung *nach* dem Schreiben der RAW-Datei:** Hierbei wird die Aufnahme erst bei der RAW-*Entwicklung* digital gepusht. Dabei entnimmt der RAW-Konverter den Metadaten (bei denen es sich ja um nichts anderes als Anweisungen handelt), was zu tun ist. Auch der in Ihre Kamera integrierte RAW-Konverter gestattet solche Push-Operationen, um die effektive Belichtung einer Aufnahme nachträglich zu erhöhen.

Die digitale Verstärkung bei der RAW-Konvertierung hat den Vorteil, dass sie reversibel ist: Ist die Belichtung zu stark (was zu ausgefressenen Lichtern führt), können Sie den Belichtungsregler jederzeit wieder nach links zurücknehmen und die Belichtung der Aufnahme damit reduzieren. Umgekehrt gilt natürlich auch: War die Belichtung zu schwach, können Sie sie auch hier noch pushen. Sie merken: ISO ist eine variable Angelegenheit, die digitale Verstärkung kann im RAW-Konverter angepasst werden.

Beim Sensor in der X-T3 handelt es sich um einen sogenannten »ISO-losen« Sensor. Bei diesem Sensortyp macht es qualitativ (fast) keinen Unterschied, ob eine Bildsignalverstärkung analog oder digital (bzw. erst nachträglich während der RAW-Entwicklung) erfolgt. Dies ist insofern praktisch, als Sie den ISO-Wert Ihrer Aufnahmen (d. h. Helligkeit/Belichtung) bei der RAW-Bearbeitung digital anheben können – ganz gleich, ob in der Kamera oder mit einer externen Software wie Lightroom. Sie können die Belichtung Ihrer Aufnahmen also auch noch nachträglich im RAW-Konverter pushen, ohne mit gravierenden Qualitätseinbußen bestraft zu werden.

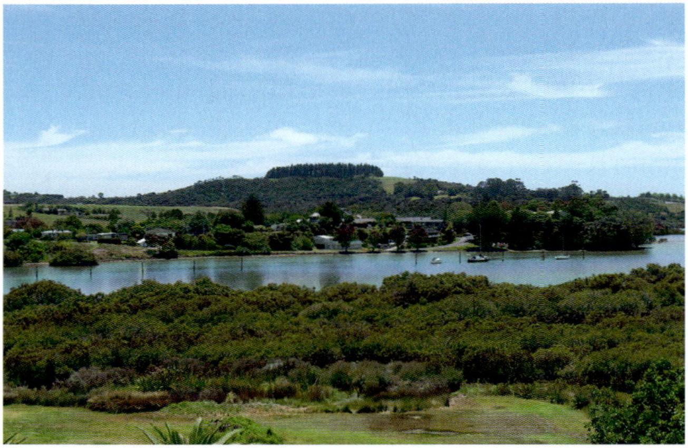

Abbildung 55: »ISO-loser« Sensor (1): Diese Aufnahme wurde mit ISO 1250 gemacht und in der Kamera analog von ISO 160 auf ISO 1250 verstärkt, bevor das Resultat digitalisiert und in die RAW-Datei geschrieben wurde. Die RAW-Datei wurde dann ihrerseits in ein JPEG konvertiert.

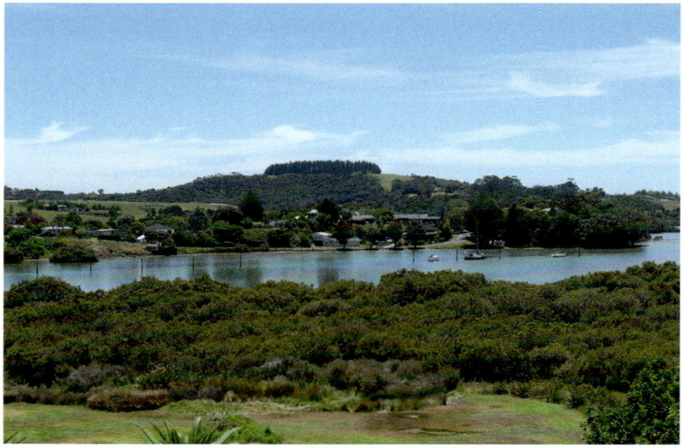

Abbildung 56: »ISO-loser« Sensor (2): Diese Aufnahme weist ebenfalls einen *effektiven* ISO-Wert von 1250 auf, wurde jedoch mit dem ISO-Basiswert 160 gemacht, wobei Blende und Verschlusszeit identisch waren. Dies führte zu einer effektiven Unterbelichtung von drei Stufen (3 EV), die dann durch digitale Verstärkung bei der RAW-Konvertierung wieder »aufgeholt« wurde: Ich habe den Schieberegler für die Belichtung einfach um drei Stufen nach rechts geschoben, um die Unterbelichtung auszugleichen. Hier im Buch ist kein Qualitätsunterschied zwischen den beiden Aufnahmen festzustellen. Tatsächlich kann man in der vollen 100-%-Ansicht jedoch minimale Unterschiede ausmachen. Die beiden Beispielbilder können Sie auf Flickr [43] in voller Auflösung sehen.

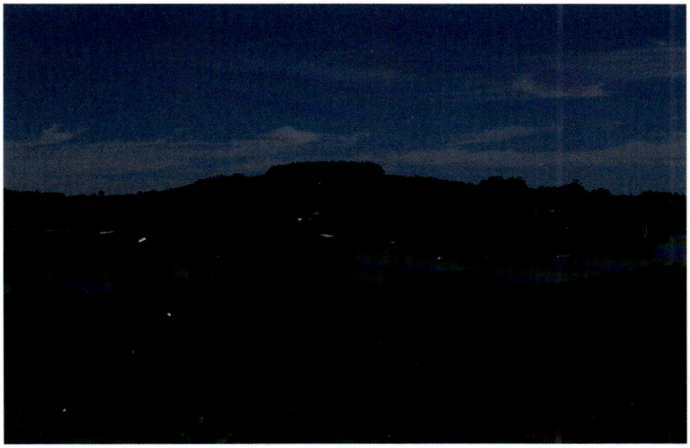

Abbildung 57: »ISO-loser« Sensor (3): Hier nutzten wir dieselbe Vorgehensweise wie bei der vorherigen Aufnahme: Das Bild wurde als RAW-Datei mit ISO 160 aufgenommen, jedoch nicht nachträglich im RAW-Konverter verstärkt. So sieht die Aufnahme also vor der Signalverstärkung aus: sie ist drei Blendenstufen dunkler.

Wichtig ist hierbei, dass die Sensoren früherer APS-C-Kameras der X-Serie – von der klassischen X100 bis zur X-H1 – auf einen ISO-Basiswert von 200 kalibriert waren, während die X-T3, die X-T30 und weitere Modelle mit einem X-Trans CMOS 4-Sensor eine ISO-Basiseinstellung von 160 aufweisen. Das bedeutet, dass sie zusätzliche 1/3 EV Licht aufnehmen können, ohne kritische Lichter zu überzeichnen, wodurch sich wiederum der Dynamikumfang um 1/3 EV erhöht.

Erweiterte ISO-Einstellungen und ihre Besonderheiten — TIPP 55

Sicherlich haben Sie bemerkt, dass Ihre Kamera neben den »offiziellen« ISO-Einstellungen (ISO 160 bis ISO 12800) auch noch drei weitere Optionen besitzt: L (80), H (25600) und H (51200).

- **H steht für »High«:** Hier werden Bilddaten über das »normale« Maß hinaus digital verstärkt. Die enorme Verstärkung führt selbstredend zu Einbußen bei der Bildqualität, weswegen man zumindest ISO 51200 nur in Notfällen verwenden sollte.

- **L steht für »Low«:** Im ISO L (80)-Modus wird die RAW-Aufnahme bezogen auf ISO 160 um eine Stufe heller als gewöhnlich aufgenommen und dann bei der RAW-Konvertierung wieder um eine Blendenstufe nach unten gezogen und gespeichert. Bei diesem sogenannten digitalen Pull – dem Gegenteil eines digitalen Push – wird die Belichtung des resultierenden Bildes verringert. Sie erhalten dadurch auf ISO 80 reduzierte RAW- und JPEG-Dateien mit einer Blendenstufe *weniger* Dynamikumfang als ein mit ISO 160 aufgenommenes JPEG oder RAW. ISO L ist deshalb mit Vorsicht zu genießen: Helle Bildbereiche (Himmel, Wolken, Schnee, weiße Wände usw.) können hier rasch ausfressen. Kontrastarme Szenen mit flauem Licht können mit ISO L (80) dagegen kontrastreicher und somit lebendiger gestaltet werden.

Wichtig: *Die erweiterten ISO-Einstellungen stehen nur zur Verfügung, solange der elektronische Verschluss (ES) nicht ausgewählt ist.*

Abbildung 58: **Erweitertes ISO L** kann dank seines reduzierten Dynamikumfangs die Lebendigkeit Ihrer Bilder erhöhen. Hierzu wählen Sie an Ihrer Kamera den manuellen Belichtungsmodus aus, stellen den ISO-Basiswert von 160 ein und justieren die Belichtung mithilfe von Live-View und Live-Histogramm passend für die Lichter. So sorgen Sie dafür, dass die hellsten und wichtigsten Bereiche des Motivs möglichst hell belichtet werden, ohne dass es zu Clipping kommt (wodurch sonst Details in den Lichtern verloren gingen). Danach stellen Sie die ISO-Einstellung von 160 auf L (80) um, ohne Blende oder Verschlusszeit zu ändern. Dadurch wird der Kontrast des Bildes verstärkt, indem Schatten und Mitteltöne um eine Stufe abgedunkelt werden, während die hellsten Lichter unbeeinflusst bleiben.

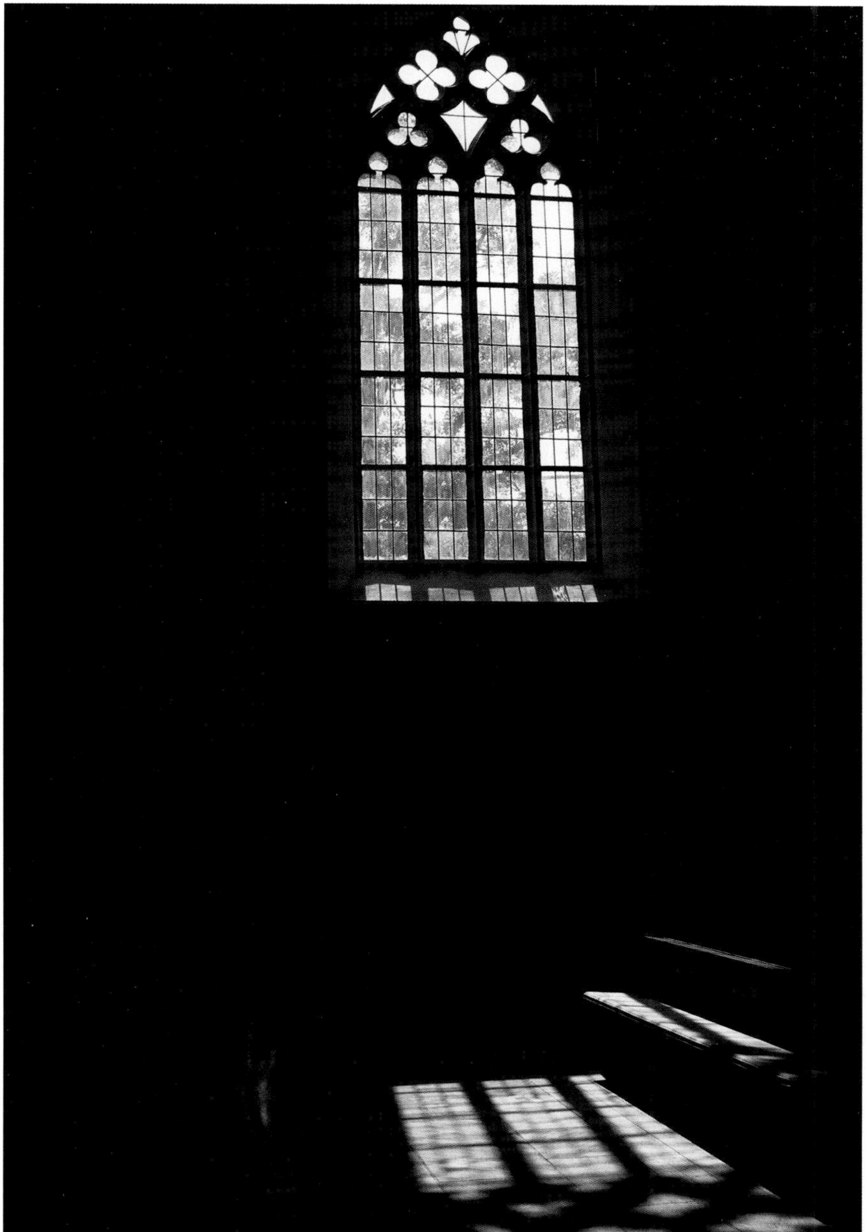

Beim Aufnehmen mit erweitertem ISO L wird der Dynamikumfang der Lichter zwar verringert, aber das ist in Live-View und Live-Histogramm *nicht* zu erkennen. Folglich können Sie Live-View und Live-Histogramm bei Verwendung von ISO L so ziemlich vergessen. Erst wenn Sie den Auslöser zur Hälfte drücken und halten, um die Belichtung zu speichern, wird der Live-View korrigiert. Allerdings ist das Live-Histogramm zu diesem Zeitpunkt nicht mehr verfügbar.

In der Praxis ist also von der Verwendung des erweiterten ISO-Modus abzuraten, wenn Sie einen der Belichtungsautomatikmodi P, A oder S verwenden. Stattdessen sollten Sie zunächst im manuellen Modus M bei ISO 160 die passende Belichtung für die Lichter mithilfe von Live-View und Live-Histogramm einstellen und dann die ISO-Einstellung auf ISO L (80) zurücknehmen, ohne Verschlusszeit und Blende danach noch zu ändern. So bleiben Ihre Lichter intakt und das Bild wird kontrastreicher, da Mitteltöne und Schatten auf die neuen ISO L (80)-Einstellungen reduziert werden.

Die X-T3 bietet mit ISO L (125) und ISO L (100) noch weitere erweiterte ISO L-Werte. Diese sind von ISO 250 bzw. ISO 200 abgeleitet, wobei auch hier die Aufnahme zunächst um eine Stufe überbelichtet und die Belichtung dann bei der RAW-Konvertierung wieder entsprechend zurückgenommen wird, um die Helligkeit an die gewählten ISO L-Einstellungen (125 bzw. 100) anzupassen. Hierdurch wird der Dynamikumfang um eine Stufe reduziert. Ich rate dringend davon ab, diese beiden zusätzlichen erweiterten ISO L-Einstellungen zu verwenden.

TIPP 56 Auto-ISO und die Mindestverschlusszeit

Da es aus Qualitätsgründen ratsam ist, die ISO-Einstellungen so niedrig wie möglich zu halten, bietet es sich an, die Auswahl eines geeigneten ISO-Werts zu automatisieren und der Kamera zu überlassen – jedoch mit klaren Vorgaben, welche die Wünsche des Fotografen berücksichtigen. Diese Aufgabe erledigt die Auto-ISO-Funktion (AUFNAHME-EINSTELLUNG > AUTOM. ISO-EINST.). Für diese können im Aufnahmemenü bis zu drei individuelle Voreinstellungen (AUTO1, AUTO2, AUTO3) konfiguriert werden. Folgende Parameter stehen bei der Auto-ISO-Konfiguration zur Auswahl:

- STANDARDEMPFINDLICHKEIT: Diese Einstellung legt die untere ISO-Grenze fest. Die Kamera wird zunächst immer versuchen, diese untere ISO-Grenze zu verwenden.
- MAX. EMPFINDLICHKEIT: Diese Einstellung setzt die ISO-Obergrenze fest. Die Kamera wird die ISO-Werte höchstens bis zu dieser Obergrenze erhöhen.
- MIN. VERSCHL.ZEIT: Die Kamera erhöht den ISO-Wert (jedoch nicht weiter als bis zur unter MAX. EMPFINDLICHKEIT eingegebenen Grenze), wenn die hier eingegebene Verschlusszeit mit einem niedrigeren ISO-Wert nicht mehr realisiert werden kann. Hier gibt es auch eine AUTO-Einstellung: Wenn Sie MIN. VERSCHL.ZEIT auf AUTO setzen, legt die Kamera die minimale Verschlusszeit in Abhängigkeit von der gegenwärtigen Brennweite fest. Die hierfür verwendete Formel lautet: *Minimale Verschlusszeit = [1 ÷ (Brennweite × 1,5)] Sekunden.*

Der Parameter MIN. VERSCHL.ZEIT ist naturgemäß nur in den Betriebsmodi A und P relevant, da die Belichtungszeit in den Modi M und S ohnehin fest vom Benutzer vorgegeben wird. Die Kamera setzt den ISO-Wert im Rahmen der vorgegebenen ISO-Untergrenze und -Obergrenze so fest, dass die bei MIN. VERSCHL.ZEIT eingegebene Belichtungsdauer nicht überschritten wird.

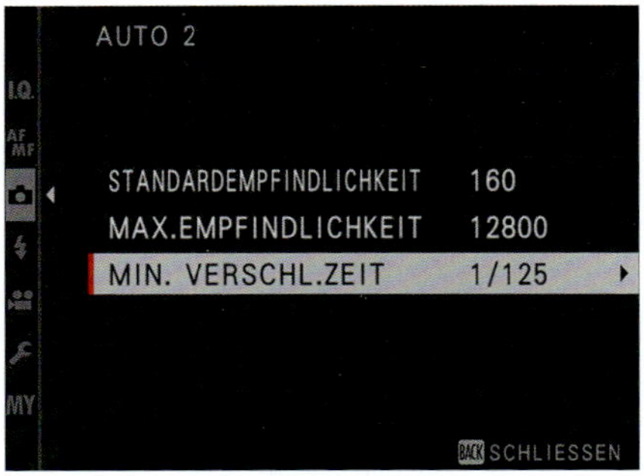

Abbildung 59: Die **ISO-Automatik** funktioniert in einem ISO-Bereich zwischen STANDARDEMPFINDLICHKEIT (Untergrenze) und MAX. EMPFINDLICHKEIT (Obergrenze). Sie versucht dabei immer, einen möglichst nah an der Standardempfindlichkeit liegenden ISO-Wert auszuwählen, wobei darauf geachtet wird, dass die resultierende Verschlusszeit nicht länger ist als der für MIN. VERSCHL.ZEIT eingestellte Wert.

Beispiel: Sie fotografieren im Modus **A** (Zeitautomatik) bei schönem Wetter und Blende f/5.6. Für Auto-ISO haben Sie ISO 160 als Untergrenze und ISO 12800 als Obergrenze eingestellt. Die Mindestverschlusszeit ist auf 1/125 s festgelegt, da Sie Menschen auf der Straße fotografieren möchten, deren Bewegungen nicht verschwimmen sollen.

Bei gutem Licht ist das alles kein Problem: Die Kamera verwendet ISO 160 mit Verschlusszeiten von mindestens 1/125 s. Aber irgendwann geht die Sonne unter und es wird unmöglich, mit 1/125 s bei f/5.6 und ISO 160 noch ordentliche Ergebnisse zu erzielen. Dann erhöht Auto-ISO den ISO-Wert, um sicherzustellen, dass die Verschlusszeit nicht unter 1/125 s fällt. Diese automatische Anpassung setzt sich in dem Maße fort, wie sich die Lichtverhältnisse verschlechtern, bis am Ende die eingestellte ISO-Obergrenze (in unserem Fall 12800) erreicht wurde. Reicht das Licht auch nach erreichter ISO-Obergrenze nicht für 1/125 s aus, verlängert die Belichtungsautomatik die Belichtungszeit entsprechend.

Im Modus **S** (Blendenautomatik) wird die Belichtungszeit bekanntlich vom Benutzer vorgewählt. Hier wählt Auto-ISO erst dann einen höheren ISO-Wert als die eingestellte Untergrenze aus, wenn die maximale Offenblende nicht mehr ausreicht, um mit der eingestellten Belichtungszeit die gewünschte Belichtung zu ermöglichen. Bei sehr lichtstarken Objektiven wie dem 56mmF1.2, 35mmF1.4 oder 23mmF1.4 ist dieses Verhalten ziemlich praxisfern, da die Schärfentiefe hier bei Offenblende häufig zu gering ausfällt. Auto-ISO wird deshalb in erster Linie zusammen mit den Belichtungsmodi **P** und **A** verwendet.

TIPP 57 Misomatik: Auto-ISO im manuellen Belichtungsmodus M

Der **m**anuelle Modus mutiert mit Auto-**ISO** zu einer Art Belichtungsauto-**MATIK**: der **Misomatik**. Sie wählen Blende und Belichtungszeit vor und die ISO-Automatik liefert die dazu passende ISO-Einstellung basierend auf der jeweils aktiven Belichtungsmessmethode.

Sinnvollerweise sollte Auto-ISO hier den vollen ISO-Bereich ausschöpfen können. Deswegen sollten Sie den ISO-Basiswert 160 der Kamera als Untergrenze und den verfügbaren Maximalwert (ISO 12800) als Obergrenze einstellen.

Mit der Misomatik können Sie Blende (Schärfentiefekontrolle) und Belichtungszeit (Kontrolle von Bewegungs- und Verwacklungsunschärfe) Ihren konkreten Motivanforderungen entsprechend exakt einstellen: Keine Automatik funkt Ihnen dazwischen, Sie behalten die Kontrolle. Trotzdem fotografieren Sie dank Auto-ISO auch im manuellen Modus mit einer Quasibelichtungsautomatik, müssen sich also nicht selbst um die Belichtungseinstellung kümmern.

Die Misomatik bietet auch die Möglichkeit zur Belichtungskorrektur, bevor Sie den Auslöser drücken. Sie müssen sich also nicht blind auf das Ergebnis der Belichtungsmessung verlassen, sondern können die von der Kamera ermittelte Belichtung vor der Aufnahme mit dem Belichtungskorrekturrad nachjustieren – allerdings nur im Rahmen des von Ihren Auto-ISO-Einstellungen vorgegebenen ISO-Umfangs. Deshalb ist es ganz besonders wichtig, die STANDARDEMPFINDLICHKEIT für Auto-ISO möglichst niedrig und MAX. EMPFINDLICHKEIT möglichst hoch einzustellen.

Wenn Sie sich beim Fotografieren mit der Misomatik die Zeit für eine Belichtungskorrektur sparen möchten, können Sie dabei auch einfach den DR-Modus der Kamera auf DR200% setzen. Diese Einstellung ist Ihre Lebensversicherung gegen versehentliches Überbelichten durch die Belichtungsautomatik der Kamera, denn auf diese Weise haben Sie bei einer nachträglichen Belichtungskorrektur im internen oder externen RAW-Konverter sowohl nach oben als auch nach unten mindestens eine volle Blendenstufe Korrekturspielraum. Zum nachträglichen Korrigieren einer misslungenen Automatikbelichtung verwenden Sie die PUSH- oder PULL-Befehle im internen RAW-Konverter Ihrer Kamera oder den Belichtungsregler Ihrer externen RAW-Bearbeitungssoftware.

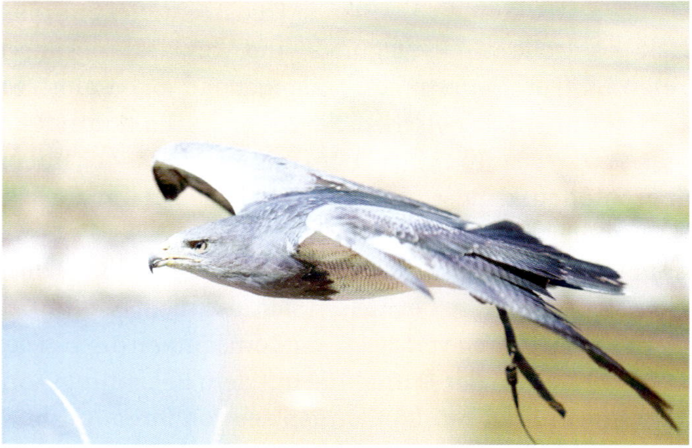

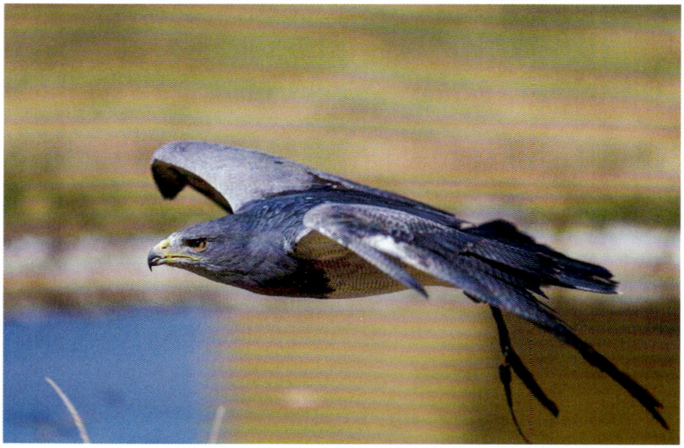

Abbildung 60: Der **Misomatikmodus** kombiniert manuelle Belichtung mit ISO-Automatik. Dies ist häufig in Situationen praktisch, in denen sich die Lichtbedingungen unvermittelt und in rascher Folge ändern, also etwa bei Konzerten und sonstigen Bühnenveranstaltungen, Sportevents, Bewegungsaufnahmen oder Streetfotografie. Im Wesentlichen geht es um Szenarios, in denen Ihnen einfach nicht genügend Zeit bleibt, um die Belichtung manuell anzupassen, weil sich alles darum dreht, den entscheidenden Moment nicht zu verpassen. Sie können im Misomatikmodus die gewünschte Schärfentiefe (Blende) und Bewegungsunschärfe (Verschlusszeit) einstellen, während die Kamera die Bilder durch geeignete ISO-Verstärkung automatisch belichtet. Wenn Sie sich aber vor versehentlicher Überbelichtung (oberes Bild) schützen möchten, können Sie – quasi als »Lebensversicherung« – die Kamera im Misomatikmodus auf DR200% stellen. Auf diese Weise können Überbelichtungen auch während der RAW-Konvertierung noch korrigiert werden (unteres Bild).

Denken Sie daran: ISO ist nichts anderes als eine (bei ISO-losen Sensoren überwiegend digitale) Verstärkung des Bildsignals. Da sich bei Verwendung der Misomatik die einfallende Lichtmenge nicht ändert (Blende und Belichtungszeit haben Sie im Modus M schließlich fix vorgewählt), sondern allein die ISO-Signalverstärkung als Variable angepasst wird, können Sie diese Anpassung dank des ISO-losen Sensors später bei der RAW-Entwicklung nachjustieren bzw. korrigieren. DR200% sorgt in diesem Zusammenhang dafür, dass Ihnen dieser nachträgliche Korrekturspielraum von mindestens 1 EV in beiden Richtungen – nach oben und nach unten – zur Verfügung steht.

Erweitern des Dynamikumfangs: mehr Kontrastumfang dank Tonwertkorrektur

TIPP 58

Wenn der Kontrastumfang eines Motivs den Dynamikumfang des Kamerasensors oder der Bildverarbeitung übersteigt, tritt mindestens eines der folgenden Phänomene auf:

- Die Lichter Ihrer Aufnahme erscheinen zu hell, überbelichtet oder ausgefressen.
- Mittelhelle Töne erscheinen zu dunkel (unterbelichtet), Schattenpartien laufen in dunklen Bereichen zu.

In beiden Fällen ist die Aufnahme unausgewogen und bedarf einer Korrektur. Leider ist es sehr schwierig bis unmöglich, in den RAW-Daten verloren gegangene Lichter zu retten. Wesentlich einfacher und erfolgversprechender ist die Anhebung (Nachbelichtung) von Schattenpartien und Mitteltönen. Diese selektive Änderung der Belichtung einer Aufnahme nennt man *Tonwertkorrektur*. Diese stellt die einzige Möglichkeit dar, den vollen Dynamikumfang einer Digitalkamera uneingeschränkt auszuschöpfen. Dabei werden bestimmten Tonwerten (Helligkeitswerten) in der ursprünglichen Aufnahme neue Tonwerte zugewiesen. Dies geschieht typischerweise mithilfe einer Tonwertkurve, viele Kameras oder externe RAW-Konverter verwenden hierfür jedoch auch komplexere Verfahren, sogenannte adaptive Tonwertkorrekturen.

Wenn Sie den kompletten Kontrastumfang eines Motivs in einer Aufnahme festhalten möchten, ist es sinnvoll, die Aufnahme so zu belichten, dass die hellsten bildwichtigen Stellen des Motivs noch Textur aufweisen, die einzelnen Farbkanäle also nicht überlaufen. Dies kann dazu führen, dass dunklere Bereiche des Motivs in der Aufnahme zu dunkel erscheinen und einer nachträglichen Korrektur bedürfen. Diese Korrektur können Sie später am PC selbst mithilfe eines externen RAW-Konverters durchführen.

Jeder RAW-Konverter arbeitet anders, jedes halbwegs vernünftige Programm verfügt jedoch über Funktionen zur nachträglichen selektiven Belichtungssteuerung. So können Sie die Gesamtbelichtung mit dem Belichtungsregler anheben und die dabei ausfressenden Lichter oft mit einem Wiederherstellungsregler zurückholen. Darüber hinaus verfügen viele Konverter über Regler, mit denen Sie gezielt zu dunkle Schattenpartien anheben können.

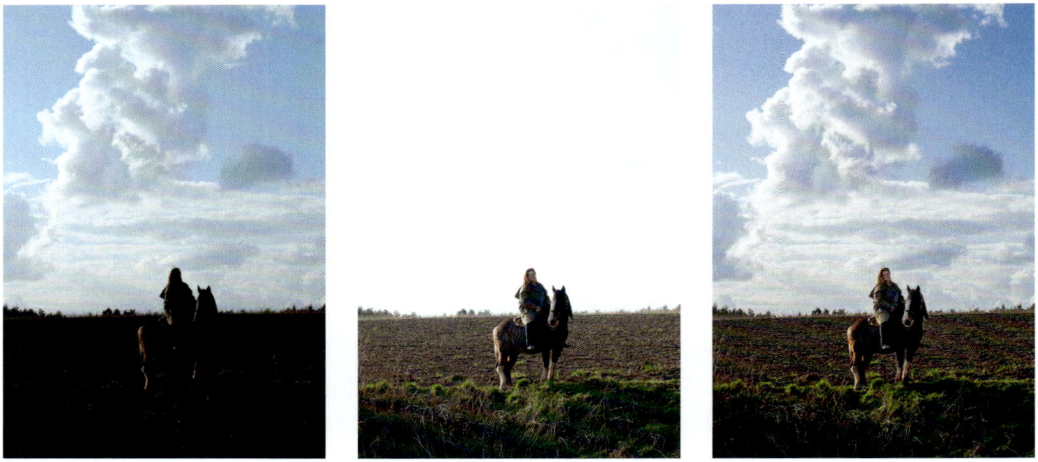

Abbildung 61: Häufig ist der **Dynamikumfang** einer JPEG-Datei geringer als der des Motivs. In solchen Fällen spielt es keine Rolle, wie Sie die Belichtung an Ihrer Kamera einstellen: Im fertigen Bild werden bestimmte Bereiche zu dunkel und/oder zu hell erscheinen. Ein Beispiel aus der Praxis:

Das Bild auf der linken Seite wurde für die Lichter belichtet. Farben und Textur sind deswegen beim blauen Himmel und den weißen Wolken gut ausgeprägt. Der dunklere Vordergrund ist jedoch deutlich unterbelichtet, sodass die Schatten zu dunkel sind. Pferd und Reiterin sind beinahe nur noch als Silhouette wahrzunehmen.

Das Bild in der Mitte zeigt die gleiche Szene, wurde aber um zwei Blendenstufen (EV) heller belichtet, um die Schatten aufzuhellen und das Hauptmotiv des Bildes detailreicher zu gestalten. Allerdings ist der blaue Himmel mit den Wolken jetzt überbelichtet und fast verschwunden.

Wir befinden uns also in einer Zwickmühle, denn egal wie wir die Szene belichten, das Kamera-JPEG wird wichtige Bildteile immer entweder zu dunkel oder zu hell anzeigen. Ganz offensichtlich erfordern verschiedene Teile dieser Szene also unterschiedliche Belichtungen. Hierfür verwenden wir die RAW-Datei des linken Bildes, das passend für Himmel und Wolken belichtet wurde. Durch die Tonwertkorrektur in einem aktuellen RAW-Konverter werden Schatten und Mitteltöne selektiv gepusht (also aufgehellt), ohne die Lichter bei Himmel und Wolken noch heller zu machen. Mehr noch: Wir können sogar den Kontrast für die Wolken ein wenig verstärken und den Himmel ein ganz kleines bisschen abdunkeln. Das Beispiel auf der rechten Seite zeigt das Ergebnis mit Adobe Lightroom Classic: Hier wurden bestimmte Pixelbereiche nachträglich unterschiedlich stark verstärkt.

Mit der integrierten DR-Funktion Ihrer X-T3 können Sie diese manuelle Arbeit kameraintern automatisieren. Die DR-Funktion arbeitet zweistufig:

- Sie belichtet die RAW-Datei um eine (DR200%) oder zwei (DR400%) Blendenstufen knapper als angegeben, um die Lichter einer Szene mit großem Kontrastumfang zu retten.
- Bei der RAW-Entwicklung in der Kamera werden die im ersten Schritt unterbelichteten Schatten und Mitteltöne wieder um eine (DR200%) oder zwei (DR400%) Blendenstufen mit einem digitalen ISO-Push angehoben, während die Lichter abhängig von ihrer Helligkeit weniger stark oder überhaupt nicht verstärkt werden.

Das fertige JPEG aus der Kamera wurde also einer selektiven Belichtungskorrektur unterworfen: Helle Lichter einer mit DR400% erstellten Aufnahme werden kaum oder gar nicht digital verstärkt, Mitteltöne und Schattenpartien hingegen um bis zu zwei Blendenstufen angehoben. Anschließend wird bei der RAW-Entwicklung eine selektive Tonwertkorrektur durchgeführt und dabei korrekt belichtete JPEG-Dateien werden mit einem erweiterten Lichterdynamikumfang erzeugt: eine Blende mehr Lichterdynamik mit DR200%, zwei Blenden mehr mit DR400%.

Mit DR-Auto wählt die Kamera abhängig vom Motiv selbst die passende Dynamikeinstellung aus. Bitte beachten Sie, dass die X-T3 hier jedoch nur zwischen DR100% (keine Lichterdynamikerweiterung) und DR200% (eine Blendenstufe mehr Lichterdynamik) auswählt. DR400% (zwei Blendenstufen mehr Lichterdynamik) wird grundsätzlich nicht automatisch ausgewählt, d. h., diese Funktion müssen Sie also ggf. manuell einstellen.

Die Einstellungen für die Dynamikerweiterung finden Sie im Aufnahmemenü unter BILDQUALITÄTS-EINSTELLUNG > DYNAMIKBEREICH oder im Schnellmenü.

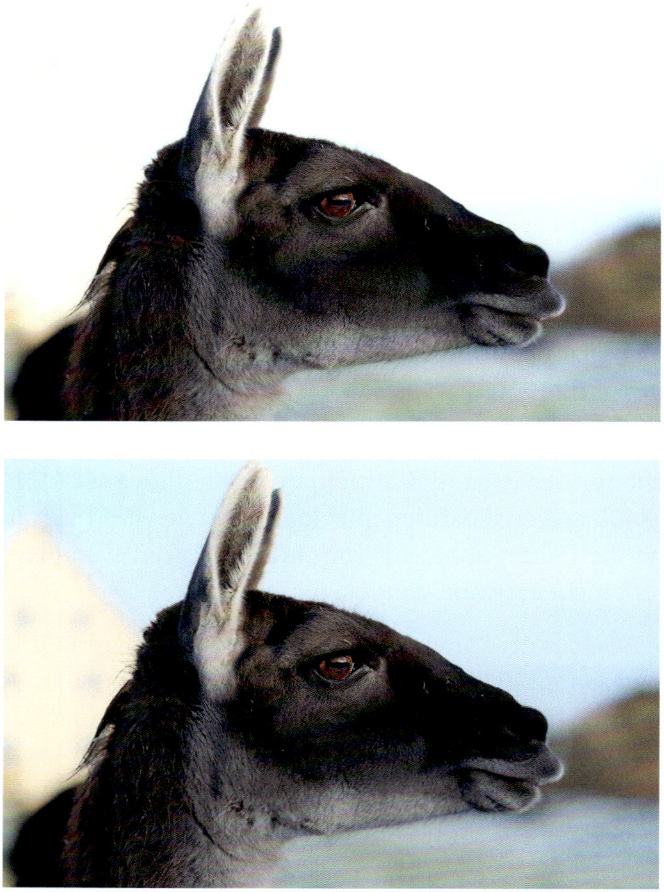

Abbildung 62: Hier sehen Sie eine Aufnahme, die mit der Einstellung **DR100%** (oben) bzw. **DR400%** (unten) gemacht wurde. Bei der DR100%-Aufnahme ist das dunklere Lama im Vordergrund korrekt belichtet, der wesentlich hellere Hintergrund jedoch ist ausgefressen, weil er außerhalb des Dynamikumfangs liegt. Bei der DR400%-Aufnahme hat sich an der Belichtung des Lamas im Vordergrund nichts geändert, der helle Hintergrund ist nun aber sauber durchgezeichnet. Hierzu hat die Kamera die RAW-Datei um zwei Stufen (EV) dunkler belichtet als angegeben und Schatten und Mitteltöne dann bei der RAW-Konvertierung wieder um zwei Stufen angehoben. Das Ergebnis ist ein DR400%-JPEG mit 2 EV zusätzlicher Dynamik.

Dynamikerweiterung für RAW-Shooter: DR-Funktion ausschalten und auf die Lichter belichten!

TIPP 59

RAW-Shooter stellen die Kamera bevorzugt auf DR100% ein, um ein Live-Histogramm zu erhalten, das dem zu erwartenden Bildergebnis weitgehend entspricht.

Eine bewährte Strategie besteht darin, die Belichtung bei Motiven mit einem sehr großen Dynamikumfang und starken Kontrasten so zu korrigieren, dass bildwichtige Lichter nicht ausfressen – selbst wenn dies dazu führt, dass andere Motivteile dadurch erst einmal zu knapp (d.h. zu dunkel) belichtet werden. Sie wissen: Ausgefressene Lichter kann man bei der RAW-Entwicklung – wenn überhaupt – nur noch unter großen Schwierigkeiten retten, während man zu dunkle Schatten und Mitteltöne nachträglich aufhellen oder »pushen« kann. Diese Tonwertkorrektur ist Bestandteil einer jeden RAW-Entwicklung bei Motiven, deren Dynamikumfang größer ist als der des Sensors.

Gehen Sie folgendermaßen vor:

- Korrigieren Sie die Belichtung bei der Aufnahme mithilfe des Live-Views und des Live-Histogramms so, dass bildwichtige Lichter nicht ausfressen. Das daraus resultierende Bildergebnis sieht häufig zu dunkel aus: Die Lichter sind zwar schön gezeichnet, das dunklere Hauptmotiv jedoch »säuft ab«.
- Ziehen Sie im Anschluss an die Aufnahme die Schatten und Mitteltöne in einem externen RAW-Konverter im Rahmen der RAW-Entwicklung an Ihrem Computer wieder hoch. Hierzu können Sie die Belichtung insgesamt erhöhen (Belichtungsregler nach rechts schieben) und die Lichter anschließend mit einem entsprechenden Regler wiederherstellen. Alternativ können Sie auch lediglich die Schatten mit einem passenden Regler anheben. Sie können auch beide Methoden kombinieren: Viele RAW-Konverter zeigen sich recht flexibel und bieten verschiedene Schieberegler zur selektiven Belichtungsänderung an. Lightroom und Adobe Camera RAW (ACR) beispielsweise stellen zu diesem Zweck fünf Bedienelemente zur Verfügung: Belichtung, Weiß, Schwarz, Tiefen (Schatten)

und Lichter. Wenn Sie einen Belichtungsregler verstellen, ändern Sie die ISO-Werte aller Bildbereiche, die von diesem Schieberegler beeinflusst werden. Allerdings geht auf der digitalen Ebene der RAW-Konvertierung nichts verloren: Jeder Schritt kann uneingeschränkt rückgängig gemacht werden. Das *selektive* Ändern der Bildbelichtung wird als Tonwertkorrektur bezeichnet.

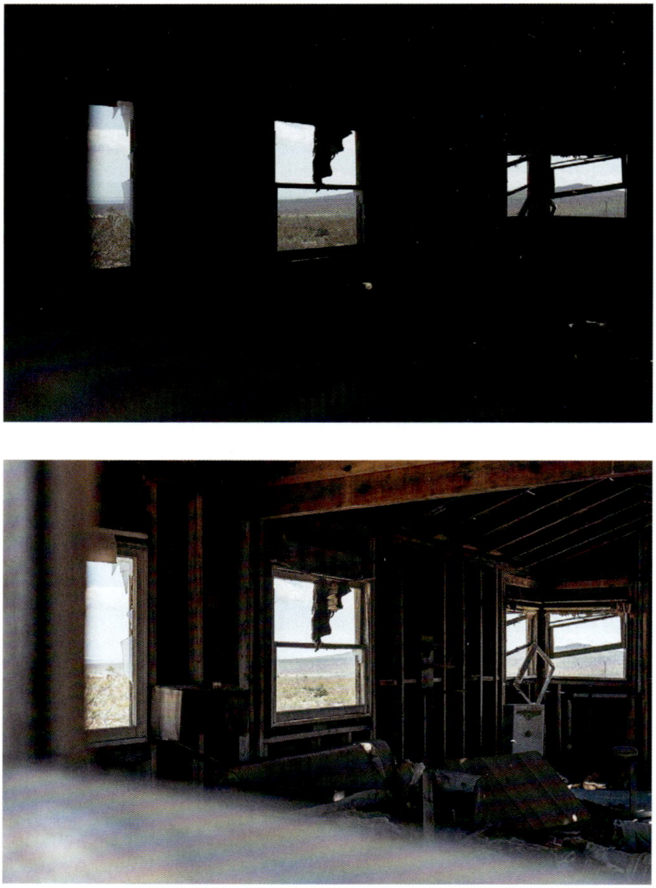

Abbildung 63: Die Aufnahme oben wurde **auf die Lichter belichtet**. Der Himmel ist dadurch optimal gezeichnet, beim Vordergrund tappt man hingegen buchstäblich im Dunkeln. Wenn Ihnen das so gefällt – wunderbar! Wenn nicht, muss die RAW-Datei beim Bearbeiten eine Tonwertkorrektur durchlaufen.

Unten sehen Sie dieselbe Aufnahme nach einer Tonwertkorrektur in Lightroom. Die vormals schwarzen Schattenpartien wurden angehoben und zeigen nun Texturen und Details. Diese Methode ist auch als »adaptives ISO« bekannt, da unterschiedliche Bildbereiche im RAW-Konverter eine unterschiedlich starke Verstärkung (= ISO-Erhöhung) erfahren. Während die Schattenpartien deutlich sichtbar nachbelichtet wurden, blieben die Lichter weitgehend unangetastet.

JPEG-Einstellungen für RAW-Shooter — TIPP 60

Oben haben wir gesehen, wie sich Motive mit großem Dynamikumfang aufnehmen, komprimieren und später dekomprimieren lassen. Damit das Live-Histogramm Ihrer Kamera einen möglichst großen Tonwertumfang abbildet (und damit dem Tonwertumfang der RAW-Datei möglichst nahekommt), können Sie als RAW-Shooter die JPEG-Parameter der Kamera im Menü BILDQUALITÄTS-EINSTELLUNG entsprechend anpassen. Wählen Sie hierzu am besten die folgenden Einstellungen:

- FILMSIMULATION > ETERNA. Dieser Modus liefert weiche Lichter- und Schattenkontraste und stellt einen großen Tonwertumfang dar.
- TON LICHTER > –2. Damit flachen Sie die Lichter-Kontrastkurve ab, sodass mehr helle Tonwerte im Live-Histogramm und Live-View sichtbar sind.
- SCHATTIER. TON > –2. Damit flachen Sie die Schatten-Kontrastkurve ab und hellen die Schattentöne im Live-View und Live-Histogramm auf.
- Wenn Sie Szenen mit hellen und satten Rot-, Blau- oder Grüntönen aufnehmen, können Sie auch die Einstellung FARBE reduzieren.

Mit diesen JPEG-Einstellungen erhalten Sie ein Sucherbild und Live-Histogramm mit größtmöglichem Kontrastumfang. Die mit diesem Profil erzeugten JPEGs sind entsprechend flau. Auf den Inhalt der RAW-Dateien haben die Einstellungen aber ohnehin keinen Einfluss, da RAWs stets den vollen Kontrastumfang des Sensors aufzeichnen. Live-View und Live-Histogramm hingegen *sind* betroffen, und ein flaues Live-Bild mit einem entsprechend flachen Live-Histogramm ist genau das, was wir wollen, denn schließlich können wir damit unsere Belichtungseinstellung so optimieren, dass die bildwichtigen Lichter erhalten bleiben.

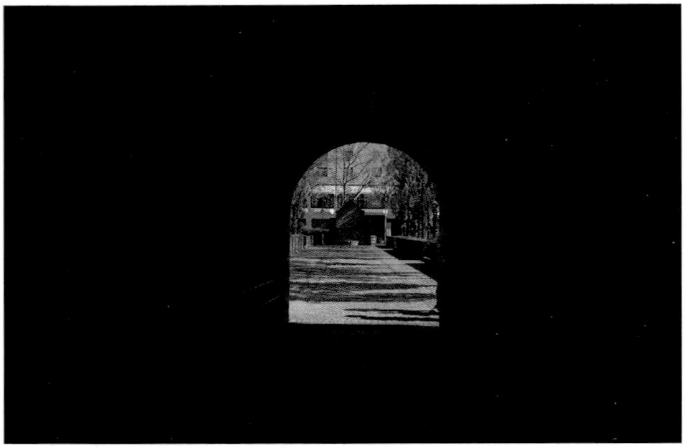

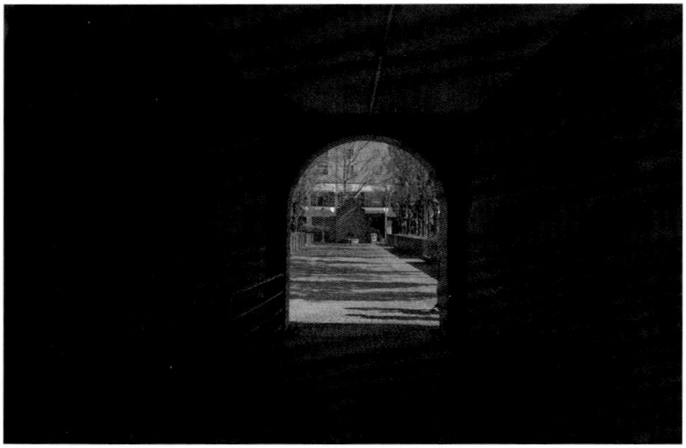

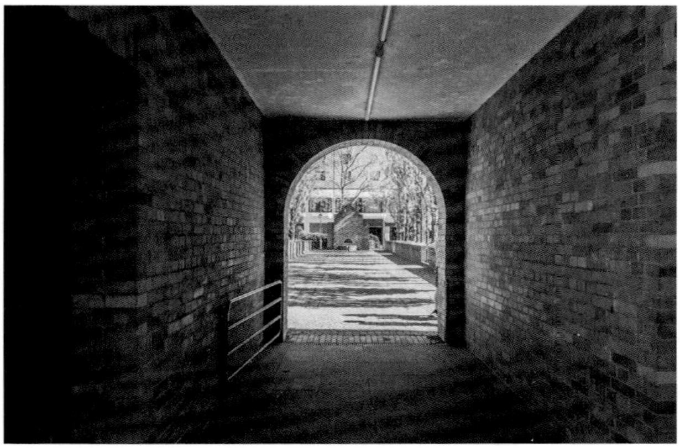

Abbildung 64: Die folgenden Beispiele wurden alle mit den gleichen Belichtungseinstellungen (ISO, Blende und Verschlusszeit) aufgenommen. Die Belichtung orientierte sich an den Lichtern der sonnenbeschienenen Bereiche hinter dem viel dunkleren Tunnel, in dem die Kamera auf einem Stativ aufgestellt war.

Das obere Bild zeigt, wie die Liveansicht (bzw. das JPEG) der korrekt belichteten Szene mit den PROVIA-Werkseinstellungen der Kamera aussieht. Während der sonnige Hintergrund sehr ansprechend belichtet ist, sind die dunklen Teile des Tunnels nicht zu erkennen. Tatsächlich ist es schwierig, den Bildausschnitt für diese Aufnahme festzulegen, wenn man buchstäblich nichts anderes sieht als das Licht am Ende des Tunnels.

Das Bild in der Mitte zeigt dieselbe Szene mit den gleichen Belichtungseinstellungen, nur habe ich diesmal die »JPEG-Einstellungen für RAW-Shooter« (ETERNA, SCHATTIER. TON –2, TON LICHTER –2) verwendet. Diese Einstellungen liefern ein ausgesprochen flaues Livebild (oder JPEG) mit weniger Kontrast und erheblich größerem Dynamikumfang als die Standardeinstellungen der Kamera. Die Verwendung solcher JPEG-Einstellungen kann hilfreich sein, wenn Sie den Bildausschnitt eines kontrastreichen Motivs erstellen. Sie können so belichten, dass die bildwichtigen Lichter erhalten bleiben, sehen aber trotzdem, was Sie da eigentlich fotografieren. Wie gesagt: Die JPEG-Einstellungen haben keinen Einfluss auf die RAW-Daten: Sie beeinflussen lediglich die Verarbeitung der RAW-Daten im Live-View und das resultierende JPEG-Bild.

Das Bild unten schließlich ist das Endergebnis nach der Bearbeitung (also der Tonwertkorrektur) der RAW-Datei in Lightroom Classic.

Sie können Ihre »JPEG-Einstellungen für RAW-Shooter« in einem der benutzerdefinierten Profile C1 bis C7 speichern, um sie bei Bedarf direkt abrufen und auf diese Weise den »RAW-Shooter-Modus« Ihrer Kamera aktivieren zu können. Zur Bearbeitung der benutzerdefinierten Profile wählen Sie im Aufnahmemenü BILDQUALITÄTS-EINSTELLUNG > BEN.EINST.BEARBEITEN/SPEICHER.

TIPP 61

Dynamikerweiterung für JPEG-Shooter:
Verwenden Sie die DR-Funktion und belichten Sie auf die Schatten!

Wenn Sie nicht nur RAWs, sondern auch JPEGs direkt aus der Kamera verwenden möchten, kommt bei Motiven mit sehr großem Dynamikumfang Fujis leistungsstarke DR-Funktion ins Spiel. Wie Sie bereits wissen, automatisiert die DR-Funktion einen zweistufigen Vorgang: zunächst eine knappere Belichtung (um helle Lichter zu retten) und anschließend eine Tonwertkorrektur im eingebauten RAW-Konverter, bei der die zu dunklen Schattenpartien und Mitteltöne wieder passend angehoben werden.

Wenn Sie diese Funktion ohne viel nachzudenken verwenden möchten, stellen Sie die Kamera einfach auf DR-Auto (nicht empfohlen) oder wählen manuell DR200% bzw. DR400% (empfohlen). Denken Sie daran, dass DR200% eine ISO-Einstellung von mindestens einer Stufe (1 EV) und DR400% von mindestens zwei Stufen (2 EV) über dem ISO-Basiswert Ihrer X-Kamera von 160 erfordert. Grund hierfür ist, dass die Schatten und Mitteltöne Ihres Motivs am Ende – wenn das JPEG per RAW-Konvertierung erstellt wird – um eine (DR200%) bzw. zwei (DR400%) ISO-Stufen verstärkt werden. Im Falle Ihrer X-T3 bedeutet dies, dass für DR200% mindestens ISO 320 und für DR400% mindestens ISO 640 gebraucht werden.

Und wie sieht es jetzt aus, wenn wir die optimale DR-Einstellung für das gegebene Motiv nicht einfach nur *erraten* möchten? Können wir nicht einfach mithilfe der Messfunktionen der Kamera *exakt* bestimmen, wie viel Dynamikerweiterung benötigt wird? Klar können wir das! Und so funktioniert's:

- Stellen Sie zunächst DR100% ein und belichten Sie auf die bildwichtigen Lichter. Wenn Sie in einem Belichtungsautomatikmodus aufnehmen (wovon wir ausgehen), korrigieren Sie die Belichtung mit dem Belichtungskorrekturrad so, dass helle Bildbereiche im Live-Histogramm und Live-View nicht ausfressen.

- Achten Sie darauf, dass sich am rechten Rand des Live-Histogramms kein abgeschnittenes Gebirge auftürmt. Diese Methode kennen Sie bereits, wenn Sie als RAW-Shooter kontrastreiche Motive aufnehmen und dabei die Lichter schützen wollen. In einem zweiten Schritt korrigieren Sie die soeben ermittelte Belichtung nun erneut mit dem Belichtungskorrekturrad – jetzt aber nach oben, und zwar so weit, dass Schatten und Mitteltöne mit der von Ihnen gewünschten Helligkeit dargestellt werden. Zählen Sie dabei die für diese Korrektur benötigten Klicks am Belichtungskorrekturrad: Ein bis drei Klicks bedeuten, dass Sie für Ihre Aufnahme maximal eine Blendenstufe zusätzliche Lichterdynamik benötigen, also von DR100% auf DR200% umschalten sollten. Bei mehr als drei Klicks sollten Sie DR400% verwenden. Mehr als sechs Klicks schließlich deuten an, dass Ihre Lichter selbst bei einem Wert von DR400% überzeichnet sein werden, weswegen Sie eine Belichtungskorrektur von mehr als sechs Klicks tunlichst vermeiden sollten. Schließlich wissen Sie, dass jeder Klick beim Belichtungskorrekturrad 1/3 EV (also einer Drittelblendenstufe) entspricht.

Die vorstehende Beschreibung skizziert die Vorgehensweise für die Belichtungsautomatikmodi **P**, **A** und **S** Ihrer Kamera einschließlich des *Misomatikmodus*. Einen Belichtungsausgleich mit mehr als sechs Klicks (was in der Summe 2 EV entspricht) sollten Sie vermeiden, da die resultierende JPEG-Datei anderenfalls auch und gerade bei den wichtigen Lichtern überbelichtet sein wird, die Sie doch eigentlich schützen wollten. Versuchen Sie stattdessen, den Kontrast der Schatten zu reduzieren. Hierzu wählen Sie für SCHATTIER. TONE den Wert –1 oder –2. Sie können auch eine Filmsimulation mit weniger Kontrast ausprobieren, z. B. PRO NEG. STD. oder ETERNA.

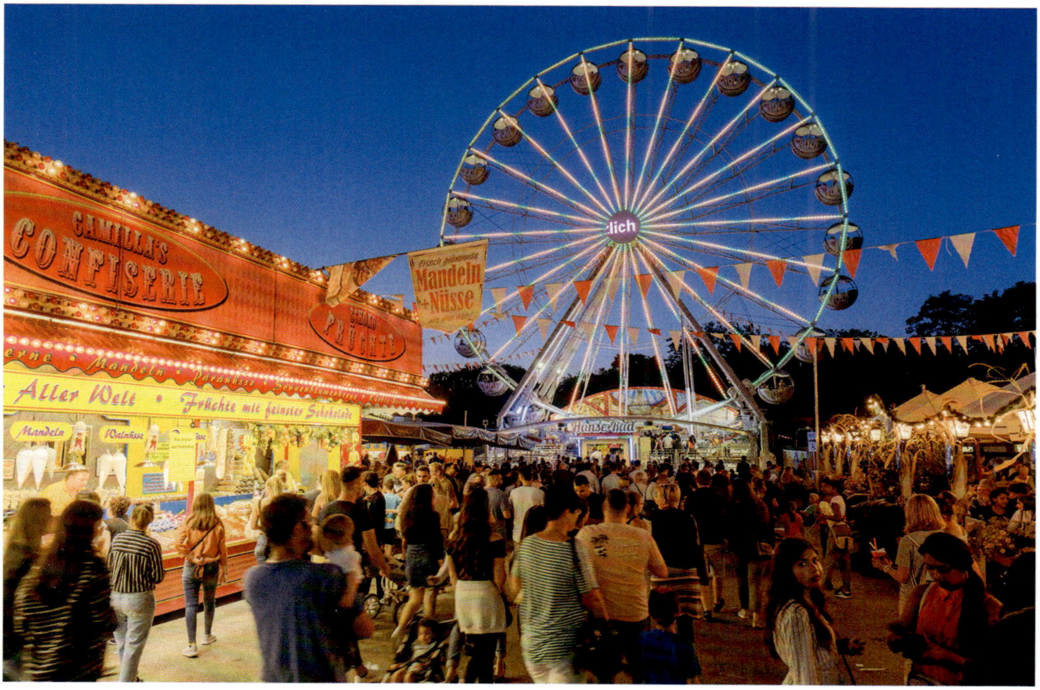

Abbildung 65: Bei **Nachtszenen** mit großem Dynamikumfang empfiehlt sich eine feste Einstellung auf DR400%, um Farben und Zeichnung heller Lichter zu bewahren.

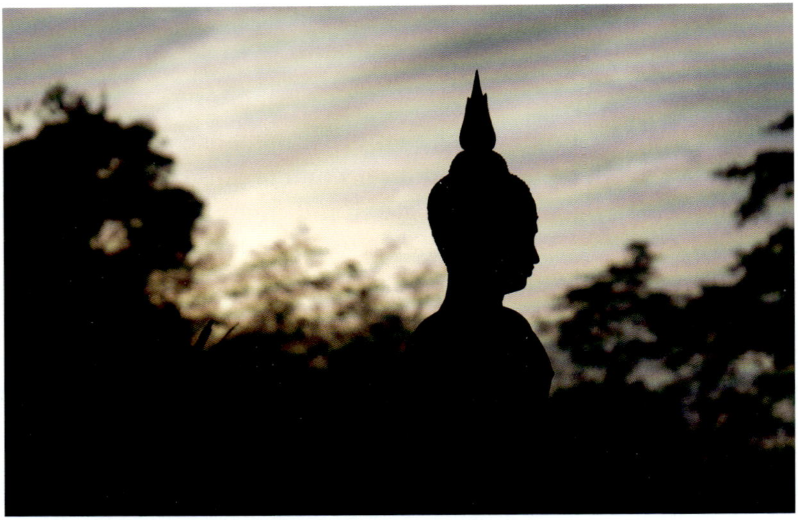

Abbildung 66: Andererseits gibt es **kontrastreiche Situationen,** in denen Sie die Belichtung auf die hellen Bildbereiche abstimmen möchten, um dunkle Partien bewusst absaufen zu lassen. In solchen Fällen ist es sinnvoll, DR100% auszuwählen und auf die Lichter zu belichten.

Die obigen Beispiele illustrieren, dass es sich bei DR-Auto um einen »dummen« Modus handelt, denn woher soll die Kamera auch wissen, was der Fotograf im Schilde führt? DR-Auto hätte sich in beiden Bildsituationen aufgrund des hohen Kontrastumfangs der Szene für DR200% entschieden – und damit jeweils falsch gelegen. Wenn Sie faule Kompromisse vermeiden wollen, ist es also besser, den Dynamikumfang selber einzustellen.

Wichtig: *Die X-T3 simuliert die Wirkung manuell eingestellter DR200%- oder DR400%-Dynamikwerte in Live-View und Live-Histogramm. Die automatische DR-Erweiterung via DR-Auto wird dagegen im Live-View* ***nicht*** *simuliert. Stattdessen zeigen Live-View und Live-Histogramm eine DR100%-Simulation an – und zwar auch dann, wenn DR-Auto am Ende beschließt, die Aufnahme mit DR200% zu machen.*

Bei den erweiterten ISO L-Einstellungen wiederum stellen Live-View und Live-Histogramm den Dynamikumfang schlicht falsch dar und unterschlagen somit den Verlust von einer Blendenstufe Lichterdynamik. Erst wenn Sie die Belichtung durch halbes Durchdrücken des Auslösers speichern, ändert sich der Live-View und zeigt die tatsächlich aufgenommene Dynamik an. Leider steht in dieser Phase bereits kein Live-Histogramm mehr zur Verfügung.

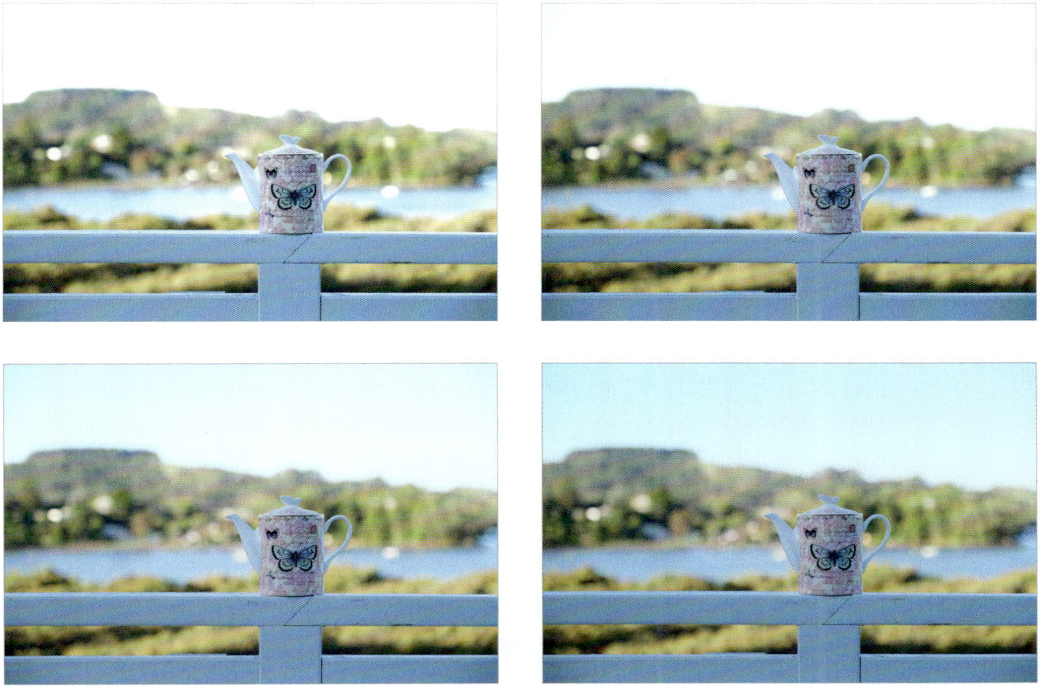

Abbildung 67: **Dynamikbereichseinstellungen im Vergleich:** Das Bild oben links zeigt eine Szenerie, die mit erweitertem ISO L (80), f/2.8 und 1/140 s aufgenommen wurde, was einer nicht vorhandenen DR50%-Einstellung Ihrer Kamera entspricht. In den Lichtern ist der Dynamikbereich ziemlich knapp bemessen – die meisten hellen Bildteile sind überbelichtet.

Das Bild oben rechts zeigt dasselbe Motiv, aufgenommen mit dem ISO-Basiswert 160 der Kamera (DR100%), f/2.8 und 1/280 s. Noch immer weisen große Teile der Aufnahme keine Textur auf.

Unten links sehen Sie eine weitere Variante mit ISO 320 (DR200%), f/2.8, 1/550 s. Hiermit erhalten wir eine zusätzliche Blendenstufe Dynamik in den Lichtern und der Himmel sieht bereits viel besser aus.

Unten rechts schließlich ist eine Version mit ISO 640 (DR400%), f/2.8 und 1/1100 s abgebildet, die im Vergleich zur Aufnahme mit dem ISO-Basiswert (DR100%) zwei zusätzliche Blendenstufen Lichterdynamik bietet. Hier endlich sind alle Bildbereiche sauber durchgezeichnet und es treten keine Farbverschiebungen mehr auf.

Diese vier Bilder wurden mit einer X-T3 im Belichtungsautomatikmodus A aufgenommen.

TIPP 62

Motive mit sehr hohem Kontrastumfang: So setzen RAW-Shooter die DR-Funktion optimal ein

Die DR-Funktion von Fujifilm verringert den angezeigten ISO-Wert der RAW-Datei um eine (DR200%) bzw. zwei Stufen (DR400%). Wenn Sie ISO 640 und DR400% einstellen und ein Bild machen, wird die RAW-Datei des Bildes also eigentlich mit ISO 160 aufgenommen, d. h., zwei Stufen dunkler als im Live-View oder auf dem resultierenden JPEG der Kamera zu sehen. Durch Unterbelichtung eines Bildes um ein oder zwei Blendenstufen retten wir uns eben diese ein oder zwei Stufen für die bildwichtigen Lichter.

Wenn also die DR-Funktion aktiv ist, pusht der in die Kamera integrierte RAW-Konverter (der auch als JPEG-Engine bezeichnet wird) die Schatten und Mitteltöne der unterbelichteten RAW-Daten um eine (DR200%) oder zwei Stufen (DR400%) und sorgt so dafür, dass der Live-View und das resultierende JPEG-Bild der angezeigten ISO-Einstellung entsprechen. Die hellsten Lichter werden dagegen nicht angehoben.

Wenn Sie beispielsweise ISO 640 und DR400% einstellen, werden die RAW-Daten mit ISO 160 aufgezeichnet (um zwei Blendenstufen Lichterdynamik zu schützen). Gleichzeitig sorgt die eingebaute JPEG-Engine der Kamera dafür, dass Schatten und Mitteltöne im Live-View und auf dem resultierenden JPEG wieder um zwei Stufen auf ISO 640 gepusht werden, um die Unterbelichtung in der RAW-Datei auszugleichen. Dagegen bleiben die hellsten Lichter auf dem JPEG bei ISO 160 geschützt.

Das ist der Grund dafür, warum die ISO-Mindesteinstellungen für DR200% und DR400% bei Kameras mit einem ISO-Basiswert von 160 (also auch bei Ihrer X-T3) ISO 320 bzw. ISO 640 betragen. Beachten Sie, dass die ISO-Einstellungen per Definition und Konvention nur für die in der Kamera erzeugten JPEGs, nicht aber für die RAW-Dateien gelten. Es ist völlig normal, dass die RAW-Daten mit einer niedrigeren oder höheren als der angegebenen ISO-Stufe aufgenommen werden, denn alle ISO-Einstellungen gelten ja nur für JPEGs und den Live-View und eben nicht für RAW-Daten.

Wenn man dies versteht, wird deutlich, dass bei der X-T3 mit dem ISO-Basiswert 160 die erweiterte ISO L (80)-Funktion genau das Gegenteil der DR-Funktion macht: Sie zeichnet RAW-Daten bei ISO 160 eine Blendenstufe heller auf, während die JPEG-Engine den Live-View und das resultierende

JPEG um eine Stufe abdunkelt, um die nominelle ISO L (80)-Einstellung zu simulieren. Die Überbelichtung eines Bildes um eine Stufe im RAW-Format verglichen mit dem Live-View und dem JPEG hat auch zur Folge, dass eine Blende Dynamikumfang in den Lichtern verloren geht. Insofern hat die Auswahl von ISO L (80) die gleiche Wirkung, wie sie eine DR50%-Einstellung hätte, so diese denn vorhanden wäre.

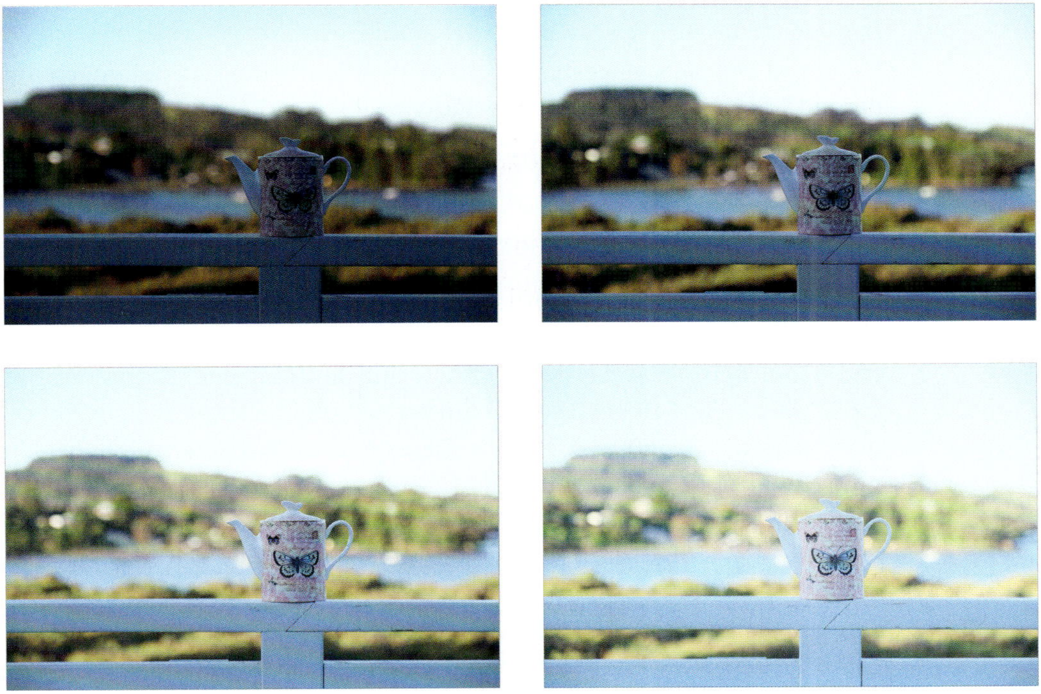

Abbildung 68: In diesem Beispiel habe ich vier Bilder mit denselben Belichtungseinstellungen – nämlich einem Blendenwert von f/2.8 und der Verschlusszeit 1/500 s – aufgenommen. Die einzigen Unterschiede waren vier **gleichwertige ISO- und DR-Einstellungen,** die sich auf RAW-Ebene gegenseitig neutralisierten: Das Bild oben links zeigt das JPEG, das aus ISO L (80)/DR50 % resultierte, das Bild rechts oben das Ergebnis für ISO 160/DR100%. Unten links sehen wir dann die JPEG-Version für ISO 320/DR200% und unten rechts die Variante mit ISO 640/DR400%.

Die vier JPEGs unterscheiden sich hinsichtlich der Schatten- und Mitteltonhelligkeit deutlich, da sie alle auf die jeweils angegebenen ISO-Einstellungen abgestimmt sein müssen. Naheliegenderweise muss ein JPEG, das mit ISO 640, f/2.8 und 1/500 s (unten rechts) aufgenommen wurde, heller aussehen als eines mit ISO 80, f/2.8, 1/500 s (oben links). Trotzdem sind die zugrunde liegenden RAW-Daten in allen vier Fällen identisch.

In vielen praktischen Situationen führt die korrekte Belichtung auf die bildwichtigen Lichter einer Szenerie zu einem Live-View-Bild, das in den Mitteltönen und Schatten ziemlich dunkel aussieht. Hierdurch können sich die Wahl des Bildausschnitts und die Fokussierung der Aufnahme recht schwierig gestalten. Die »JPEG-Einstellungen für RAW-Shooter« bieten hier zwar Abhilfe, aber manchmal reicht das noch nicht. In diesem Fall kann uns eine äquivalente ISO/DR-Einstellung möglicherweise aus der Patsche helfen.

So sind beispielsweise die folgenden drei Belichtungseinstellungen auf der RAW-Ebene absolut gleichwertig:

- f/2.8, 1/500 s, ISO 160/DR100%
- f/2.8, 1/500 s, ISO 320/DR200%
- f/2.8, 1/500 s, ISO 640/DR400%

Die RAW-Daten dieser drei Aufnahmen sind identisch, aber trotzdem sehen die JPEGs und damit auch der Live-View ziemlich unterschiedlich aus. So erscheinen beispielsweise der Live-View und das JPEG einer Aufnahme mit f/2.8, 1/500 s, ISO 640 bei DR400% um zwei Stufen heller als die gleichwertige Version f/2.8, 1/500 s, ISO 160 bei DR100%. Die RAW-Daten dieser beiden Aufnahmen sind jedoch identisch.

Dies bietet uns zusätzliche Möglichkeiten. Beispielsweise können Sie Ihre Szenerie *manuell* für die wichtigen Lichter mit ISO 160/DR100% belichten und den ISO-Wert dann um ein oder zwei Stufen auf 320 bzw. 640 erhöhen und gleichzeitig die DR-Einstellung auf DR200% bzw. DR400% setzen. Wenn Sie den ISO-Wert für RAW und JPEG um zwei Stufen *erhöhen* (von 160 auf 640) und gleichzeitig durch Auswahl von DR400% den ISO-Wert für die RAW-Daten wieder um zwei Stufen *verringern,* bleiben die RAW-Daten so, wie sie sind (denn zwei minus zwei ergibt bekanntlich null). Das Einzige, was hierbei heller wird, sind der Live-View und das Kamera-JPEG.

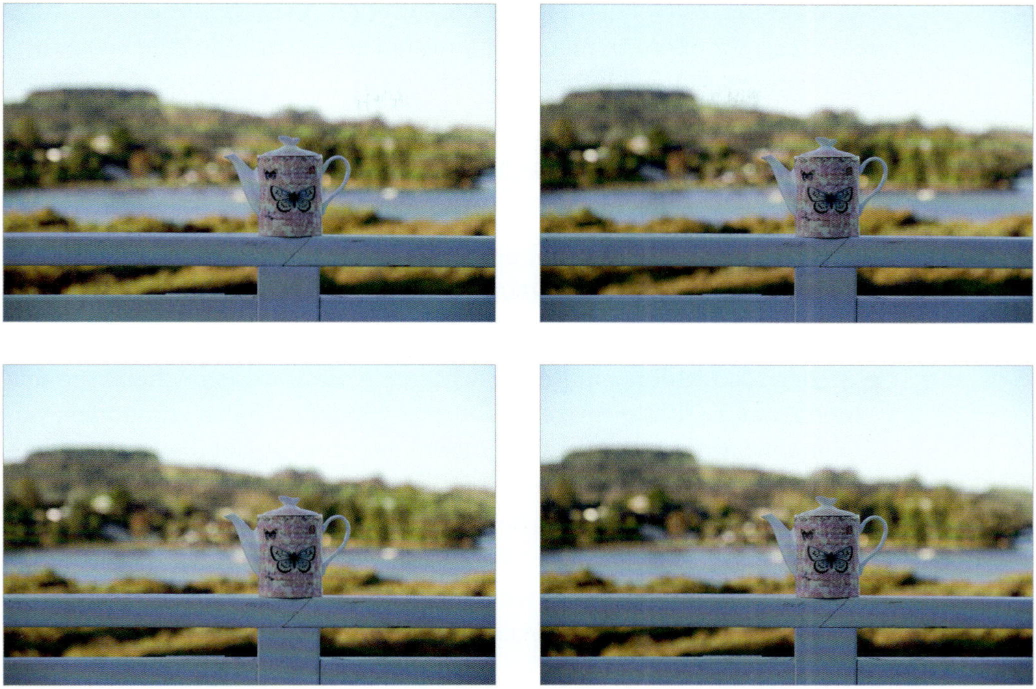

Abbildung 69: Dieses Beispiel zeigt die vier Aufnahmen aus unserer vorherigen Abbildung, die alle mit den gleichen Belichtungseinstellungen – Blende f/2.8 und Verschlusszeit 1/500 s – aufgenommen wurden. Diesmal habe ich die RAW-Dateien der vier Bilder jedoch in Lightroom Classic bearbeitet und auf alle die gleichen Entwicklungseinstellungen angewendet. Die einzige Ausnahme war der Belichtungsschiebregler, den ich so eingestellt habe, dass er den beim Importieren in Lightroom automatisch auf die RAW-Daten angewendeten Push- bzw. Pull-Wert kompensiert, der auf den angegebenen ISO/DR-Einstellungen basiert.

Die Ergebnisse der Lightroom-Bearbeitung der Aufnahmen mit ISO L (80)/DR50% (oben links, Belichtungsregler in Lightroom auf +1 EV), ISO 160/DR100% (oben rechts, 0 EV), ISO 320/DR200% (unten links, −1 EV) und ISO 640/DR400% (unten rechts, −2 EV) sehen *exakt* gleich aus. Das ist auch nicht weiter verwunderlich, denn die RAW-Daten *sind* die gleichen.

Diese Entdeckung kann von enormem praktischen Nutzen sein, wenn Sie vorhaben, das Beste aus dem ISO-losen Sensor Ihrer Kamera herauszuholen und die Dynamik bis an die Grenzen auszureizen.

Am besten verwenden Sie die DR-Funktion für Aufnahmen von Motiven mit sehr großem Dynamikumfang, indem Sie die manuelle Belichtung M aktivieren. Gehen Sie wie folgt vor:

- Wählen Sie den manuellen Modus M aus und aktivieren Sie ggf. die Belichtungsvorschau für diesen Modus (EINRICHTUNG > DISPLAY-EINSTELLUNG > BEL.-VORSCHAU/WEISSABGLEICH MAN. > VORSCHAU BEL./WA).
- Stellen Sie die »JPEG-Einstellungen für RAW-Shooter« ein. Hierzu wählen Sie als Filmsimulation ETERNA und legen außerdem SCHATTIER. TON –2, TON LICHTER –2 fest.
- Stellen Sie DR100% ein und belichten Sie die kontrastreiche Szene manuell, um die bildwichtigen Lichter zu schützen. Sofern vorhanden, verwenden Sie das RGB-Histogramm mit der Echtzeit-Überbelichtungswarnung (»Blinkies«) und legen auf dieser Basis eine Belichtungseinstellung fest, die gerade so stark ist, dass einige der wichtigen Lichter zu blinken beginnen. Zur Erinnerung: Es geht hier darum, die *wichtigen* Lichter zu schützen. Zögern Sie nicht, weniger wichtige Teile Ihrer Szenerie überzubelichten, z. B. die Sonne, die ein Tageslichtmotiv von hinten beleuchtet.
- Jetzt, wo wir Ihre Belichtung für die wichtigen Lichter manuell eingestellt haben, kann es durchaus möglich sein, dass der Live-View zu dunkel ist, um den Bildausschnitt wie gewünscht festlegen zu können. Jetzt kommt die DR-Funktion ins Spiel. Zunächst erhöhen Sie den ISO-Wert je nach Bedarf um einen oder zwei Blendenstufen (1 oder 2 EV). Dann neutralisieren Sie diese ISO-Änderung, indem Sie den DR-Wert um den gleichen Betrag erhöhen (d. h. entweder DR200% oder DR400%). Sie können die ISO-Einstellung beispielsweise von 160 auf 640 erhöhen (d. h. eine *ISO-Erhöhung* von zwei Stufen für RAW, Live-View und JPEG) und gleichzeitig die DR-Einstellung von DR100% auf DR400% erhöhen (d. h. eine *ISO-Absenkung* von zwei Stufen, die aber nur die RAW-Datei, nicht jedoch den Live-View und das JPEG betrifft).
- Nach Durchführung des obigen Schritts bleibt das RAW, wie es war, aber der Live-View sieht ein oder zwei Stufen heller aus als vorher. Das ist ideal für anspruchsvolle und kontrastreiche Szenerien, denn wir können nicht nur die bildwichtigen Lichter optimal belichten, sondern auch erkennen, was in den wirklich dunklen Bildteilen vor sich geht.

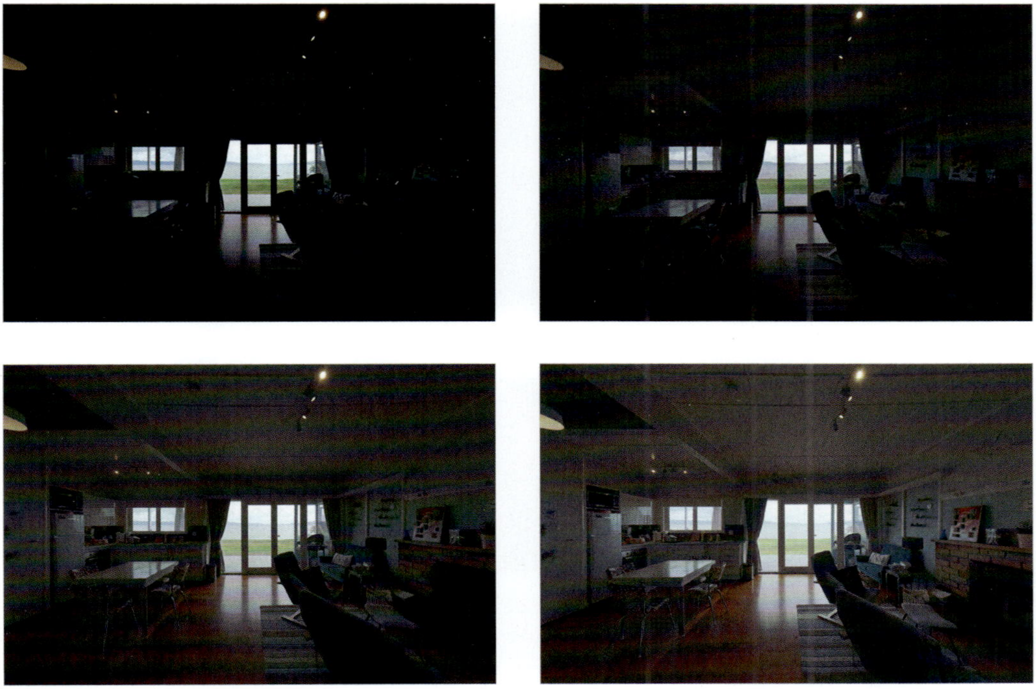

Abbildung 70: Diese exemplarische kontrastreiche Innenaufnahme wurde mit f/9 und 1/60 s im manuellen Belichtungsmodus gemacht. Das Bild oben links zeigt die Szenerie, wie sie sich mit den PROVIA-Werkseinstellungen und dem ISO-Basiswert von 160 präsentierte. Oben rechts sehen wir dasselbe Bild, jetzt aber mit den »JPEG-Einstellungen für RAW-Shooter«: ETERNA-Filmsimulation, SCHATTIER. TON und TON LICHTER jeweils bei −2. Zwar sind dies perfekte Einstellungen für die *Belichtung* einer kontrastreichen Szenerie mit bildwichtigen Highlights, doch ist der Live-View immer noch ein bisschen zu dunkel, als dass man den *Bildausschnitt* komfortabel festlegen könnte. Aber wir wissen ja jetzt, was zu tun ist. Wir können ISO/DR im Tandem um eine Stufe auf ISO 320/DR200% (Bild unten links) oder um zwei Stufen auf ISO 640/DR400% (Bild unten rechts) erhöhen, um einen helleren Live-View – und hellere JPEGs – zu erhalten, ohne die perfekte RAW-Belichtung zu verlieren, die wir zum ISO-Basiswert/DR100% (oben links) ermittelt und eingestellt haben.

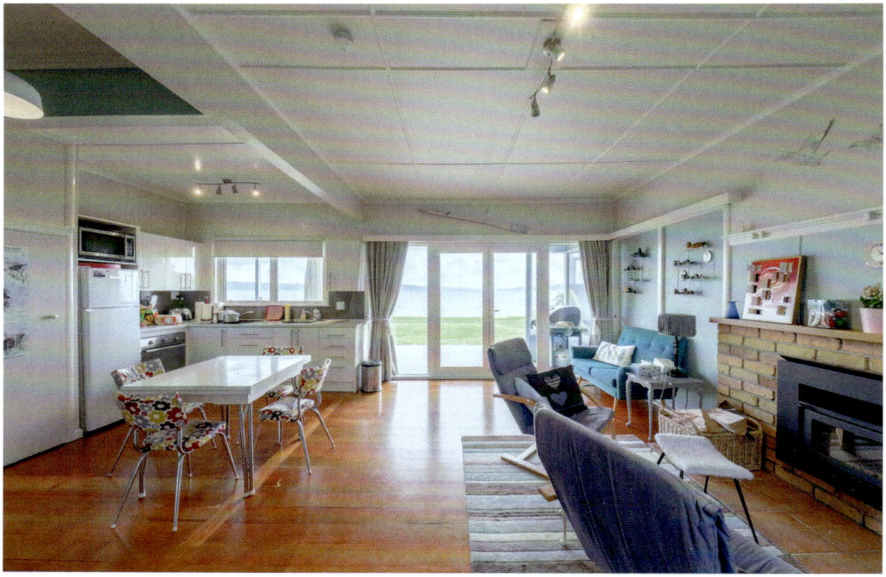

Abbildung 71: Das Beispiel zeigt das vorherige Bild nach der Bearbeitung (Tonwertkorrektur) der RAW-Datei in Lightroom Classic.

Der Einsatz des manuellen Modus M zur Belichtung kontrastreicher Szenen wird dringend empfohlen, da Sie den Prozess auf diese Weise problemlos in zwei Phasen aufteilen können. Zuerst ermitteln Sie die korrekte Belichtung, mit der Sie die wichtigen Lichter schützen können, und stellen diese ein. Hierzu verwenden Sie DR100% und die »JPEG-Einstellungen für RAW-Shooter«. Nach dem Einstellen der Belichtung können Sie sich darauf konzentrieren, für den Live-View eine besser geeignete Helligkeitsstufe festzulegen. Wiederum erhöhen Sie hier zunächst die ISO-Einstellung um ein oder zwei Stufen und heben gleichzeitig den DR-Wert auf DR200% oder DR400% an. Mit dem helleren Live-View können Sie jetzt ganz einfach den Bildausschnitt wählen, scharfstellen und im passenden Moment auf den Auslöser drücken. Sie erkennen jetzt nicht nur, was im Schatten und in den Mitteltönen der Szenerie vor sich geht, sondern der automatische Weißabgleich der Kamera funktioniert jetzt auch besser, weil er nicht im Trüben fischen muss. Diese Vorgehensweise ist präzise, zuverlässig und unkompliziert und ich verwende sie sehr oft und mit großem Erfolg.

Alternativ zur parallelen Erhöhung von ISO und DR (wodurch sich der Live-View aufhellen lässt, ohne die RAW-Belichtung zu beeinflussen) können Sie kontrastreiche Szenen auch im manuellen Modus M belichten und nach der Bestimmung der passenden Belichtung die Belichtungsvorschau ausschalten. So geht's:

- Wählen Sie den manuellen Modus M aus und *aktivieren* Sie die Belichtungsvorschau (EINRICHTUNG > DISPLAY-EINSTELLUNG > BEL.-VORSCHAU/WEISSABGLEICH MAN. > VORSCHAU BEL./WA).
- Belichten Sie wie oben beschrieben die wichtigen Lichter und stellen Sie eine geeignete Belichtung (ISO, Blende und Verschlusszeit) ein.
- Wenn Ihnen der Live-View zu dunkel erscheint, *deaktivieren* Sie die Belichtungsvorschau im manuellen Modus (EINRICHTUNG > DISPLAY-EINSTELLUNG > BEL.-VORSCHAU/WEISSABGLEICH MAN. > AUS) und machen Sie Ihre Aufnahmen. Am einfachsten ist dies, wenn Sie die manuelle Belichtungsvorschau einer Fn-Taste zuweisen. Ich habe den Umschalter für die Belichtungsvorschau der AE-L-Taste meiner X-T3 zugewiesen, da ich hauptsächlich im manuellen Modus fotografiere, in dem die klassische AE-Lock-Funktion ohnehin nicht verfügbar ist.

Wenn Sie die Belichtungsvorschau im manuellen Modus ausschalten, verhält sich der Live-View erzwungenermaßen wie in einem der drei Belichtungsautomatikmodi P, A oder S: Das Live-View-Bild ändert abhängig von der Szene und der gewählten Belichtungsmessmethode automatisch seine Helligkeit in Richtung einer mittelgrauen Belichtung, ohne jedoch die tatsächliche Belichtung der Aufnahme zu beeinflussen.

Dieses recht einfache Verfahren mag ausgesprochen attraktiv klingen, weist aber einen entscheidenden Nachteil auf: Die JPEGs Ihrer Aufnahmen werden tatsächlich ziemlich dunkel aufgenommen, da sie auf die Lichter belichtet sind. Dies macht es schwierig bis unmöglich, die Bildschärfe und weitere kritische Eigenschaften direkt zu überprüfen. Sie müssten also jedes Bild erst einmal mit dem integrierten oder einem externen RAW-Konverter bearbeiten. Wenn Sie viele Aufnahmen mit dieser Methode machen, kann es ausgesprochen aufwendig sein, die vielen dunklen Bilder durchzugehen und diejenigen auszuwählen, die Sie behalten möchten.

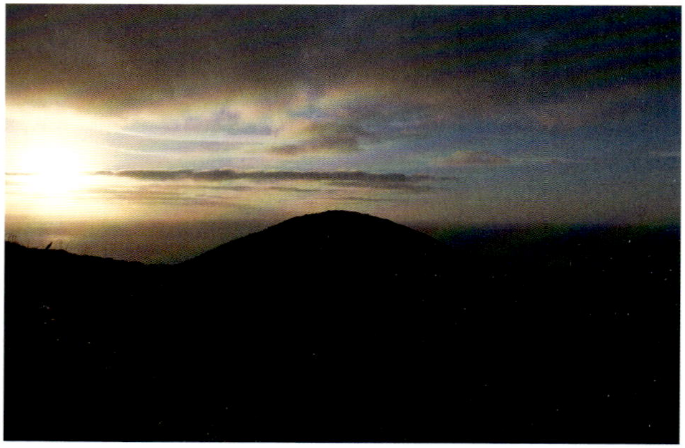

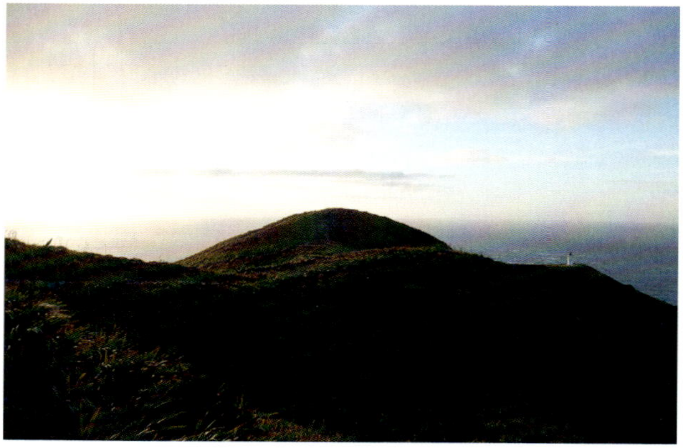

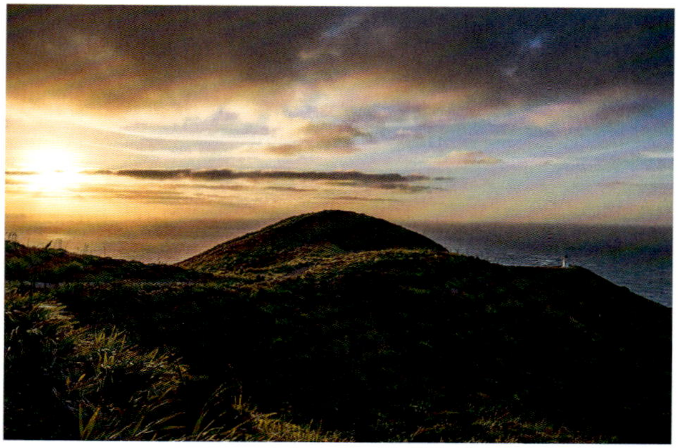

Abbildung 72: Dieses Beispiel zeigt die typische Aufnahme eines Sonnenuntergangs mit sehr hohem Dynamikumfang. Um die hellen Farbbereiche zu schützen, die die Sonne umgeben, habe ich den manuellen Modus aktiviert und auf die bildwichtigen Lichter belichtet (ISO 160, f/5.6, 1/800 s). Leider hatte dies auch einen ziemlich dunklen Live-View zur Folge, weswegen es sich schwierig gestaltete, den optimalen Bildausschnitt festzulegen (oben). Durch **Deaktivieren der Belichtungsvorschau für den manuellen Belichtungsmodus** konnte ich das Live-View-Bild erheblich verbessern (Mitte) und daraufhin den Bildausschnitt auswählen. Das Bild unten zeigt dieselbe Aufnahme nach der Bearbeitung der RAW-Datei in Lightroom Classic.

DR oder DR-P?

TIPP 63

Zusätzlich zur DR-Funktion mit den Optionen DR-AUTO, DR100%, DR200% und DR400% verfügt Ihre X-T3 auch über eine Funktion namens DR-P (Dynamic Range Priority).

Wenn Sie DR-P im Menü BILDQUALITÄTS-EINSTELLUNG aktivieren, ersetzt es die klassische DR-Funktion, d. h., Sie können nicht beide Funktionen zusammen verwenden, sondern müssen sich für eine Variante entscheiden. Wenn Sie DR-P einen beliebigen anderen Wert als AUS zuweisen, wird Ihre DR-Einstellung automatisch außer Kraft gesetzt.

Die DR-P-Optionen AUTO, SCHWACH und STARK entsprechen den Einstellungen DR-Auto, DR200% und DR400% der normalen DR-Funktion, während AUS dafür sorgt, dass die Einstellungen eben dieser normalen DR-Funktion weiter verwendet werden. Dies bedeutet auch, dass DR-P SCHWACH und DR-P STARK die gleichen ISO-Mindestanforderungen wie DR200% und DR400% haben.

Es stellt sich also die Frage, worin der Unterschied zwischen DR-P und DR besteht. Die Antwort ist relativ trivial: DR-P *kombiniert* die regulären DR-Einstellungen mit unterschiedlichen Kontrasteinstellungen zu einem Paket.

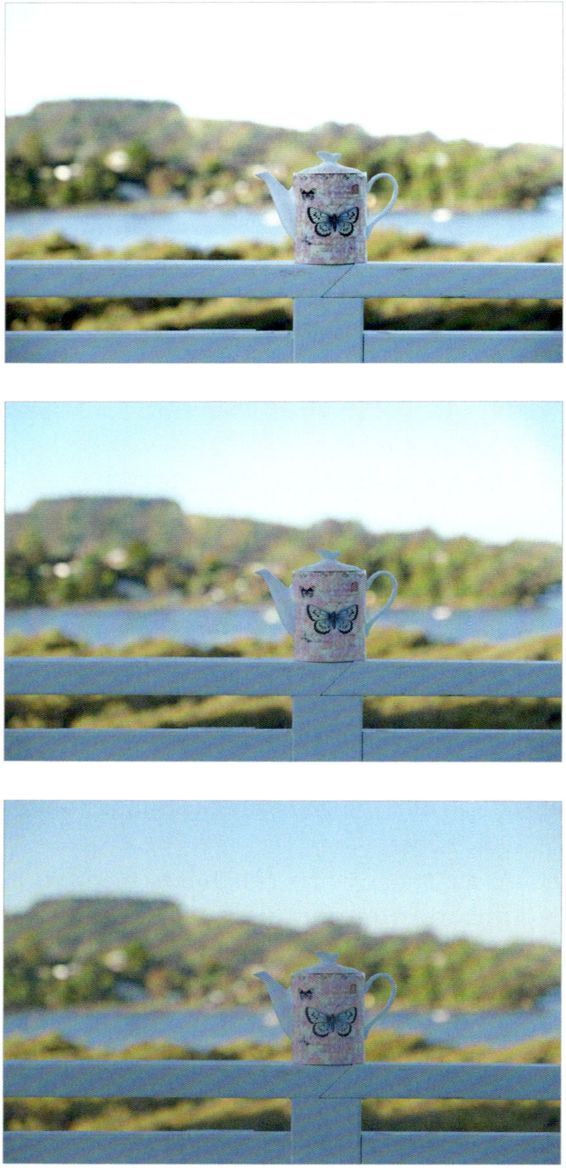

Abbildung 73: Dieser Vergleich der **Dynamikbereichspriorität** zeigt JPEGs desselben kontrastreichen Motivs mit den Einstellungen DR-P AUS/DR100% (oben), DR-P SCHWACH (Mitte) und DR-P STARK (unten) an.

DR-P wurde erstmals in der X-H1 zur Verfügung gestellt. DR-P SCHWACH entspricht dort DR200% kombiniert mit SCHATTIER. TON −1 und TON LICHTER −1; DR-P STARK entspricht DR400% kombiniert mit SCHATTIER. TON −2 und TON LICHTER −2.

Bei Kameras mit X-Processor 4 (also auch der X-T3) wurde dies still und leise modifiziert: Hier sind die Kontrastkurven von DR-P SCHWACH und DR-P STARK noch flacher. DR-P SCHWACH entspricht nun DR200% kombiniert mit SCHATTIER. TON/TON LICHTER-Einstellungen von −2, und DR-P STARK verwendet eine besonders flache Kontrastkurve, die gefühlt wie SCHATTIER. TON/TON LICHTER −4 aussieht – wenn man denn solche Einstellungen manuell abrufen könnte, was bisher nicht möglich ist.

Es gibt eine etwas trickreiche Möglichkeit, mit DR-P gemachte Aufnahmen nachträglich in Bilder mit »normalen« DR- und SCHATTIER. TON/TON LICHTER-Einstellungen zu ändern – vorausgesetzt, die RAW-Datei der Aufnahme ist noch verfügbar. So funktioniert es:

- Öffnen Sie den eingebauten RAW-Konverter mit der zu bearbeitenden DR-P-Aufnahme, indem Sie das Bild im Wiedergabemodus anzeigen und die Q-Taste drücken.
- Im Menü RAW-KOVERTIERUNG sehen Sie nun, dass die reguläre DR-Funktion (DYNAMIKBEREICH) und die Kontrasteinstellungen (SCHATTIER. TON/TON LICHTER) ausgegraut sind, d.h. sie sind aktuell nicht verfügbar und können nicht verändert werden.
- Ändern Sie im Menü RAW-KOVERTIERUNG die Einstellung D-BEREICHS-PRIORITÄT auf AUS.
- Die zuvor ausgegrauten Menüs DYNAMIKBEREICH und SCHATTIER. TON/TON LICHTER erscheinen nun wieder, und Sie können diese Einstellungen anpassen.

Um RAW-Dateien zu verarbeiten, die bereits auf Ihrem Computer gespeichert sind, können Sie die kostenlose X RAW STUDIO-Software von Fujifilm auf Ihrem Mac oder PC als Fernbedienung für den integrierten RAW-Konverter Ihrer Kamera verwenden. Stellen Sie hierzu sicher, dass die Kamera über USB angeschlossen ist und das Menü EINRICHTUNG > VERBINDUNGS-EINSTELLUNG > PC-ANSCHLUSS-MODUS auf USB RAW-KONV./SICHER. eingestellt ist.

TIPP 64 DCG und wie man es benutzt

Wir wissen bereits, dass Ihre X-T3 einen ISO-Basiswert von 160 verwendet. Allerdings gibt es auch noch einen zweiten – höheren – Basiswert für ISO: das sogenannte »Dual Conversion Gain«, kurz DCG. In unserem Fall wird dieser zusätzliche ISO-Basiswert automatisch aktiviert, wenn Sie bei DR100% ISO 800 (oder höher) einstellen.

DCG konfiguriert den Sensor für den Einsatz bei schlechten Lichtverhältnissen um. Das Ausleserauschen wird dabei weiter reduziert, sodass Sie in Situationen mit sehr wenig Licht noch etwas mehr Dynamikumfang herausholen können.

In der Regel werden Sie sich nicht um DCG kümmern müssen, da die Kamera alles automatisch erledigt. Es gibt keinen Ein-/Aus-Schalter und keinen Menüeintrag. Vielmehr wird DCG aktiviert, sobald Sie bei DR100% mindestens ISO 800 (bzw. ISO 1600 bei DR200% oder ISO 3200 bei DR400%) einstellen.

Sie können den DCG-Basiswert für ISO genauso verwenden wie den regulären Basiswert von 160, um möglichst viel Dynamik aus kontraststarken Szenen herauszuholen. Allerdings sprechen wir in diesem Fall von Situationen mit wirklich wenig Licht: Szenerien, die normalerweise mit sehr hohen ISO-Einstellungen wie 6400, 12800 oder sogar 25600 belichtet würden.

Statt direkt solche ISO-Werte einzustellen, wählen Sie an der Kamera einfach ISO 800 bei DR100% oder eine der beiden anderen oben angegebenen Kombinationen aus und fotografieren drauflos – die Lichter sind hierbei dann weitgehend geschützt.

Ich möchte Ihnen ein praktisches Beispiel geben. Bei einem unserer Fuji X Secrets-Workshops organisierten wir ein abendliches Treffen in einem alten Weinkeller, der nur mit einigen Kerzen beleuchtet war. Ich habe spontan mehrere Porträts von Teilnehmern aufgenommen, wobei ich im manuellen Modus M mit den festen Einstellungen ISO 800, f/2.8 (weit offen) und 1/20 s (meine längste gerade noch nutzbare Verschlusszeit für die Aufnahme von Personen aus der Hand) fotografierte. Um den Bildausschnitt einschätzen zu können, habe ich dabei die Belichtungsvorschau im manuellen Modus *ausgeschaltet*.

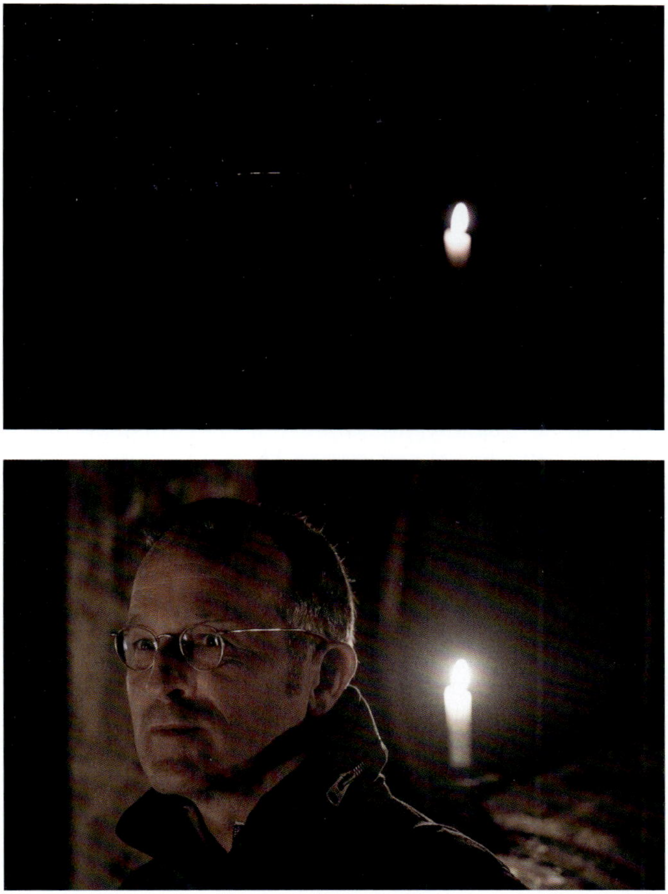

Abbildung 74: Dieses **DCG**-Beispiel zeigt eine bei schwachem Licht gemachte Aufnahme, die mit einer Brennweite von 55 mm bei f/2.8, 1/20 s und ISO 800/DR100% erstellt wurde. Hierbei verwendete die Kamera automatisch DCG, einen zweiten ISO-Basiswert. Das unbearbeitete Ergebnis oben sieht wirklich extrem dunkel aus. Das Einzige, was deutlich sichtbar ist, ist eine der Kerzen, die die Szenerie beleuchteten.

Unten sehen Sie dieselbe Aufnahme nach der Bearbeitung der RAW-Datei in Lightroom Classic. Das Pushen der Helligkeit auf dem Gesicht führte zu einem Äquivalenzwert von mindestens ISO 12800, während die bereits ausreichend hellen Teile der Kerze bei ISO 800 blieben, um möglichst viel Textur und Tonalität zu erhalten. Es handelt sich hierbei um die übliche Tonwertkorrektur, aber gleichzeitig erhalten Sie damit auch einen Einblick in die Dynamikreserven, die die X-Kameras von Fuji bieten. Sie müssen nur mutig genug sein, sie zu nutzen.

DCG verschafft Ihnen beim Rauschen einen Vorteil von ca. 1/3 bis 2/3 EV. Das mag vielleicht gar nicht nach so sehr viel klingen (und ist es unter normalen Umständen auch nicht), aber in Situationen, in denen Sie die Schatten bei der RAW-Bearbeitung um vier bis fünf Blendenstufen anheben müssen, oder solchen, in denen beim Aufnehmen extrem hohe ISO-Werte von 12.800 und mehr gefragt sind, ist diese Funktionalität recht nützlich.

TIPP 65 HDR-Aufnahmen mit der X-T3

Eine beliebte Methode, um Motive mit sehr hohem Kontrastumfang abzubilden, ist die HDR-Fotografie. HDR [44] steht für »High Dynamic Range«: Dabei werden mehrere unterschiedlich belichtete Einzelbilder einer Szene aufgenommen und diese anschließend zu einem einzigen Bild mit erweitertem Dynamikumfang verschmolzen. Dieses Verschmelzen kann mit Spezialsoftware wie Photomatix Pro von HDRsoft erheblich vereinfacht werden.

In der Regel benötigt man für HDR-Zwecke mindestens zwei unterschiedlich belichtete Aufnahmen eines Motivs. Einige Fotografen gehen weiter und belichten fünf oder mehr Varianten. Mit der X-T3 können Sie mit wenigen Arbeitsschritten sogar eine Belichtungsreihe aus neun Aufnahmen erstellen, deren Belichtung sich häufig um jeweils 1 EV (eine Blendenstufe) unterscheidet.

Bereiten Sie Ihre Kamera zunächst folgendermaßen vor:

- Setzen Sie die Kamera auf ein stabiles Stativ oder eine entsprechend feste Unterlage.
- Schließen Sie einen Fernauslöser an oder stellen Sie den Selbstauslöser auf zwei Sekunden ein.
- Stellen Sie die Kamera auf den Belichtungsmodus A (Zeitautomatik), wählen Sie am DRIVE-Einstellrad die Option BKT und vergewissern Sie sich, dass im Aufnahmemenü unter AUFNAHME-EINSTELLUNG > DRIVE-EINSTELLUNG > BKT-EINSTELLUNG > BKT AUSWAHL die Einstellung AUTO-BELICHTUNGS-SERIE ausgewählt ist.

- Stellen Sie einen möglichst niedrigen festen ISO-Wert (etwa ISO 160) ein. Verwenden Sie jedoch nicht ISO L.
- Schalten Sie die Dynamikerweiterung der Kamera aus und wählen Sie stattdessen DR100%.
- Wählen Sie eine geeignete Blende vor und fokussieren Sie dann manuell. Dabei ist es unerheblich, ob Sie die HDR-Belichtungsreihe mit einem nativen oder einem adaptierten Objektiv aufnehmen.
- Stellen Sie AUTO-BELICHTUNGS-SERIE auf neun Aufnahmen mit einer Varianz von ±1 EV (Aufnahmemenü > AUFNAHME-EINSTELLUNG > DRIVE-EINSTELLUNG > BKT-EINSTELLUNG > AUTO-BELICHTUNGS-SERIE > ANZAHL/ABSTUFUNG).
- Verwenden Sie am besten die Integralmessung.

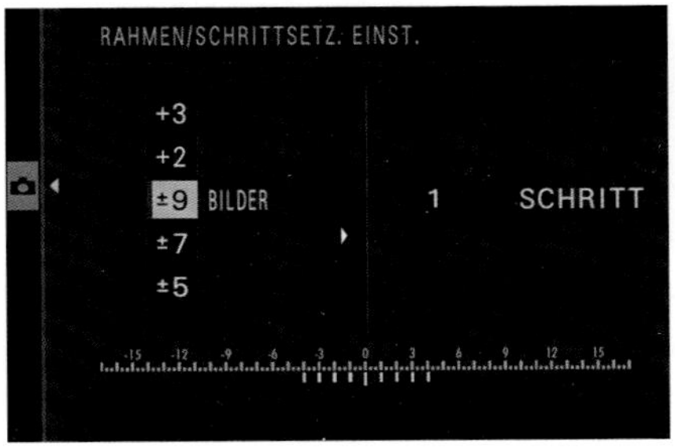

Abbildung 75:
Auf dieser Abbildung des ANZAHL/ABSTUFUNG-Bildschirms wurde bereits eine automatische Belichtungsreihe mit neun Bildern und einer Varianz von ±1 EV festgelegt. Hierdurch wird der Belichtungsbereich von –4 EV bis +4 EV abgedeckt.

Nach dieser Vorbereitung können Sie nun eine Belichtungsreihe mit neun unterschiedlich belichteten Aufnahmen erzeugen:

- Stellen Sie das Belichtungskorrekturrad auf 0 (neutrale Stellung), stellen Sie die Szenerie manuell scharf und drücken Sie den Auslöser. Verwenden Sie dabei einen Fern- oder den Selbstauslöser mit zwei Sekunden Verzögerung, um Erschütterungen zu vermeiden. Die Kamera macht nun neun Aufnahmen im Belichtungsbereich zwischen –4 EV und +4 EV.

Hierdurch entstehen mithin neun unterschiedlich belichtete Aufnahmen, die Sie mithilfe ihrer bevorzugten HDR-Software zusammenführen können. Das fertige Bild wird dann einen erweiterten Dynamikumfang von ±4 EV haben.

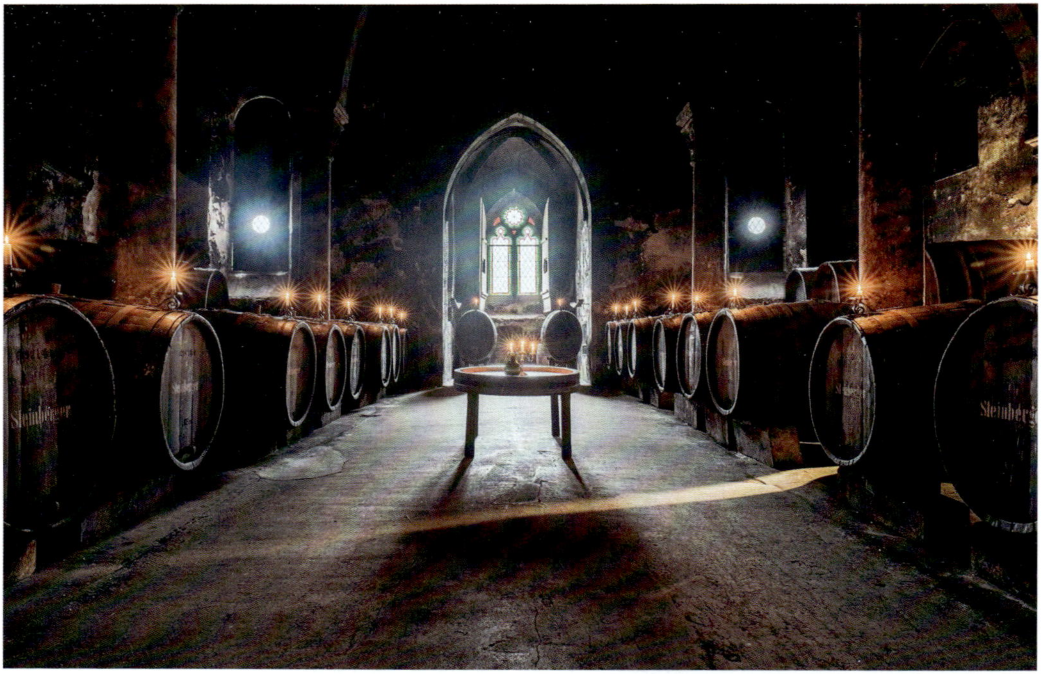

Abbildung 76: Dieses ziemlich extreme **HDR-Bild** besteht aus sieben um jeweils zwei Blendenstufen auseinanderliegend belichteten RAW-Dateien, die in Lightroom Classic miteinander verschmolzen wurden.

TIPP 66 HDR für Ungeduldige

Dank des ISO-losen Sensors der X-T3 können Sie im Grunde genommen HDR-Aufnahmen aus der Hand schießen, wenn Sie nachfolgend zwei stark unterschiedlich belichtete RAW-Dateien in Lightroom oder Adobe Camera RAW zu einer HDR-DNG-Datei verrechnen lassen.

Beginnen wir mit den Voreinstellungen:

- Stellen Sie die X-T3 auf den Belichtungsmodus A (Zeitautomatik), wählen Sie am DRIVE-Einstellrad die Option BKT und vergewissern Sie sich, dass im Aufnahmemenü unter AUFNAHME-EINSTELLUNG > DRIVE-EINSTELLUNG > BKT-EINSTELLUNG > BKT AUSWAHL die Einstellung AUTO-BELICHTUNGS-SERIE ausgewählt ist.

- Stellen Sie einen möglichst niedrigen festen ISO-Wert (etwa ISO 160) ein. Verwenden Sie jedoch nicht das erweiterte ISO L.
- Schalten Sie die Dynamikerweiterung der Kamera aus und wählen Sie stattdessen DR100%.
- Wählen Sie eine geeignete Blende vor.
- Stellen Sie im Aufnahmemenü unter AUFNAHME-EINSTELLUNG > DRIVE-EINSTELLUNG > BKT-EINSTELLUNG > AUTO-BELICHTUNGS-SERIE > ANZAHL/ABSTUFUNG einen BILDER-Wert von +3 und für SCHRITT den Wert 2 ein.
- Stellen Sie die bekannten »JPEG-Einstellungen für RAW-Shooter« ein: FILMSIMULATION > ETERNA, SCHATTIER. TON > –2 und TON LICHTER > –2.

So machen Sie die HDR-Aufnahmen:

- Belichten Sie auf die Lichter! Stellen Sie die Belichtung mithilfe des Belichtungskorrekturrades also so ein, dass im Live-View und Live-Histogramm keine bildwichtigen Lichter ausgefressen erscheinen.
- Fokussieren Sie und drücken Sie den Auslöser. Halten Sie die Kamera dabei besonders ruhig, um zwischen den Serienaufnahmen nicht den Bildausschnitt zu verändern. Die X-T3 macht nun in sehr schneller Folge drei Aufnahmen mit jeweils unterschiedlicher Belichtung.
- Laden Sie die RAW-Dateien der drei Belichtungsreihenaufnahmen in Lightroom oder Adobe Camera RAW und verschmelzen Sie sie dort mithilfe der HDR-Funktion des Programms zu einer HDR-DNG-Datei. Diese Datei können Sie dann in Lightroom wie jede normale RAW-Datei entwickeln.

Durch Kombination der drei Aufnahmen mit einer Belichtungsdifferenz von jeweils 2 EV können wir den Dynamikgesamtumfang des Bildes drastisch erweitern. Da wir die Aufnahmen in maximaler Serienbildgeschwindigkeit machen, ist im resultierenden DNG-Bild auch keine oder praktisch keine Bewegungsunschärfe zu erkennen. Dieser Trick funktioniert sogar bei

Motiven, die sich (langsam) bewegen, da das HDR-Merge-Tool in Lightroom automatisches Deghosting unterstützt. Die dunkelste der drei Aufnahmen ist dabei optimal auf die Lichter belichtet, während die beiden anderen zwei bzw. vier Blendenstufen weniger Motivrauschen (Photonenrauschen) aufweisen.

Da die Kamera selbst – aufgrund ihrer ISO-losen Sensoreigenschaften – wiederum nahezu kein Ausleserauschen produziert, können wir die hellste der drei RAW-Aufnahmen problemlos um weitere 3 EV aufhellen, ohne dass es dabei zu nennenswerter Beeinträchtigung der Bildqualität kommt. Insgesamt gewinnen wir gegenüber einer einzelnen (auf die Lichter belichteten) Aufnahme also bis zu 7 EV *zusätzlichen* Dynamikumfang. Das reicht für nahezu alle denkbaren Motive aus – und wir können bequem aus der Hand schießen, solange die Belichtungszeit der hellsten Aufnahme nicht zu Verwacklungsunschärfe führt.

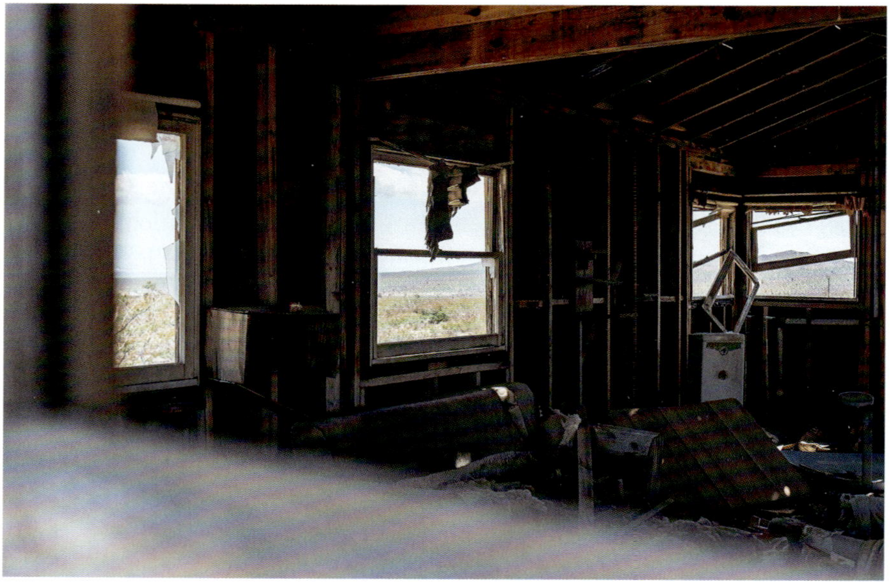

Abbildung 77: Dieses **aus der Hand geschossene HDR** besteht aus dem auf die Lichter belichteten Originalbild sowie zwei weiteren Aufnahmen, die 2 bzw. 4 EV heller belichtet wurden. Mit Lightroom wurden die RAW-Dateien zu einer einzigen HDR-DNG-Datei zusammengeführt. Das Ergebnis wirkt in den Schatten sauber und rauschfrei, mit hohem Detailgrad in den Texturen und ohne Tonalitätssprünge.

ES (elektronischer Verschluss), EFCS (elektronischer erster Verschlussvorhang) und Flimmererkennung

TIPP 67

Der elektronische Verschluss der X-T3 bietet drei Vorteile: Er arbeitet vollkommen lautlos, er verhindert Vibrationen durch einen mechanischen Shutter Shock und er ermöglicht ultrakurze Verschlusszeiten bis zu 1/32000 s. Das ist zum einen praktisch, wenn Sie beim Fotografieren besonders unauffällig sein müssen, und zum anderen, wenn Sie lichtstarke Objektive wie das XF56mmF1.2 R bei gutem Licht mit Offenblende verwenden und dabei gern auf einen Graufilter verzichten möchten.

Das Zusammenspiel zwischen dem mechanischen (MS = Mechanical Shutter) und dem elektronischen Verschluss (ES = Electronic Shutter) regelt die Einstellung AUFNAHME-EINSTELLUNG > AUSLÖSERTYP im Aufnahmemenü. Hier stehen sechs Optionen zur Verfügung:

- **MS:** Dies ist die Standardeinstellung der Kamera, in der ausschließlich der mechanische Verschluss verwendet wird, und gleichzeitig meine Empfehlung für die meisten Szenarios.
- **ES:** Mit dieser Einstellung schalten Sie die Kamera auf den elektronischen Verschluss um. Eingestellt werden können Verschlusszeiten von bis zu 1/32000 s. Erweiterte ISO-Einstellungen stehen im ES-Modus nicht zur Verfügung, und Sie können bei aktiviertem ES keinen Blitz verwenden.
- **EF:** Hiermit schalten Sie die X-T3 auf den ersten elektronischen Vorhang (Electronic First Curtain Shutter, EFCS) um. Der EFCS kombiniert Vorteile von ES und MS: Er ersetzt den mechanischen ersten Verschlussvorhang durch eine elektronische Variante und verhindert so Vibrationen durch einen mechanischen Shutter Shock. Der zweite Verschlussvorhang hingegen bleibt mechanisch, sodass Probleme durch einen elektronischen Rolling Shutter vermieden werden.
- **M+E:** In diesem Modus kombiniert die Kamera den mechanischen (MS) und den elektronischen Verschluss (ES). Hier wird der elektronische Verschluss automatisch verwendet, wenn Verschlusszeiten von weniger als 1/8000 s eingestellt wurden. Blitzen ist innerhalb des Wirkungskreises des mechanischen Verschlusses weiterhin möglich.

- **EF+M:** Dieser Modus kombiniert EFCS und MS. Die X-T3 verwendet im Normalfall EFCS, schaltet aber bei Verschlusszeiten von weniger als 1/2000 s auf MS um. Hierdurch werden Probleme mit der Bokeh-Qualität vermieden, wie sie beim EFCS in Verbindung mit sehr kurzen Verschlusszeiten auftreten können.
- **EF+M+E:** Dieser Modus kombiniert EFCS, MS und ES. Die X-T3 verwendet im Normalfall EFCS, schaltet aber bei Verschlusszeiten von weniger als 1/2000 s auf MS um. Außerdem wird der elektronische Verschluss hier automatisch verwendet, wenn Verschlusszeiten von weniger als 1/8000 s eingestellt wurden. Blitzen ist innerhalb des Wirkungskreises des mechanischen Verschlusses weiterhin möglich.

Wenn Sie Verschlusszeiten erzielen möchten, die das mechanische Vermögen der Kamera unterschreiten, können Sie das Belichtungszeitwahlrad auch auf **T** stellen. Danach können Sie alle Verschlusszeiten mit dem entsprechenden Einstellrad in 1/3-EV-Schritten auswählen.

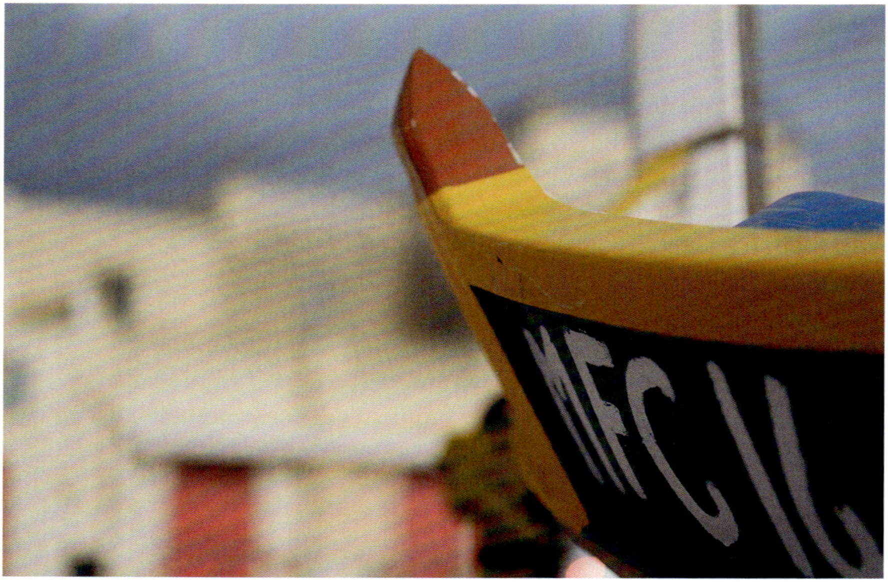

Abbildung 78: Der **elektronische Verschluss** ist eine praktische Option für Aufnahmen mit Offenblende unter hellen Lichtbedingungen, wo selbst die kürzeste Verschlusszeit manchmal nicht mehr ausreicht.

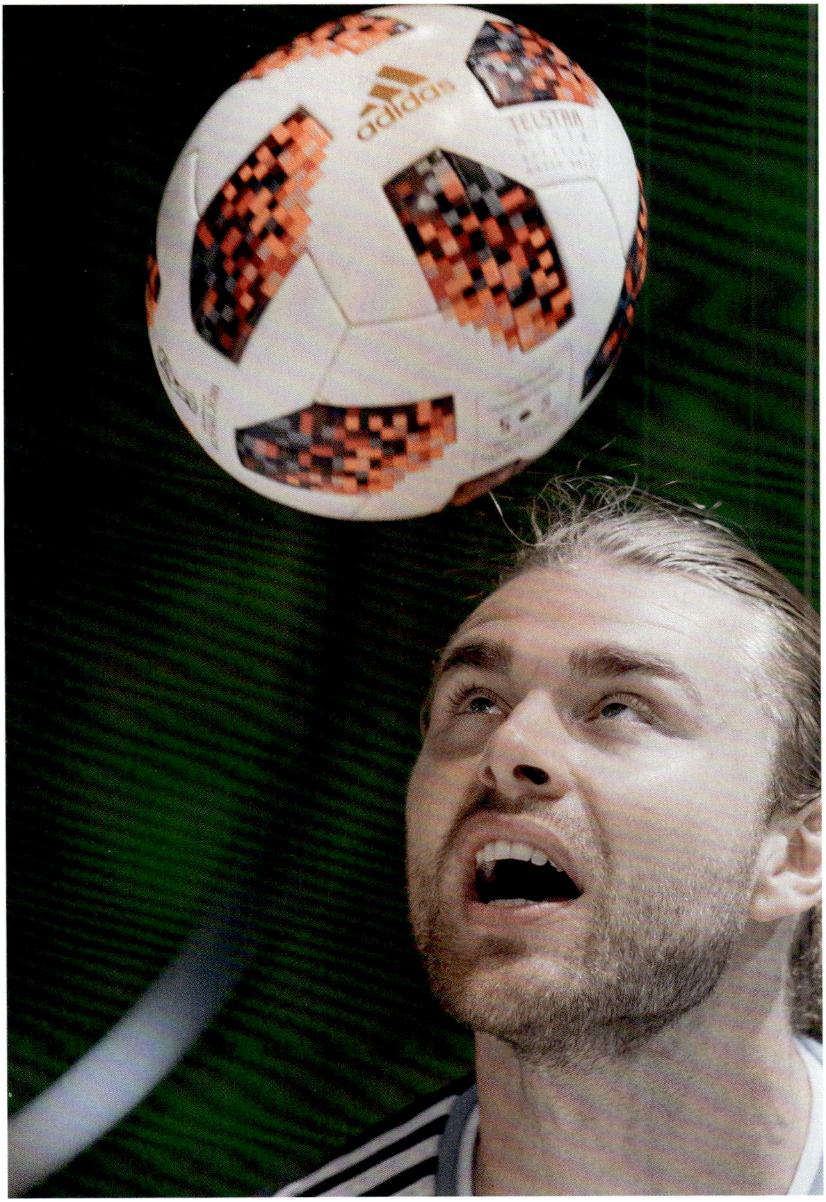

Abbildung 79: Der **Verzerrungseffekt** elektronischer Rolling Shutters zeigt sich vor allen Dingen bei Szenen mit sich schnell bewegenden Objekten (z. B. beim Fußball).

Bitte beachten Sie, dass der elektronische Verschluss selbst bei 1/32000 s etwas Zeit (meist zwischen 1/20 und 1/30 s) benötigt, um die Bilddaten für den gesamten Sensor zu erfassen. Dieser Effekt ist auch als *Rolling Shutter* [45] bekannt und führt unter anderem dazu, dass sich schnell bewegende Motive verzerrt erscheinen, wenn sie mit dem elektronischen Verschluss aufgenommen werden. Darüber hinaus kommt es in Verbindung mit pulsierenden und flackernden Kunstlichtquellen zu unschönen Bildstörungen. Der Rolling Shutter und die lange Auslesezeit sind auch dafür verantwortlich, dass der elektronische Verschluss nicht in Verbindung mit Blitzlicht verwendet werden kann.

Der **EFCS** kombiniert Vorteile von ES und MS: Er ersetzt den mechanischen ersten Verschlussvorhang durch eine elektronische Variante und verhindert so Vibrationen durch einen mechanischen Shutter Shock. Der zweite Verschlussvorhang hingegen bleibt mechanisch, sodass Probleme durch einen elektronischen Rolling Shutter vermieden werden. Außerdem verkürzt der EFCS die Dauer von Dunkelpausen beim EVF und gibt ein unauffälligeres mechanisches Verschlussgeräusch aus.

Bei sehr kurzen Verschlusszeiten kann die Verwendung des EFCS die Bildqualität und insbesondere das Bokeh beeinträchtigen. Deshalb gibt es zusätzlich die EF+M-Einstellung, die bei einer Verschlusszeit von unter 1/2000 s automatisch auf den MS zurückwechselt. Ich selbst verwende EF+M als Standardeinstellung und schalte nur bei Bedarf manuell auf den ES um.

Bitte beachten Sie, dass bei der X-T3 der Verschlusstyp auf ES (nicht M+E oder EF+M+E) eingestellt sein muss, um die Kameramodi für die schnellen Serienaufnahmen ohne Dunkelpause (20 fps ohne Cropfaktor bzw. 10/20/30 fps bei Cropfaktor 1,25) nutzen zu können. Trotz der kurzen Nennverschlusszeiten in diesen Modi können aufgrund von pulsierendem Kunstlicht problematische Rolling-Shutter-Verzerrungen und Bildstreifen entstehen. Insofern sollten Sie die ES-Einstellung stets mit Vorsicht genießen, wenn Sie schnelle Bewegungen aufnehmen, die Kamera schwenken oder bei Kunstlicht fotografieren.

Sie fragen sich vielleicht, ob es unproblematisch ist, den mechanischen Verschluss oder den elektronischen ersten Verschlussvorhang in Situationen mit pulsierendem Kunstlicht zu verwenden. Nun, die Antwort lautet ja *und* nein. Da pulsierende Lichtquellen die lästige Angewohnheit haben, ständig an- und auszugehen, wird die Szenerie – also auch ihr Motiv – von einer Lichtquelle beschienen, deren Stärke sich je nach Phasenfrequenz des Netzstroms 50 bis 60 Mal pro Sekunde ändert. Selbst im manuellen Belichtungsmodus M können Aufnahmen, die nacheinander mit denselben Belichtungseinstellungen gemacht wurden, trotzdem unterschiedlich belichtet sein. Dies hängt von Ihrer Verschlusszeit und davon ab, ob die Aufnahme in einer helleren oder dunkleren Phase eines Lichtimpulses entstanden ist.

Während dieses Flimmern für das menschliche Auge unsichtbar ist, beeinträchtigt es die Funktionsweise Ihrer Kamera, sobald Sie kürzere Verschlusszeiten wählen: Sie kann dann nur mit dem Licht arbeiten, das aufgrund der Pulsphase der Lichtquelle gerade vorhanden ist.

Und hier kommt die Flimmererkennung ins Spiel. Sie finden sie im Aufnahmemenü unter AUFNAHME-EINSTELLUNG > FLIMMERREDUZIERUNG.

Die Flimmererkennung [46] sorgt dafür, dass die Belichtung Ihrer Kamera mit den periodischen Spitzen der Wechselstromphase zeitlich zusammenfällt. Anders formuliert: Die Aufnahme wird so lange verzögert, bis das pulsierende Licht die Szene mit maximaler Helligkeit beleuchtet. Deswegen sehen Ihre Aufnahmen bei aktivierter Flimmererkennung hell und gleichmäßig aus.

In einer Welt, in der wir pulsierende Lichtquellen in Form von Energiesparlampen an jeder Ecke finden, ist die Flimmererkennung ein unverzichtbares Feature. Trotzdem sollten Sie darauf achten, sie wirklich nur in solchen Situationen einzusetzen, in denen ihre Fähigkeiten tatsächlich gefragt sind. Bei natürlichem Tageslicht oder auch nicht pulsierendem Kunstlicht ist die Verwendung der Flimmererkennung nicht nur sinnfrei, sondern macht Ihre Kamera auch langsamer.

Ab Firmware-Version 3.00 bietet die X-T3 zwei Optionen für die Flimmererkennung: ERSTES BILD und ALLE BILDER. Dabei entspricht ALLE BILDER der regulären aktivierten Flimmererkennung bei anderen X-Kameramodellen: Die Kamera wird vor jeder einzelnen Aufnahme zur Netzfrequenz synchronisiert, d. h. auch bei schnellen Serienaufnahmen, die dadurch zwangsläufig verlangsamt werden. ERSTES BILD dagegen nimmt diese Analyse im Serienbildmodus nur vor der ersten Aufnahme vor.

2.4 FOKUSSIEREN MIT DER X-T3

Die X-T3 verfügt über ein hybrides Autofokussystem, das CDAF und PDAF miteinander kombiniert: CDAF, PDAF, Hybrid-AF? Das kann für Verwirrung sorgen.

- **CDAF** steht für **C**ontrast **D**etection **A**uto**F**ocus (Kontrastdetektions-AF) und ist das Standardverfahren spiegelloser Kameras. CDAF steht über die gesamte Sensorfläche (117 bzw. 425 AF-Felder im EINZELPUNKT-Modus bzw. 117 AF-Felder im ZONENMODUS und im WEIT/VERFOLGUNG-Modus) zur Verfügung und arbeitet sehr präzise, jedoch nicht immer besonders schnell.
- **PDAF** steht für **P**hase **D**etection **A**uto**F**ocus (Phasendetektions-AF) und ist das Standardverfahren bei Spiegelreflexkameras. Da die X-T3 spiegellos ist, wurde der PDAF direkt auf dem Sensor realisiert und umfasst den gesamten Sensorbereich. Dieses Verfahren operiert sehr schnell und ist besonders gut geeignet, sich bewegende Objekte zu verfolgen und (etwa im Serienbildmodus) vorherzusagen, wie weit von der Kamera entfernt sich ein verfolgtes Objekt zum Zeitpunkt der nächsten Auslösung befinden wird.
- **Hybrid-AF** bedeutet, dass die X-T3 beide Verfahren (CDAF und PDAF) kombiniert und automatisch das zum Objektiv, zum Motiv, zu den Lichtverhältnissen und zu den Kameraeinstellungen passende Verfahren auswählt.

Merkmale von CDAF und PDAF

TIPP 68

Die beiden Autofokusverfahren Ihrer X-T3 weisen einige Merkmale auf, die Ihnen in der Fotopraxis nützlich sein können:

- Der CDAF fokussiert auf Flächen und arbeitet umso besser, je kontrastreicher die Fläche unter dem jeweils aktiven Autofokusfeld ist. Eine weiße oder schwarze Wand ist dafür nicht besonders gut geeignet, ein gemustertes Kleidungsstück dagegen umso besser. Der CDAF ermittelt den optimalen Schärfepunkt, indem er per Versuch & Irrtum die Entfernung mit dem maximalen Kontrast unter dem aktiven AF-Feld ermittelt. Der CDAF steuert die optimale Entfernung nicht direkt an, sondern schwingt sich sozusagen ein. Dies resultiert in einer erhöhten Objektivaktivität.
- Der PDAF fokussiert auf Kanten und reagiert besonders gut auf vertikale Linien (bzw. horizontale Linien, wenn Sie die Kamera hochkant halten). Im Gegensatz zum CDAF kann der PDAF die Entfernung zum Objekt direkt ermitteln und das Objektiv somit ohne Umweg auf die richtige Entfernung fahren. Deswegen ist der PDAF auch bedeutend schneller.
- Beide Verfahren sind lichtabhängig: Sie funktionieren umso besser, je heller und kontrastreicher eine Szene ist. Somit bringt auch die Verwendung lichtstarker Objektive Vorteile mit sich, da die AF-Messung unter ungünstigen Verhältnissen bei Offenblende erfolgen und folglich mehr Licht auf den Sensor fallen kann. Hierbei ist auch zu berücksichtigen, dass Objektive zum Rand hin grundsätzlich etwas dunkler werden (vignettieren), was dazu führt, dass CDAF und PDAF an den Bildrändern bei schwachem Licht nicht so effektiv arbeiten wie in der Mitte.

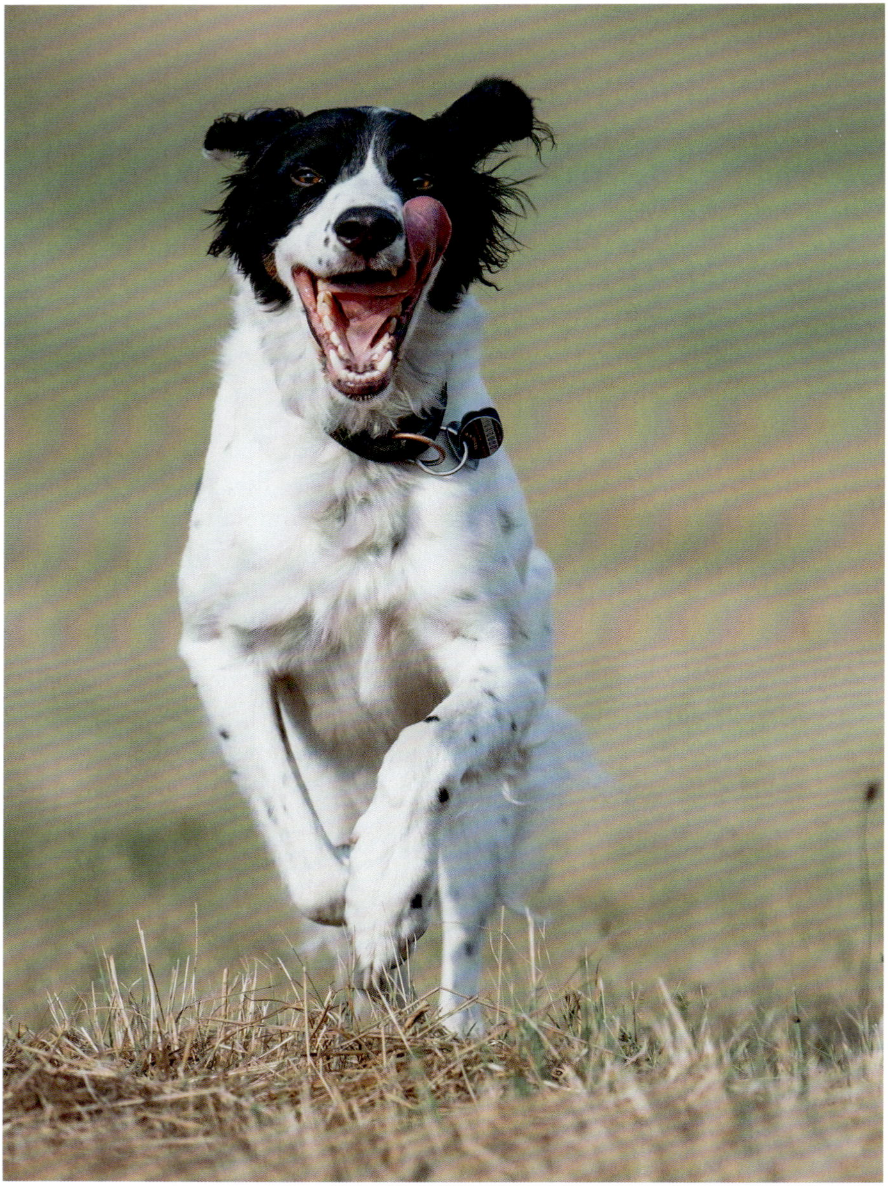

Abbildung 80: Das Erfassen sich schnell bewegender Motive wie dieser rennende Hund ist eine Aufgabe für den **Phasendetektions-AF** (PDAF).

AF-S oder AF-C? TIPP 69

Ihre X-T3 besitzt zwei grundlegende AF-Modi, die Sie an der Kameravorderseite auswählen können:

- **Mit AF-S (Einzelautofokus) fokussieren Sie auf statische Objekte, die sich nicht bewegen.** Sobald Sie den Auslöser halb durchdrücken, fokussiert die Kamera auf das Objekt innerhalb des aktiven Autofokusfelds und speichert diese Entfernung so lange, wie Sie den Auslöser halb durchgedrückt halten. Sie können dann entweder den Auslöser vollständig durchdrücken und eine Aufnahme mit dieser Entfernungseinstellung machen oder den Finger vom Auslöser nehmen und es erneut versuchen.
- **Mit AF-C (kontinuierlicher Autofokus) fokussieren Sie auf sich bewegende Objekte,** insbesondere solche, die sich auf die Kamera zu- oder von ihr wegbewegen, ihre Entfernung zur Kamera also fortlaufend ändern. Sobald Sie den Auslöser halb durchdrücken, fokussiert die Kamera auf das Objekt innerhalb des aktiven Autofokusfelds und justiert die Entfernung zu dem sich bewegenden Objekt ständig nach.

Während AF-C in der Regel mit der eingestellten Arbeitsblende fokussiert, kann AF-S die Blende zum Fokussieren bei Bedarf auch weiter öffnen und damit mehr Licht auf den Sensor gelangen lassen. Dadurch erhöht sich bei schlechten Lichtverhältnissen die AF-Leistung, gleichzeitig steigt durch die geringere Schärfentiefe der geöffneten Blende die Fokussiergenauigkeit.

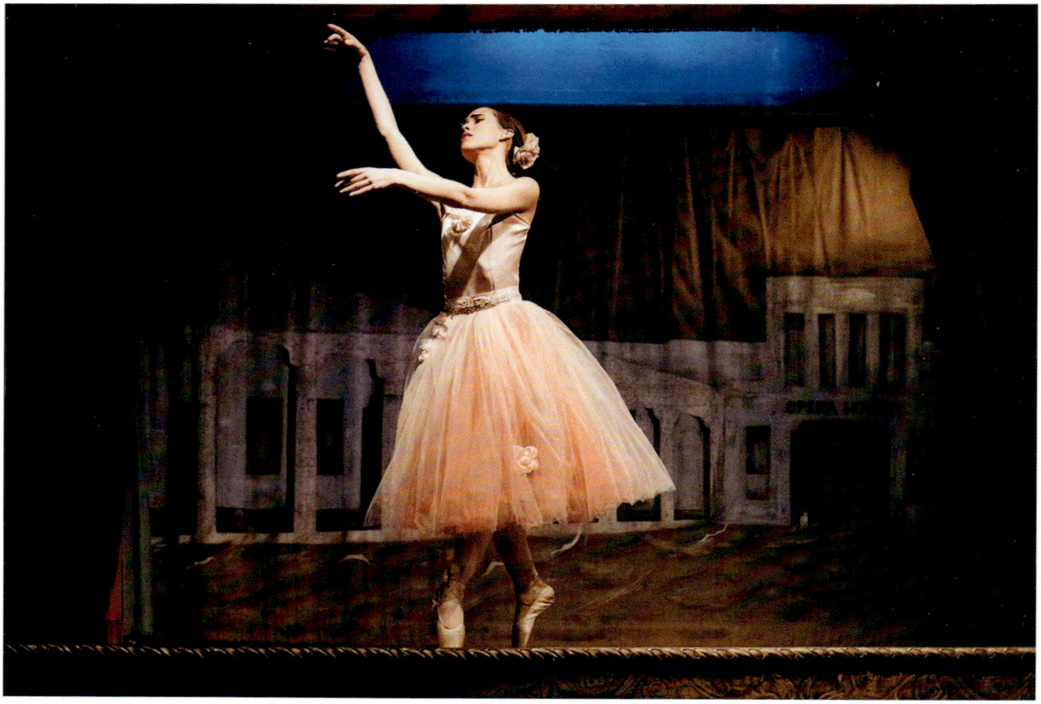

Abbildung 81: Wenn Sie mit AF-C bei schlechten Lichtverhältnissen fotografieren, ist es hilfreich, die Blende weit zu öffnen.

TIPP 70 AF-Modi: EINZELPUNKT, ZONE oder WEIT/VERFOLGUNG?

Im Aufnahmememenü haben Sie unter AF/MF-EINSTELLUNG > AF MODUS die Wahl zwischen den AF-Modi EINZELPUNKT, ZONE und WEIT/VERFOLGUNG: Zusätzlich bietet die X-T3 auch eine ALLE-Option, mit der Sie nahtlos zwischen den drei AF-Modi wechseln können, indem Sie einfach nur die Größe des Fokusmessfeldes oder der Fokuszone ändern.

- Die Option **EINZELPUNKT** ist die von mir empfohlene Einstellung für die meisten Aufnahmesituationen. Hier wählen Sie selbst eines von bis zu 425 verfügbaren Fokusmessfeldern aus. Brechen Sie dabei mit alten Gewohnheiten wie der ausschließlichen Verwendung des zentralen Messfeldes in Verbindung mit der allseits bekannten Methode »Fokussieren und Verschwenken« [47]. Vielmehr sollten Sie zuerst den gewünschten Bildausschnitt bestimmen und *anschließend* ein Autofokusfeld auswählen, das sich über dem Bereich befindet, auf den Sie scharfstellen möchten. Auf diese Weise vermeiden Sie Fokusfehler, die sich beim nachträglichen Verschwenken der Fokusebene unweigerlich einschleichen würden. Solche Fokusfehler sind vor allem bei kurzen Brennweiten, weit geöffneter Blende und einem geringen Aufnahmeabstand relevant. Bei längeren Brennweiten, abgeblendeten Objektiven und größeren Motivabständen kann man sie hingegen meist vernachlässigen. Der AF-Modus EINZELPUNKT kann zusammen mit AF-S (Einzelautofokus) und AF-C (kontinuierlicher Autofokus) verwendet werden.

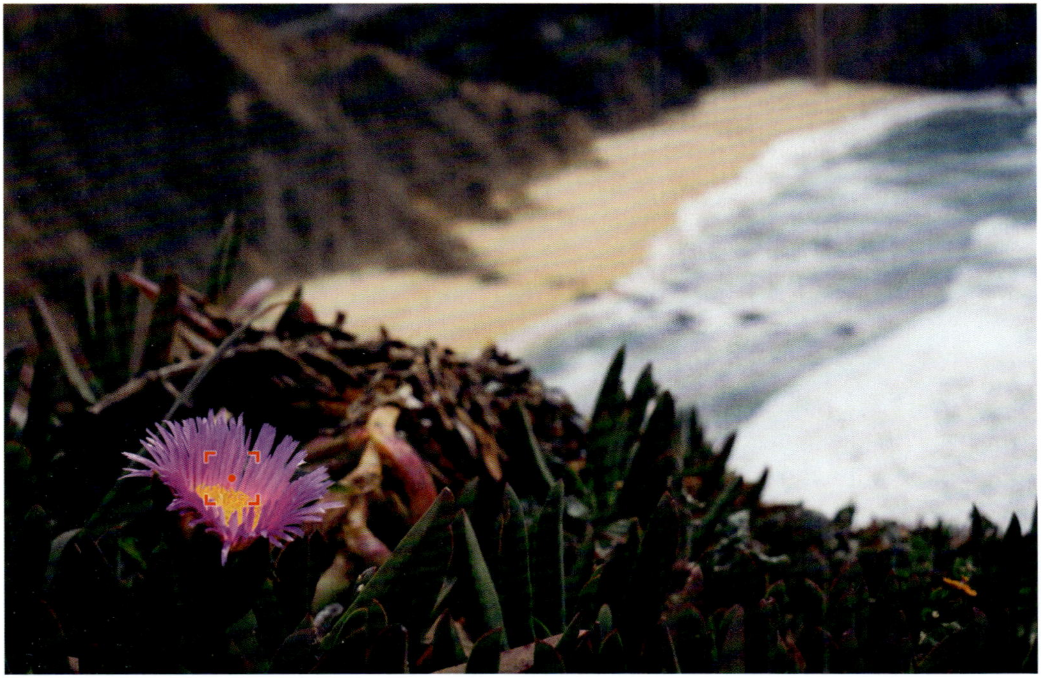

Abbildung 82: Bei **Aufnahmen mit geringer Schärfentiefe** führt nachträgliches Verschwenken oft zu unscharfen Ergebnissen. Legen Sie den Bildausschnitt stattdessen vorher fest und verschieben Sie das aktive Fokusmessfeld anschließend im Modus EINZELPUNKT möglichst genau an die Stelle, auf die Ihre X-T3 scharfstellen soll.

- Sie können sich den Modus **ZONE** als Erweiterung des EINZELPUNKT-Modus vorstellen. Eine Zone ist quasi ein besonders großes Autofokusfeld, das sich aus mehreren kleineren AF-Punkten zusammensetzt. Zonen sind in drei Größen verfügbar, die entweder 3 × 3, 5 × 5 oder 7 × 7 aus jeweils insgesamt 117 verfügbaren AF-Punkten abdecken. Zonen können wie einzelne AF-Felder innerhalb des Bildfelds bewegt werden. Ihre Größe erleichtert außerdem das Zielen auf sich bewegende Objekte. Im Modus ZONE fokussiert die Kamera dabei normalerweise zunächst auf das mit einem Fadenkreuz markierte Zentrum der gewählten Zone und erweitert die Suche dann bei Bedarf bis zum Zonenrand – so lange, bis ein Ziel gefunden wurde. Auch der Modus ZONE kann wahlweise in Kombination mit AF-S (für stationäre Motive) oder mit AF-C (für sich bewegende Motive) verwendet werden.
- Mit der Option **WEIT/VERFOLGUNG** in Kombination mit **AF-S** wählt die Kamera automatisch mehrere Fokusmessfelder aus, die sie für geeignet hält. Dabei handelt es sich keineswegs immer um den Bereich, auf den der Fotograf scharfstellen möchte. Vielmehr erhalten Sie ein mehr oder weniger zufälliges Ergebnis, das darauf basiert, dass die Kamera das Bildfeld analysiert und anschließend geeignete AF-Felder über einem besonders kontrastreichen Bereich auswählt. Das ändert sich, sobald man WEIT/VERFOLGUNG mit dem kontinuierlichen Autofokus **AF-C** kombiniert: Diese Kombination bietet nämlich echtes »3D-Tracking«, also das automatische Verfolgen von Objekten, die sich nicht nur auf die Kamera zu- oder von ihr wegbewegen, sondern auch von Bewegungen nach links/rechts und oben/unten innerhalb des gesamten Bildfeldes. Damit das funktioniert, stellen Sie die Kamera auf AF-C und WEIT/VERFOLGUNG ein und wählen dann einen der verfügbaren AF-Punkte aus. Um mit der Objektverfolgung zu beginnen, muss der ausgewählte AF-Punkt das zu verfolgende Objekt in dem Moment abdecken, wenn Sie den Auslöser halb durchdrücken. Solange Sie den Auslöser nun halb gedrückt halten, wird die Kamera das ausgewählte Objekt mit einem Schwarm von AF-Feldern verfolgen, während es sich im Bildfeld bewegt.

Bitte beachten Sie, dass Fujifilm eine Website unter dem Titel *Auto Focus System Special Site* [48] (Sonder-Website zum Autofokussystem) veröffentlicht hat. Hier werden die Autofokusmodi und Moduskombinationen verschiedener X-Kameras ausführlich beschrieben.

Zwei Methoden zur Auswahl eines Autofokusfelds oder einer AF-Zone — TIPP 71

Die X-T3 stellt zwei Methoden bereit, um im Modus EINZELPUNKT eines der 117 bzw. 425 verfügbaren AF-Felder auszuwählen oder eine ZONE zu verschieben: eine indirekte und eine direkte.

- Bei der *indirekten* Methode drücken Sie *zuerst* die als AF-Taste definierte Fn-Taste, um dann mithilfe der Richtungstasten das gewünschte AF-Feld auszuwählen oder eine Zone zu verschieben. Damit diese Methode funktioniert, müssen Sie die AF-Funktion einer Fn-Taste der X-T3 zuweisen. Danach drücken Sie diese Taste, um den Bildschirm FOKUSSIERBEREICH zu öffnen, in dem Sie Größe und Position Ihrer Fokusmessfelder und AF-Zonen festlegen können.
- Bei der *direkten* Methode wird entweder der Touchscreen oder der Fokus-Stick verwendet. Überprüfen Sie, ob für die Touchscreen-AF-Oberfläche der Modus BEREICH aktiviert ist, und tippen Sie dann an beliebiger Stelle auf den Bildschirm, um einen AF-Bereich oder eine AF-Zone auszuwählen. Sie können den Fokus-Stick wie einen Joystick verwenden, um das Fokusmessfeld oder die AF-Zone zu bewegen. Drücken Sie auf den Fokus-Stick, um den Bildschirm FOKUSSIERBEREICH zu öffnen, in dem Sie Größe und Position Ihrer Fokusmessfelder und AF-Zonen festlegen können.

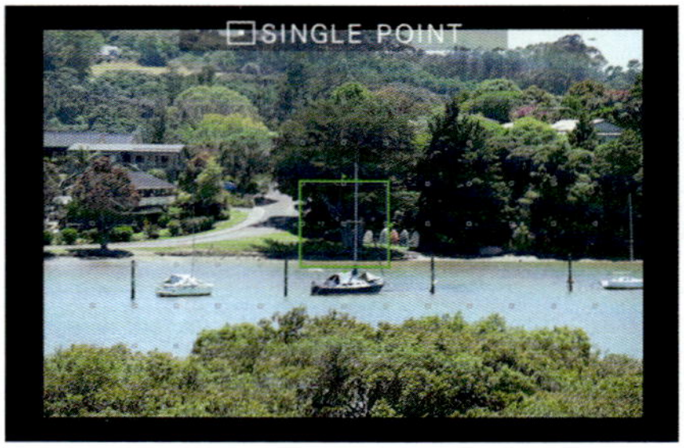

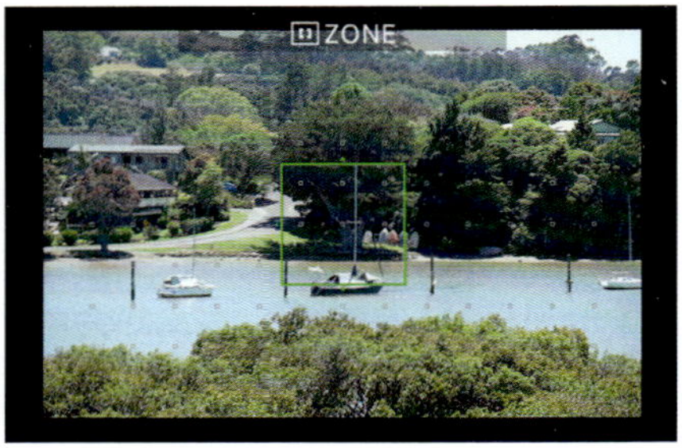

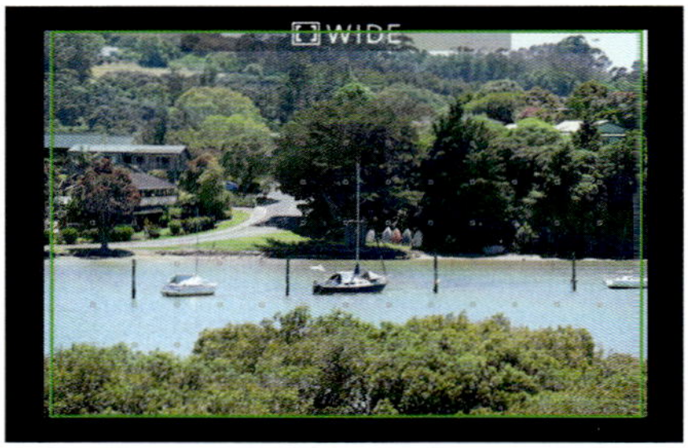

Abbildung 83: Wenn Sie die entsprechende AF-Taste oder den Fokus-Stick drücken, öffnet sich der Bildschirm **FOKUSSIERBEREICH**. Hier können Sie ein Fokusmessfeld oder eine AF-Zone auswählen und deren Größe ändern. Wenn Sie den praktischen AF-Modus ALLE verwenden, wird durch Ändern der Größe der jeweils passende Autofokusmodus (EINZELPUNKT, ZONE oder WEIT/VERFOLGUNG) automatisch ausgewählt.

TIPP 72 Auswahl der passenden AF-Feldgröße und AF-Zonengröße

Der Autofokus der X-T3 stellt Ihnen im Einzelpunktmodus sechs verschiedene AF-Feldgrößen zur Auswahl. Standardmäßig ist die mittlere Feldgröße eingestellt, Sie können das AF-Feld also um jeweils zwei Stufen verkleinern oder vergrößern, indem Sie nach dem Drücken der AF-Taste oder des Fokus-Sticks an einem der beiden Einstellräder drehen.

Die AF-Feldgröße beeinflusst die Effektivität von PDAF und CDAF in gleicher Weise, ist also für alle 117 (bzw. 425) AF-Felder relevant. Es gilt die folgende Grundregel: *Machen Sie das AF-Feld so groß wie möglich und so klein wie nötig.*

Warum?

- Die AF-Feldgröße wirkt sich auf die AF-Leistung Ihrer Kamera folgendermaßen aus: Mit zunehmender Feldgröße findet die Kamera bei schlechten Licht- und Kontrastverhältnissen eher ein Ziel und kann erfolgreich fokussieren. Gleichzeitig erhöht sich die Chance, dass die Kamera den schnellen PDAF verwenden kann und nicht zum langsameren CDAF greifen muss.
- Mit abnehmender Feldgröße steigt die Autofokus-Zielgenauigkeit. Mit einem kleinen Feld können Sie präziser steuern, auf welchen Teil Ihres Motivs scharfgestellt werden soll. Vermeiden Sie in jedem Fall Feldgrößen, die größer sind als der zu fokussierende Motivbereich. Um andererseits möglichst schnell und sicher zu fokussieren, bevorzugen wir ein großes AF-Feld. Deshalb stellen wir das AF-Feld so klein wie nötig und so groß wie möglich ein, um eine Fehlfokussierung auszuschließen.

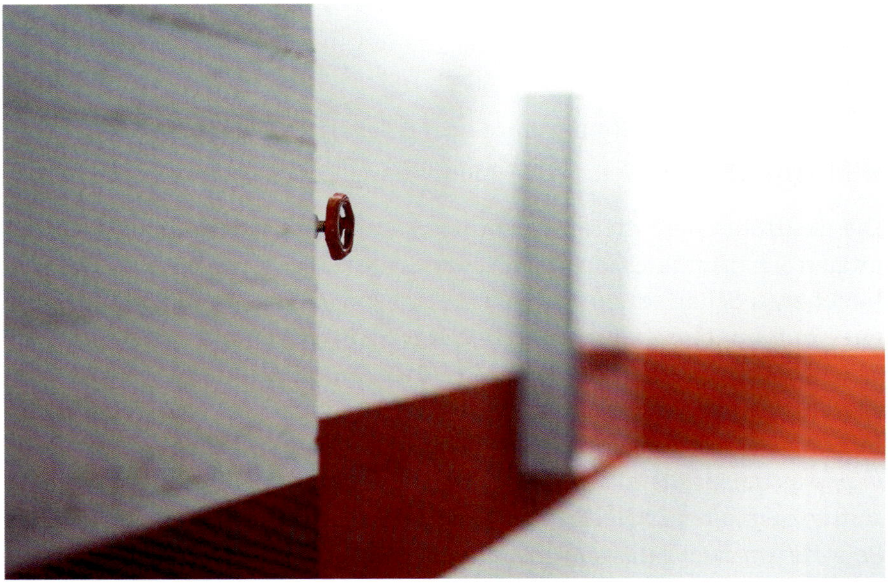

Abbildung 84: Um punktgenau zu fokussieren, ist die Auswahl eines kleinen AF-Felds Pflicht.

Analog hierzu können Sie auch die Größe von AF-Zonen ändern, indem Sie den Fokus-Stick oder die entsprechende AF-Taste drücken und das Einstellrad anschließend nach links oder rechts drehen, um die Zonengröße zu variieren. Sie haben die Auswahl zwischen Zonen, die 3 × 3 (Standardgröße), 5 × 5 oder 7 × 7 aus insgesamt 117 AF-Punkten umfassen.

Da wir uns AF-Zonen als besonders große AF-Felder vorstellen können, gelten für sie auch dieselben Regeln: Größere Zonen sind bequemer und fokussieren potenziell schneller, arbeiten dabei jedoch gegebenenfalls unpräziser.

TIPP 73 Manueller Fokus und Schärfentiefe-Zonenfokussierung

Im manuellen Fokusmodus (MF-Modus) stehen Ihnen verschiedene Fokushilfen zur Verfügung:

- Sucherlupe mit mehreren Vergrößerungsstufen
- Focus Peaking in zwei Stufen mit optionalen Farben
- Digitales Schnittbild
- Digitales Mikroprisma
- Elektronische Entfernungsanzeige mit Schärfentiefeskala
- Instant-AF (Autofokus im MF-Modus durch Drücken der AF-L-Taste)

Die elektronische Entfernungsanzeige kann Ihnen zusammen mit der digitalen Schärfentiefeskala helfen, eine Schärfezone zu definieren. Die X-T3 bietet zwei Schärfentiefeskalen: eine auf *Pixelbasis* (empfohlen) und eine auf *Filmformatbasis* (Finger weg!). Wenn Sie im Aufnahmemenü unter AF/MF-EINSTELLUNG > TIEFENSCHÄRFESKALA die Option PIXEL-BASIS ausgewählt haben, wird der gesamte Inhalt innerhalb des angezeigten Entfernungsbereichs auch in der 100%-Ansicht noch scharf dargestellt. Bitte verwechseln Sie die manuell eingestellte Schärfentiefezone nicht mit dem Autofokusmodus ZONE. Es handelt sich hier trotz der ähnlich klingenden Begriffe um zwei ganz verschiedene Dinge.

Hier ein Beispiel für die Zonenfokussierung: Sie verwenden ein 18-mm-Weitwinkelobjektiv, stellen die Entfernung auf fünf Meter ein und blenden das Objektiv dann so weit ab (ca. Blende 8), dass die Schärfentiefeskala einen Bereich von vier bis zehn Metern abdeckt. Alles, was sich innerhalb dieses Entfernungsbereichs – der »Zone« – abspielt, wird im Bildergebnis ungefähr gleich scharf erscheinen. Sie müssen nur noch dafür sorgen, dass sich Ihr Motiv in dieser Entfernungszone aufhält, und im richtigen Moment den Auslöser betätigen.

Ein Sonderfall der Zonenfokussierung ist die Einstellung der hyperfokalen Distanz [49]. Dies ist die Entfernung, die Sie bei einer bestimmten vorgewählten Blende einstellen müssen, damit sich die Schärfentiefe gerade noch bis ins Unendliche ausdehnt. Auch hier kann Ihnen die Schärfentiefeskala Ihrer Kamera wertvolle Dienste leisten: So liegt die hyperfokale Distanz eines 18-mm-Objektivs bei Blende 11 an der X-T3 bei etwa sechs Metern. Mit einer manuellen Einstellung auf sechs Meter erhalten Sie also die für Blende 11 größtmögliche Schärfentiefe von etwa drei Metern bis unendlich.

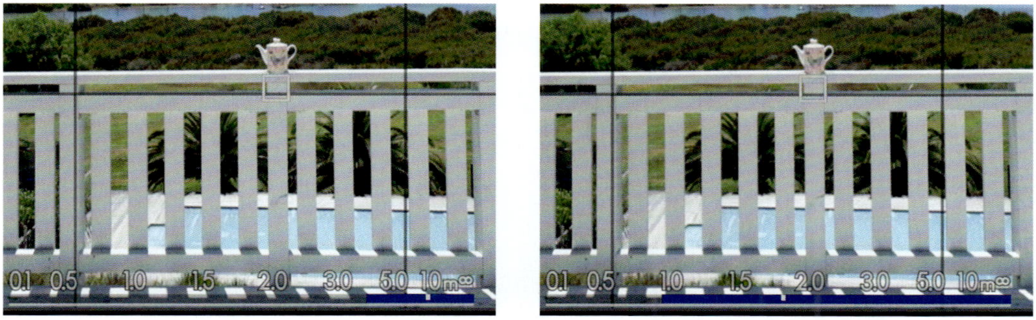

Abbildung 85: Einstellen der **hyperfokalen Distanz** mithilfe der elektronischen Schärfentiefeskala: Anstatt direkt auf eine bestimmte Entfernung zu fokussieren, wird der Schärfentiefe-Balken so eingestellt, dass er rechts gerade an ∞ anstößt. Auf diese Weise ergibt sich die hyperfokale Distanz mit der für die jeweils eingestellte Blende größtmöglichen Schärfentiefe. Die Abbildung zeigt die hyperfokale Distanz für ein Weitwinkelobjektiv (12 mm) bei f/5.6, jeweils mit den Einstellungen PIXEL-BASIS (links) und FILMFORMAT-BASIS (rechts).

Zum anderen ist die Schärfentiefe abhängig vom sogenannten Zerstreuungskreis [16], auf dessen Grundlage sie berechnet wird. Fuji verwendet für die elektronische Schärfentiefeskala im Modus PIXEL-BASIS einen sehr konservativen Zerstreuungskreis, basierend auf dem Auflösungsvermögen des Sensors. Fuji nutzt als Grundlage also buchstäblich die physische Auflösung des Sensors. Im PIXEL-BASIS-Modus wird alles, was sich innerhalb der elektronischen Schärfentiefenzone befindet, so scharf dargestellt, wie der Sensor es auflösen kann. Im Zeitalter des »Pixel-Peepings« ist dies das Beste, was man erwarten kann.

Aus diesem Grund basiert die auf Objektiven wie dem XF14mmF2.8, XF16mmF1.4 oder dem XF23mmF1.4 eingravierte Schärfentiefeskala auch auf einem größeren und »praxisnäheren« Zerstreuungskreis (der FILMFORMAT-BASIS) und ist um mehrere Blendenstufen weniger konservativ als die pixelbasierte elektronische Anzeige. Sie können diese weniger konservative Anzeige auch mit allen anderen Objektiven verwenden, indem Sie die elektronische Schärfentiefe im Aufnahmemenü mit AF/MF-EINSTELLUNG > TIEFENSCHÄRFESKALA auf FILMFORMAT-BASIS umstellen. Trotzdem möchte ich noch einmal darauf hinweisen, dass ich von der Auswahl dieser Einstellung abrate. Stattdessen empfehle ich die Verwendung der PIXEL-BASIS-Skala.

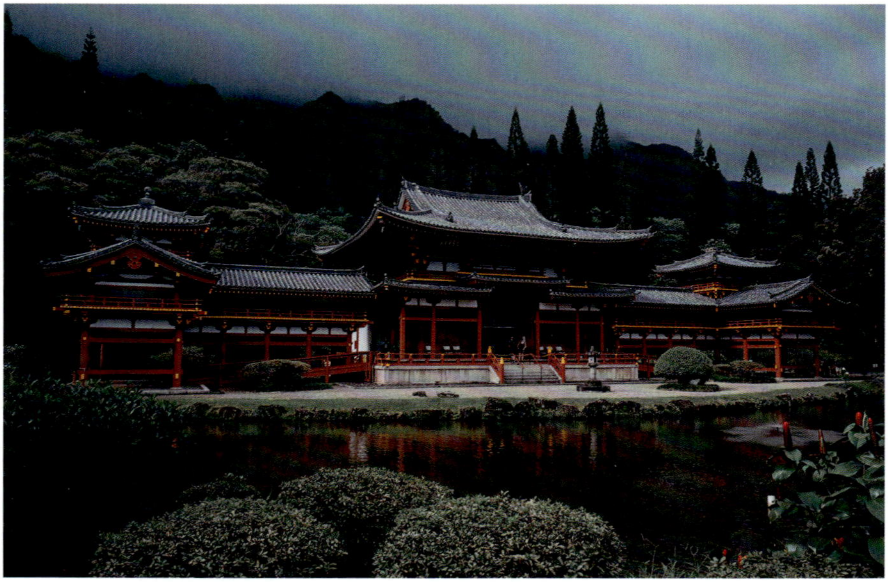

Abbildung 86: Diese Aufnahme wurde manuell fokussiert, indem die **hyperfokale Distanz** auf der elektronischen PIXEL-BASIS-Fokussierungsskala der Kamera für 18 mm und f/9 eingestellt wurde.

Assistenten für den manuellen Fokus

TIPP 74

Die X-T3 verfügt über verschiedene Fokusassistenten, die das Scharfstellen im MF-Modus erleichtern können:

- **Focus Peaking** hebt die Kantenkontraste in den scharf abgebildeten Bereichen an. Diese Methode ist besonders bei lichtstarken Objektiven hilfreich.
- **Digitales Schnittbild** versucht, die Schnittbilddarstellung von Spiegelreflexkameras mit manuellem Fokus zu simulieren. Dies funktioniert am besten mit senkrechten Linien (bzw. mit waagrechten Linien, wenn die Kamera hochkant gehalten wird).
- **Digitales Mikroprisma** simuliert ein Mikroprisma, wie es zu Zeiten von Spiegelreflexkameras mit manuellem Fokus populär war.

Um rasch und ohne Abtauchen ins Kameramenü zwischen den verfügbaren MF-Assistenzmodi zu wechseln, halten Sie das hintere Einstellrad im MF-Modus für etwa eine Sekunde gedrückt.

Ein kurzes Video [50], das die verschiedenen MF-Hilfsfunktionen demonstriert, finden Sie auf YouTube. Außerdem gibt es auch ein Video, das die historischen Grundlagen für diese Funktion veranschaulicht: analoges Schnittbild und Fokussierung mit Mikroprisma bei einer alten Minolta-Spiegelreflexkamera [51].

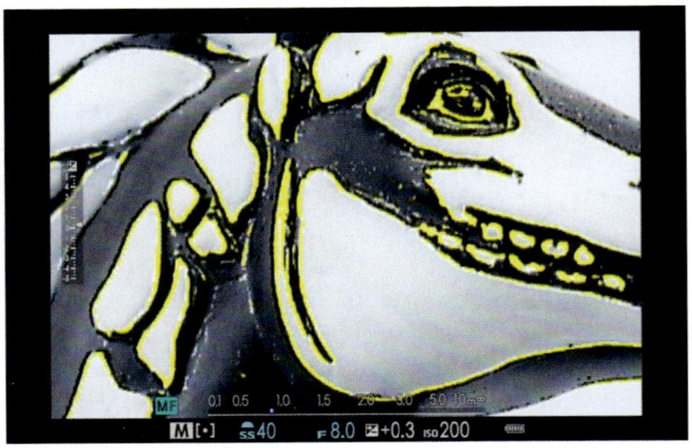

Abbildung 87: **Focus Peaking** ist mein persönlicher Favorit unter den verfügbaren Fokushilfen. Und die Sache wird noch einfacher dadurch, dass es mit der Sucherlupe kombiniert werden kann. Hier habe ich mir gelbe Konturen für die Bereiche ausgesucht, die im Fokus liegen.

TIPP 75 Verwenden der Sucherlupe

Die Sucherlupe hilft Ihnen im AF-S/EINZELPUNKT-Modus sowie im MF-Modus beim punktgenauen Fokussieren. Drücken Sie hierzu einfach das hintere Einstellrad. (Dies setzt natürlich voraus, dass das hintere Einstellrad über die Fn-Tastenzuweisung mit der Standardfunktion FOKUSKONTROLLE belegt ist.)

Nun können Sie durch Drehen des hinteren Einstellrads eine der beiden verfügbaren Vergrößerungsstufen auswählen. Sie können die Fokuskontrolle mit allen vorhandenen MF-Assistenten (Focus Peaking, digitales Schnittbild und digitales Mikroprisma) kombinieren, sollten dabei allerdings beachten, dass beim digitalen Schnittbild und beim digitalen Mikroprisma nur *eine* Vergrößerungsstufe vorhanden ist.

Ist AF/MF-EINSTELLUNG > FOKUSKONTROLLE > AN im Aufnahmemenü ausgewählt, wird die Sucherlupe im MF-Modus automatisch aktiviert, sobald Sie am Fokusring des Objektivs drehen. Sie können die vergrößerte Darstellung jederzeit wieder durch Antippen des Auslösers deaktivieren.

Im manuellen Fokusmodus stehen bis zu 425 verschiedene Fokusmessfelder zur Verfügung. Dabei zeigt das aktive Messfeld an, welcher Teil des Bildes bei Aktivierung der Fokuskontrolle vergrößert wird. Wie üblich können Sie das aktive Messfeld wechseln, indem Sie den Fokus-Stick oder die AF-Taste drücken und das Messfeld dann mit den Richtungstasten oder dem Fokus-Stick bewegen.

Bitte beachten Sie, dass die Fokuskontrolle im AF-C-Modus nicht verfügbar ist.

Abbildung 88: Die X-T3 bietet zwei **Vergrößerungsstufen**. Diese Abbildung zeigt das Messfeld im Vollbild (oben) sowie die kleinere (Mitte) und die größere Vergrößerungsstufe (unten) der Sucherlupe in der Fokuskontrolle. Um das Ganze noch einfacher zu machen, wurde die Vergrößerung mit dem Focus Peaking kombiniert. Sie können den vergrößerten Bereich auch mit dem Fokus-Stick oder auf dem Touchscreen verschieben, solange die Sucherlupe in das Messfeld gezoomt ist.

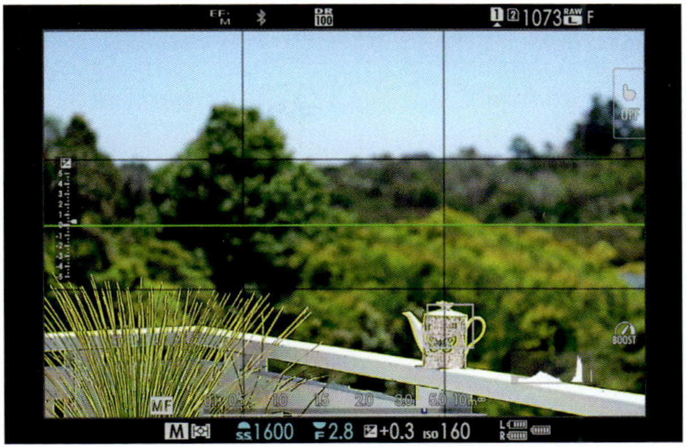
1073
OFF
BOOST
MF
1600
2.8
+0.3
160

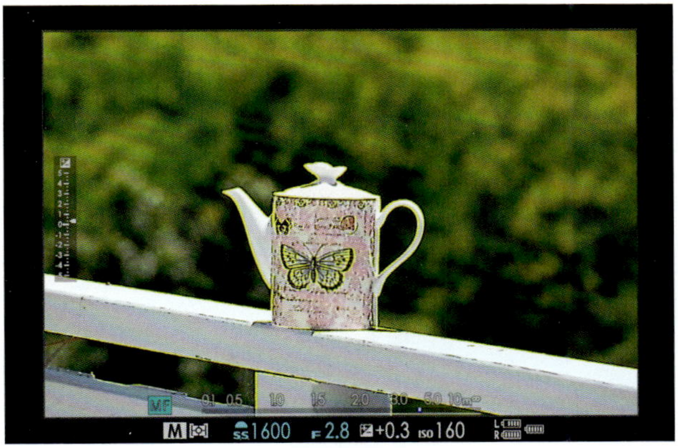
MF
1600
2.8
+0.3
160

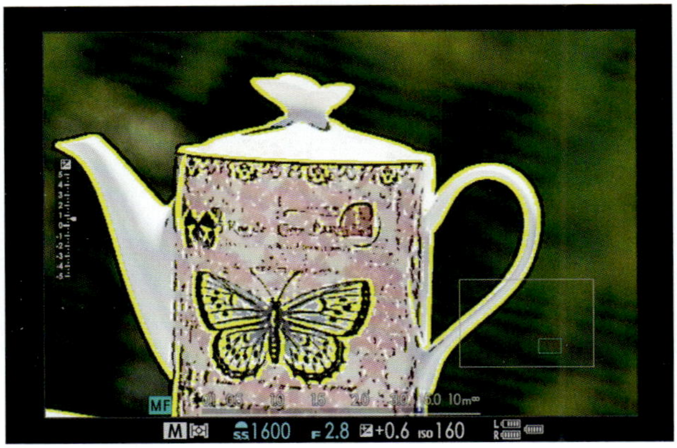
MF
1600
2.8
+0.6
160

TIPP 76 Instant AF-S und Instant AF-C verwenden

Mit Instant-AF (manchmal auch »Sofort-AF« genannt) können Sie im MF-Modus automatisch fokussieren. Drücken Sie dazu einfach die AF-L-Taste. Die Kamera fokussiert nun mit Offenblende auf das jeweils ausgewählte Fokusfeld, dessen Größe wie üblich eine Rolle spielt.

Instant-AF arbeitet besonders präzise, ist allerdings auch etwas langsamer als der »normale« Autofokus. Da es sich jedoch um eine Fokushilfe für das manuelle Scharfstellen handelt, ist das nicht weiter von Bedeutung. Instant-AF ist insofern ausgesprochen nützlich, als man ihn hervorragend mit der konventionellen manuellen Fokussierung kombinieren kann: Nach einem kurzen Druck der AF-L-Taste fokussiert die Kamera auf das mit dem aktiven Fokusfeld anvisierte Objekt. Anschließend können Sie mit dem Fokusring und den Fokushilfen die Scharfeinstellung feinjustieren.

Leider ist diese Kombimethode bei Objektiven mit MF-Schieber (wie XF14mmF2.8, XF16mmF1.4 oder XF23mmF1.4) *nicht* verfügbar.

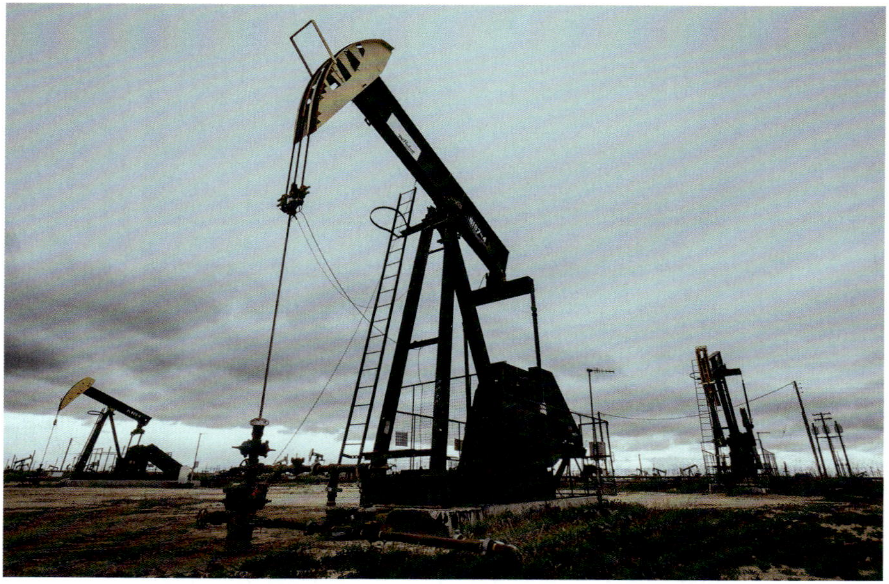

Abbildung 89: Instant AF erzwingt die Fokussierung mit Offenblende. Diese AF-Methode arbeitet dann besonders genau, wenn Sie mit einem abgeblendeten Weitwinkelobjektiv fotografieren.

Normalerweise setzt man Instant-AF in Kombination mit AF-S ein. Sie können Instant-AF jedoch auch als AF-C verwenden, indem Sie im Aufnahmemenü AF/MF-EINSTELLUNG. > EINST. SOFORT-AF > AF-C auswählen. Mit dieser Einstellung erfasst Instant-AF den Abstand zum Motiv mit AF-C, solange Sie die AF-L-Taste im MF-Modus gedrückt halten.

Da Instant-AF-C im Gegensatz zum normalen AF-C mit der Offenblende des Objektivs anstatt der eingestellten Arbeitsblende fokussiert, eignet sich diese Methode gut für sich bewegende Motive bei schwachem Licht, etwa bei der Konzert- oder Bühnenfotografie: Halten Sie dabei die AF-L-Taste zum kontinuierlichen Fokussieren gedrückt, während Sie im richtigen Moment den Auslöser betätigen.

Beachten Sie, dass die Fokussierung bei Instant AF-C endet, sobald Sie den Auslöser halb durchdrücken. Um unnötige Verzögerungen zwischen Fokussierung und Auslöser zu vermeiden, ist es am besten, zuerst Instant AF-C zu aktivieren (hierzu drücken Sie die AF L-Taste oder eine andere entsprechend belegte Instant-AF-Taste) und dann den Auslöser *vollständig zu drücken,* um die Aufnahme zu machen.

Arbeiten mit AF+MF — TIPP 77

Mit AF+MF können Sie zunächst wie gewohnt manuell fokussieren, den Fokus anschließend jedoch sofort nachjustieren, indem Sie am Fokusring des Objektivs drehen, während Sie den Auslöser halb durchgedrückt halten. Wählen Sie im Aufnahmemenü AF/MF-EINSTELLUNG > AF+MF > AN aus, um die Funktion nutzen zu können. AF+MF steht Ihnen bei der X-T3 ausschließlich im AF-S-Modus zur Verfügung.

So geht's:

- Fokussieren Sie wie gewohnt mit AF-S, indem Sie den Auslöser halb durchdrücken.
- Sobald der Autofokus ein Ziel gefunden (grüne Bestätigung) oder nicht gefunden (rote AF-Warnung) hat, können Sie den Fokus *manuell* einstellen oder nachjustieren, indem Sie am Fokusring des Objektivs drehen, während Sie den Auslöser weiterhin halb durchgedrückt halten. Dabei

steht Ihnen (sofern eingeschaltet) auch das Focus Peaking zur Verfügung. Sie können außerdem die automatische Sucherlupe benutzen (AF/MF-EINSTELLUNG > FOKUSKONTROLLE > AN), die jedoch nur zur Verfügung steht, wenn AF-S zusammen mit dem Modus EINZELPUNKT verwendet wird. Dabei können Sie die Vergrößerung wie gewohnt zweistufig ändern, indem Sie am hinteren Einstellrad drehen. Um die Lupe manuell ein- und auszuschalten, drücken Sie das hintere Einstellrad. Dies wohlgemerkt alles, während Sie den Auslöser halb durchgedrückt halten, was unter Umständen etwas motorisches Geschick erfordert.

- Wenn Sie mit Ihrer manuellen Fokuseinstellung zufrieden sind, können Sie den Auslöser ganz durchdrücken und die Aufnahme machen.

AF+MF hat drei wesentliche Einsatzbereiche:

- **Manuelles Fokussieren in Situationen, bei denen der Autofokus versagt:** Anstatt mit einem Wechsel von AF-S zu MF Zeit zu verlieren, können Sie ohne Umschweife manuell nachregeln, wenn der Autofokus in einer Situation sein Ziel verfehlt.
- **Nachjustieren der Autofokuseinstellung:** In manchen Situationen kann es notwendig werden, den Autofokus manuell nachzujustieren. Auch hier kann Ihnen das Focus Peaking die Sache erleichtern. Sie können auch die Fokuskontrolle aktivieren, um beim Drehen des Fokusrings automatisch eine vergrößerte Ansicht des Fokusbereichs anzuzeigen.
- **Verschieben der Schärfentiefezone oder Einstellen der hyperfokalen Distanz:** Mit AF+MF können Sie die Schärfentiefezone schnell nach vorne oder hinten verschieben, wobei Ihnen die digitale Entfernungs- und Schärfentiefeanzeige gute Dienste leistet. Auf diese Weise können Sie zum Beispiel auch rasch die hyperfokale Distanz [52] einstellen, indem Sie das rechte Ende des Schärfentiefebalkens mit dem Fokusring so weit verschieben, dass es die Markierung für unendlich berührt.

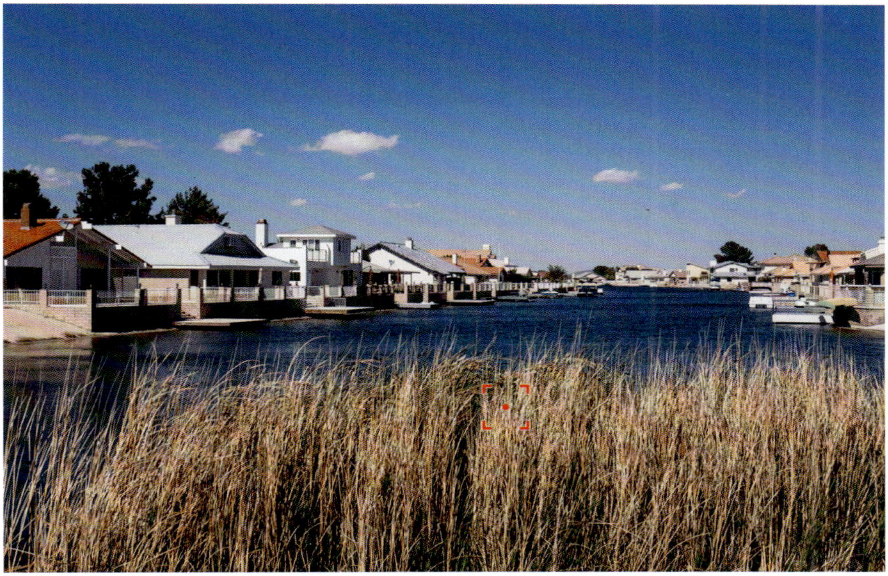

Abbildung 90: In diesem Beispiel erfolgte die automatische Fokussierung zunächst auf das Schilf (ich habe das AF-Messfeld deswegen genau darauf verschoben). Ich benutzte eine kleine Blende (f/9) für eine angemessene Schärfentiefe. Da uns der vor dem Schilf liegende Bereich der Schärfentiefezone jedoch nicht interessierte, habe ich die Zone mit AF+MF aus Kamerasicht weiter nach hinten verschoben. Die resultierende Schärfentiefezone beginnt beim Schilf und erstreckt sich dann weiter nach hinten.

Auf den ersten Blick mag die MF-Komponente von AF+MF so aussehen wie eine reguläre manuelle Fokussierung, doch dieser Eindruck täuscht. Der »echte« manuelle Fokus arbeitet schließlich stets mit Offenblende, während die manuelle Nachjustierung bei AF+MF stets mit der gewählten Arbeitsblende erfolgt. Das liegt daran, dass der Auslöser halb gedrückt ist, damit die Kamera startklar ist, um die Aufnahme mit minimaler Verzögerung aufzunehmen.

Aus diesem Grund zeigt auch der EVF/LCD-Bildschirm ein Live-View-Bild mit der endgültigen Schärfentiefe der Aufnahme an, was wiederum bedeutet, dass Focus Peaking bei stärker abgeblendeten Objektiven einen größeren Bereich der Szene als »scharf« markiert. Dies wiederum kann ein punktgenaues manuelles Scharfstellen erschweren.

AF+MF funktioniert auch bei Objektiven mit verschiebbaren Fokusringen wie XF14mmF2.8, XF16mmF1.4 und XF23mmF1.4. Der Kupplungsmechanismus dieser Objektive erlaubt ein mechanisches Umschalten zwischen AF und MF. AF+MF ist bei diesen Objektiven deshalb nur in der folgenden Konfiguration verfügbar:

- Schalten Sie AF+MF im Aufnahmemenü unter der AF/MF-EINSTELLUNG ein.
- Wählen Sie AF-S, während Sie das Objektiv auf MF stellen, indem Sie den Fokusring in Richtung der Kamera ziehen.
- Verwenden Sie AF+MF wie oben beschrieben.

Abschließend noch ein paar Tipps zum Arbeiten mit AF+MF und Objektiven mit mechanischer MF-Kupplung:

- Stellen Sie sicher, dass der Fokusring des Objektivs genug Spiel nach links und rechts hat, um die notwendigen manuellen Fokusveränderungen durchführen zu können.
- Die ins Objektiv gravierten Entfernungs- und Schärfentiefeangaben haben bei AF+MF keine Bedeutung. Verwenden Sie stattdessen die elektronische Entfernungs- und Schärfentiefeskala auf dem Kamerabildschirm.
- Wenn AF+MF eingeschaltet ist, können Objektive mit manueller Fokuskupplung nur dann im »echten« MF-Modus verwendet werden, wenn der MF-Modus an der Kamera *und* am Objektiv gleichzeitig eingestellt wurde.

TIPP 78 Ein Relikt aus der Vergangenheit: Pre-AF

Mit Pre-AF machen Sie die AF-C-Funktionalität älterer Fujifilm-Kameras wie der X-Pro1 (also von Modellen ohne PDAF und Objektverfolgung) auch für aktuellere Modelle wie die X-T3 verfügbar. Dabei fokussiert die eingeschaltete Kamera fortwährend auf das unter dem aktiven Autofokusfeld befindliche Motiv – also auch dann, wenn Sie den Auslöser noch nicht halb durchdrücken.

Pre-AF verbraucht viel Energie, weil der Objektivmotor ständig in Betrieb ist, aber es kann bei eher lichtschwachen Objektiven (wie dem XF60mmF2.4) für kürzere Verstellwege und damit für eine schnellere AF-Reaktionszeit sorgen. Gerade wenn Sie Action fotografieren und es auf jeden Sekundenbruchteil ankommt, kann Pre-AF also Zeit sparen und einen Vorteil bieten. (Vergessen Sie deswegen nicht, immer ein paar Ersatzakkus einzustecken.) Normalerweise schalte ich diese Option im Aufnahmemenü (AF/MF-EINSTELLUNG > PRE-AF) jedoch auf AUS.

Gesichts- und Augenerkennung und Gesichtsauswahl — TIPP 79

Die Gesichtserkennung in der X-T3 ist sowohl ein Autofokus- als auch ein eigener Modus für die Belichtungsmessung. Sogar der automatische Weißabgleich wird angepasst. Die Gesichtserkennung (zugänglich im Aufnahmemenü unter AF/MF-EINSTELLUNG > GES./AUGEN-ERKENN.-EINST.) erfüllt somit folgende Aufgaben:

- Die Kamera erkennt im Motiv verteilte Gesichter, wählt automatisch eines dieser Gesichter aus und stellt den Fokus schließlich – sobald Sie den Auslöser halb durchdrücken – auf das ausgewählte Gesicht ein. Bei mehreren erkannten Gesichtern wählt die X-T3 dabei bevorzugt jenes mit einem grünen Rahmen aus, das der Bildmitte am nächsten liegt. Die übrigen erkannten Gesichter werden mit einem weißen Rahmen markiert.
- Die Kamera arbeitet bei aktiver Gesichtserkennung mit einer speziellen Variante der gewichteten Mehrfeldbelichtungsmessung, die auf das ausgewählte Gesicht belichtet, sodass die Hauttöne eine attraktive Helligkeit erhalten. Darüber hinaus kann die Gesichtserkennung auch den automatischen Weißabgleich beeinflussen, um die Hauttöne zu optimieren.

Wie Sie sehen, ist die Gesichtserkennung Segen und Fluch zugleich: Wenn alles klappt, stellt sie sauber auf das richtige Gesicht scharf und belichtet es dabei auch noch korrekt. Andererseits geht bei einem nicht erkannten Gesicht nicht nur der Fokus manchmal in die Hose, sondern auch die Belichtung kann sich unerwartet ändern.

Die gute Nachricht: In vielen Fällen funktioniert die Gesichtserkennung ausgezeichnet und erkennt sogar Personen, die der Kamera nur ihr Profil zeigen. Manchmal jedoch lässt sie sich auch verwirren (etwa von tief sitzenden Brillen).

Verglichen mit Vorläufermodellen wurde die Leistung der Gesichtserkennung bei der X-T3 deutlich verbessert.

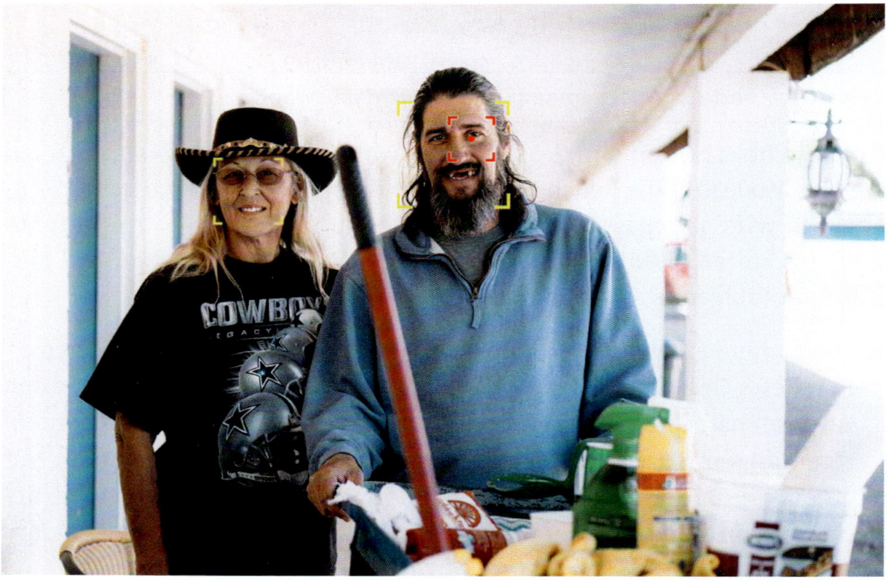

Abbildung 91: Die **Gesichtserkennung** eignet sich besonders gut für statische Motive mit einer oder mehreren Personen, die ihr Gesicht – oder auch ihr Profil – der Kamera zuwenden.

Hier ein paar hilfreiche Tipps zur Gesichtserkennung:

- Wenn Sie vermeiden möchten, dass eine erfolgreiche (oder auch fehlgeschlagene) Gesichtserkennung die Belichtung unerwartet beeinflusst – und ich empfehle Ihnen dies dringend –, dann fotografieren Sie bei aktiver Gesichtserkennung am besten im manuellen Belichtungsmodus **M**. Zwar wird die *Messung* auch in diesem Modus beeinträchtigt, die *Belichtung* selbst hingegen nicht. Alternativ können Sie die Belichtung auch mit der AE-L-Taste messen und fixieren, sodass die Belichtungsmessung der Gesichtserkennung keinen Einfluss hat, solange AE-L aktiv ist. Sie können diese fixierte Belichtung trotzdem mit dem Belichtungskorrekturrad anpassen.

- Spotmessung, mittenbetonte Messung und Integralmessung stehen bei aktivierter Gesichtserkennung nicht zur Verfügung. Die Kamera schaltet vielmehr automatisch auf eine besondere Variante der Mehrfeldmessung um.
- Findet die Gesichtserkennung kein Gesicht im Bild, so schaltet die Kamera automatisch in den regulären AF-Modus (EINZELPUNKT, ZONE oder WEIT/VERFOLGUNG) zurück. Auch die Belichtungsmessung entspricht in diesem Fall wieder der regulären Mehrfeldmessung.
- Die Gesichtserkennung kann auch über eine entsprechend belegte Funktionstaste (Fn) ein- und ausgeschaltet werden. Ich selbst habe bei meiner Kamera Touch-Fn4 mit dieser Funktion belegt.

Die Genauigkeit der Gesichtserkennung lässt sich dabei mit der optionalen Augenerkennung verbessern. Um sie einzuschalten, wählen Sie im Menü für die Gesichtserkennung, ob die Kamera das linke oder das rechte Auge des Motivs priorisieren soll. Ich persönlich überlasse dies gerne der Kamera und wähle hier deshalb die Einstellung AUGE AUTO, mit der die Gesichtserkennung automatisch auf das der Kamera zugewandte Auge fokussiert. Wählen Sie AUGE AUS, um die Augenerkennung im Rahmen der Gesichtserkennung auszuschalten.

Im Sucherbild wird ein erkanntes Auge durch ein zusätzliches kleines Kästchen markiert. Ich halte es für ratsam, die automatische Augenerkennung immer eingeschaltet zu lassen.

Mit der aktuellen Firmware verfügt die X-T3 nun auch über eine Funktion GESICHTSAUSWAHL, die aber nur über eine entsprechend konfigurierte Fn- oder Touch Fn-Taste erreichbar ist. Ich habe mir diese Funktion auf Fn6 gelegt. Nach der Aktivierung von GESICHTSAUSWAHL können Sie mit dem Fokus-Stick oder auf dem Touchscreen zwischen mehreren erkannten Gesichtern wechseln und eine bestimmte Person innerhalb einer Gruppe fokussieren. Gegebenenfalls wird beim Einschalten von GESICHTSAUSWAHL die GESICHTSERKENNUNG gleich mitaktiviert.

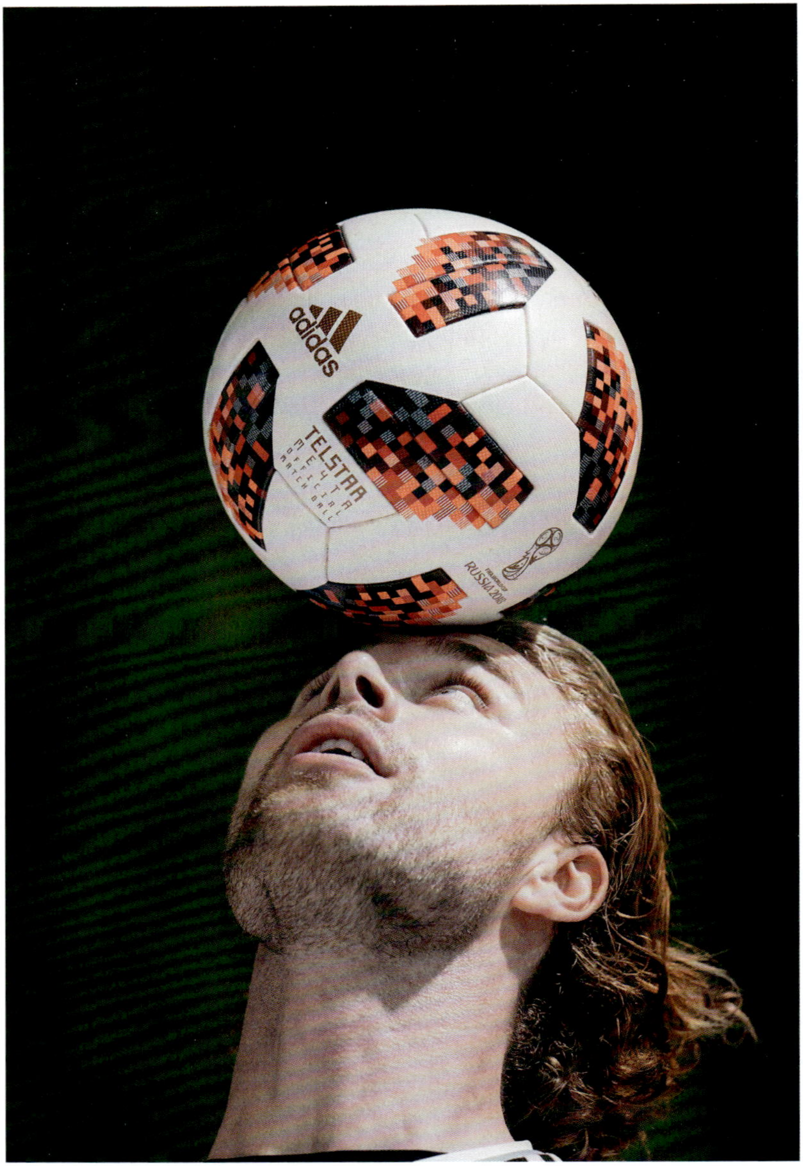

Abbildung 92: Menschen, die ständig in Bewegung sind, werden erfreut vernehmen, dass die neue X-T3 schnell genug ist, um ihr Gesicht mit **AF-C und Gesichts-/Augenerkennung** zu erfassen.

Fotografieren mit AF-Lock und AE-Lock

TIPP 80

Im AF-S- und AF-C-Modus speichert eine Betätigung der **AF-L**-Taste die aktuell eingestellte Fokusdistanz. Sie können über die Kamerakonfiguration im Einstellungsmenü (EINRICHTUNG > TASTEN/RAD-EINSTELLUNG > AE/AF LOCK MODUS) festlegen, ob AF-Lock so lange wirken soll, wie Sie die AF-L-Taste gedrückt halten (WENN GEDR), oder ob die Taste als Umschalter für die Funktion fungieren soll (EIN/AUS), was stets meine eigene Einstellung ist.

Wie dem auch sei: Ist AF-Lock aktiv, führt die Kamera beim halben oder vollständigen Drücken des Auslösers keine neue Schärfemessung durch, sondern fokussiert mit der zuvor gespeicherten Entfernung. Das ist beispielsweise dann praktisch, wenn Sie mehrere Aufnahmen eines statischen Motivs hintereinander machen, die perfekte Fokussierung jedoch nur einmal einstellen möchten. Mit AF-Lock entkoppeln Sie den Fokusvorgang von der Belichtungsmessung: Solange AF-Lock aktiv ist, führt die Kamera beim halben Durchdrücken des Auslösers nur noch die Belichtungsmessung durch. Selbstverständlich gilt das alles nur für die Normaleinstellung der Kamera, bei der AUSLÖSER AF für AF-S und AF-C eingeschaltet sind.

Sie können auch eine indirekte Form von AF-Lock verwenden, für die es keine spezielle AF-L-Taste gibt. Beginnen Sie wie gewohnt, indem Sie im AF-S-Modus eine Aufnahme machen. Lassen Sie jedoch nach der Aufnahme den Auslöser nicht *ganz* los, sondern lassen Sie ihn wieder in seine *halb gedrückte* Position zurückgleiten. Dadurch wird der Fokus der vorherigen Aufnahme gespeichert (zu erkennen an einem winzigen AF-L-Symbol im Live-View), sodass die Kamera beim nächsten Drücken des Auslösers – von halb auf vollständig durchgedrückt – nicht neu fokussiert wird. Wiederholen Sie diese Vorgehensweise, solange Sie weitere Aufnahmen ohne Neufokussierung machen wollen.

Analog zu AF-L können Sie mit der zugewiesenen **AE-L**-Taste die Belichtungsmessung separat durchführen, sodass der halb durchgedrückte Auslöser nur noch für die Fokussierung sorgt. Sie können AE-L und AF-L auch kombinieren – in diesem Fall sorgt das halbe Durchdrücken des Auslösers nur noch dafür, dass die Kamera die Arbeitsblende einstellt und sich für die Aufnahme bereit macht.

TIPP 81 Fokussieren mit AF-ON (»Back-Button Focusing«)

AF-ON bringt eine beliebte DSLR-Funktion zur X-T3: das Fokussieren mit dem Daumen auf einer dafür vorgesehenen AF-ON-Taste – eine gängige Praxis unter Nutzern von Spiegelreflexkameras. Einfach gesagt, AF-ON verlegt die AF-Funktion der Kamera vom halb durchgedrückten Auslöser auf eine Fn-Taste. Sobald Sie die Taste drücken, beginnt die Kamera zu fokussieren. Wenn Sie die Taste dann loslassen, wird der Autofokus an der aktuellen Position beendet.

AF-ON arbeitet also wie das halbe Durchdrücken des Auslösers (sofern AUSLÖSER AF unter EINRICHTUNG > TASTEN/RAD-EINSTELLUNG auf AN gesetzt ist): Im Modus AF-S führt AF-ON eine einzelne Fokussuche durch und erfasst dabei den Abstand. Im Modus AF-C sucht und verfolgt AF-ON das Ziel so lange, wie die Taste gedrückt gehalten wird (wie beim halben Durchdrücken des Auslösers).

Bei der X-T3 muss AF-ON einer Fn-Taste zugeordnet sein. Dafür bietet sich naturgemäß die AF-L-Taste an. Drücken und halten Sie die DISP/BACK-Taste so lange, bis die Seite zum Einstellen der Fn-Tasten erscheint. Scrollen Sie nach unten bis zum Eintrag AF-L und wählen Sie AF-ON aus der Liste der verfügbaren Funktionen aus.

Sie können AF-ON gedrückt halten, während Sie den Auslöser betätigen. AF-ON übernimmt dabei die jeweils eingestellte AF-Funktion (AF-S oder AF-C). Bei AF-S wird die Entfernung ermittelt und so lange nicht geändert, wie AF-ON gedrückt gehalten wird. Bei AF-C wird so lange kontinuierlich fokussiert, wie AF-ON gedrückt gehalten wird.

Einige DSLR-Freunde finden es praktisch, den Auslöser komplett vom Autofokus zu entkoppeln, indem sie für AF-S oder AF-C EINRICHTUNG > TASTEN/RAD-EINSTELLUNG > AUSLÖSER AF > AUS einstellen. Damit verbleibt AF-ON als einzige Möglichkeit, um in den Modi AF-S und AF-C den Autofokus zu betätigen.

Im manuellen Fokusmodus (MF) mutiert AF-ON zum Instant AF – genau wie die reguläre AF-L-Taste.

Fokussieren bei schwachem Licht

TIPP 82

Nachts sind alle Katzen grau. Im übertragenen Sinne gilt das auch für digitale Kameras: Bei schlechten Lichtverhältnissen schwinden die Kontraste und das Rauschen verstärkt sich, sodass es dem Autofokus der Kamera zunehmend schwerfällt, ein Ziel zu finden und präzise scharfzustellen. Die Helligkeit, die auf den Sensor fällt, ist dabei nicht nur von den äußeren Bedingungen abhängig, sondern auch von der Lichtstärke des Objektivs: Ein XF56mmF1.2 ist satte 3,5 Blendenstufen oder Lichtwerte (EV) heller als ein XF18–55-mmF2.8–4-Kit-Zoom in der 55-mm-Stellung. Anders gesagt: Mit dem XF56mmF1.2 sieht die Kamera (und mit ihr der Autofokus) die Welt um 3,5 Lichtwerte heller als mit dem auf eine vergleichbare Brennweite eingestellten Zoomobjektiv. Nun raten Sie mal, mit welchem dieser beiden Objektive der Autofokus unter schwierigen Bedingungen bessere Ergebnisse erzielt?

Lassen Sie sich nicht verwirren: Die Tatsache, dass das Sucherbild mit beiden Objektiven gleich hell erscheint, ist allein der elektronischen Verstärkung der Live-View-Anzeige geschuldet, mit der die Kamera solche Unterschiede ausgleicht. Halten wir fest: Ein zuverlässiger Autofokus *braucht* Licht und Kontraste, weshalb es wichtig ist, gerade bei schwachen Lichtverhältnissen auf möglichst kontrastreiche Motivflächen zu zielen und dabei ein möglichst großes AF-Feld zu verwenden.

Eine Möglichkeit, vorhandene Lichtdefizite zu verringern, ist die Verwendung eines lichtstarken Objektivs wie dem XF56mmF1.2, dem XF35mmF1.4 oder dem XF23mmF1.4. Ein alternativer Ansatz besteht darin, vorübergehend für mehr Licht zu sorgen. Hier kommt das weiße AF-Hilfslicht der Kamera ins Spiel: Es strahlt das Motiv an, sobald Sie den Auslöser zum Fokussieren halb durchdrücken. Dieses Hilfslicht wird allerdings häufig abgeschattet – entweder von den Fingern des Fotografen oder vom Objektiv bzw. der angesetzten Gegenlichtblende. Achten Sie also darauf, das Hilfslicht nicht mit Ihren Fingern zu verdecken, und nehmen Sie die Gegenlichtblende ggf. ab. So oder so: Das Hilfslicht erstreckt sich nie über das gesamte Bildfeld, sondern konzentriert sich eher auf die Mitte. Deshalb kann es seine positive Wirkung nur entfalten, wenn ein entsprechend mittiges AF-

Feld ausgewählt wurde. Aktiviert wird das AF-Hilfslicht übrigens per AF/MF-EINSTELLUNG > HILFSLICHT > AN im Aufnahmemenü.

Eine Alternative zum AF-Hilfslicht besteht darin, in der Fokusphase vorübergehend selbst für besseres Licht zu sorgen, zum Beispiel mit einer Taschenlampe oder indem Sie kurz das Deckenlicht einschalten. Allerdings sollten Sie dabei mit AF-Lock arbeiten und die Belichtung nach einer erfolgreichen Fokussierung erst messen und einstellen, *nachdem* die temporäre Beleuchtung wieder ausgeschaltet und die eigentlichen Lichtverhältnisse wiederhergestellt wurden.

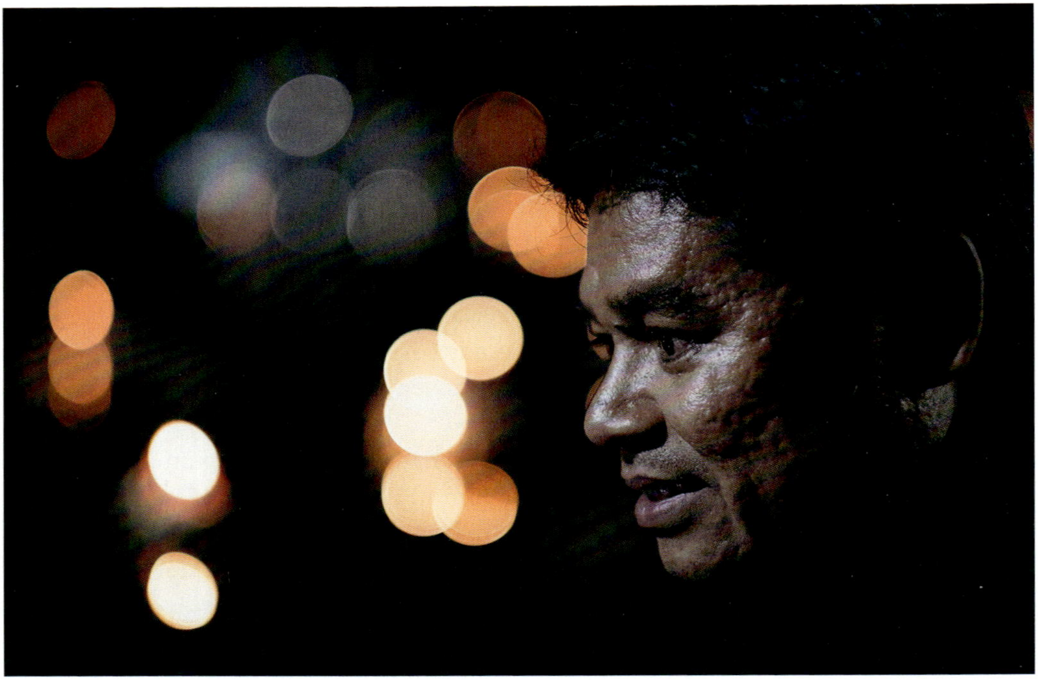

Abbildung 93: Bei dieser **bei schwachem Licht entstandenen Aufnahme** erleichterte das schnelle XF56mmF1.2 R-Objektiv dem Autofokussystem das Auffinden des Ziels im AF-S-Modus. In diesem Modus hängt die AF-Leistung bei schwachem Licht nicht von der tatsächlich eingestellten Arbeitsblende, sondern von der Offenblende ab. In diesem konkreten Beispiel hätte es keinen Unterschied gemacht, wenn ich die Blende auf 1.2, 5.6 oder 8 eingestellt hätte, denn im AF-S-Modus kann das Fokussiersystem die Blende vorübergehend maximal öffnen.

Wichtig: *Wenn Sie ein Objektiv bei schwachem Licht abblenden (also nicht mit Offenblende verwenden) möchten, sollten Sie unbedingt mit AF-S oder im MF-Modus mit Instant-AF-S bzw. Instant-AF-C fokussieren. Warum? Weil Instant-AF immer mit vollständig geöffneter Blende scharfstellt. Verwenden Sie nicht den normalen AF-C, da dieser Modus fast immer mit der eingestellten Arbeitsblende fokussiert, was bei schlechtem Licht und einem abgeblendeten Objektiv ungünstig ist.*

Makroaufnahmen: Fokussieren im Nahbereich — TIPP 83

Die größte Herausforderung im Nahbereich ist die geringe Schärfentiefe, die ein besonders exaktes Vorgehen beim Fokussieren erfordert. Bereits geringste Abweichungen und Bewegungen können im Makrobereich zu unscharfen Ergebnissen führen. Aus diesem Grund sollten Sie Makroaufnahmen, wenn möglich, von einem Stativ aus manuell fokussieren – unter Verwendung von Instant-AF, der Fokuskontrolle (Sucherlupe) und dem Focus Peaking. Dabei sollten Sie die Kamera nach dem erfolgreichen Scharfstellen keinesfalls verschwenken. Zur visuellen Kontrolle der Schärfentiefe können Sie den Auslöser halb durchdrücken (achten Sie darauf, dass AUSLÖSER AE hierbei auf AN stehen muss) oder VORSCHAU SCHÄRFENTIEFE auf eine der Fn-Tasten der Kamera legen.

Bei Nahaufnahmen kommen Sie mit der Offenblende Ihres Objektivs nur selten weiter. Stattdessen gilt es mutig abzublenden, um den Bereich der Schärfentiefe zu vergrößern. Dadurch kommt es automatisch zu längeren Belichtungszeiten. Auch hier hilft Ihnen das Stativ, jedoch sollten Sie darauf achten, dass sich das Motiv nicht plötzlich aus der Schärfeebene bewegt. Im Makrobereich reicht hierfür oft ein leichtes Lüftchen aus, und schon befindet sich die Blüte einen Zentimeter weiter weg. Wenn es windig ist, geraten Nahaufnahmen von Blumen deshalb meist zu einem Lotteriespiel.

Falls Sie Nahaufnahmen nicht im MF-Modus, sondern im AF-Modus machen möchten, können Sie folgendermaßen vorgehen:

- Wählen Sie AF-S sowie den AF-Modus EINZELPUNKT aus und stellen Sie eine kleine AF-Feldgröße ein.
- Positionieren Sie das AF-Feld exakt über dem zu fokussierenden Motivbereich und verschwenken Sie die Kamera nach dem Fokussieren nicht. Zögern Sie nach dem halben Durchdrücken des Auslösers nicht zu lange mit der Aufnahme.
- Kontrollieren Sie den Fokus mit der Sucherlupe, indem Sie das hintere Einstellrad drücken und durch Drehen des Einstellrads eine passende Vergrößerungsstufe auswählen.
- Fotografieren Sie möglichst nicht aus der Hand, sondern verwenden Sie ein Stativ.
- Blenden Sie mutig ab und kontrollieren Sie die Schärfentiefe visuell mit halb gedrücktem Auslöser oder der Schärfentiefevorschau (entsprechend belegte Fn-Taste).
- Sorgen Sie für gutes Licht und fotografieren Sie möglichst nur Motive, die sich nicht bewegen bzw. nicht – etwa durch einen Luftzug – bewegt werden.

Abbildung 94: **Makroaufnahmen** sind aufgrund ihrer geringen Schärfentiefe eine besondere Herausforderung. Normalerweise arbeitet man deshalb vom Stativ. Mit etwas Glück sind aber Aufnahmen aus (und auf) der Hand wie bei diesem Beispiel möglich.

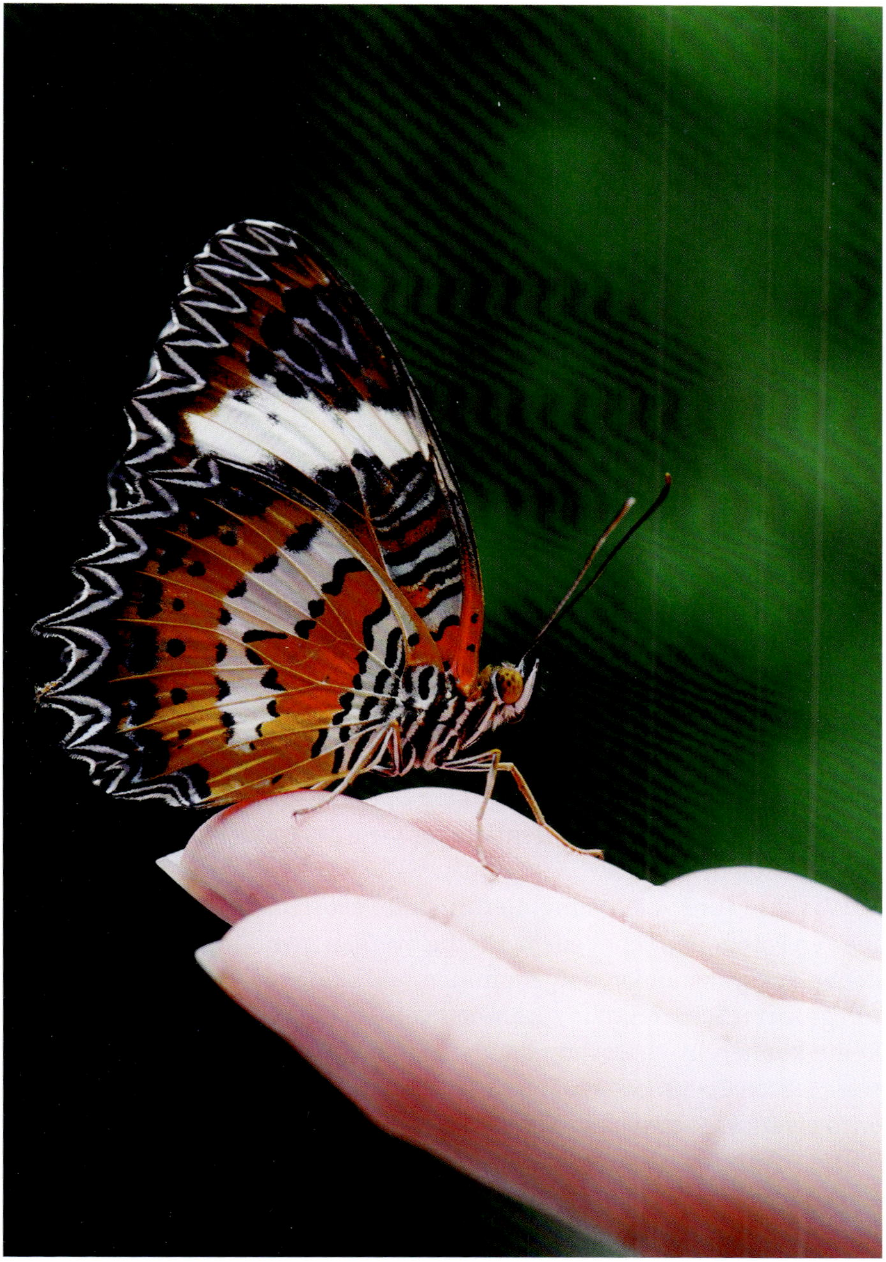

Sie können die Makrofähigkeiten Ihrer bestehenden XC- und XF-Objektive mit einem der beiden elektronischen Makro-Zwischenringe MCEX-11 oder MCEX-16 von Fujifilm verbessern. Auf der Website von Fujifilm können Sie eine PDF-Datei [53] herunterladen. Diese enthält eine Tabelle, der Sie entnehmen können, wie diese Zwischenringe den Vergrößerungsfaktor kompatibler Objektive erhöhen. Bitte beachten Sie, dass die elektronische Entfernungs- und Schärfentiefeskala der Kamera bei Verwendung eines Makrozwischenrings keine korrekten Angaben mehr liefert.

TIPP 84 Fokusreihen

Das Fehlen ausreichender Schärfentiefe [15] ist für Makro- und Landschaftsfotografen ein wiederkehrendes Problem. Da die Sensorauflösung immer höher wird, stellt die Beugungsunschärfe [17] mittlerweile eine beträchtliche Einschränkung dar. Um eine sichtbare Beugung mit Ihrem APS-C-Sensor (26 MP) zu vermeiden, sollten Sie nicht weiter als bis f/9 abblenden.

Erschwerend kommt hinzu, dass der »Sweet Spot« [54] – also die kritische Blende, die die optimale Auflösung und Schärfe liefert – bei zahlreichen Objektiven etwa zwei Blendenstufen von der jeweiligen Offenblende entfernt ist. Beispielsweise liefert mein XF27mmF2.8-Pancake-Objektiv die maximale Auflösung bei etwa f/5.6.

Für Makro- und Landschaftsfotografen ist das Abblenden auf f/16 oder f/22 aus Qualitätsgründen häufig keine Option – ganz zu schweigen davon, dass selbst bei f/22 die Schärfentiefe für viele Makroszenarios noch immer nicht ausreichend wäre.

Was also tun? Als Lösung hierfür sind *Fokusreihen* [55] unter ambitionierten Fotografen sehr beliebt. Hierbei werden mehrere Bilder in verschiedenen Fokusabständen aufgenommen und später zu einem einzigen Bild mit größerer Schärfentiefe zusammengeführt (d.h. *gestapelt*). Die Bilder der Reihe können in Photoshop oder einer anderen spezialisierten Software wie Helicon Focus [56] zusammengeführt werden. Diese Vorgehensweise wird als *Focus Stacking* bezeichnet.

Die Fokusreihenfunktion hilft Ihnen bei der automatisierten Erzeugung des Quellmaterials, das Sie für das Focus Stacking benötigen. Zum Konfigurieren von Fokusreihen in Ihrer X-T3 wählen Sie im Aufnahmemenü

AUFNAHME-EINSTELLUNG > DRIVE-EINSTELLUNG > BKT-EINSTELLUNG > FOKUS-BKT aus.

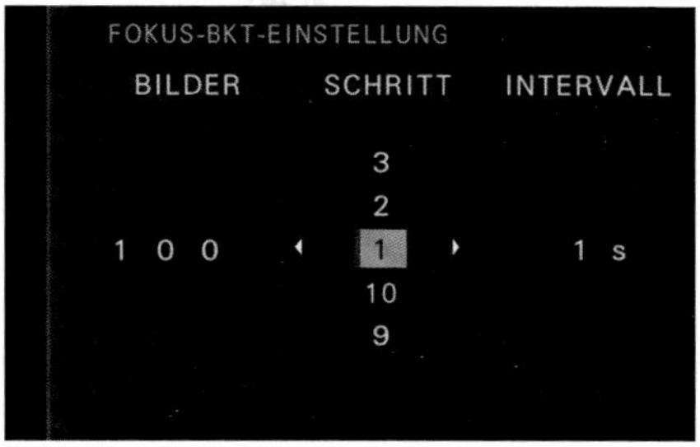

Abbildung 95: Auf dem Konfigurationsbildschirm für **Fokusreihen** können Sie die Anzahl der Bilder, die die Kamera automatisch aufnehmen soll (BILDER), die Fokusdifferenz zwischen den einzelnen Aufnahmen (SCHRITT) und die Pause zwischen den einzelnen Aufnahmen (INTERVALL) festlegen. Letzteres ist praktisch, damit die Kamera nach jeder Aufnahme zur Ruhe kommen kann, weil verschlussbedingt Vibrationen auftreten können. Empfehlenswert ist außerdem die Aktivierung des elektronischen ersten Verschlussvorhangs (EFCS) oder sogar des elektronischen Verschlusses (ES).

Zu Beginn der Fokusreihenerstellung wählen Sie am besten erst einmal MF aus und fokussieren manuell auf den nächstgelegenen Punkt Ihres Motivs, der scharfgestellt werden soll. Ferner wird empfohlen, das Objektiv bis zu seinem »Sweet Spot« abzublenden. Bei Makroobjektiven liegt dieser typischerweise zwei Blendenstufen über der Offenblende, während Weitwinkelobjektive ihre optimale Leistung meistens drei oder vier Stufen von der Offenblende entfernt liefern.

Abhängig von Ihren Bedürfnissen und davon, wie viel Zeit Sie haben, können Sie mit verschiedenen Schritteinstellungen experimentieren. Bevor Sie die Reihe aufnehmen, vergewissern Sie sich, dass mit dem DRIVE-Einstellrad der BKT-Modus und unter BKT die Einstellung FOKUS-BKT ausgewählt wurde. Dann drücken Sie auf den Auslöser. Die Kamera nimmt nun entweder die eingestellte Anzahl von Bildern auf oder stoppt, wenn die Entfernung »unendlich« erreicht wurde – je nachdem, was zuerst passiert.

Wenn die Kamera die Aufnahme der Quellbilder beendet hat, können Sie diese in Photoshop oder mit einer speziellen Focus-Stacking-Software wie Helicon Focus zusammenführen.

TIPP 85 Fokussieren auf sich bewegende Objekte (1): der »Autofokus-Trick«

Als Faustregel gilt: Fotografieren Sie statische Motive mit AF-S (Single) und sich auf die Kamera zu- oder von ihr wegbewegende Motive mit AF-C (Continuous). Aber wie üblich gilt auch hier: keine Regel ohne Ausnahme. Daher präsentiere ich nun den sogenannten »Autofokus-Trick«. Hierbei wird AF-S für die Fokussierung sich bewegender Objekte verwendet. Und so funktioniert's:

- Stellen Sie den Fokuswahlschalter auf AF-S und die Kamera mit dem DRIVE-Einstellrad in den Einzelbildmodus (S).
- Vergewissern Sie sich, dass sich die Kamera im Boost-Modus befindet.
- Verwenden Sie den AF-Modus EINZELPUNKT oder ZONE und wählen Sie ein passendes AF-Feld bzw. eine passende AF-Zone aus, mit dem bzw. der Sie das sich bewegende Objekt verfolgen möchten.
- Achten Sie darauf, dass die Verschlusszeit kurz genug ist, damit keine unerwünschte Bewegungsunschärfe auftritt. 1/1000 s oder kürzer ist meist angemessen.
- »Verfolgen« Sie das Motiv mit der Kamera, indem Sie mit dem aktiven AF-Feld bzw. mit der ausgewählten AF-Zone auf den Bereich des Motivs zielen, auf den die Kamera fokussieren soll. Drücken Sie dabei den Auslöser *nicht* halb durch.
- Drücken Sie im passenden Moment den Auslöser *ganz* durch und positionieren Sie das AF-Feld bzw. die AF-Zone weiterhin so lange auf dem zu fokussierenden Motiv, bis die Aufnahme gemacht wurde. Sobald die Kamera den Fokus fixieren kann, wird die Aufnahme gemacht.

Der »AF-Trick« basiert auf der Eigenschaft der X-T3, per Fokuspriorität erst auszulösen, nachdem der Autofokus ein Ziel gefunden und darauf scharfgestellt hat. Wenn Sie den Auslöser entschlossen ganz durchdrücken, stellt die Kamera *zuerst* auf das sich bewegende Objekt scharf und macht unmittelbar darauf die Aufnahme. Meist ist die Zeitverzögerung zwischen dem erfolgreichen Scharfstellen und der Bildaufzeichnung so gering, dass sich das Motiv noch im Schärfentiefebereich des Objektivs befindet. Der »AF-

Trick« führt somit vor allem dann zum Erfolg, wenn sich das Motiv nicht zu schnell auf die Kamera zubewegt und Sie mit einer hinreichend großen Schärfentiefe operieren.

Ein Nachteil dieser Methode ist, dass sie mit einer gewissen Zeitverzögerung nach dem beherzten Durchdrücken des Auslösers verbunden ist, Sie also nicht auf den Sekundenbruchteil genau den Augenblick bestimmen können, in dem die Kamera das Bild aufnimmt. Die tatsächliche Verzögerung ist davon abhängig, wie lange die Kamera zum Fokussieren braucht.

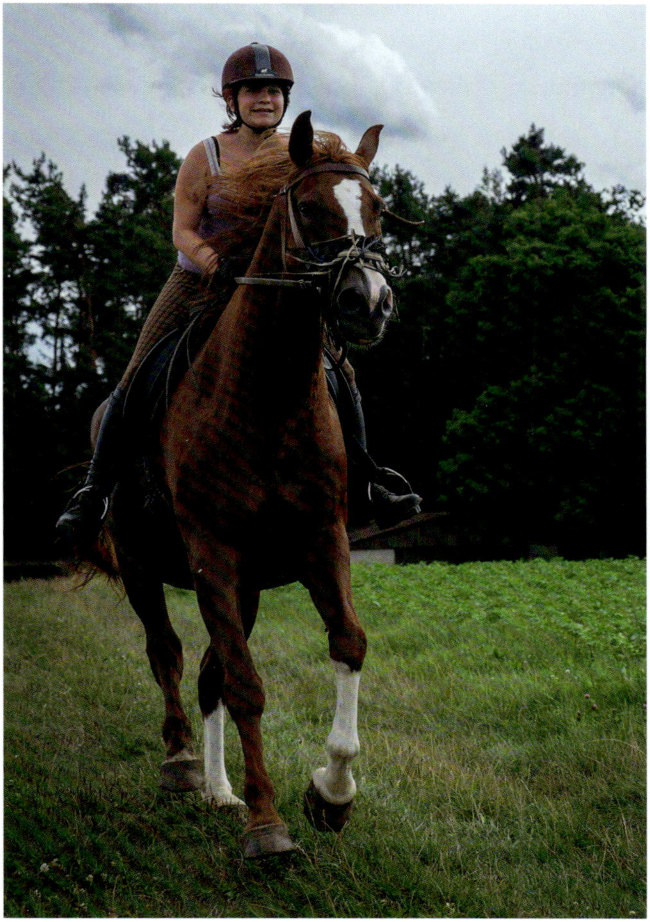

Abbildung 96: Mit dem **Autofokus-Trick** aufgenommenes galoppierendes Pferd.

TIPP 86 Fokussieren auf sich bewegende Objekte (2): die Fokusfalle

Die Fokusfalle ist quasi das Gegenstück zum »Autofokus-Trick«. Während Sie beim AF-Trick nicht genau vorherbestimmen können, wo und in welchem Augenblick die Aufnahme entsteht, legen Sie diese Rahmenbedingungen bei der Fokusfalle schon im Vorfeld fest. Hierzu ist es notwendig, einen geeigneten Ort vorherbestimmen zu können, den das sich bewegende Objekt passieren wird. Die Fokusfalle eignet sich also vor allem für Motive, deren Kurs vorhersehbar ist. Dies ist etwa bei vielen Rennsportarten der Fall.

Gehen Sie folgendermaßen vor:

- Stellen Sie die Kamera auf manuellen Fokus (MF).
- Fokussieren Sie eine Stelle an, die das sich bewegende Objekt passieren wird und die für Ihre Aufnahme geeignet ist. Wählen Sie dabei eine Blende mit ausreichender Schärfentiefe, damit am Ende alle für die Aufnahme relevanten Teile des Motivs scharf abgebildet werden.
- Drücken Sie den Auslöser halb durch, sobald sich das Objekt der Stelle nähert, auf die Sie scharfgestellt haben. Die Kamera speichert nun die Belichtung und stellt die Arbeitsblende ein (vorausgesetzt, AUSLÖSER AE ist eingeschaltet).
- Drücken Sie den Auslöser ganz durch, sobald das Objekt in die Fokusfalle tappt und die Stelle passiert, auf die Sie scharfgestellt haben.

Da auch bei einer mit halb durchgedrücktem Auslöser vorbereiteten X-T3 noch eine geringe Auslöseverzögerung auftritt, kann es bei sich sehr schnell auf die Kamera zubewegenden Objekten sinnvoll sein, den Auslöser einen Sekundenbruchteil früher vollständig durchzudrücken, also ganz kurz bevor das Objekt die eigentliche Fokusfalle passiert.

Alternativ können Sie die Kamera auch in den schnellen Serienbildmodus versetzen. Hierdurch erhöhen Sie die Chance, ein oder zwei gute Aufnahmen von dem sich schnell bewegenden Objekt zu machen, wenn dieses die Fokusfalle passiert.

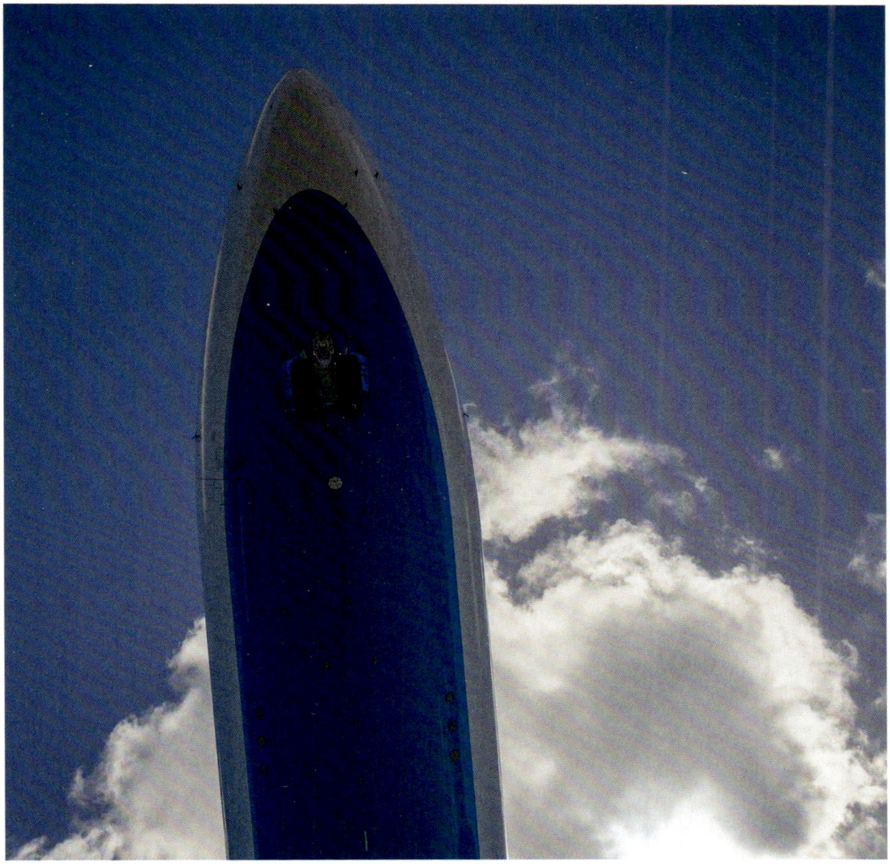

Abbildung 97: **Fokusfalle:** Um einen landenden Airbus A330 in genau dem Augenblick zu fotografieren, wenn er mit wenigen Metern Abstand über einen hinwegfliegt, ist gutes Timing wichtig. Anstatt sich hier auf den Autofokus zu verlassen, ist es sinnvoller, manuell und mit ausreichender Schärfentiefe auf die erwartete Entfernung scharfzustellen und den richtigen Augenblick mit halb gedrücktem Auslöser abzuwarten. Im entscheidenden Moment habe ich den Auslöser vollständig durchgedrückt.

Ein Sonderfall der Fokusfalle ist der manuelle Zonenfokus, bei dem Sie durch robustes Abblenden eine komfortable Schärfentiefezone definieren und dann abwarten, bis in dieser Entfernungszone etwas passiert. Diese Methode wird häufig von Streetfotografen in Verbindung mit kürzeren Brennweiten (Weitwinkel, meist 16 bis 23 mm) angewandt.

Eine Variante des Zonenfokus ist das Mitziehen [14] mit längeren Verschlusszeiten, beispielsweise 1/60 s oder länger bei einem Autorennen. Die lange Verschlusszeit sorgt automatisch dafür, dass Sie eine kleine Blende (d. h. eine große Blendenzahl) mit entsprechend komfortabler Schärfentiefe verwenden können.

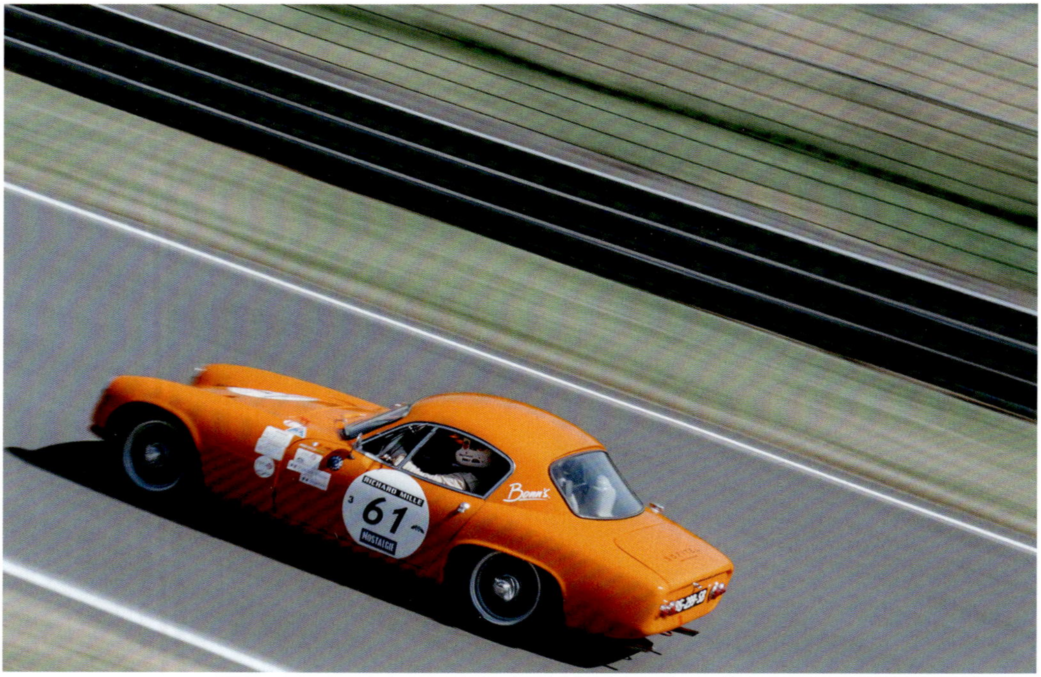

Abbildung 98: Mitzieher bei Höchstgeschwindigkeit mit 1/60 s synchron zum Rennwagen. Die sich durch die recht lange Belichtungszeit ergebende Blende f/18 sorgt bei einer Brennweite von 50 mm für reichlich Schärfentiefe.

TIPP 87

Fokussieren auf sich bewegende Objekte (3): AF-Tracking mit EINZELPUNKT, ZONE und WEIT/VERFOLGUNG

Der prädiktive PDAF (Phasendetektions-AF) Ihrer X-T3 erlaubt es Ihnen, Objekte, die sich im dreidimensionalen Raum bewegen, mit der Kamera zu verfolgen. Mithilfe der Prädiktion versucht die Kamera, die Entfernung des verfolgten Objekts für den Augenblick der nächsten Auslösung (unter Berücksichtigung der Auslöseverzögerung) vorherzusagen und den Fokus dementsprechend einzustellen. Auf diese Weise werden technisch unvermeidliche Auslöseverzögerungen ausgeglichen.

Anders als bei vorherigen Kameramodellen der X-Serie bietet die X-T3 einen prädiktiven PDAF, der den gesamten Sensorbereich abdeckt. Daher brauchen Sie sich nicht auf bestimmte AF-Messfelder oder Zonen zu beschränken.

Beginnen wir mit den AF-Modi **EINZELPUNKT** und **ZONE:**

- Stellen Sie den Fokus auf AF-C und vergewissern Sie sich, dass der Boost-Modus eingeschaltet ist.
- Schalten Sie nun den Serienbildmodus ein. Ich empfehle eine CL-Einstellung von 5,7 fps, da hierbei zwischen den Bildern ein Live-View-Bild im Sucher angezeigt wird. Ferner möchte ich Ihnen die Verwendung des EFCS nahelegen, um die Dunkelpausen im Live-View möglichst kurz zu halten.
- Wählen Sie eine geeignete Größe für AF-Messfeld oder -Zone aus. Da der PDAF den gesamten Sensorbereich der X-T3 umfasst, bestehen hinsichtlich der Größe oder Position von AF-Feld oder -Zone keinerlei Einschränkungen.
- Positionieren Sie das ausgewählte AF-Feld oder die AF-Zone auf den zu fokussierenden Bereich des sich bewegenden Objekts. Drücken Sie den Auslöser nun halb durch und die Kamera beginnt mit dem Autofokus-Tracking.
- Halten Sie den Auslöser halb gedrückt, während Sie das Objekt verfolgen, indem Sie das ausgewählte AF-Feld bzw. die gewählte AF-Zone weiterhin über dem zu fokussierenden Bereich halten und nachführen.
- Drücken Sie den Auslöser ganz durch, um die Aufnahmeserie zu beginnen, und halten Sie ihn so lange gedrückt, wie die Kamera Aufnahmen machen und dabei auf das sich bewegende Objekt scharfstellen soll. Achten Sie darauf, dass sich das aktive AF-Feld bzw. die gewählte AF-Zone

während der Serienbildaufnahmen weiterhin auf dem zu fokussierenden Motivbereich befindet. Das kann am Anfang ein bisschen schwierig sein, aber Übung macht den Meister.

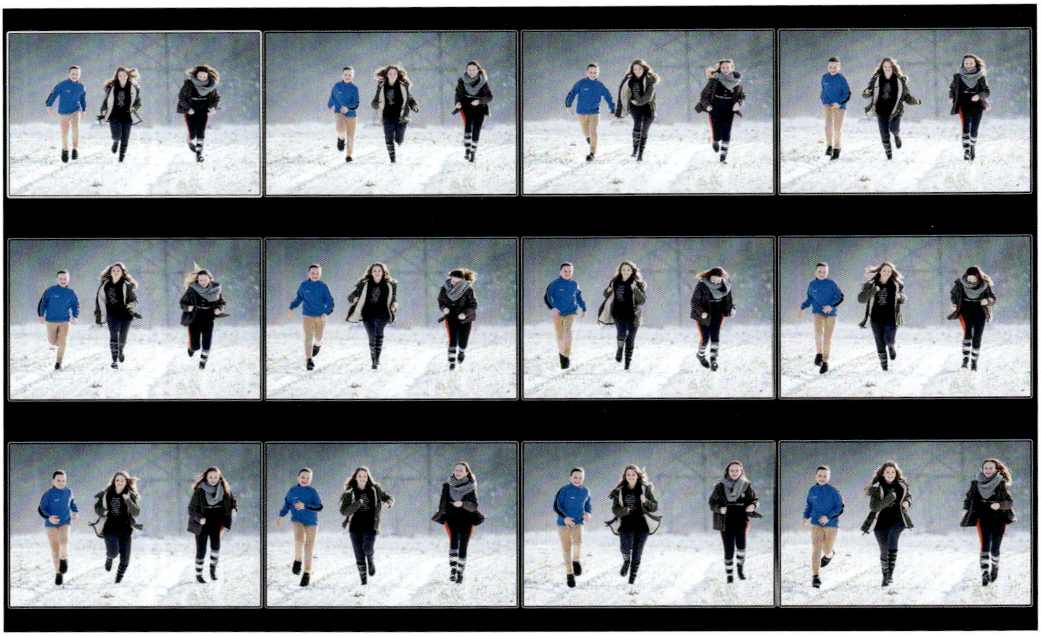

Abbildung 99: **AF-Tracking** mit AF-C im Serienbildmodus Der prädiktive Autofokus verfolgt eines der auf die Kamera zu rennenden Kinder mit dem vom Fotografen ausgewählten AF-Feld bzw. der gewählten AF-Zone und justiert die Schärfe vor jedem weiteren Bild entsprechend nach. Damit solche Serien gelingen, sollte man das ausgewählte AF-Feld bzw. die AF-Zone dabei so lange wie möglich auf den scharfzustellenden Bereich halten.

Grundsätzlich funktioniert AF-C-Tracking natürlich auch im Einzelbildmodus (DRIVE-Einstellrad auf **S**, nicht zu verwechseln mit dem AF-Modus **S**). In diesem Fall macht die Kamera beim Durchdrücken des Auslösers nur eine einzelne Aufnahme und beendet anschließend das AF-Tracking. Sie können einen neuen Tracking-Anlauf starten, indem Sie den Auslöser erneut halb durchdrücken.

Eine Alternative zu den Modi EINZELPUNKT und ZONE bietet bei der Verfolgung von Objekten der Modus **WEIT/VERFOLGUNG,** und zwar ebenfalls in Kombination mit dem kontinuierlichen Autofokus (AF-C). Diese Einstellung ermöglicht echtes »3D-Tracking«: Die Kamera kann ein Motiv nicht nur hinsichtlich seiner sich verändernden Distanz zur Kamera verfolgen (z-Achse), sondern erkennt innerhalb des gesamten Bildfelds auch dessen Bewegungen nach links und rechts (x-Achse) sowie nach oben und unten (y-Achse).

So geht's:

- Stellen Sie den Fokusmodus auf AF-C und vergewissern Sie sich, dass der Boost-Modus eingeschaltet ist.
- Wählen Sie den Autofokusmodus **WEIT/VERFOLGUNG** aus und stellen Sie einen langsamen Serienbildmodus ein.
- Wählen Sie einen der verfügbaren AF-Punkte im Bildfeld aus. Der ausgewählte Punkt dient Ihnen als Startpunkt, um die Motivverfolgung zu initiieren, und sollte so gewählt werden, dass er zu Ihrer Bildkomposition passt.
- Um das Motiv zu identifizieren, stellen Sie sicher, dass der ausgewählte AF-Punkt auf das zu verfolgende Ziel gerichtet ist. Drücken Sie nun den Auslöser halb durch, damit die Kamera das Motiv analysieren und per Mustererkennung speichern kann. Solange Sie den Auslöser halb gedrückt halten, wird die Kamera diesem Muster automatisch mit einem Schwarm von grünen AF-Punkten über das gesamte Bildfeld hinweg folgen.
- Drücken Sie den Auslöser ganz durch und halten Sie ihn gedrückt, um Serienaufnahmen zu machen, während die Kamera das Motiv weiterhin verfolgt. Die Kamera setzt die Belichtung der Bilder fort, bis Sie den Auslöser loslassen.

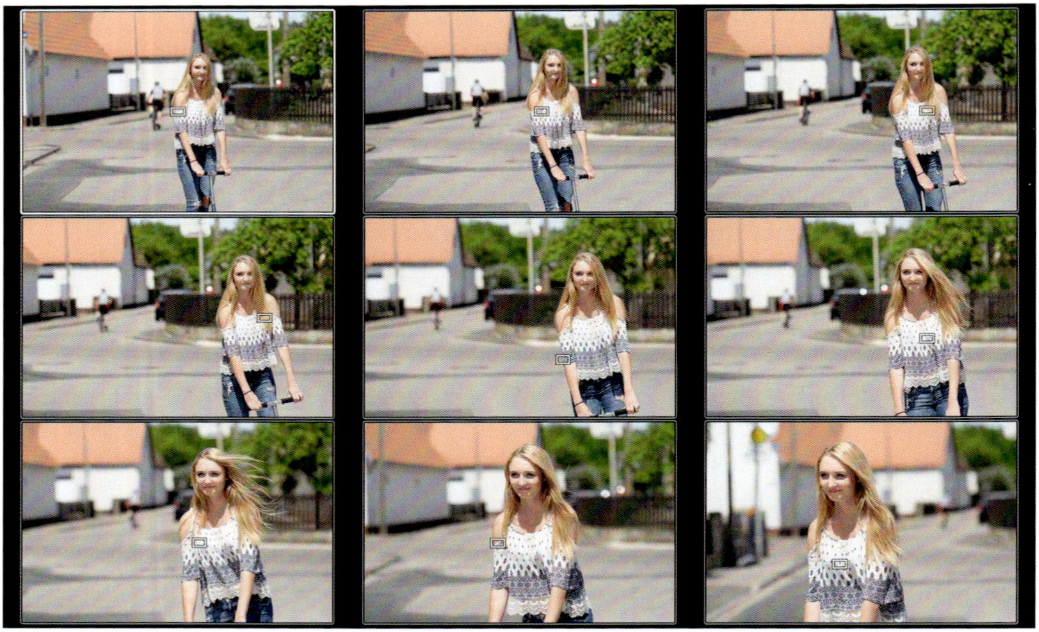

Abbildung 100: Im AF-Tracking-Modus **WEIT/VERFOLGUNG** zeigen Sie der Kamera zunächst das Motiv, das es zu verfolgen gilt. Anschließend verfolgt die Kamera dieses Motiv mithilfe von Mustererkennung über alle drei Raumachsen.

Was die Leistung angeht, war das AF-C-Tracking bei vielen X-Kameras lange Zeit ein Schwachpunkt. Dies hat sich bei der X-T3 zum Glück endlich geändert. Gleiches gilt für das AF-C-Tracking mit Gesichtserkennung: Die X-T3 bietet eine stark verbesserte AF-C-Motivverfolgung mit Gesichts- und Augenerkennung.

Abbildung 101: **AF-C in Verbindung mit Gesichtserkennung** war bislang eine Schwäche der Kameras der X-Serie. Dies hat sich mit der X-T3 geändert, die eine schnelle Gesichts- und Augenerkennung bietet. Diese Laufstegdemonstration wurde mit dem XF200mmF2 R LM OIS WR-Teleobjektiv bei Offenblende aufgenommen.

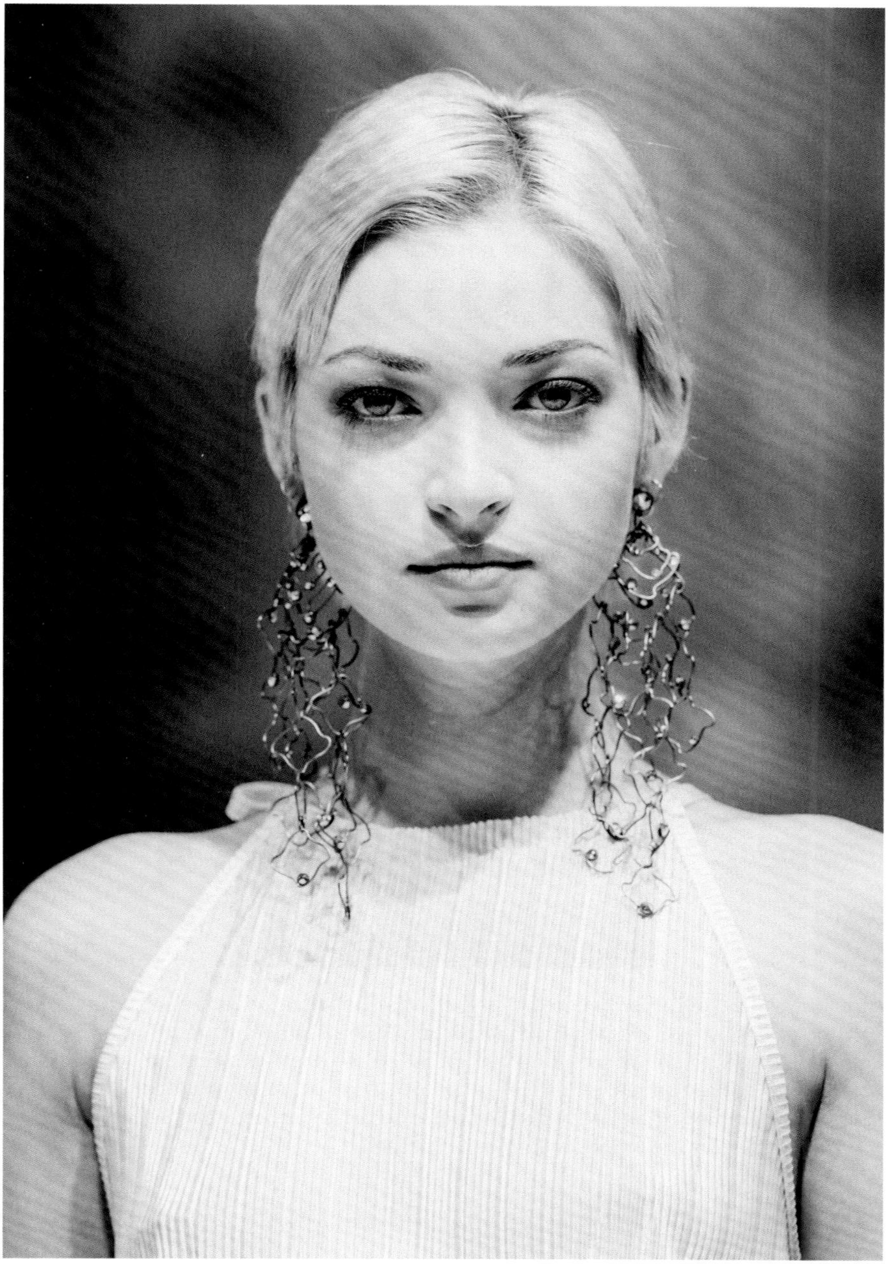

TIPP 88 Benutzerdefinierte AF-C-Einstellungen

Die X-T3 erlaubt die Feinabstimmung des kontinuierlichen Autofokus (AF-C) mithilfe von drei Parametern:

- Die **Verfolgungsempfindlichkeit** (VE) legt fest, wie schnell die Kamera den aktuellen Fokus auf ein anderes Ziel lenken soll, wenn das ursprüngliche Ziel vorübergehend oder permanent aus dem Blickfeld gerät. Diese Einstellung ist nützlich, wenn das verfolgte Motiv kurzzeitig hinter einem anderen Objekt verschwindet oder aus dem Bild läuft bzw. wenn Sie ein neues Ziel in einem deutlich anderen Abstand anvisieren. In der Einstellung 0 wechselt die Kamera sofort zum neuen Ziel, während die Einstellungen 1 bis 4 die Zeitspanne zunehmend verlängern, in der die X-T3 bei der ursprünglichen Entfernung verbleibt. Technisch gesprochen trifft das AF-C-System mit Einstellung 0 keine Vorhersage über die Position eines vorübergehend verlorenen Ziels. Die Empfindlichkeitseinstellungen 1, 2, 3 und 4 hingegen versuchen, die Position eines verdeckten oder verlorenen Ziels für 0,4 s, 0,7 s, 1,0 s und 1,3 s weiter zu bestimmen, ehe sich der AF-C auf ein neues Ziel stürzt.

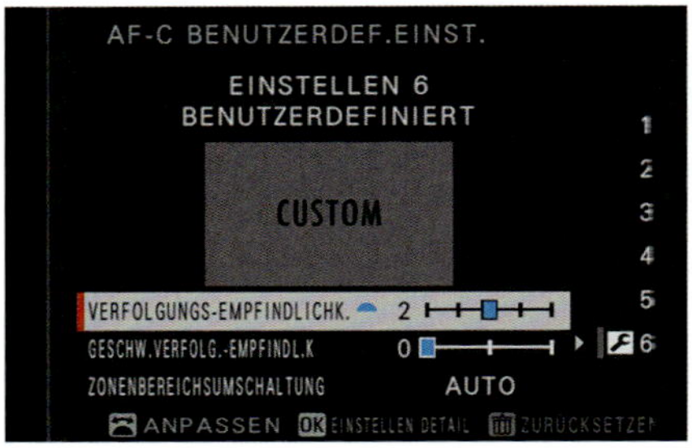

Abbildung 102: Bei Auswahl einer höheren **VE**-Einstellung wartet die Kamera einen kurzen Moment, bevor sie den kontinuierlichen Autofokus auf die neue Zielentfernung umstellt. In der Standardeinstellung (2) gibt Ihnen die Kamera, wenn Sie Ihr Motiv aus den Augen verloren haben, ca. 0,7 Sekunden Zeit, um Fokusmessfeld oder Zone wieder darauf auszurichten. Höhere VE-Einstellungen sind dann nützlich, wenn Sie ein konkretes Motiv so ungestört wie möglich verfolgen möchten.

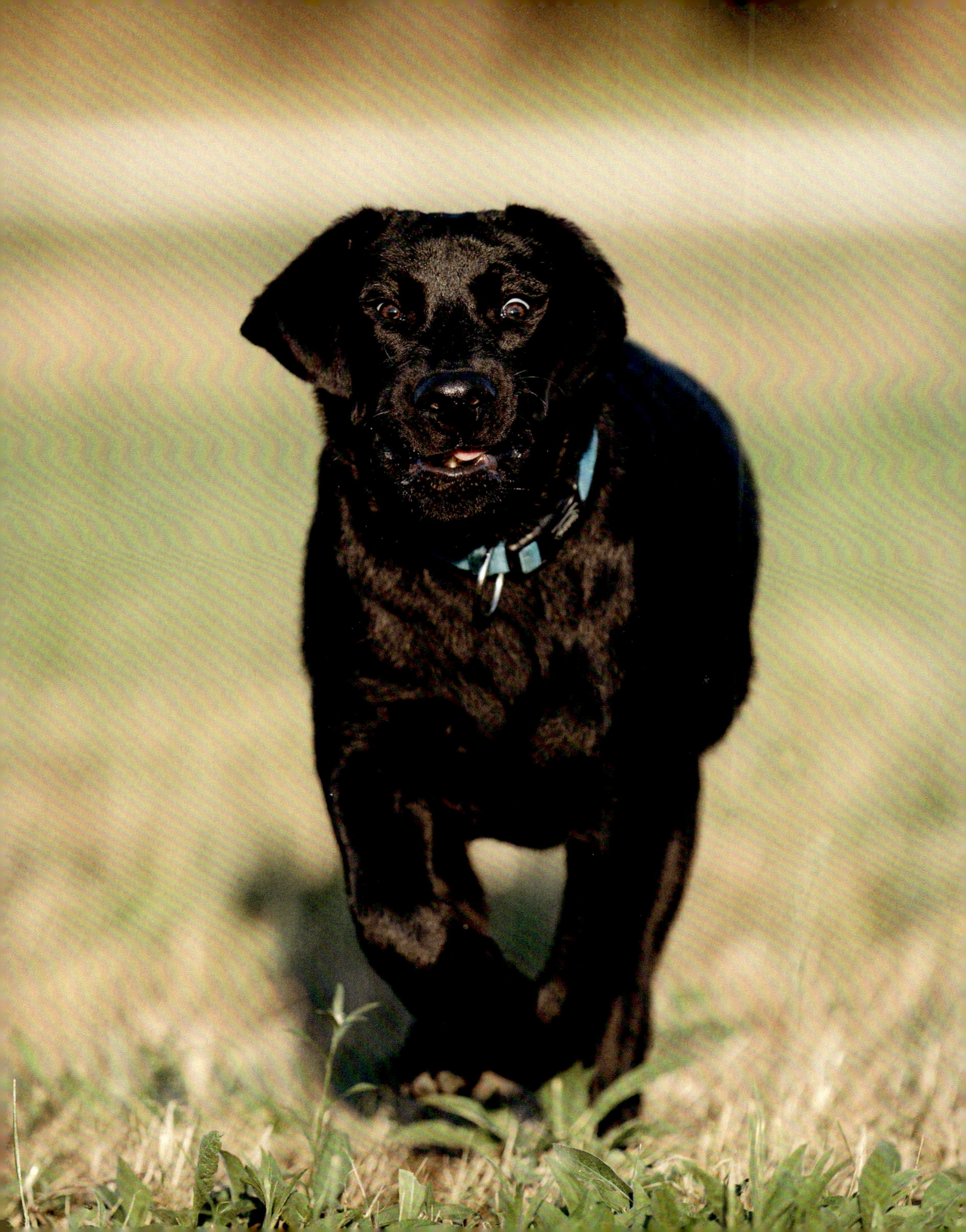

- Die **Geschwindigkeitsverfolgungsempfindlichkeit** (GVE) regelt die Verfolgungscharakteristik der Kamera im Hinblick auf Geschwindigkeitsänderungen beim Motiv. Die Einstellung 0 geht von einer konstanten Motivgeschwindigkeit aus. Mit den Einstellungen 1 und 2 reagiert die Kamera dagegen zunehmend sensibel auf unvermittelte Geschwindigkeitsänderungen des Motivs. Diese Einstellungen eignen sich deshalb besonders gut für Motive, die schnell abbremsen und beschleunigen (z. B. Rennwagen).
- Die **Zonenbereichsumschaltung** (ZBU) ist nur im Zonen-AF-Modus wirksam und legt fest, welcher Bereich einer AF-Zone beim Fokussieren Priorität genießt. Bei MITTE wird der Fokus auf Ziele im Zentrum der gewählten Zone konzentriert. VORNE lenkt den Fokus auf das vom Abstand her nächstgelegene Motiv (bzw. das nächstgelegene Element eines Motivs) innerhalb der Zone. Dies ist – in Verbindung mit der VE-Einstellung 0 – eine gute Wahl für Situationen, in denen sich Motive unvermittelt in eine AF-Zone bewegen. AUTO konzentriert sich auf das Ziel, auf das zuerst fokussiert wurde.

Abbildung 103: Indem Sie VORNE als **ZBU-Einstellung** auswählen, zwingen Sie die Kamera dazu, auf den Teil des Bildes innerhalb der ausgewählten AF-Zone zu fokussieren, der der Kamera am nächsten liegt. Im Fall des Geiers, der auf die Kamera zusteuerte (oben), erlaubte mir die ZBU-Einstellung VORNE, Kopf und Schnabel des Vogels anstelle der markanteren Flügel zu fokussieren. Bei Verwendung derselben Einstellungen in einer Vorbeiflugsituation (unten) wurde der Fokus jedoch nur auf den linken Flügel verschoben, der der Kamera innerhalb der von mir gewählten 3 × 3-Zone am nächsten lag.

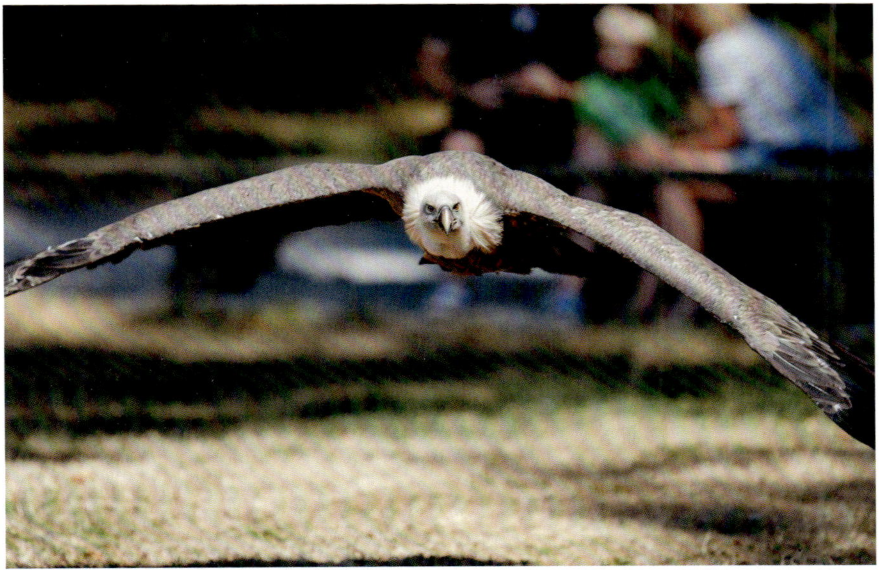

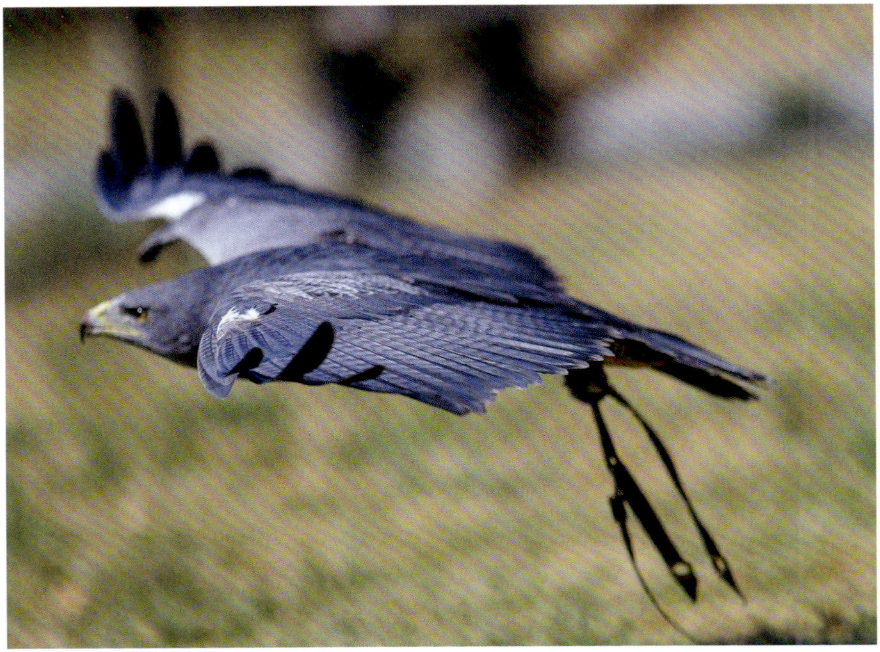

Die X-T3 bietet verschiedene Presets, die typische AF-C-Aufnahmeszenarien abdecken. Rufen Sie hierzu im Aufnahmemenü AF/MF EINSTELLUNG > AF-C BENUTZERDEF.EINST. auf und wählen Sie anschließend eines der angebotenen Sets aus:

- SET 1: MEHRZWECK ist die Standardeinstellung und umfasst unsere AF-C-Universalkonfiguration. Dies ist eine gute Wahl für alle Situationen, bei denen Sie nicht genau wissen, wie andere Einstellungen zu besseren Ergebnissen führen könnten. Die diesem Set zugrunde liegenden Einstellungen lauten VE 2, GVE 0 und ZBU AUTO.
- SET 2: HINDERNIS IGNORIEREN & MOTIV WEITER VERFOLGEN richtet den Fokus weiterhin auf ein Objekt, wenn dieses das Bildfeld kurz verlässt oder vorübergehend verdeckt wird. Dies ist beispielsweise praktisch, wenn Sie ein bestimmtes Motiv mit der Kamera verfolgen und Menschen, Bäume oder andere Hindernisse dieses Motiv zeitweilig verdecken, weil sie kurz in die Sichtlinie zwischen Ihrer Kamera und dem Motiv geraten. Die entsprechenden Parametereinstellungen sind VE 3, GVE 0 und ZBU MITTE.

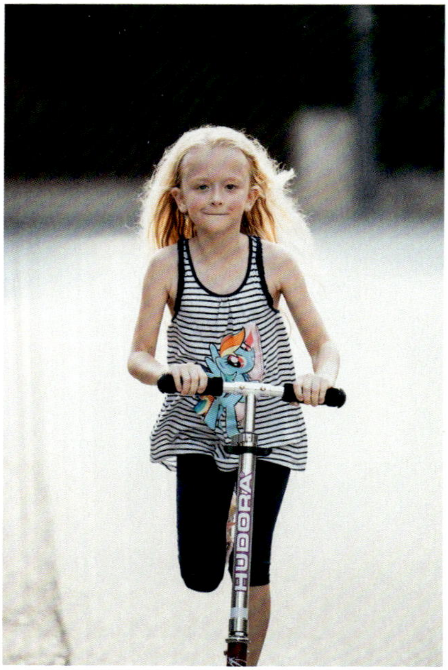

Abbildung 104:
Set 2 bietet sich an, wenn Sie ein bestimmtes, sich kontinuierlich bewegendes Motiv ungestört verfolgen wollen – wie dieses Mädchen auf dem Roller.

- SET 3: FÜR BESCHLEUNIGENDES/VERLANGSAMENDES MOTIV ist eine typische Einstellung für Rennstrecken, wobei schnelle Geschwindigkeitsänderungen des Motivs berücksichtigt werden. Dieses Set eignet sich also gut für Ziele, die schnell und unvermittelt beschleunigen und bremsen – insbesondere in Kombination mit XF-Objektiven, die über einen schnellen AF-Motor verfügen. Die diesem Set zugrunde liegenden Einstellungen lauten VE 2, GVE 2 und ZBU AUTO.
- SET 4: FÜR PLÖTZLICH ERSCHEINENDES MOTIV ermöglicht es der Kamera, blitzschnell auf ein Motiv (oder ein Element eines Motivs) zu fokussieren, das ohne Vorwarnung ins Blickfeld tritt. Die Priorität liegt dabei auf dem Ziel mit dem geringsten Abstand zur Kamera. Die Parametereinstellungen lauten VE 0, GVE 1 und ZBU VORNE.

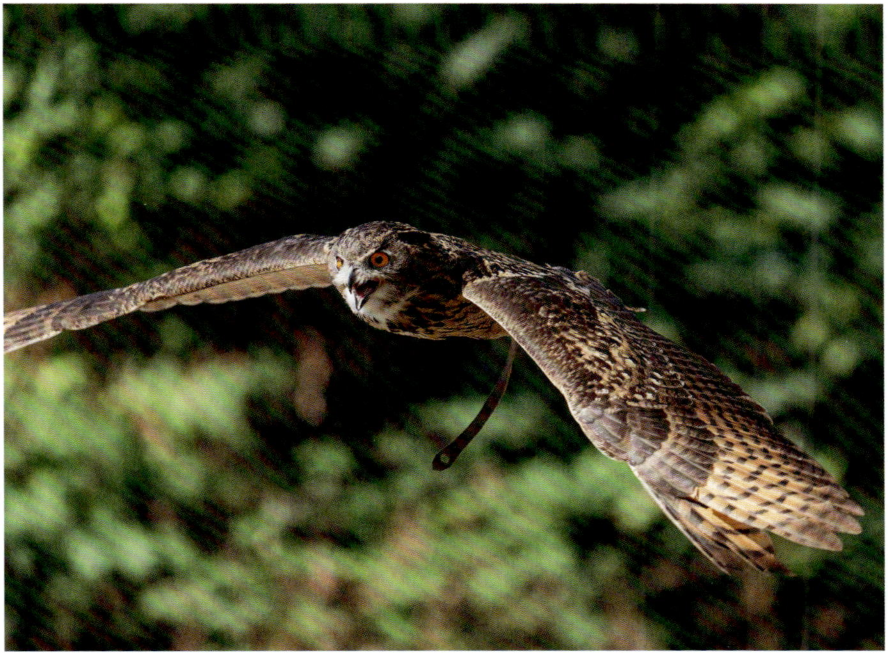

Abbildung 105: **Set 4** sorgt dafür, dass der AF-C zu jedem Zeitpunkt dasjenige Objekt fokussiert, das der Kamera am nächsten gelegen ist (vorausgesetzt natürlich, es befindet sich innerhalb der ausgewählten AF-Zone).

- SET 5: FÜR SPRUNGHAFT BEWEGENDES & BESCH./VERLNGS. MOTIV eignet sich für Motive, die sich unvorhersehbar im Raum bewegen, dabei unvermittelt beschleunigen bzw. abbremsen und den Fokussierbereich dabei vorübergehend verlassen. Damit eignet sich dieses Set besonders gut für Feldsportarten wie Fußball oder Tennis. Die diesem Set zugrunde liegenden Einstellungen lauten VE 3, GVE 2 und ZBU AUTO.
- SET 6: BENUTZERDEFINIERT speichert Ihre ausgewählten Einstellungen für die drei oben beschriebenen AF-C-Parameter Verfolgungsempfindlichkeit (VE), Geschwindigkeitsverfolgungsempfindlichkeit (GVE) und Zonenbereichsumschaltung (ZBU). Verwenden Sie dieses Set, um den AF-C an die besonderen Anforderungen Ihrer Aufnahmesituation anzupassen.

TIPP 89 Fokuspriorität und Auslösepriorität im Vergleich

Grundsätzlich versucht der Autofokus immer zuerst ein Ziel zu finden, bevor die Kamera auslöst. Wenn wir hier also von Fokuspriorität und Auslösepriorität sprechen, so bezieht sich dies nur auf das Verhalten der Kamera für den Fall, dass der Autofokus *kein* Ziel findet.

Die Auswahl von Fokuspriorität für AF-S und AF-C führt schlicht und einfach dazu, dass die Kamera weniger Ausschuss produziert und sich der Anteil scharfer Bilder auf Ihrer Speicherkarte erhöht. Die Einrichtung geht wie folgt vonstatten:

- Stellen Sie im Aufnahmemenü AF/MF-EINSTELLUNG > PRIO. AUSLÖSEN/FOKUS > AF-S PRIO.-AUSW. > FOKUS ein, um die Kamera daran zu hindern, eine Aufnahme auch dann zu machen, wenn der Autofokus (AF-S) kein Ziel findet, im Sucher also eine rote AF-Warnung erscheint.
- Stellen Sie AF/MF-EINSTELLUNG > PRIO. AUSLÖSEN/FOKUS > AF-C PRIO.-AUSW. > FOKUS ein, um dafür zu sorgen, dass die Kamera im Modus AF-C (und dabei insbesondere auch im Serienbildmodus) nur dann Aufnahmen macht, wenn der Autofokus ein Ziel findet.

Werksseitig ist die Kamera auf Auslösepriorität eingestellt, getreu dem Motto »Lieber ein unscharfes Bild als gar keins«. Da ich aber kein Freund unscharfer Bilder bin, stehen meine Kameras sowohl für AF-S als auch für AF-C auf Fokuspriorität.

Bitte beachten Sie, dass die Kamera immer Auslösepriorität verwendet, wenn im AF-S-Modus die Funktion AF+MF aktiv ist.

Preshot-ES verwenden TIPP 90

Preshot-ES ist eine Art »Zeitmaschine«, die dann greift, wenn Sie den perfekten Moment für die Aufnahme ganz knapp verpasst haben. Die Funktion arbeitet nur in Verbindung mit dem elektronischen Verschluss (ES) und dem Modus für schnelle Serienaufnahmen (CH). Sie macht sich den verbesserten elektronischen Verschluss und Prozessor der X-T3 zunutze, die schnellere Leseraten ermöglichen – vor allem bei schnellen Einstellungen für den Burst-Modus (10, 20 oder 30 fps), die mit 1,25X CROP arbeiten.

Preshot-ES gleicht die zeitliche Verzögerung zwischen dem Erkennen eines unvermittelten Ereignisses und dem tatsächlichen Drücken des Auslösers aus. Bei extrem schnellen Motiven kann diese Verzögerung dazu führen, dass Sie den perfekten Moment verpassen.

Im Preshot-ES-Modus beginnt die X-T3 mit der Aufnahme von Bildern, sobald Sie den Auslöser halb durchdrücken. Und solange Sie dies tun, nimmt die Kamera fortlaufend Bilder auf und legt sie im Puffer ab. Dabei werden die Pufferinhalte ständig nach dem FIFO-Prinzip (First In, First Out) aktualisiert, sodass immer mehrere Aufnahmen im Puffer vorhanden sind.

Wenn nun ein plötzliches Ereignis eintritt und Sie den Auslöser ganz durchdrücken, um es aufzunehmen, dann macht die Kamera nicht erst ab diesem Moment Fotos, sondern schreibt auch die zuvor gepufferten Bilder auf die Speicherkarte. Es werden dann weiterhin neue Bilder aufgenommen und auf die Karte geschrieben, solange der Auslöser durchgedrückt ist.

Im Endeffekt können Sie mit Preshot-ES eine Reise in die unmittelbare Vergangenheit machen, um den oder die Momente, die unmittelbar vor dem vollständigen Drücken des Auslösers lagen, noch mitzunehmen. Im Normalfall wären solche Momente aufgrund der unvermeidlichen Reaktionszeiten von Fotograf und Kamera unrettbar verloren. Sie aktivieren Preshot-ES im Aufnahmemenü über AUFNAHME-EINSTELLUNG > PRE-AUFNAHME ES > AN. Das funktioniert jedoch nur, wenn an der Kamera die Modi ES und CH (schnelle Serienaufnahmen) aktiviert wurden.

Da Preshot-ES nur in Verbindung mit dem elektronischen Verschluss funktioniert, ist die Funktion anfällig für Rolling-Shutter-Artefakte wie Motivverzerrungen (beim Schwenken der Kamera oder bei sich sehr schnell bewegenden Objekten) oder eine ungleichmäßige Belichtung (Streifenbildung) unter pulsierendem Kunstlicht.

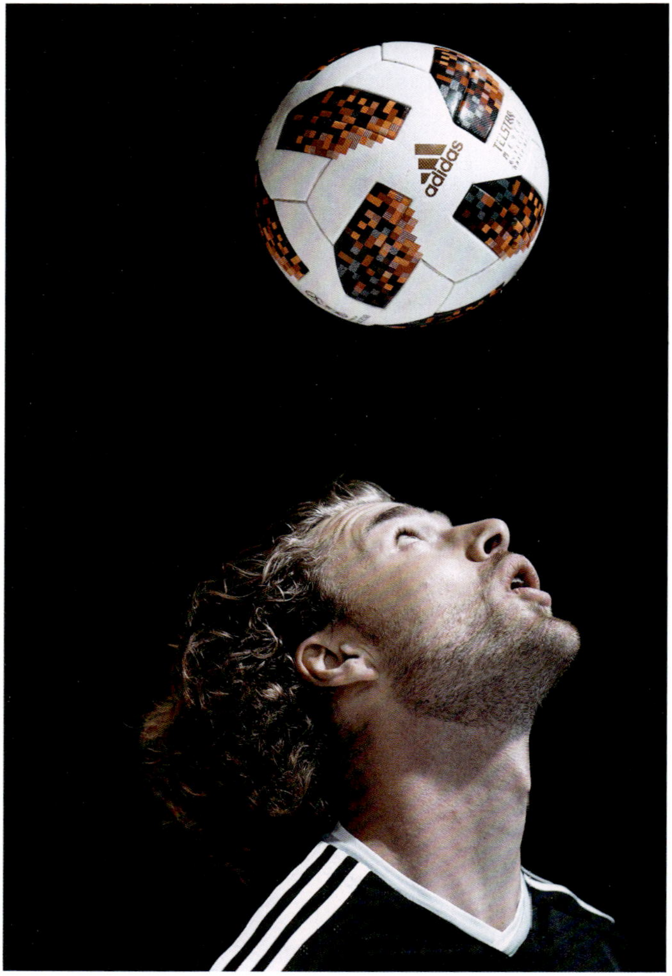

Abbildung 106: Sie haben *den* Moment für Ihre Aufnahme verpasst? Mit **Preshot-ES** reisen Sie in die Vergangenheit und holen ihn zurück.

Sportsuchermodus verwenden

TIPP 91

Im Sportsuchermodus wird Ihre fertige Aufnahme mit einem 1,25-fachen Beschnitt bearbeitet. Dieser wird durch einen weißen Rahmen im Live-View angedeutet. Die beschnittenen Bilder haben eine Auflösung von ca. 16,6 MP.

Der Sportsuchermodus funktioniert nur in Verbindung mit dem mechanischen Verschluss (MS) oder dem elektronischen ersten Verschlussvorhang (EFCS). Sein Zweck besteht darin, Ihre Reaktionszeit beim Aufnehmen sich bewegender Motive zu verkürzen, die unvermittelt im Live-View erscheinen, denn hiermit ist es Ihnen möglich, quasi über den Rand der fertigen Aufnahme hinaus zu sehen. Dies ähnelt dem eingeblendeten Rahmen in den optischen Suchern der X100- oder X-Pro-Serien.

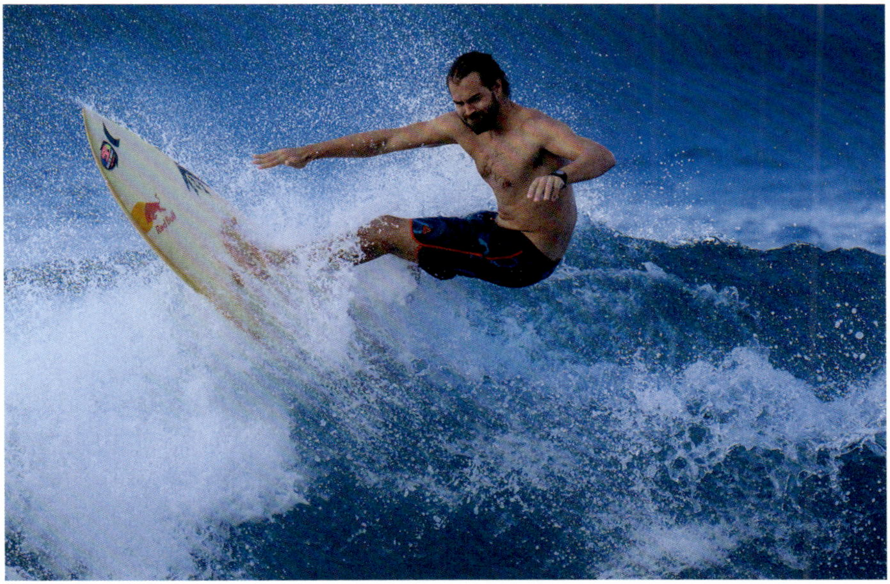

Abbildung 107: Im Sportsuchermodus wird die fertige Aufnahme mit einem 1,25-fachen Beschnitt versehen. In diesem Beispiel wurde aus meinem 400-mm-Objektiv quasi eine effektive Brennweite von 500 mm. Der Nachteil besteht in einer Verringerung der Auflösung von 26 auf ca. 16,6 MP. Da die Wirkung dieselbe wie beim Zuschneiden eines Bildes in der Nachbearbeitung ist, liegt der eigentliche Vorteil des Sportsuchermodus in der Möglichkeit, über die fertigen (beschnittenen) Bildgrenzen hinauszusehen und es dem Autofokus zu ermöglichen, Motive über diese Grenzen hinaus zu erfassen.

Im Sportsuchermodus geht das AF-Tracking der Kamera über den angezeigten Sucherrahmen hinaus, d. h., Sie können Objekte verfolgen, die sich außerhalb des aktiven Bildbereichs befinden. Aus diesem Grund behandele ich diese Funktion auch hier in der Beschreibung der Fokusfunktionen statt im Abschnitt über den Sucher.

Sie aktivieren den Sportsuchermodus im Aufnahmemenü über AUFNAHME-EINSTELLUNG > SPORT-SUCHER-MODUS > AN.

2.5 WEISSABGLEICH, JPEG-PARAMETER UND RAW-KONVERTIERUNG

Ein besonderer Vorzug sämtlicher X-Kameras ist die Möglichkeit, den Weißabgleich [57] und die JPEG-Einstellungen vor der Aufnahme *und* auch nachträglich mit dem eingebauten RAW-Konverter zu ändern. So besteht keine Notwendigkeit mehr, die »perfekten« Einstellungen im Vorfeld einer Aufnahme zu antizipieren.

Sie müssen die perfekten Einstellungen für Ihre Aufnahme also nicht mehr vorab erkennen und konfigurieren, denn Sie können jederzeit verschiedene JPEG-Versionen einer Aufnahme mithilfe des internen RAW-Konverters erzeugen. Beispielsweise können Sie in der Kamera verschiedene Versionen (JPEGs) einer Aufnahme erstellen, etwa eine Variante mit Velvia-Farben, eine in Schwarz-Weiß, eine mit verringertem Schattenkontrast und eine mit wärmerer Farbtemperatur. Dabei ist es unerheblich, ob Sie diese Einstellungen vor einer Aufnahme in den Kameramenüs oder nachträglich im eingebauten RAW-Konverter vornehmen. Denken Sie jedoch daran, dass die nachträgliche Option natürlich nur dann zur Verfügung steht, wenn Sie neben den JPEGs auch die RAW-Dateien speichern.

Die Verwendung des internen RAW-Konverters im Wiedergabemenü ist vergleichsweise unkompliziert, da dieser dieselben Funktionen bietet, die auch im Aufnahmemodus vorhanden sind.

Menü BILDQUALITÄTS-EINSTELLUNG	Menü RAW-KONVERTIERUNG
(Belichtungskorrekturrad)	PUSH/PULL-VERARB.
DYNAMIKBEREICH	DYNAMIKBEREICH
D-BEREICHSPRIORITÄT	D-BEREICHSPRIORITÄT
FILMSIMULATION	FILMSIMULATION
WEISSABGLEICH	WEISSABGLEICH
(inkl. WA VERSCHIEBEN)	WA VERSCHIEBEN
FARBE	FARBE
SCHÄRFE	SCHÄRFE
TON LICHTER	TON LICHTER
SCHATTIER. TON	SCHATTIER. TON
RAUSCHREDUKTION	RAUSCHREDUKTION
KÖRNUNGSEFFEKT	KÖRNUNGSEFFEKT
FARBE CHROMEFFEKT	FARBE CHROMEFFEKT
S&W-EINST.	S&W-EINST.
OBJEKTIVMOD.-OPT.	OBJEKTIVMOD.-OPT.
FARBRAUM	FARBRAUM

Bemerkenswerte Unterschiede zwischen dem Aufnahmemodus und der nachträglichen RAW-Konvertierung im Wiedergabemodus betreffen nur die ersten beiden Elemente dieser Liste:

- Während die **Belichtungskorrektur** *vor* einer Aufnahme Veränderungen bei Blende, Belichtungszeit oder (bei aktivem Auto-ISO) der ISO-Einstellung bewirken kann, führt die *nachträgliche* **Push/Pull-Verarbeitung** im RAW-Konverter lediglich zu einer stärkeren (Push) oder schwächeren (Pull) digitalen Signalverstärkung. Diese effektive nachträgliche Belichtungskorrektur (ISO-Anpassung) wird nicht in den EXIF-Daten [21] des so entwickelten JPEG vermerkt. Vielmehr entspricht die Push/Pull-Entwicklung im eingebauten RAW-Konverter dem Verschieben des Belichtungsreglers in externen RAW-Bearbeitungsprogrammen wie Lightroom, Silkypix oder Capture One.
- *Bevor* Sie eine Aufnahme machen, können Sie aus vier verschiedenen **Dynamikbereichsoptionen** (AUTO, DR100%, DR200% oder DR400%) auswählen. DR200% führt zu einer um eine Blendenstufe dunkler belichteten RAW-Datei, DR400% zu einem um zwei Blendenstufen dunkler be-

lichteten RAW. Bei DR-Auto wählt die Kamera automatisch entweder DR100% oder DR200% aus. *Nach* dem Erstellen einer Aufnahme haben Sie im eingebauten RAW-Konverter im Prinzip zwar ebenfalls die Wahl zwischen DR400%, DR200% und DR100%, können die Lichterdynamik dort jedoch höchstens *reduzieren,* nicht aber nachträglich erweitern. Sie können ein mit DR400% aufgenommenes RAW also wahlweise mit DR200% oder DR100% entwickeln. Eine mit DR200% aufgenommene RAW-Datei können Sie analog dazu auch mit DR100%, nicht jedoch mit DR400% entwickeln. Eine mit DR100% gemachte Aufnahme schließlich können Sie auch nur mit DR100% entwickeln. Analoge Beschränkungen gelten auch für die D-BEREICHSPRIORITÄT-Einstellungen STARK, SCHWACH und AUS.

Ein korrekter **Weißabgleich** sorgt dafür, dass neutrale (graue oder weiße) Flächen unabhängig von den jeweils herrschenden Lichtverhältnissen ohne Farbstich erscheinen. Gleichzeitig soll das Ergebnis natürlich und nicht klinisch neutral erscheinen. Ihre Kamera bewältigt diesen Balanceakt normalerweise ziemlich gut, sodass Sie mit dem automatischen Weißabgleich (AUTO) meist ansprechende Ergebnisse erzielen werden.

Manchmal liegt der automatische Weißabgleich jedoch daneben und manchmal möchten Sie vielleicht auch *ganz bewusst* eine kältere oder wärmere Farbabstimmung verwenden, etwa beim Fotografieren eines Sonnenuntergangs. In solchen Fällen ist es ratsam, den Weißabgleich nicht der Automatik zu überlassen, sondern ihn selbst einzustellen oder nachträglich vorzunehmen.

Folgende Optionen stehen Ihnen dafür zur Verfügung:

- Verschiedene Voreinstellungen (Presets) für typische Lichtsituationen wie Glühlampenlicht oder einen bewölkten Himmel

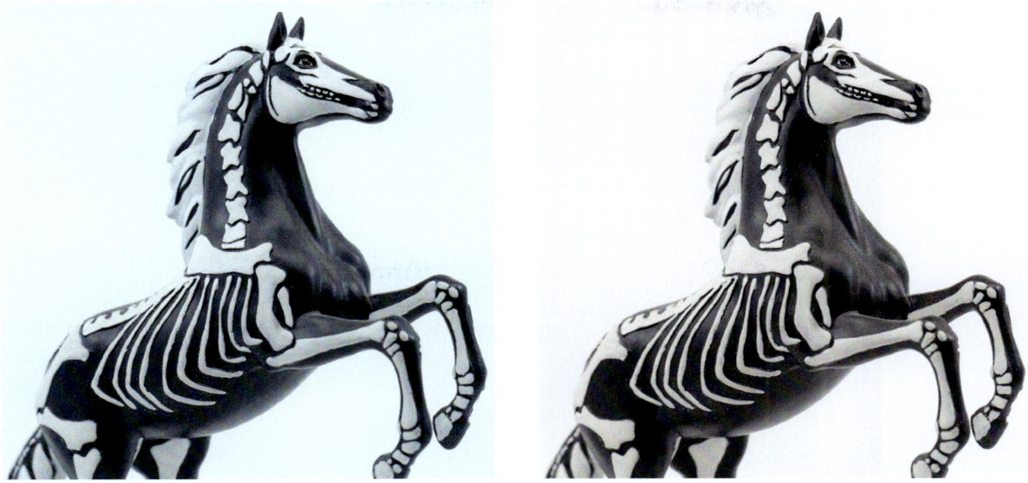

Abbildung 108: Der automatische Weißabgleich kann auch einmal schiefliegen. Sie können ihn jedoch im Nachhinein mithilfe des eingebauten oder eines externen RAW-Konverters korrigieren. In diesem Fall habe ich mit einem einfachen Wechsel des **Weißabgleichpresets** von AUTO (links) auf NEONLICHT 1 (rechts) das gewünschte Ergebnis erzielt.

- Manuelle Farbtemperatureingabe über das Kelvin-Menü
- Manueller (benutzerdefinierter) Weißabgleich, bei dem die Kamera vor Ort einen Motivbereich (etwa eine weiße Wand) anmisst, der später in neutralem Grau bzw. Weiß erscheinen soll. Die X-T3 stellt drei Speicherplätze für einen benutzerdefinierten Weißabgleich zur Verfügung, sodass Sie mehrere Einstellungen gleichzeitig speichern und schnell zwischen ihnen wechseln können.

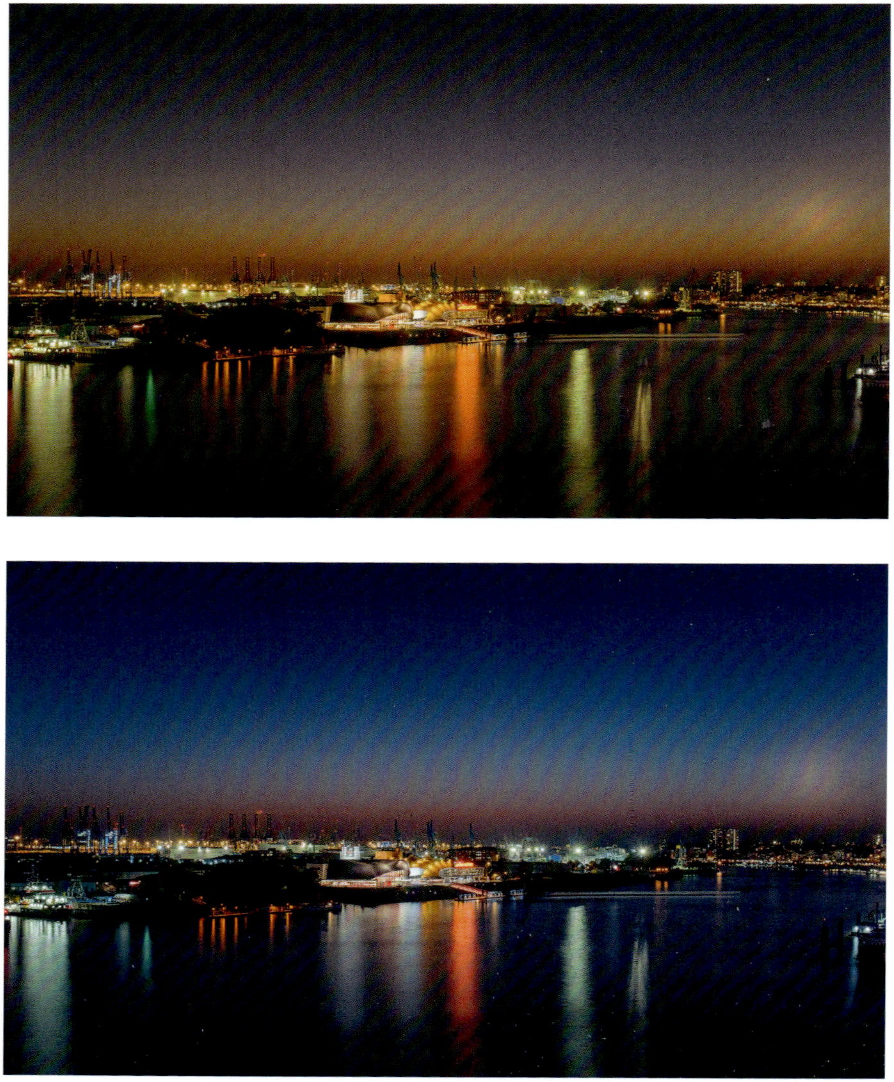

Abbildung 109: Zwei Versionen derselben Aufnahme, bearbeitet mit **verschiedenen Einstellungen für den Weißabgleich**. Das obere Bild zeigt die Automatikeinstellung ohne weitere Korrekturen, das untere dieselbe Aufnahme nach einem manuell vorgenommenen Weißabgleich in Lightroom. Zwar lässt sich der Weißabgleich auch mit dem in die Kamera integrierten Konverter einstellen, doch umfangreiche Änderungen wie diese machen Sie besser mit einer externen RAW-Konvertierungssoftware.

Manueller Weißabgleich: kleine Mühe, große Wirkung

TIPP 92

Eine praktische Weißabgleichoption, die in der X-T3 ausschließlich *vor* der Aufnahme (und somit nicht im eingebauten RAW-Konverter) zur Verfügung steht, ist der manuelle Weißabgleich. Diese Funktion gibt Ihnen die Möglichkeit, den Weißabgleich der Kamera vor dem Erstellen einer Aufnahme im Hinblick auf konkret vorherrschende Lichtverhältnisse zu kalibrieren.

So geht's:

- Wählen Sie im Aufnahmememü BILDQUALITÄTS-EINSTELLUNG > WEISSABGLEICH > BENUTZERDEFINIERT. Bei der X-T3 können Sie drei verschiedene benutzerdefinierte Weißabgleicheinstellungen gleichzeitig konfigurieren und speichern (BENUTZERDEFINIERT 1–3).
- Zielen Sie mit der Kamera in Richtung des Motivs auf eine neutral graue oder weiße Fläche, etwa eine Wand oder eine mitgebrachte Graukarte [58]. Achten Sie darauf, dass die anvisierte Fläche groß genug ist, um den im Kamerasucher angezeigten Messrahmen vollständig abzudecken. Bewegen Sie sich ggf. näher an Ihr Motiv heran oder zoomen Sie in das Bild hinein.
- Drücken Sie den Auslöser ganz durch. Die Kamera nimmt nun einen manuellen Weißabgleich vor und verändert den Live-View entsprechend. Der Live-View ändert sich entsprechend und simuliert die korrigierte Farbtemperatur. Wenn Sie mit dem Ergebnis zufrieden sind, bestätigen Sie den neuen Weißabgleich mit der OK-Taste.

Sie können dieses Verfahren auch mit einem aktivierten Blitz anwenden. In diesem Fall wird der Weißabgleich für das auf das angemessene Motiv fallende Mischlicht aus Blitz- und Umgebungslicht vorgenommen.

Bitte denken Sie daran, dass Sie einen bei der Aufnahme eingestellten manuellen Weißabgleich später bei der RAW-Entwicklung nicht zwangsläufig verwenden müssen. Wenn Ihnen die manuell ermittelte Farbtemperatureinstellung nicht (mehr) gefällt oder Sie gerne andere Varianten ausprobieren möchten, können Sie im eingebauten RAW-Konverter unter

WEISSABGLEICH jederzeit andere Einstellungen vornehmen, etwa eine manuelle Kelvin-Farbtemperatureinstellung oder eines der Presets (normalerweise SONNIG, BEWÖLKT, NEONLICHT 1–3, GLÜHLAMPENLICHT und TAUCHEN). Auch der automatische Weißabgleich (AUTO) steht Ihnen nachträglich im eingebauten RAW-Konverter zur Verfügung. In diesem Fall entwickelt die Kamera die Aufnahme mit den Einstellungen, die sie auch genommen hätte, wenn Sie vor der Aufnahme die Option WEISSABGLEICH > AUTO ausgewählt hätten.

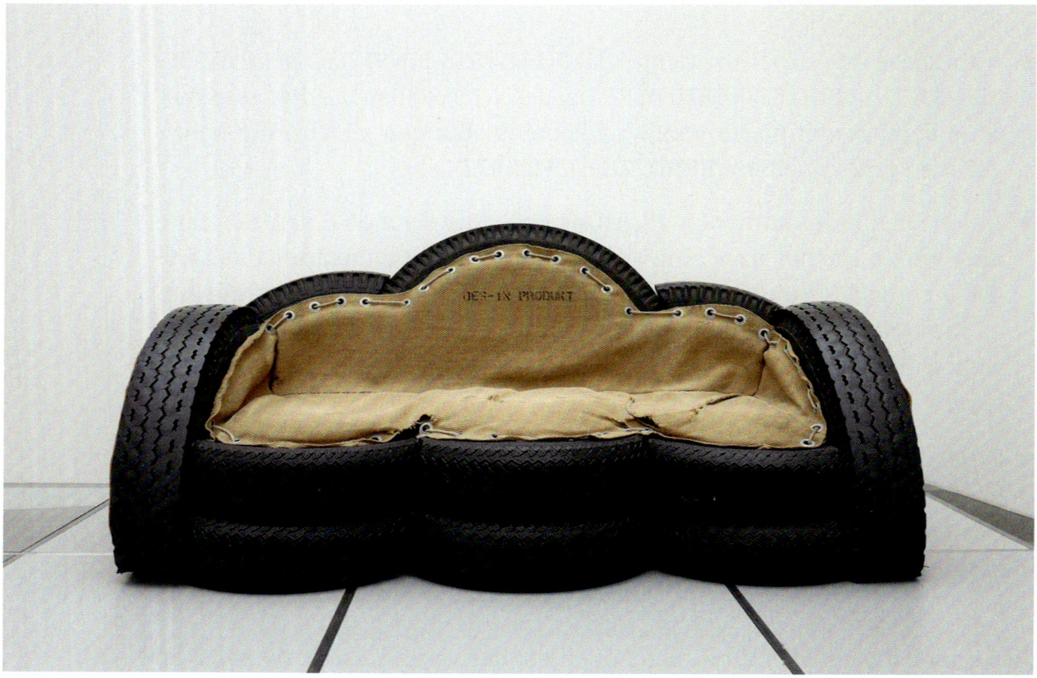

Abbildung 110: Diese Aufnahme wurde mit einem **benutzerdefinierten Weißabgleich** gemacht. Die Wand hinter dem Sofa ermöglichte dabei eine neutrale Farbabstimmung.

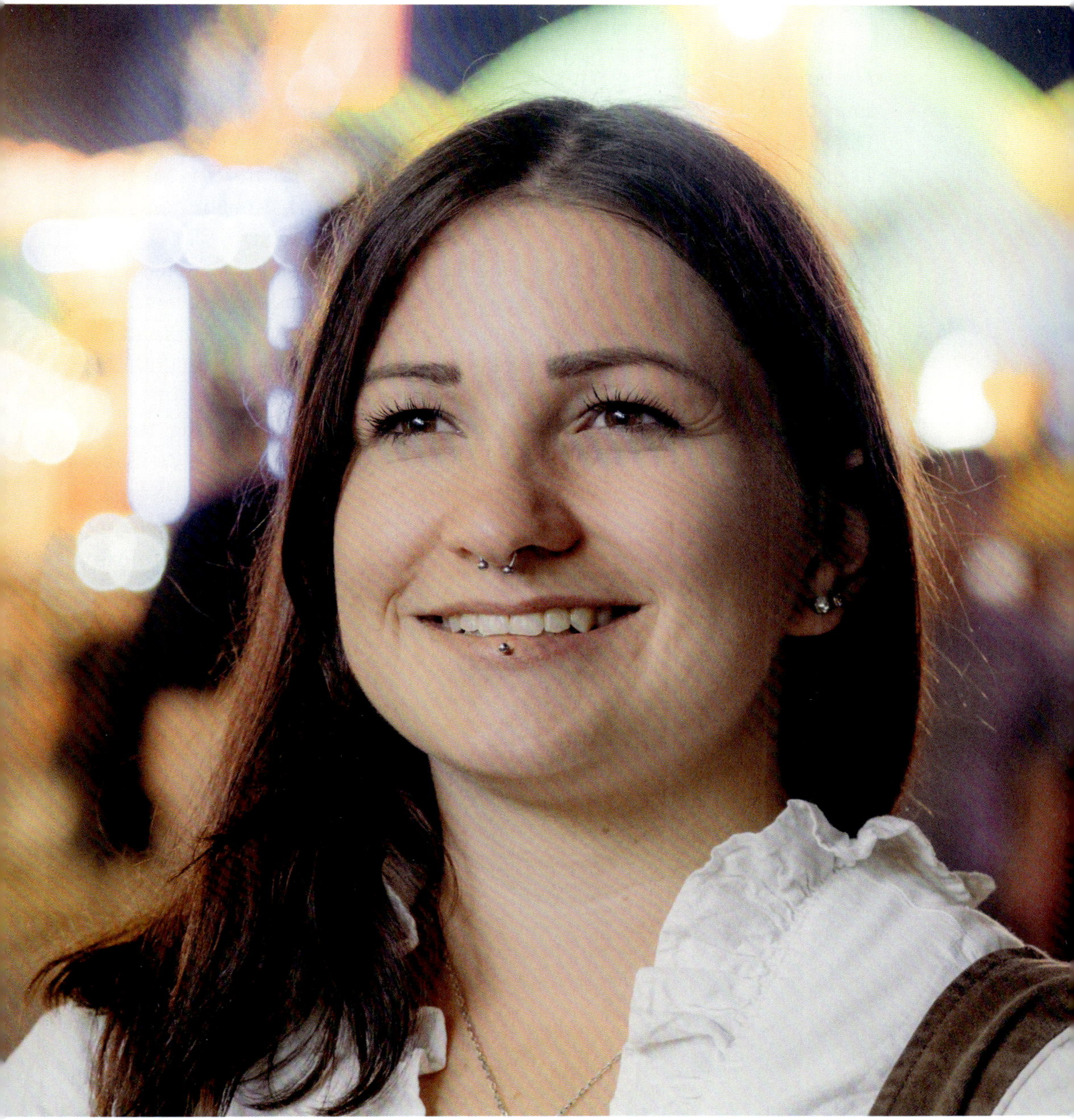

TIPP 93 Farbstiche bearbeiten mit WA VERSCHIEBEN

Hinter der Bezeichnung WA VERSCHIEBEN verbirgt sich die Möglichkeit, nach der Auswahl einer Weißabgleichoption (also nach der Wahl der zu den Lichtverhältnissen passenden Farbtemperatur) auch noch den Farbstich des Ergebnisses zu variieren. Die Funktion gibt es nicht nur im eingebauten RAW-Konverter, sie steht Ihnen auch schon bei der Aufnahme hinter jeder einzelnen Weißabgleichoption zur Verfügung.

Sie können also für *jede* der verschiedenen Weißabgleichoptionen (Auto, Kelvin, Presets, benutzerdefinierte Einstellungen) eine andere Farbverschiebung eintragen. Dies geht recht komfortabel mithilfe eines Koordinatensystems, in dem Sie den Farbstich auf der x-Achse zwischen Grün und Rot sowie auf der y-Achse zwischen Gelb und Blau verändern können.

Grundsätzlich rate ich hier jedoch zu einer neutralen Einstellung, zumal man rasch den Überblick verlieren kann, weil wie gesagt für jede Weißabgleichoption eine andere Verschiebung eingetragen werden kann, die separat gespeichert wird. Die Kamera verwaltet also bis zu zwölf verschiedene Farbverschiebungen gleichzeitig. Zu leicht gerät eine einmal durchgeführte Korrektur in Vergessenheit. Einfacher dürfte es sein, konkret notwendige Farbverschiebungen nachträglich bei der Bildbearbeitung im eingebauten RAW-Konverter vorzunehmen.

***Wichtig:** Die Funktion WA VERSCHIEBEN arbeitet auf der Grundlage kamerainterner JPEGs aus dem integrierten RAW-Konverter. Wenn Sie eine RAW-Datei extern mit Lightroom oder einer ähnlichen Software bearbeiten, werden alle WA VERSCHIEBEN-Einstellungen, die bei der Aufnahme des Bildes aktiv waren, in der Regel nicht berücksichtigt. Capture One bildet dabei eine Ausnahme, denn hier werden die WA VERSCHIEBEN-Einstellungen automatisch übernommen.*

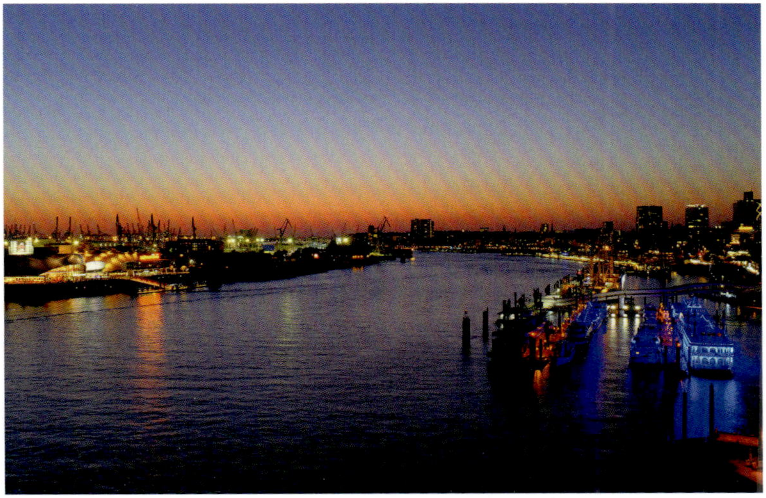

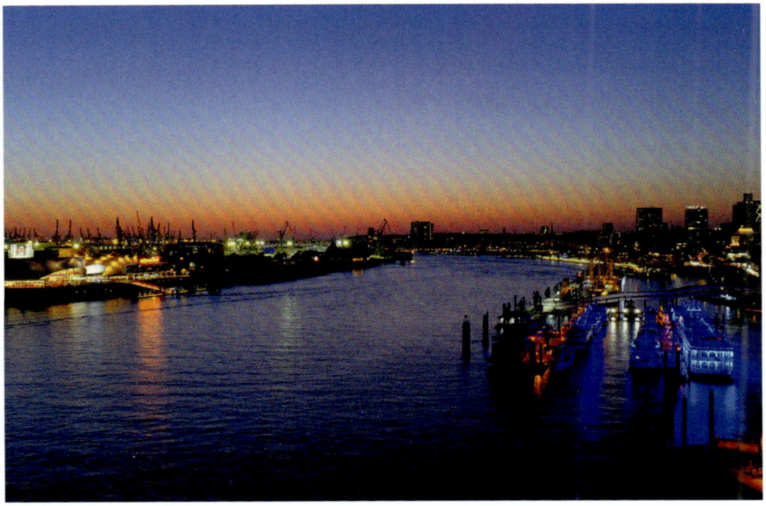

Abbildung 111: **WA VERSCHIEBEN in Aktion:** Das obere Beispiel zeigt das Bild, wie es mit den AUTO-Weißabgleicheinstellungen direkt aus der Kamera kam. Darunter sehen Sie dasselbe Bild, ebenfalls direkt aus der Kamera und mit AUTO-Weißabgleich, aber mit einem zusätzlich verschobenen Weißabgleich (BLAU +3, ROT −3), um eine im Vergleich zum Original etwas kältere Farbstimmung zu erzielen.

TIPP 94 Weißabgleich und monochrome Bilder

Vielleicht glauben Sie, dass Weißabgleicheinstellungen keine Auswirkungen auf Schwarz-Weiß-Bilder haben, da solche Monochromaufnahmen nur aus neutralen Grautönen bestehen. Tatsächlich aber beeinflussen Ihre Weißabgleicheinstellungen die Farbinformationen, denen Ihre Monochromkonvertierung *zugrunde liegt*.

Schwarz-Weiß-Fotografie ist im Grunde genommen Farbfotografie mit einer zusätzlichen Problemebene. Diese zusätzliche Ebene definiert, wie bestimmte Graustufen entsprechenden Farben zugeordnet werden. Da Ihre Weißabgleicheinstellungen die Farben der zugrunde liegenden Aufnahme beeinflussen, wirken sie sich auch auf die Graustufentöne der konvertierten Monochromaufnahme aus.

Schwarz-Weiß-Bilder lassen sich entweder in der Kamera (mit den Filmsimulationen SCHWARZWEISS und ACROS) oder extern mit einer RAW-Konvertierungssoftware wie Lightroom, Capture One oder Silkypix erstellen. Auch wenn Sie Ihre X-T3 auf ACROS oder SCHWARZWEISS einstellen, werden erst einmal immer noch *RAW-Farbbilder* aufgenommen; diese werden erst danach in JPEG-Schwarz-Weiß-Aufnahmen umgewandelt.

Mit diesem Wissen können Sie das Aussehen Ihrer Schwarz-Weiß-Konvertierungen beeinflussen, indem Sie bei der RAW-Konvertierung den Weißabgleich ändern – wahlweise in der Kamera oder extern in Ihrer Nachbearbeitungssoftware. Nutzen Sie den in die Kamera integrierten RAW-Konverter, dann können Sie eines der Weißabgleichpresets verwenden oder eine Kelvin-Einstellung zwischen 2500 und 10000 K angeben.

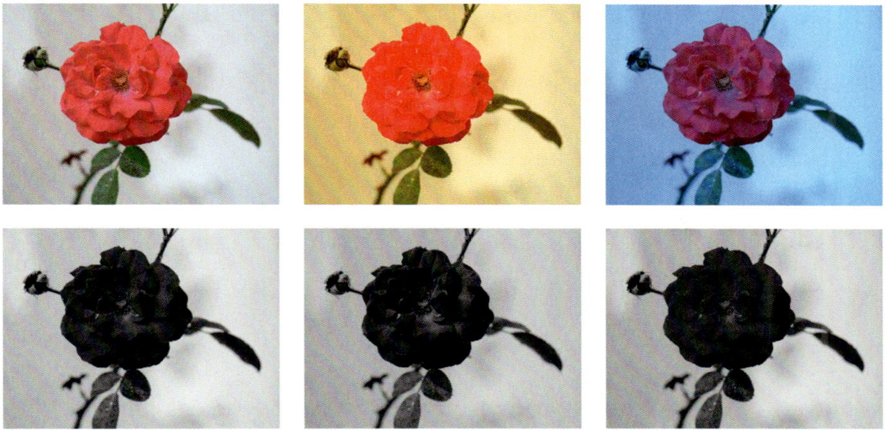

Abbildung 112: **Weißabgleich und Schwarzweiß:** In der oberen Reihe zeigt diese Abbildung dasselbe Farbbild mit automatischem Weißabgleich (links), 2500 K (Mitte) und 10000 K (rechts). Die untere Reihe zeigt Schwarz-Weiß-Konvertierungen der obigen Bilder; alle drei wurden mit der Filmsimulation SCHWARZWEISS und G-FILTER sowie einer Einstellung von +4 für SCHATTIER. TON umgewandelt. Die verschiedenen zugrunde liegenden Weißabgleicheinstellungen haben einen sichtbaren Einfluss auf das Erscheinungsbild der Monochromkonvertierungen.

Filmsimulationen verwenden — TIPP 95

Die Bedeutung von Filmsimulationen für den Look des JPEG-Resultats wird häufig unterschätzt. Tatsächlich beeinflusst die Wahl der Filmsimulation nicht nur die Farbgradation, sondern auch die Farbsättigung, den Dynamikumfang und den Kontrast der JPEG-Bildergebnisse. Aus diesem Grund sollte die Auswahl der Filmsimulation stets Vorrang vor anderen JPEG-Einstellungen wie Farbsättigung, Lichter- oder Schattenkontrast haben. Auf die RAW-Datei haben die Filmsimulationen (wie auch alle anderen JPEG-Parameter) naturgemäß keine Auswirkung; sie betreffen lediglich die JPEGs, die von der Kamera erzeugt werden.

Ihre Kamera stellt Ihnen die folgenden Optionen für die Filmsimulation zur Verfügung:

- PROVIA ist die Standardgradation, die sich für nahezu alle Aufnahmesituationen eignet. Der Name ist eine Reminiszenz an Fujis beliebte Provia-Diafilme.

- ASTIA ist eine Farbgradation mit sanft ablaufenden Glanzlichtern und schmeichelnden Hauttönen, die folglich häufig bei Porträts verwendet wird. Angelehnt an (jedoch nicht identisch mit) Fujis Astia-Diafilm, eignet sich diese Einstellung auch gut für Landschaftsaufnahmen mit Vegetation und blauem Himmel.
- VELVIA ist eine besonders kontrastreiche und hoch gesättigte Gradation, die vorwiegend in der Landschaftsfotografie oder bei schlechtem Wetter und flauem Licht eingesetzt wird. Die an den legendären Fuji-Velvia-Diafilm der 90er-Jahre angelehnte Filmsimulation ist für Porträtaufnahmen nur bedingt geeignet.
- CLASSIC CHROME weckt Erinnerungen an die goldene Ära der Farbfotografie im *LIFE*-Magazin. Der klassisch-moderne Look von Classic Chrome eignet sich gleichermaßen gut für Landschafts- und Porträtaufnahmen.

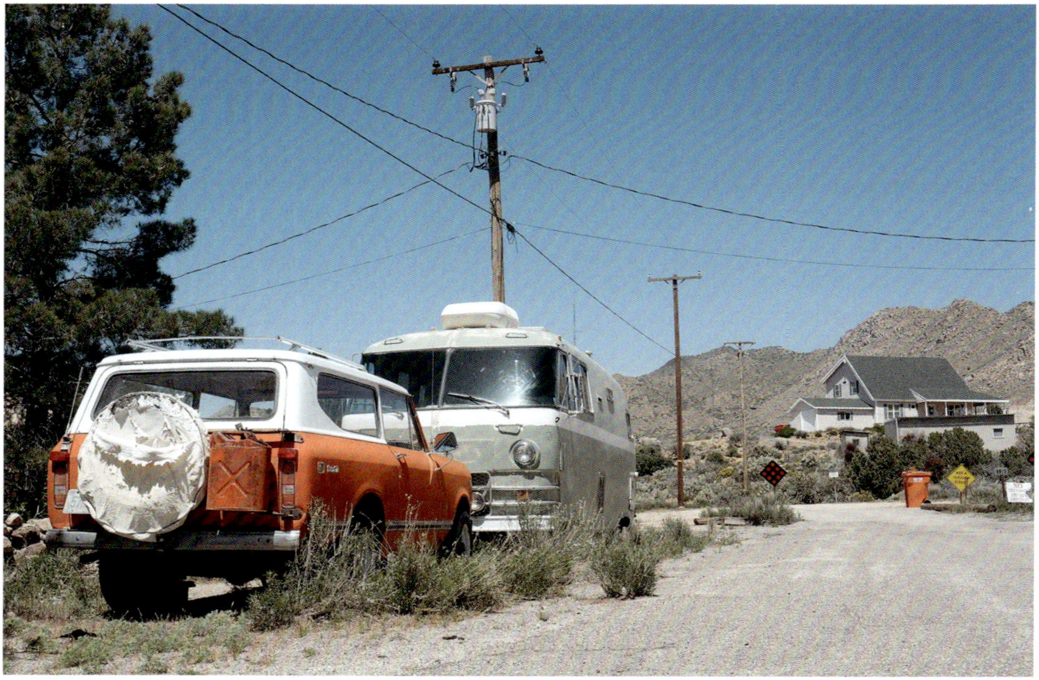

Abbildung 113: Mit seinem besonderen Look hat **CLASSIC CHROME** innerhalb kurzer Zeit zahlreiche Fans gefunden.

- PRO NEG. HI ist eine auf Außenporträts abgestimmte Gradation, die Hauttöne optimiert und trotzdem einen angemessen hohen Kontrast beisteuert. Diese von einem Farbnegativfilm der Profiklasse abgeleitete Gradation ist ein guter Kompromiss aus Farbtreue und Lebendigkeit
- PRO NEG. STD ist eine sehr neutrale Gradation. Mit mäßigem Kontrast und vergleichsweise geringer Farbsättigung gibt diese Einstellung Farben sehr natürlich wieder – auf die Gefahr hin, etwas flau und langweilig zu wirken. JPEGs mit dieser Filmsimulation eignen sich aufgrund ihres hohen Kontrastumfangs und der geringen Neigung zu übersteuernden Farbkanälen gut für eine intensivere Nachbearbeitung am PC. Darüber hinaus empfiehlt Fujifilm diese Einstellung auch für Studioporträts mit Blitzlicht.

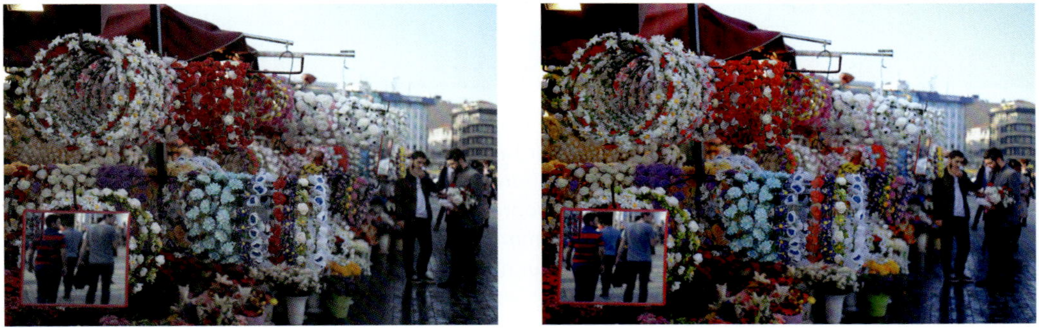

Abbildung 114: **Gegenpole:** PRO NEG. STD und VELVIA zeigen die Bandbreite von Fujis eingebauten Filmsimulationen am besten auf. Die Abbildung zeigt links eine mit PRO NEG. STD entwickelte Aufnahme. Rechts sehen Sie das gleiche Bild mit der VELVIA-Einstellung.

- ETERNA ist die neutralste Filmsimulation. Zwar wurde ETERNA als kontrastarme und entsättigte Simulation für die Videoproduktion konzipiert, doch ist es auch unsere bevorzugte Wahl für ein hochdynamisches Profil ohne große Kontraste, wie es für die RAW-Fotografie benötigt wird.

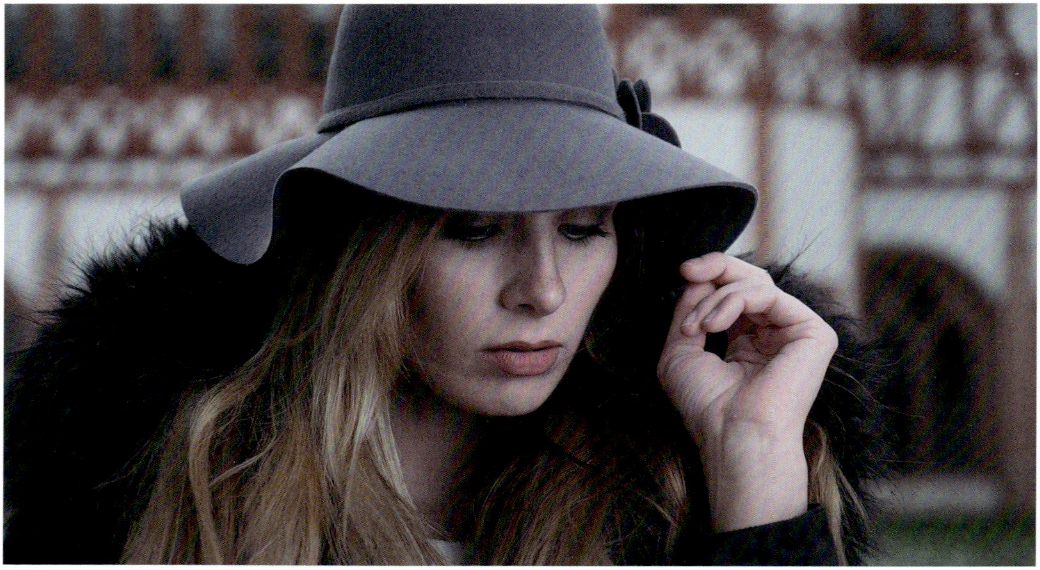

Abbildung 115: ETERNA ist ein kontrastarmes Filmsimulationsprofil mit kinoreifer Optik. Es ist nach dem nicht mehr hergestellten Eterna-Cine-Negativfilm von Fujifilm benannt. Mit geringem Kontrast, hohem Dynamikumfang und entsättigten Farben ist es ideal für die Arbeit in der Videoproduktion. Allerdings kann es auch als kontrastarmes Profil für RAW-Shooter (zusammen mit den Einstellungen TON LICHTER −2 und SCHATTIER. TON −2) oder aber für neutrale, filmartige JPEGs verwendet werden, wie dieses Beispielbild demonstriert.

- SCHWARZWEISS ist Fujis Standardgradation für Schwarz-Weiß-Bilder mit einer neutralen, ungefilterten Farbumwandlung. Schwarz-Weiß-Aufnahmen leben bekanntlich von Kontrasten, deshalb kommt es hier stark darauf an, welche Helligkeitswerte einzelnen Farben zugewiesen werden. Um Schwarz-Weiß-Bildern mehr »Punch« zu verleihen, verstärken viele Fotografen außerdem den Schatten- und/oder Lichterkontrast (SCHATTIER. TON und TON LICHTER). Zudem wird die Rauschunterdrückung gerne zurückgefahren, da Farbrauschen in diesem Modus so gut wie keine Rolle spielt und das etwas stärker hervortretende Luminanzrauschen wie Filmkorn erscheint.

- SW+GELB-FILTER ist eine Schwarz-Weiß-Filmsimulation mit einem vorgeschalteten digitalen Gelbfilter. Gelbe Farbtöne bekommen damit einen helleren Grauton, andere Farbtöne werden entsprechend ihrer Entfernung zu Gelb dunkler dargestellt.
- SW+ROT-FILTER entwickelt die Aufnahme in Schwarz-Weiß mit einem digitalen Rotfilter. Hauttöne werden dadurch aufgehellt und rötliche Hautunreinheiten reduziert. Blauer Himmel wird dagegen abgedunkelt und mit einem deutlichen Kontrast zu Wolken dargestellt.
- SW+GRÜN-FILTER ist das Gegenstück zum Rotfilter. Hauttöne erscheinen dunkler, rötliche Unreinheiten werden dabei manchmal dunkel hervorgehoben.
- SEPIA erzeugt ein monochromes Bild mit Sepiaton und wird typischerweise mit einem Retro-Look assoziiert.

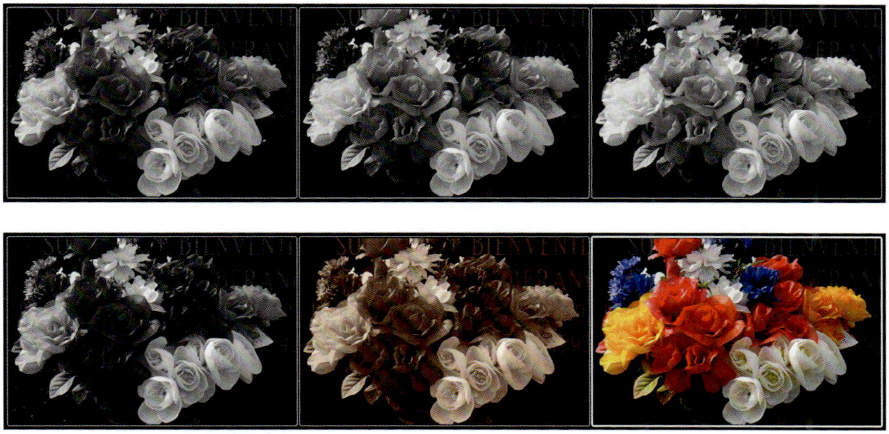

Abbildung 116: **Schwarz-Weiß-Optionen im Vergleich.** Obere Reihe von links nach rechts: Schwarz-Weiß ungefiltert, mit Gelbfilter und mit Rotfilter. Untere Reihe: Grünfilter, Sepia sowie die farbige Vorlage.

- ACROS ist eine anspruchsvollere Alternative zu den regulären SCHWARZ-WEISS-Einstellungen und in vier Varianten vorhanden: ohne Filter sowie mit Gelb-, Rot- oder Grünfilter. Er erinnert an Fujis gleichnamigen analogen Schwarz-Weiß-Film und entfaltet deshalb eine besonders filmische Wirkung. Dies hängt auch damit zusammen, dass ACROS abhängig vom eingestellten ISO-Wert eine analoge Filmkornsimulation enthält, bei der das natürliche Bildrauschen vom Kameraprozessor in analog wirkendes »Filmkorn« umgestaltet wird.

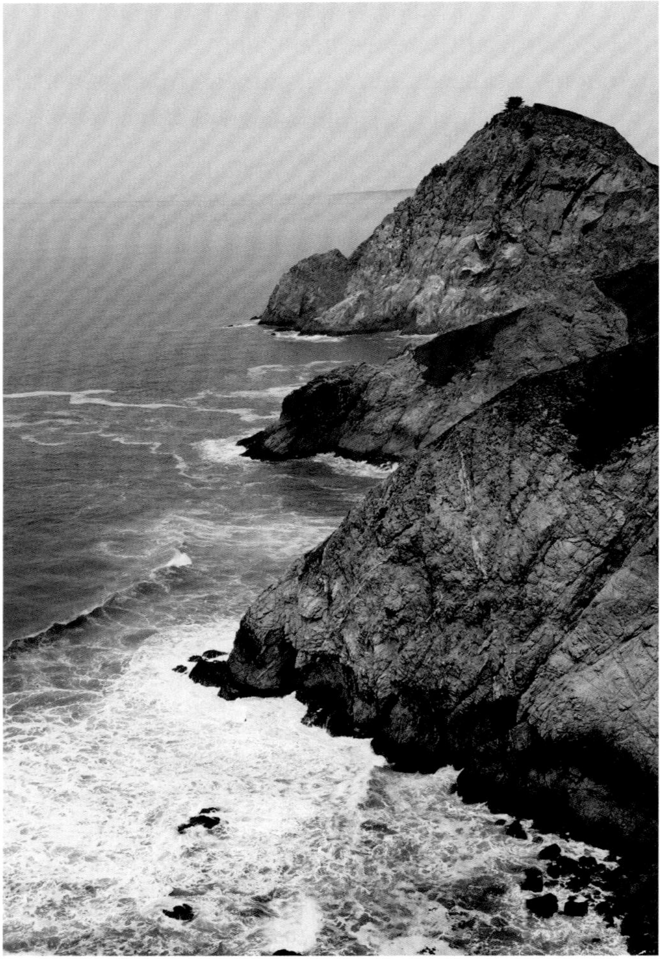

Abbildung 117: ACROS hat sich unter Nutzern der X-Serie innerhalb kürzester Zeit zu einem Favoriten entwickelt. Aufgrund der hohen Verarbeitungsanforderungen ist diese anspruchsvolle Schwarz-Weiß-Filmsimulation derzeit nur in Kameras verfügbar, die mit X-Processor Pro oder X-Processor 4 ausgestattet sind.

Die rauschabhängige Filmkornsimulation von ACROS basiert auf innovativem Noise Shaping. Um die Körnung sichtbar zu machen, muss Ihr Bild einen gewissen Rauschanteil enthalten. Daher ist es am besten, die Rauschunterdrückung in der Kamera auf den kleinsten Wert zu setzen. Selbst beim ISO-Basiswert gibt es bereits einen geringfügigen Unterschied zwischen ACROS und der regulären SCHWARZ-WEISS-Filmsimulation. Hierzu müssen Sie die Rauschunterdrückung lediglich auf –4 setzen, damit der Noise-Shaping-Algorithmus auch etwas zu tun bekommt.

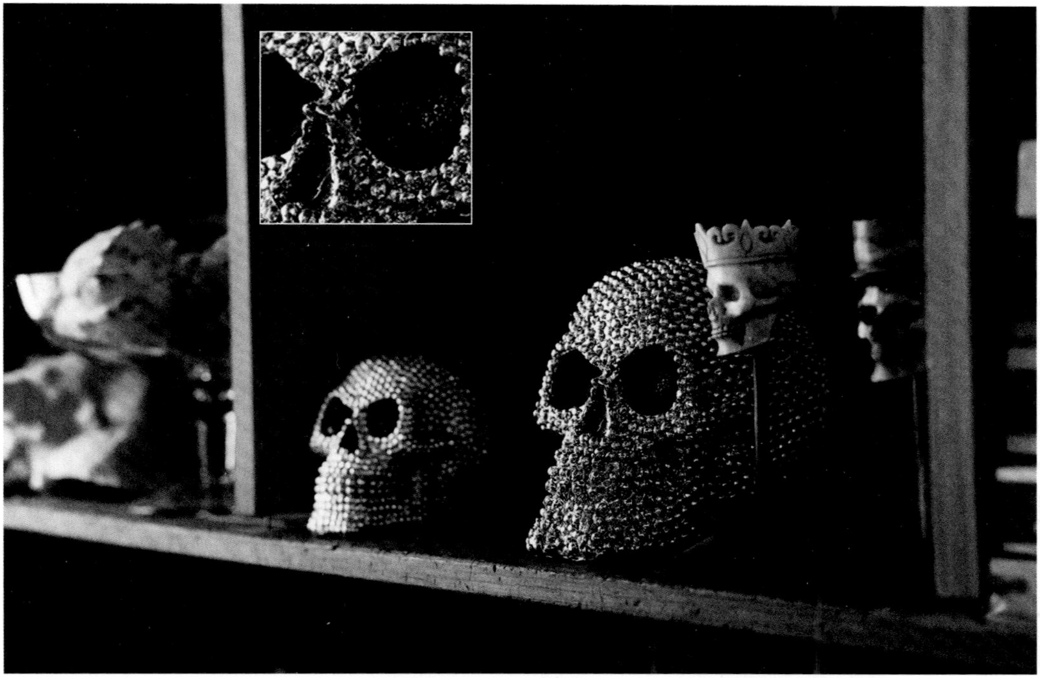

Abbildung 118: Selbst bei ISO 25600 sorgt das Noise Shaping der X-T3 bei der **ACROS-Filmsimulation** für einen natürlichen Filmkorn-Look mit hoher Auflösung und guter Detailwiedergabe.

Wenn Sie verschiedene Filmsimulationen ausprobieren und vergleichen möchten, sollten Sie dies mit dem eingebauten RAW-Konverter Ihrer X-T3 erledigen. Mit seiner Hilfe können Sie von jeder bereits gemachten Aufnahme weitere Versionen mit anderen JPEG-Einstellungen erstellen.

Alternativ verwenden Sie X RAW STUDIO [59] zum bequemen Fernsteuern des in der Kamera integrierten RAW-Konverters über Ihren Mac oder Windows-PC.

TIPP 96 Der Körnungseffekt

Fujifilm ist für seine Filmsimulationen weltbekannt. Was liegt da näher, als ihren organischen Look weiter zu verbessern, indem man dem Bild die Simulation von analogem Filmkorn hinzufügt?

Der KÖRNUNGSEFFEKT bietet drei Einstellungen: AUS, SCHWACH und STARK. Er fügt dem Bild eine Filmkornebene auf Zufallsbasis hinzu und kann mit allen Filmsimulationen verwendet werden.

Bitte beachten Sie, dass ich von der Verwendung von KÖRNUNGSEFFEKT in Verbindung mit der ACROS-Filmsimulation *abrate*. Schließlich bringt ACROS bereits seinen eigenen rauschabhängigen Korneffekt mit, sodass Sie im Endeffekt zwei Körnungen übereinanderlegen würden.

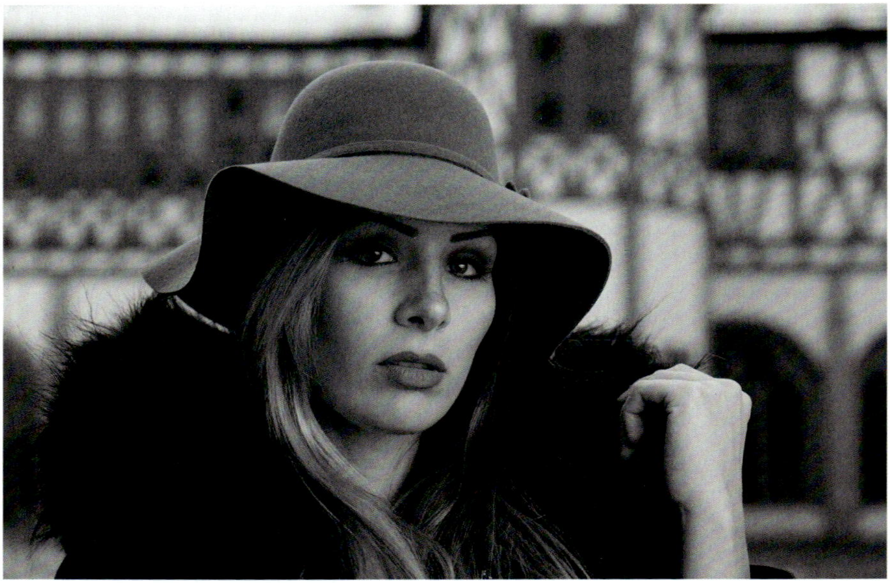

Abbildung 119: Selbst beim ISO-Basiswert führt die ACROS-Filmsimulation in Verbindung mit einer minimalen Rauschunterdrückung (–4) zu einem subtilen Körnungseffekt, der dem Bild eine organische Anmutung verleiht.

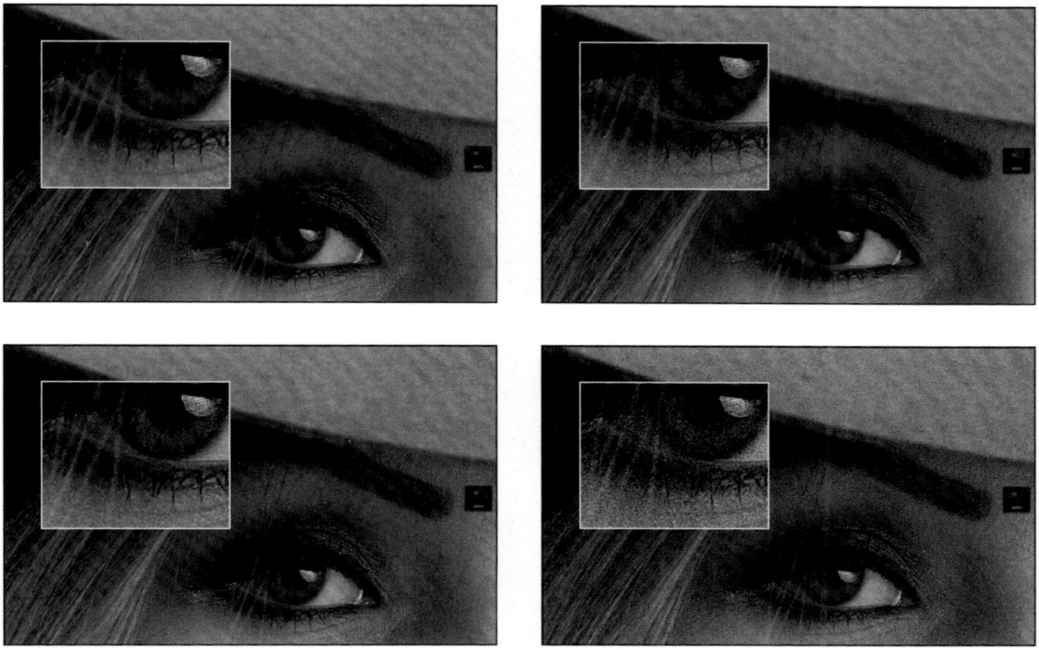

Abbildung 120: Der KÖRNUNGSEFFEKT fügt den JPEGs der Kamera simuliertes analoges Filmkorn hinzu und sorgt damit für einen organischen Look mit mehr Textur und Mikrokontrast. Die hier abgebildete Ausschnittvergrößerung zeigt dasselbe Bild wie oben, jedoch in vier Varianten, die alle kameraintern mit minimaler Rauschunterdrückung erzeugt wurden: SCHWARZ-WEISS mit KÖRNUNGSEFFEKT AUS (oben links), ACROS mit KÖRNUNGSEFFEKT AUS (oben rechts), SCHWARZ-WEISS mit KÖRNUNGSEFFEKT SCHWACH (unten links) und SCHWARZ-WEISS mit KÖRNUNGSEFFEKT STARK (unten rechts).

Ein Zusatz von simuliertem Filmkorn gerade bei Aufnahmen mit ISO-Einstellungen von 800 und höher ist oftmals gar nicht nötig. Stattdessen können Sie die RAUSCHREDUKTION einfach auf –4 stellen, um so viel »kornähnliches« Bildrauschen und so viele Details wie möglich zu erhalten.

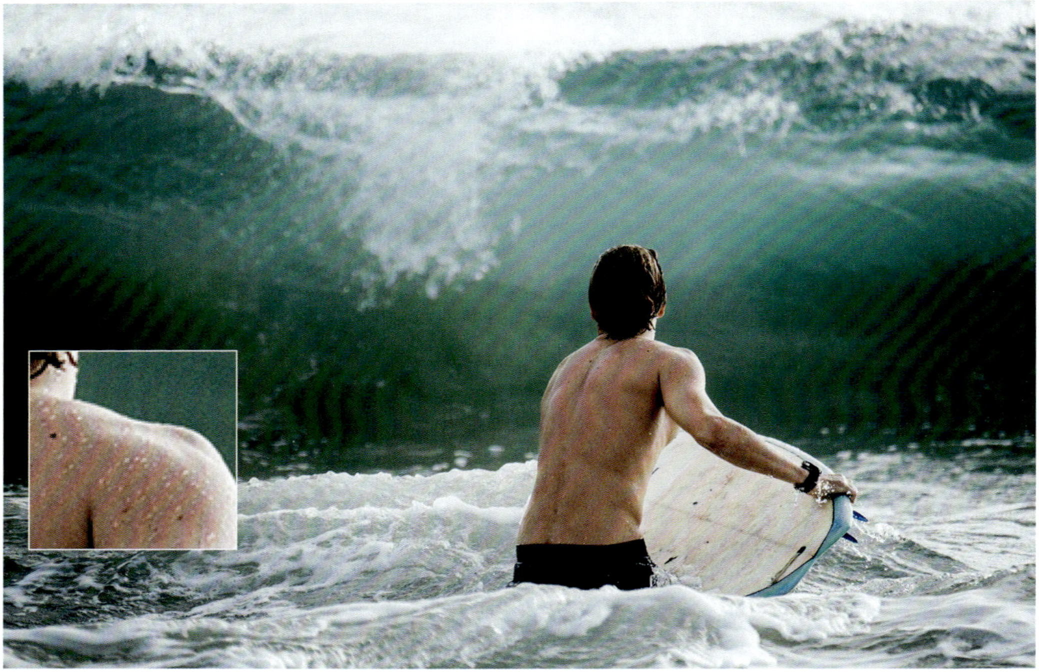

Abbildung 121: Künstliches Filmkorn gibt es auch in einigen externen RAW-Konvertern und Nachbearbeitungsprogrammen. Hier sehen Sie ein mit Lightroom bearbeitetes Bild, in das auch ein schwacher Körnungseffekt eingeflossen ist. Üblicherweise geht es bei simuliertem Filmkorn in erster Linie darum, auf subtile Weise für einen organischeren Look mit mehr Textur und Mikrokontrast zu sorgen. In den meisten Fällen ist das Korn aus normalen Betrachtungsabständen gar nicht sichtbar. Ein weiterer Nutzen: Mit einer subtilen zusätzlichen Körnung sorgen Sie dafür, dass Hosting-Services und Websites unscharfe Bereiche weniger stark JPEG-komprimieren, wenn Sie Bilder hochladen, um sie online zu teilen. Weniger Kompression bedeutet größere Dateien und sanftere Tonalitätsübergänge mit weniger Artefakten.

TIPP 97 Kontrasteinstellungen: Schatten und Lichter bearbeiten

Eine praktische Eigenschaft der X-T3 ist die Möglichkeit, den Kontrast [60] für helle und dunkle Bildbereiche eines JPEG-Bildes getrennt einzustellen. Die entsprechenden Menüpunkte heißen TON LICHTER und SCHATTIER. TON. Mit diesen Einstellungen können Sie auch den Dynamikumfang von JPEGs erweitern, also Schatten anheben und Glanzlichter abdunkeln. Um den Kontrast einer Aufnahme insgesamt zu erhöhen, stellen Sie beide Parameter in Plusrichtung ein. Um den Kontrast insgesamt zu reduzieren, stellen Sie beide Parameter in Minusrichtung ein.

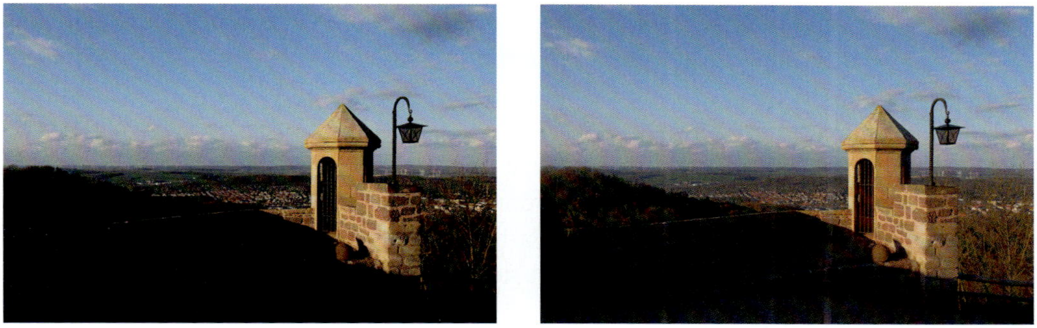

Abbildung 122: **Schattenkontrasteinstellungen** im Vergleich: links SCHATTIER. TON +2, rechts die gleiche Aufnahme mit SCHATTIER. TON –2. Während Schatten und dunkle Mitteltöne angehoben werden, bleiben die Lichter von der Einstellungsänderung unberührt.

Zum besseren Verständnis der Kontrastwirkung sollte man wissen, dass ein stärkerer Kontrast auch zu einem stärkeren Schärfeeindruck und satteren Farben führt. Man darf Kontrasteinstellungen also nicht isoliert betrachten, sondern sollte ihre Wechselwirkung mit anderen JPEG-Einstellungen im Hinterkopf behalten.

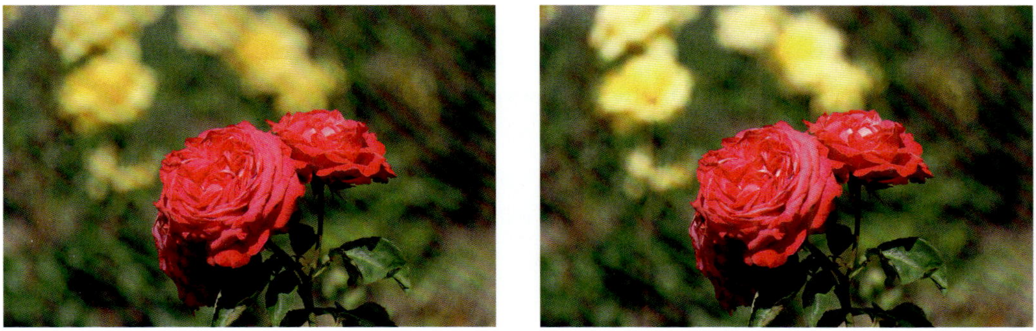

Abbildung 123: **Lichterkontrasteinstellungen** im Vergleich: Links TON LICHTER –2, rechts die gleiche Aufnahme mit TON LICHTER +2. Eine Erhöhung des Lichterkontrasts lässt die Schatten und dunkleren Mitteltöne unberührt.

TIPP 98 Farbsättigung

Wie Sie inzwischen wissen, ist die gewählte Filmsimulation zu einem guten Teil für den Kontrast und die Farbsättigung [61] in den resultierenden JPEGs verantwortlich. Deshalb steht die Auswahl einer Filmsimulation beim Einstellen der JPEG-Parameter auch meistens am Anfang. Nachgeschaltet kann es sinnvoll sein, die Farbsättigung der ausgewählten Filmsimulation mithilfe der FARBE-Einstellung zu regeln.

Dabei geht es häufig gar nicht darum, die »Buntheit« der Aufnahme einzustellen, sondern vielmehr darum, Details wieder sichtbar zu machen, die sonst von übersteuerten Farbkanälen verdeckt würden. Gerade »satte« Filmsimulationen wie VELVIA neigen dazu, einzelne RGB-Farbkanäle (insbesondere Rot) zu übersteuern. Ist dies bei einem Motiv der Fall, gehen Details und Texturen verloren, sodass es ratsam ist, die Farbsättigung zurückzunehmen.

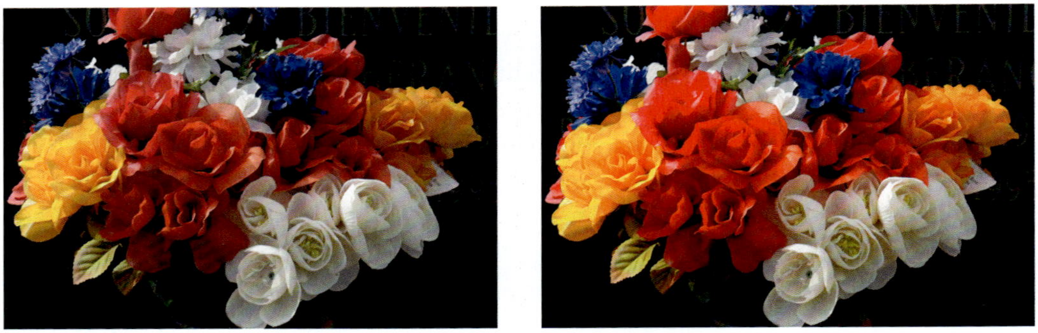

Abbildung 124: **Farbsättigung:** links eine PROVIA-Aufnahme mit FARBE –4, rechts mit FARBE +4

FARBE CHROMEFFEKT

TIPP 99

FARBE CHROMEFFEKT ist ein rechenintensiver Prozess, der gesättigten Farben in einem Bild mehr Tiefe verleiht. Deswegen rate ich davon ab, diese Einstellung im Aufnahmemodus zu verwenden. Führen Sie sie stattdessen nachträglich im RAW-Konverter Ihrer Kamera aus.

FARBE CHROMEFFEKT bietet drei Einstellungen: AUS, SCHWACH und STARK. Die Funktion kann in Verbindung mit jeder Filmsimulation eingesetzt werden.

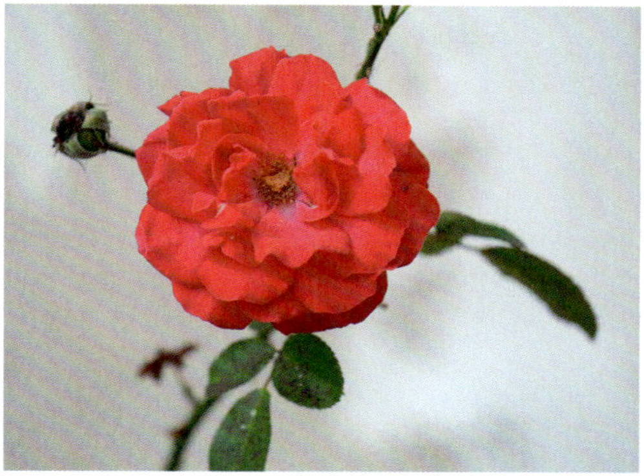

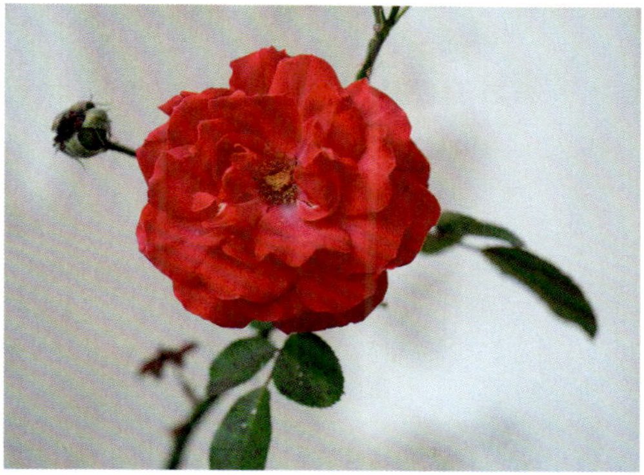

Abbildung 125: Das folgende Beispiel veranschaulicht, wie ein normales Provia-Bild (links) mit der Einstellung FARBE CHROMEFFEKT > STARK (rechts) verändert wird.

S&W-EINST.: Farbstiche für Schwarz-Weiß-Bilder

TIPP 100

In vielen Fällen sind gedruckte Schwarz-Weiß-Fotos nicht einfach nur schwarz-weiß, sondern enthalten auch einen warmen oder kühlen Farbstich. Selbst in Fotobüchern ist es beim Drucken gängige Praxis, monochromen Bildern mindestens eine Farbe hinzuzufügen, um den Tonwertumfang zu erhöhen, der während des Druckvorgangs erreicht werden kann.

Die X-T3 ist Fujifilms erste X-Kamera, die das Hinzufügen eines warmen oder kalten Farbtons zu ACROS- und MONOCHROM-Bildern gestattet. Mit der Funktion S&W-EINST. können Sie den neutralen Look von Schwarz-Weiß-Aufnahmen in ±9 Schritten mit einem warmen oder kalten Farbstich versehen.

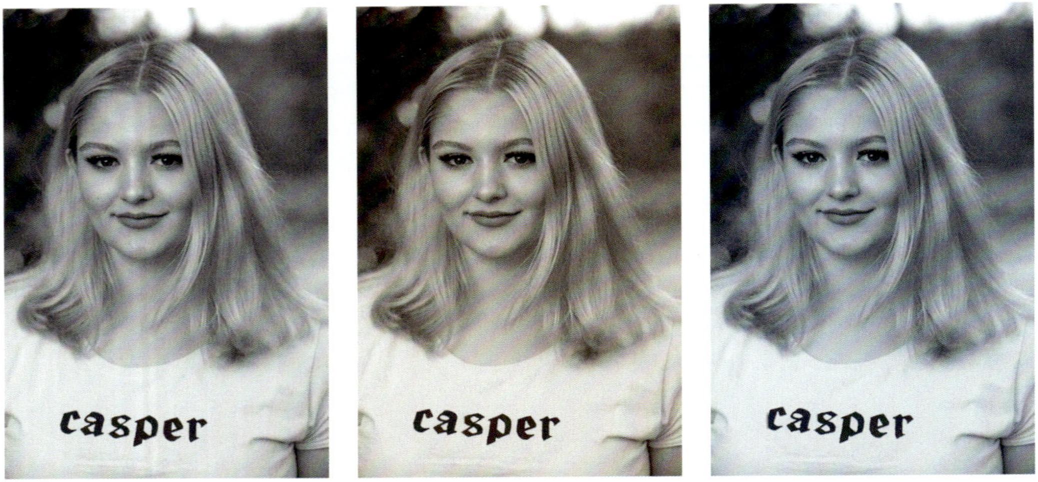

Abbildung 126: Dieses Beispiel veranschaulicht die Wirkung der S&W-EINST. auf Schwarz-Weiß-JPEGs: Auf der linken Seite sehen Sie ein ACROS-Bild mit einer neutralen WARM/KALT-Einstellung (0). In der Mitte befindet sich die gleiche Aufnahme, jetzt jedoch mit der WARM/KALT-Einstellung +4. Rechts schließlich ist die Aufnahme mit der WARM/KALT-Einstellung –4 gezeigt.

TIPP 101 Der passende Farbraum: sRGB oder Adobe RGB?

Ein Farbraum [62] ist die Gesamtheit der darstellbaren Farbtöne eines farbgebenden Modells. Die X-T3 bietet hier zwei Optionen: sRGB [63] und Adobe RGB [64]. Beide Farbräume enthalten zwar dieselbe *Anzahl* Farben, aber *nicht dieselben Farben* – ihre Gamuts [65] unterscheiden sich.

Adobe RGB deckt einen größeren Bereich als sRGB ab, da Farben dieses Farbraums für den CMYK-Druck optimiert sind. sRGB dagegen ist für Computermonitore und alle Arten hochauflösender Displays wie HD- und UHD-Fernseher, Smartphones und Tablets optimiert. Da Adobe RGB einen größeren Gamut umfasst als sRGB, sind die »Lücken« zwischen benachbarten Farben und Farbtönen naturgemäß größer, weil beide Farbräume dieselbe Anzahl Farben enthalten, Adobe RGB damit jedoch seinen größeren Gamut abdecken muss. Aufgrund dieses im Vergleich zu Standard-sRGB größeren Farbraums spricht man bei Adobe RGB auch von einem »erweiterten« Farbraum.

Sie sehen: »Erweitert« bedeutet nicht automatisch »besser« – vor allem dann nicht, wenn man die erweiterten Farben vielleicht gar nicht braucht. Der erweiterte Farbraum von Adobe RGB ist nämlich nur dann nützlich, wenn man seine JPEG- oder TIFF-Dateien mit einem handelsüblichen CMYK-Drucker ausdrucken möchte. Dies jedoch erfordert einen kalibrierten Workflow und einen Monitor mit breiter Farbskala, der den gesamten Adobe RGB-Gamut anzeigen kann. Die meisten Computermonitore können dagegen nur den sRGB-Bereich darstellen. Wenn Sie Adobe RGB auf einem solchen Monitor verwenden würden, wäre dies so, als ob Sie mit halb geschlossenen Augen arbeiten würden, da Sie viele der von Ihnen verwendeten Farben gar nicht sehen könnten.

Mein Rat: Verwenden Sie im Zweifelsfall sRGB. Die dabei erzielten Bildergebnisse werden auf anderen Endgeräten nur dann korrekt dargestellt, wenn deren Bildschirme ebenfalls Adobe RGB als Farbraum unterstützen. Grundsätzlich sollten Sie Ihren Bildschirm kalibrieren, etwa mit einem Spyder-Messsensor von Datacolor. Belastbare Ergebnisse liefert ausschließlich ein guter, kalibrierter Bildschirm, der den verwendeten Farbraum vollumfänglich unterstützt.

Die richtigen Benutzerprofile — TIPP 102

Sie können auf der X-T3 sieben Benutzerprofile (C1 bis C7) speichern, über die sich Komplettregistrierungen Ihrer Kamera schnell abrufen lassen. Benutzerprofile können die folgenden Einstellungen enthalten:

- DYNAMIKBEREICH
- D-BEREICHSPRIORITÄT
- FILMSIMULATION
- S&W-EINST.
- KÖRNUNGSEFFEKT
- WEISSABGLEICH
- TON LICHTER
- SCHATTIER. TON
- FARBE
- FARBE CHROMEFFEKT
- SCHÄRFE
- RAUSCHREDUKTION

Wie Sie sehen, handelt es sich um die bekannten JPEG-Parameter Ihrer Kamera plus die Einstellungen für den Dynamikbereich.

Die Benutzerprofile sind keine Kameramodi, sondern Speicherplätze, in denen Sie Sets aus den soeben genannten Einstellungen ablegen und bei Bedarf schnell aufrufen können (zum Beispiel über das Schnellmenü), um die bestehenden Einstellungen mit denen des ausgewählten Sets zu überschreiben. Benutzerprofile bieten die Möglichkeit, solche Änderungen schneller durchzuführen. Sie können die bisherigen Kameraeinstellungen per Knopfdruck mit denen aus einem aufgerufenen Benutzerprofil ersetzen und müssen nicht jeden Parameter mühsam einzeln umstellen. Am schnellsten geht das wie gesagt über das Schnellmenü.

- Rufen Sie das Schnellmenü mit der Q-Taste auf und wählen Sie links oben eines der Benutzerprofile (C1 bis C7) aus.
- Sie können die aufgerufenen Einstellungen nun bei Bedarf im Schnellmenü anpassen. Änderungen gegenüber dem aufgerufenen Profil werden im Schnellmenü mit einem roten Punkt markiert.
- Wenn Sie mit Ihren Einstellungen zufrieden sind, drücken Sie die OK-Taste oder den Auslöser halb durch. Oben links im Schnellmenü werden die gegenwärtig aktiven Einstellungen nun stets mit dem Wort BASE gekennzeichnet. Die X-T3 zeigt Ihnen hier außerdem an, welches Benutzerprofil zuletzt eingespielt wurde (etwa C1).

Welche Benutzerprofile sind in der Praxis sinnvoll? Darauf gibt es keine allgemeingültige Antwort, aber ich habe ein paar Tipps für Sie:

- Speichern Sie in einem der Benutzerprofile (etwa in C1) die Einstellungen, die Sie als Standardeinstellungen für Ihre X-T3 betrachten. Auf diese Weise können Sie Ihre Kamera jederzeit schnell in diesen Grundzustand zurückversetzen, indem Sie das Profil C1 aufrufen und bestätigen (und die bisherigen Einstellungen damit überschreiben).
- Als reinrassiger RAW-Shooter können Sie ein Profil mit Dynamikumfang DR100% anlegen, das TON LICHTER und SCHATTIER. TON jeweils auf –2 einstellt und die Filmsimulation ETERNA verwendet. Das Benutzerprofil C7 ist auf meinem Gerät traditionell der Speicherplatz, auf dem ich meine

»RAW-Shooter-Einstellungen« ablege. Damit Sie stets wissen, was sich hinter jedem der bis zu sieben Profile verbirgt, können Sie aussagekräftige Namen wie beispielsweise »RAW-Shooter« zuweisen.

- Sie können auch ein Profil für Schwarz-Weiß-Aufnahmen einrichten. Dieses könnte eine der acht Schwarz-Weiß-Filmsimulationen, den kleinsten Wert für die Rauschunterdrückung sowie zusätzliche Kontrasteinstellungen für Lichter und Schatten enthalten.

Arbeiten mit dem eingebauten RAW-Konverter

TIPP 103

Der in die X-T3 integrierte RAW-Konverter erfüllt vor allen Dingen zwei Aufgaben:

- Sie können von einer bereits gemachten Aufnahme weitere Versionen herstellen, etwa eine Schwarz-Weiß-Version oder eine farbenfrohe Velvia-Variante. Sie können auch bereits gemachte Aufnahmen in einem zweiten Durchlauf mit angepassten JPEG-Einstellungen verbessern. Sie wissen gar nicht genau, was am besten wäre oder was Sie eigentlich möchten? Nun, Sie können etwa schnell mehrere Versionen mit verschiedenen Filmsimulationen und unterschiedlichen JPEG-Parametern erstellen und diese dann später auf Ihrem kalibrierten Computerbildschirm weiterbearbeiten (oder auch wegwerfen).
- Sie können auch Ihre JPEGs im Nachhinein verbessern. Da es schwierig, wenn nicht unmöglich ist, die besten JPEG-Einstellungen für jede Aufnahme vorab zu kennen und einzustellen, bietet es sich an, diese Parameter später zu justieren, wenn Sie Zeit und Muße haben, sich die Ergebnisse in Ruhe anzusehen. So können Sie beispielsweise ganz einfach Einstellungen wie Weißabgleich, Farbsättigung, Kontrast, Schärfe oder Rauschreduktion ändern. Auch die Belichtung können Sie korrigieren und zudem verschiedene Filmsimulationen ausprobieren.

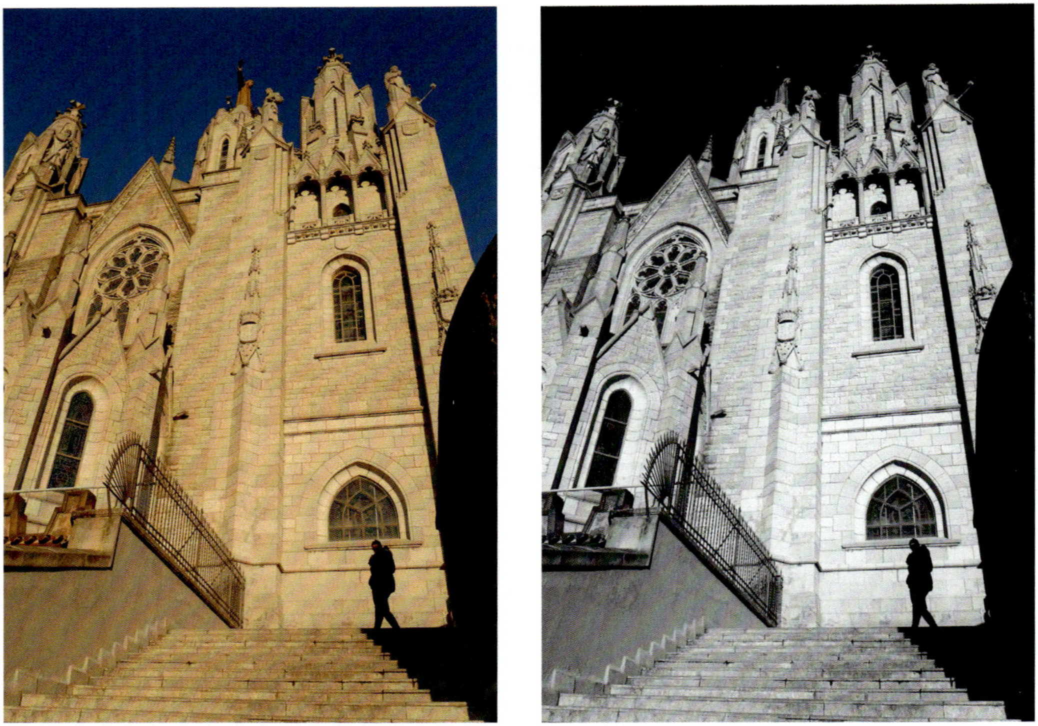

Abbildung 127: Mit dem **integrierten RAW-Konverter** können Sie das Erscheinungsbild einer Aufnahme ändern. Links sehen Sie die Szenerie, wie ich sie mit den Standardeinstellungen der Kamera aufgenommen habe. Rechts ist die gleiche Aufnahme dargestellt, jedoch mit ACROS und Rotfilter bearbeitet und mit maximalem Kontrast (SCHATTIER. TON +4 und TON LICHTER +4) versehen.

Der eingebaute Konverter kann Ihnen auch dabei helfen, Bildfehler nachträglich zu verbessern:

- Verwenden Sie die PUSH/PULL-Entwicklung, um zu dunkle (unterbelichtete) Aufnahmen aufzuhellen (*Push*) oder zu helle (überbelichtete) Aufnahmen abzudunkeln (*Pull*).
- Mit den Kontrasteinstellungen (SCHATTIER. TON und TON LICHTER) können Sie Schatten aufhellen (und damit Schattendetails sichtbar zu machen) oder Glanzlichter zurückholen (und so Lichterdetails deutli-

cher herausarbeiten). Sie können diese Funktionen auch mit der PUSH/PULL-Entwicklung kombinieren. Für JPEGs mit einem besonders großen Dynamikumfang und einer gleichmäßigen Tonwertverteilung stellen Sie beide Kontrastparameter auf –2 ein und verwenden eine neutrale Filmsimulation wie PRO NEG. STD oder ETERNA.

- Mit FARBE steuern Sie die Farbsättigung der ausgewählten Filmsimulation. Dabei bietet es sich manchmal an, die Sättigung zu reduzieren, um bei Aufnahmen mit übersteuerten Farbkanälen mehr Details herauszuarbeiten.
- Verändern Sie SCHÄRFE und RAUSCHREDUKTION gegenläufig (d. h. mehr Schärfe und gleichzeitig weniger Rauschreduktion), um Details und Texturen insbesondere auch bei Aufnahmen mit hohen ISO-Werten stärker herauszuarbeiten.
- Verändern Sie den Weißabgleich mit einem Preset oder einer manuellen Kelvin-Einstellung, um eine wärmere oder kältere Farbwirkung zu erzielen. Mit WA VERSCHIEBEN können Sie außerdem Farbstiche ausbügeln oder gezielt einführen (etwa für einen gewollten Retro-Look).
- Überprüfen Sie die Wirkungsweise des Lens Modulation Optimizer (LMO), indem Sie ein JPEG einmal mit und einmal ohne LMO entwickeln und die Ergebnisse später am PC vergleichen. Viel Spaß beim Pixel-Peepen.
- Falscher Farbraum? Kein Problem: Entwickeln Sie das JPEG einfach mit dem jeweils anderen Farbraum neu.

Um RAW-Dateien in der Kamera zu entwickeln, die bereits auf einen Computer übertragen wurden, können Sie die kostenlose Software X RAW STUDIO als Fernbedienung für den integrierten RAW-Konverter Ihrer Kamera verwenden.

Übrigens: Ihre X-T3 kann RAW-Dateien anderer Modelle der X-Serie nicht entwickeln. So kann der integrierte RAW-Konverter keine RAW-Dateien bearbeiten, die zum Beispiel mit einer X-T30 aufgenommen wurden. Was allerdings geht, ist die Entwicklung von RAW-Dateien, die auf einem anderen X-T3-Exemplar erstellt wurden.

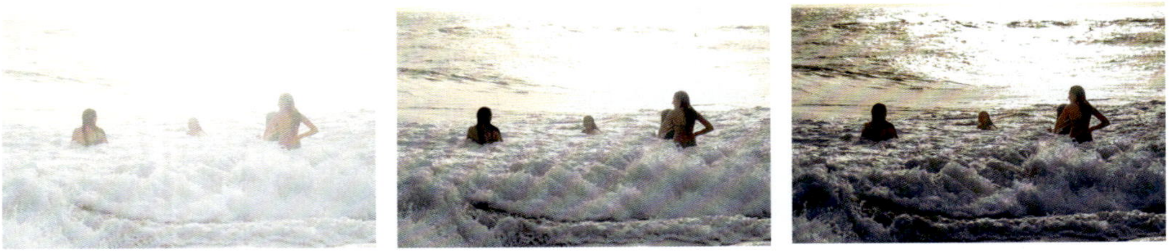

Abbildung 128: Für die Korrektur einer Aufnahme können Sie auch den **integrierten RAW-Konverter** verwenden. Links sehen Sie eine überbelichtete Aufnahme mit Standardeinstellungen und DR400%, in der Mitte dieselbe Aufnahme, jedoch im eingebauten RAW-Konverter um –2 EV gepullt sowie mit maximiertem Schattenkontrast (SCHATTIER. TON +4) und einer auf VELVIA geänderten Filmsimulation. Zum vollständigen Vergleich dazu rechts die in Lightroom erstellte Version.

TIPP 104 Arbeiten mit X RAW STUDIO

Bei Kameras der X-Serie ist der eingebaute RAW-Konverter ein praktisches Werkzeug für schnell erstellte RAW-Konvertierungen, wenn Sie beispielsweise unterwegs sind. Mithilfe des LCD- oder EVF-Bildschirms Ihrer Kamera (ich empfehle letzteren) können Sie neue und verbesserte JPEGs aus RAW-Dateien erstellen, die auf der SD-Karte in Ihrer Kamera gespeichert sind.

Aber was ist, wenn Ihre RAW-Dateien bereits von der SD-Karte auf einen Computer übertragen wurden? Statt sie zurück auf eine Karte zu kopieren und dann in der Kamera zu entwickeln, gibt es einen entschieden besseren und komfortableren Weg: FUJIFILM X RAW STUDIO.

X RAW STUDIO ist eine kostenlose Anwendung, die Sie für Windows und Mac OS herunterladen können [59]. Allerdings sollten Sie nicht annehmen, dass es sich hierbei um einen Stand-alone-RAW-Konverter handelt. Im Grunde genommen ist X RAW STUDIO eine Fernbedienung für PC und Mac und eine Benutzeroberfläche für den integrierten RAW-Konverter Ihrer X-T3. Was auch bedeutet, dass X RAW STUDIO ohne Ihre Kamera sinnlos ist – diese müssen Sie per USB mit Ihrem Mac oder PC verbinden.

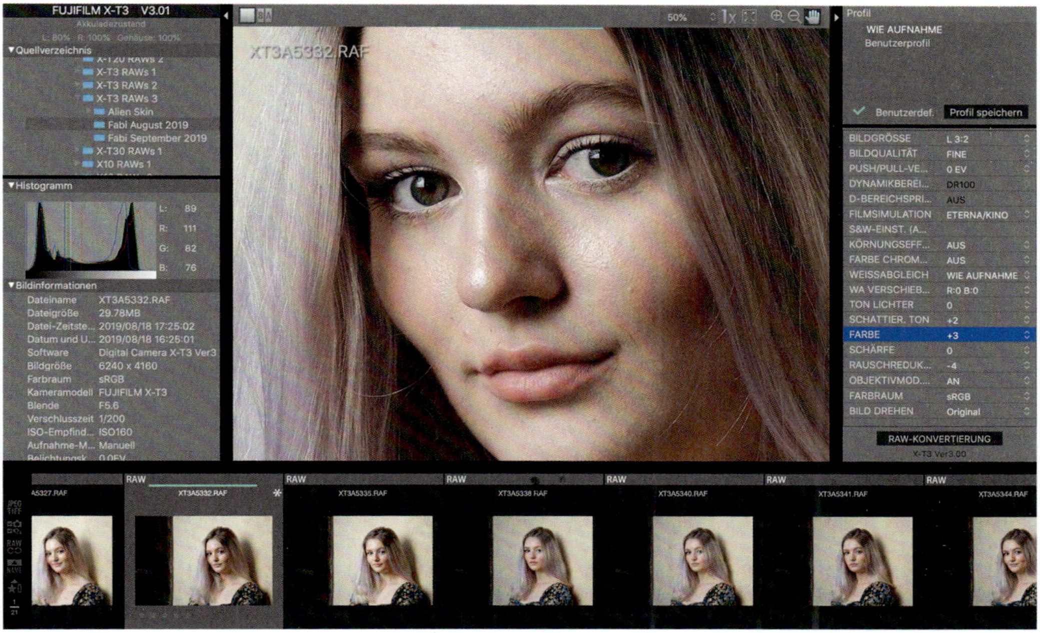

Abbildung 129: FUJIFILM X RAW STUDIO stellt eine einfache Möglichkeit dar, den integrierten RAW-Konverter Ihrer Kamera fernzusteuern und damit RAW-Dateien zu entwickeln, die auf Ihrem Windows-PC oder Mac gespeichert sind. Die kostenlose App sendet die RAW-Dateien von Ihrem Computer über eine USB-C-Verbindung an die Kamera, wo sie zu »kamerainternen JPEGs« verarbeitet werden, die dann sofort wieder an Ihren PC zurückgegeben werden. Hier verbindet sich das Beste aus zwei Welten: Die Benutzerfreundlichkeit einer grafischen Oberfläche (vor allem in Verbindung mit großem Display und einem praktischen Speicher für Ihre Bilder) wird mit der Rechenleistung und Bildqualität des internen RAW-Konverters Ihrer Kamera kombiniert.

Sie müssen Ihre Kamera allerdings noch für die Kommunikation mit X RAW STUDIO vorbereiten. Hierzu wählen Sie EINRICHTUNG > VERBINDUNGS-EINSTELLUNG > PC-ANSCHLUSS-MODUS > USB RAW KONV./SICHER. aus, starten X RAW STUDIO und schließen die Kamera dann via USB an Ihren Computer an. Die Bedienung der Software ist weitgehend selbsterklärend, Sie können aber auch gerne das Online-Handbuch von Fuji [66] zurate ziehen.

Da X RAW STUDIO auf einem Computer ausgeführt wird, bietet es eine im Vergleich zum in Ihre Kamera integrierten Konverter wesentlich umfassendere Oberfläche. Sie können zum Beispiel Entwicklungseinstellungen eines Bildes auf andere Bilder kopieren oder Entwicklungspresets einrichten und zur späteren Verwendung speichern. Auch die Batch-Verarbeitung mehrerer RAW-Dateien ist kein Problem.

Abbildung 130: **X RAW STUDIO** bietet einen ungemein einfachen Workflow. Zunächst wählen Sie ein RAW-Bild auf der Festplatte Ihres Computers aus. In meinem Fall habe ich mich für eine Aufnahme des Taj Mahal entschieden, die ich mit einem XF18–55mm-Kit-Zoom gemacht habe. Das Bild wurde automatisch verarbeitet und mit den Kameraeinstellungen angezeigt, die bei der Aufnahme aktiv waren (oberes Bild). Ich habe die Werkseinstellungen der Kamera in Kombination mit PROVIA verwendet.

Das mittlere Bild ist die gleiche RAW-Datei, jedoch nach der Bearbeitung mit anderen Einstellungen. Nachdem ich die Filmsimulation auf CLASSIC CHROME umgestellt hatte, senkte ich die Belichtung ab, indem ich einen PULL von −1,33 EV anwendete. Dann hob ich den TON LICHTER auf +4 an, um die Lichter aufzuhellen, reduzierte die Rauschunterdrückung auf −4, um Details zu zeigen, und musste am Schluss die SCHÄRFE auf +3 verstärken, weil ich das Pech hatte, ein optisch schwaches XF18–55mm-Objektivexemplar mit nach Indien genommen zu haben. Nach dem Klicken auf die Schaltfläche »Convert« (»Konvertieren«) speicherte die App mein neues und verbessertes JPEG auf meinem Mac und dort im selben Verzeichnis wie die zugrunde liegende RAW-Datei.

Das nachfolgend gezeigte Bild ist eine zweite Entwicklungsvariante derselben Aufnahme. Diesmal habe ich SW+ROT-FILTER verwendet und die Werte PULL −1.33 EV, TON LICHTER +4, SCHATTIER. TON +1, RAUSCHREDUKTION −4 und SCHÄRFE +3 eingestellt. Außerdem änderte ich den Weißabgleich auf 4500K und konfigurierte für WA VERSCHIEBEN die Werte −5 für R und +7 für B, um etwas mehr Dramatik zu erzeugen.

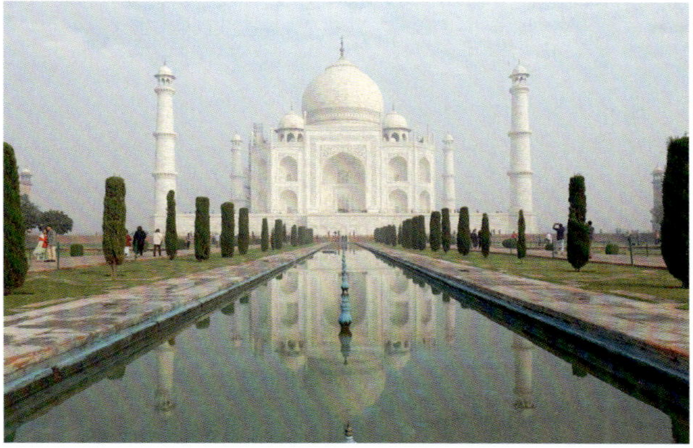

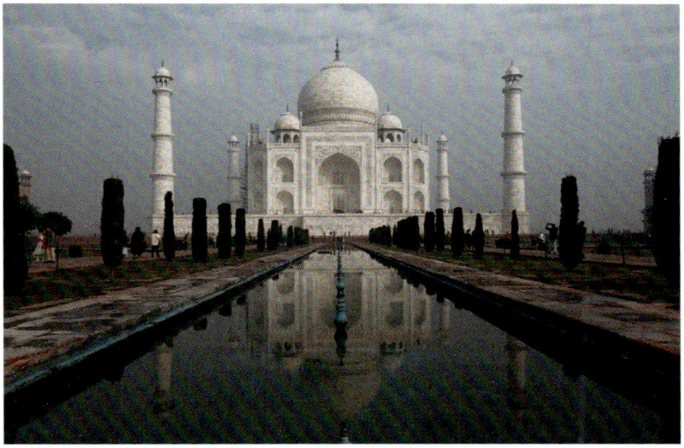

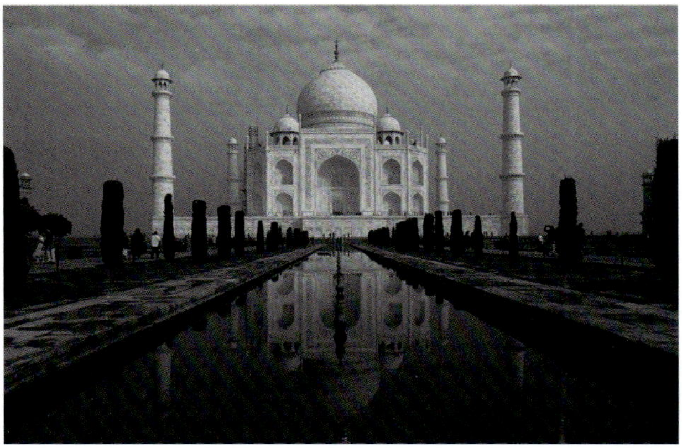

2.6 VIDEOS MIT DER X-T3 AUFNEHMEN

Ihre X-T3 produziert nicht nur hervorragende Bilder, sie ist auch eine exzellente Videokamera. Anfangs mag die Vielzahl an neuen Funktionen, Einstellungen und Möglichkeiten überwältigend wirken. Die folgenden Seiten erklären Ihnen deshalb viele dieser Einstellmöglichkeiten.

TIPP 105 Was Sie über Codecs wissen sollten

Codec, ein Silbenwort aus **Co**der und **Dec**oder, bezeichnet einen Algorithmus, der digitale Videos en- und dekodiert. Zudem werden Videos aufgrund ihrer Größe häufig komprimiert. Als erste X-Kamera kann die X-T3 Videos in unterschiedlichen Codecs aufnehmen:

- MPEG-4-AVC/H.264, in der Kamera als »H.264« bezeichnet
- MPEG-H HEVC/H.265, in der Kamera als »H.265(HEVC)« bezeichnet

Der »High Efficiency Video Codec« H.265 wurde entwickelt, um eine geringere Dateigröße bei hoher Qualität zu liefern [67]. Durch effizientere Komprimierung [68] können so auch hochauflösende Videos mit hohen Bildraten in sehr guter Qualität abgespeichert werden.

Die Verwendung des H.265 Codecs erlaubt in der X-T3 das Speichern mit 10-Bit Farbtiefe. Mit der Kombination aus H.265 10 Bit und hohen Datenraten von bis zu 400 Mbps erreicht man die bestmögliche Bildqualität.

Den gewünschten Codec können Sie im AUFNAHMEMENÜ unter FILM EINSTELLUNGEN > H.265(HEVC)/H.264 auswählen.

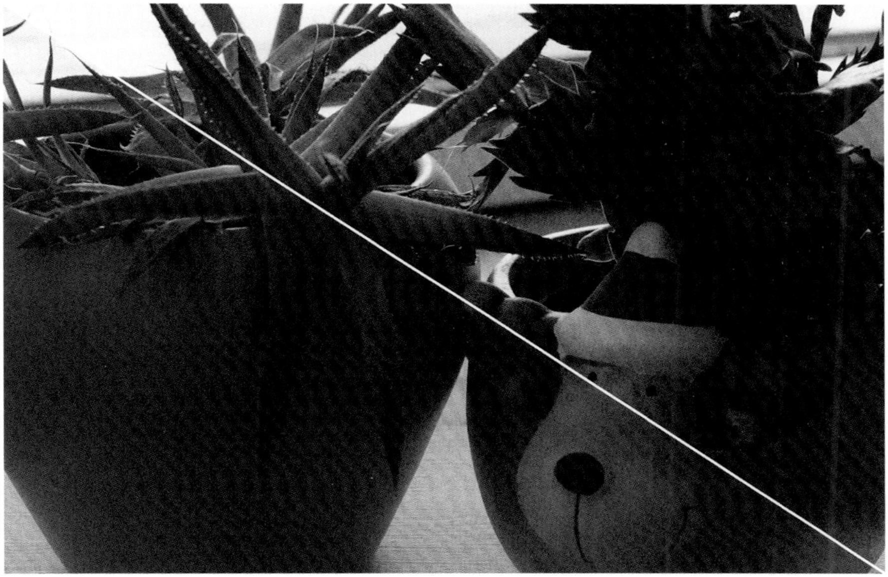

Abbildung 131: Der Vergleich einer stark bearbeiteten Aufnahme in H.264 8 Bit (links unten) und H.265 10 Bit (rechts oben) illustriert die fehlende Farbinformation in den Schatten.

Im Vergleich zu H.264 liefert H.265 eine höhere Bildqualität bei gleicher Dateigröße. H.265 stellt in der Nachbearbeitung jedoch deutlich höhere Anforderungen an die Computer-Hardware.

Bei Problemen mit der Bearbeitung von H.265-Dateien können folgende Punkte helfen:

- **Aktualisieren der Software und des Betriebssystems.** So unterstützt macOS eine Hardwarebeschleunigung für HEVC erst ab Version 10.13 (High Sierra). Das beliebte kostenlose Schnittprogramm Davinci Resolve Lite [69] unterstützt offiziell weder HEVC noch High 10 Profile H.264 Decoding. Hierfür wird die kostenpflichtige Studioversion benötigt.
- **Verwendung eines Intermediate Codecs für die Bearbeitung.** Bekannte Beispiele hierfür sind ProRes oder DNxHR.

Wichtig: *Durch die vielen verschiedenen Kombinationsmöglichkeiten von Hardware, Betriebssystem und Software können auch mit scheinbar unterstützten Systemen Probleme auftreten. Testen Sie deshalb vor wichtigen Projekten Ihren Workflow!*

Falls Sie sich fragen, wann Sie H.264 beziehungsweise H.265 verwenden sollten, helfen Ihnen vielleicht die folgenden Punkte:

- Der H.264 Codec wird universell eingesetzt, von der Aufnahme (»Acquisition Codec«) bis zur Ausgabe (»Delivery Codec«). Für Video-Einsteiger oder Anwender, die Aufnahmen direkt verschicken oder speichern möchten, ist der H.264 Codec eine solide Ausgangsbasis. Kombiniert mit der Interframe-Kompression (Long GOP) und einer moderaten Bitrate von 100 Mbps erhält man Dateien mit akzeptabler Größe und guter Qualität, die auf den meisten Wiedergabegeräten problemlos abgespielt werden können.
- Wenn von Anfang an klar ist, dass Sie die maximale Bildqualität der Kamera ausreizen möchten, verwenden Sie den H.265 Codec. Außerdem ist die Verwendung höherer Bildraten (50p und 60p) im Format 4K DCI 17:9 nur zusammen mit H.265 möglich.

TIPP 106 Videokompression: ALL-Intra oder Long GOP?

Mit der X-T3 gibt es bei den X-Kameras von Fujifilm erstmals die Möglichkeit, auf eine *Intra*frame-Kompressionsmethode (ALL-Intra) zurückzugreifen.

Bisher wurde auf eine reine *Inter*frame-Kompression gesetzt, die als Long GOP bekannt ist. Long GOP steht für »Long Group of Pictures«. Diese Gruppe an Bildern wird bildübergreifend (interframe) komprimiert. Dadurch lässt sich die Bitrate und somit die Dateigröße minimieren – bei gleichzeitig hoher Bildqualität.

Die Intraframe-Kompression ALL-Intra komprimiert dagegen nicht über mehrere Bilder hinweg, sondern jedes Bild für sich – was, bei gleicher Qualität der Einzelbilder, zu größeren Dateien führt [70].

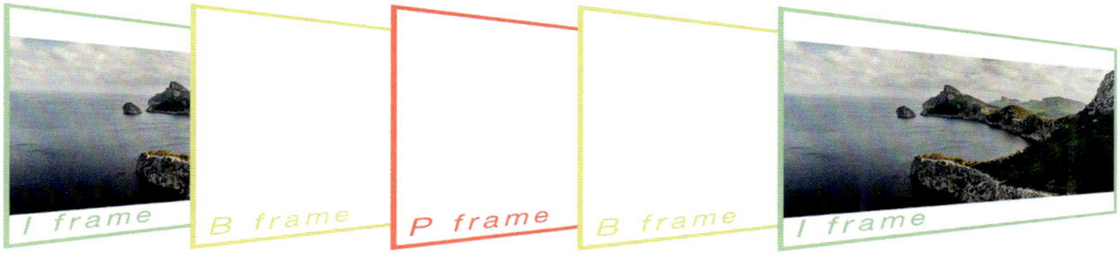

Abbildung 132: Bei der Interframe-Kompression, auch als IPB bekannt, werden von einem kompletten Bild, dem Startbild (i-frame) ausgehend, nur die Veränderungen gespeichert. Auf diese Weise wird hohe Qualität bei geringer Dateigröße ermöglicht.

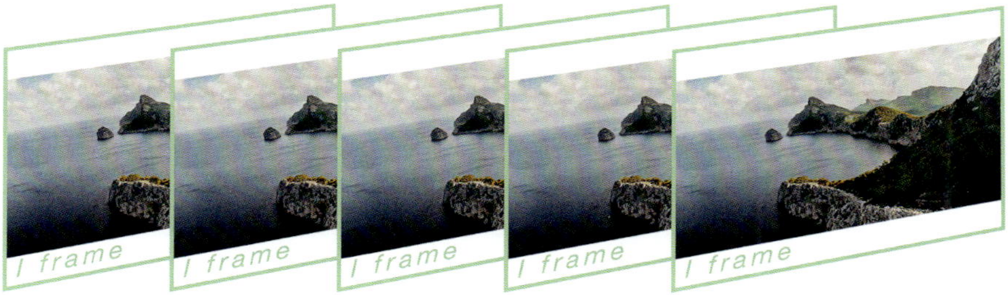

Abbildung 133: Bei der Intraframe-Kompression wird dagegen jedes Bild als komplettes Bild (i-Frame) gespeichert, daher auch die Bezeichnung All-Intra, also nur i-Frames.

Auf den ersten Blick mag Long GOP wie die bessere Option klingen, ALL-Intra bringt jedoch zwei große Vorteile mit sich:

- Bei komplexen Bewegungen wie beispielsweise Wasserfällen oder auch Kameraschwenks führt es zu weniger Artefakten und somit einer höheren Bildqualität.
- Da nur komplette Bilder gespeichert werden und somit keine zusätzliche Berechnung notwendig ist, sind die Anforderungen an die Hardware in der Bearbeitung deutlich geringer.

Bei unbewegten Motiven sollte Long GOP, mit gleicher maximaler Bitrate von 400 Mbps, theoretisch qualitativ bessere Ergebnisse liefern. Die Unterschiede bei derart hohen Bitraten sind aber selbst mit extremer Bearbeitung und starker Vergrößerung sehr schwer zu finden. Die Kompressionseinstellungen finden Sie unter FILM-EINSTELLUNG > FILMKOMPRESSION.

Wenn Sie eine der folgenden Einstellungen verwenden, müssen Sie auf die Long-GOP-Kompression setzen:

- Aufnahmen in 4K mit mehr als 30p sind nur unter Verwendung der Long-GOP-Kompression möglich. Sollte Ihre Kamera die Option 50p und 59.94p ausgegraut darstellen, überprüfen Sie, ob Sie Long GOP als Kompressionsverfahren ausgewählt haben.
- 4K DCI 17:9 verlangt bei Aufnahmen mit 50p und 59.94p sowohl das Kompressionsverfahren Long GOP als auch den H.265 Codec.
- Die FullHD-Hochgeschwindigkeitsaufnahme setzt Long GOP als Kompressionsverfahren voraus. Anders als in den anderen Videomodi ändert die Kamera das Verfahren hier jedoch selbstständig, sobald Sie den Modus aktivieren.

Die Interframe-Kompression ermöglicht eine gute Qualität bei verhältnismäßig geringer Bitrate. Die Kamera bietet hierfür Bitraten von 100–400 Mbps bei 4K/UHD-Aufnahmen beziehungsweise 50–200 Mbps bei FullHD-Aufnahmen.

Aufgrund der größeren Anzahl an Komplettbildern ist bei der ALL-Intra-Kompression eine höhere Bitrate notwendig, um die entsprechende Qualität zu erreichen. Die Kamera filmt hierzu mit 400 Mbps (4K/UHD) bzw. 200 Mbps (FullHD) und erlaubt keine Herabsetzung.

Bedenken Sie, dass 400 Mbps eine große Datenmenge generiert. Es entspricht 50 Megabyte an Daten pro Sekunde beziehungsweise 3 Gigabyte pro Minute. Sie benötigen bei der Verwendung von ALL-Intra folglich entsprechend große und gleichzeitig schnelle Speichermedien.

TIPP 107 24, 25, 30p – die richtige Bildrate

Ihre Fujifilm X-T3 bietet eine Vielzahl von unterschiedlichen Bildraten, doch welche ist für Sie die richtige? Dies hängt in erster Linie davon ab, wo Sie leben beziehungsweise in welcher Region Sie filmen. Die unterschiedlichen Frameraten haben einen historischen Hintergrund. Während in weiten Teilen Europas, Asiens und Australiens auf das sogenannte PAL-Format [71] gesetzt wird, kommt das NTSC-Format [72]vor allem in Nordamerika zum Einsatz.

- Aufgrund der unterschiedlichen Wechselspannungen kommt es zum Einsatz von verschiedenen Bildwiederholfrequenzen im **Rundfunk**. Deshalb sind im PAL-Bereich 25 Bilder die Sekunde (oder ein Vielfaches davon) Standard, während im NTSC-Bereich auf 30 Bilder die Sekunde gesetzt wird. Korrekterweise sind es 29.97 Bilder in der Sekunde, was jedoch vereinfacht als 30 Bilder in der Sekunde bezeichnet wird [73]. Aufgrund der Netzfrequenz empfiehlt es sich, im jeweiligen Gebiet mit korrelierender Bildrate zu arbeiten, um Interferenzen zu vermeiden.
- 24p hat seine Wurzeln in der Welt des **Kinos,** wo 1929 diese Bildrate als Standard festgelegt wurde. Die Zahl ist durch viele andere Werte wie 2, 3, 4, 6, 8 und 12 teilbar, was gerade in analogen Zeiten beim Schnitt half. Die Verwendung dieser Framerate über Jahrzehnte hinweg hat dazu geführt, dass sie, gemeinsam mit entsprechenden Verschlusszeiten, ein Bild erzeugt, das von vielen mit dem Kinoerlebnis assoziiert und deshalb als cinematisch bezeichnet wird. Für die Verwendung mit digitalen Aufnahmegeräten kommt dieser Bildrate jedoch eine eher untergeordnete Rolle zu.
- 23.98p (genauer gesagt, 23.976 Bilder in der Sekunde) stellt das digitale Äquivalent zu 24p dar. Es lässt sich mit 60 Hz synchronisieren ($23{,}976 \times 2{,}5 = 59{,}94$).

Bei der Fujifilm X-T3 sind alle diese Bildraten freigeschaltet [74] und direkt einstellbar, ohne die Kamera neu starten oder die SD-Karte formatieren zu müssen, wie es bei manchen anderen Kameras der Fall ist. Sollten Sie die X-T3 in Kombination mit anderen Kameras verwenden, achten Sie darauf, dass alle die gleiche Bildrate (oder ein Vielfaches davon) nutzen.

Welche Bildrate ist denn nun die richtige für Sie?

- Verwenden Sie 24p, wenn Sie einen cinematischen Look wünschen und einen Kinoprojektor als Ausgabemedium nutzen. Immer mehr Mobilgeräte wie beispielsweise das iPad Pro sowie Internetdienste wie YouTube oder Vimeo unterstützen die 24p-Wiedergabe. Achten Sie jedoch auf eine mögliche Streifenbildung (Banding) unter Kunstlicht!

- 23.98p macht vor allem in NTSC-Regionen Sinn, wo es genutzt werden kann, um den cinematischen Look von 24p zu erzeugen, jedoch mit geringerer Anfälligkeit für Banding.
- Nutzen Sie 25p/50p, wenn Sie in einer PAL-Region leben und unter Kunstlicht arbeiten oder DVDs als Ausgabemedium verwenden.
- Nutzen Sie 29.97p/59.94p, wenn Sie in einer NTSC-Region leben und unter Kunstlicht arbeiten oder DVDs als Ausgabemedium verwenden.
- Sie können 29.97p/59.94p in einer PAL Region benutzen, um für Online-Streaming-Dienste Videos zu erstellen. Achten Sie jedoch auf eine mögliche Streifenbildung (Banding) unter Kunstlicht!

Die X-T3 ist Fujifilms erste Kamera, die 4K-Aufnahmen in 50p und 59.94p erlaubt. Um diese verwenden zu können, müssen Sie jedoch auch andere Einstellungen entsprechend setzen:

- Um in 4K 16:9 mit 50p oder 59.94p aufnehmen zu können, müssen Sie die Long-GOP-Kompression verwenden. Als Codec können sowohl H.264 als auch H.265 gewählt werden.
- Um 4K DCI 17:9 mit 50p oder 59.94p aufnehmen zu können, müssen Sie Long GOP als Kompression und H.265 als Codec wählen.

Wichtig: *Wenn Sie Ihre Kamera in den schnellen Bildfrequenzen nutzen und eine der vorausgesetzten Einstellungen ändern, wird die Bildfrequenz automatisch auf 29.97p herabgesetzt. Dies wird dadurch angezeigt, dass die entsprechenden Menüoptionen in gelber Farbe dargestellt werden.*

TIPP 108 Das passende Seitenverhältnis wählen

Nachdem Sie die passende Bildrate bestimmt haben, sollten Sie sich als Nächstes für ein Seitenverhältnis entscheiden [75].

Neben dem vor allem bei Fernsehern und Computerbildschirmen bekannten 16:9-Format bietet die Kamera auch die Möglichkeit, Filme im breiteren 17:9 DCI-Format aufzunehmen [76].

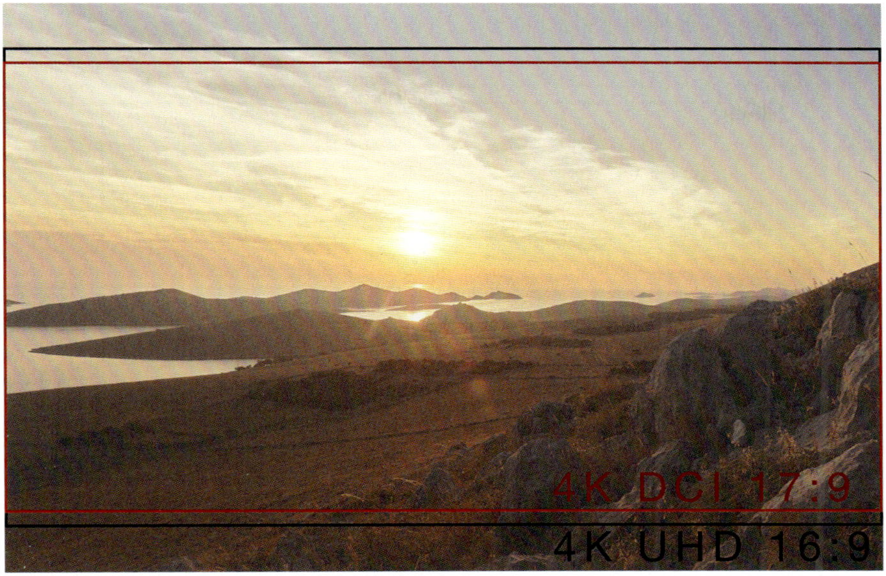

Abbildung 134: Da der Sensor der Fujifilm X-T3 bei 4K-Aufnahmen bis 30p die volle Breite ausliest, ist das 17:9-Format nichts anderes als ein Beschnitt des 16:9-Formats.

Beim 16:9-Format werden 6240 × 3510 Pixel (22,1 MP), beim 17:9-Format 6240 × 3303 (20,6 MP) ausgelesen. Die Kamera rechnet diese auf die finale Auflösung herunter, was zu mehr Details und verringerten Aliasing-Effekten führt.

Die finale Auflösung des DCI 17:9-Formats von 4096 × 2160 Pixel würde nahelegen, dass mehr Information als im UHD 16:9-Format mit »nur« 3840 × 2160 Pixel vorhanden sind. Durch das geringere Oversampling ist jedoch das Gegenteil der Fall.

Bei 4K-Aufnahmen mit Bildraten von 50p oder 59.94p sowie bei FullHD-Hochgeschwindigkeitsaufnahmen liest Ihre X-T3 nicht mehr die volle Breite des Sensors aus, ein zusätzlicher Beschnitt wird eingeführt.

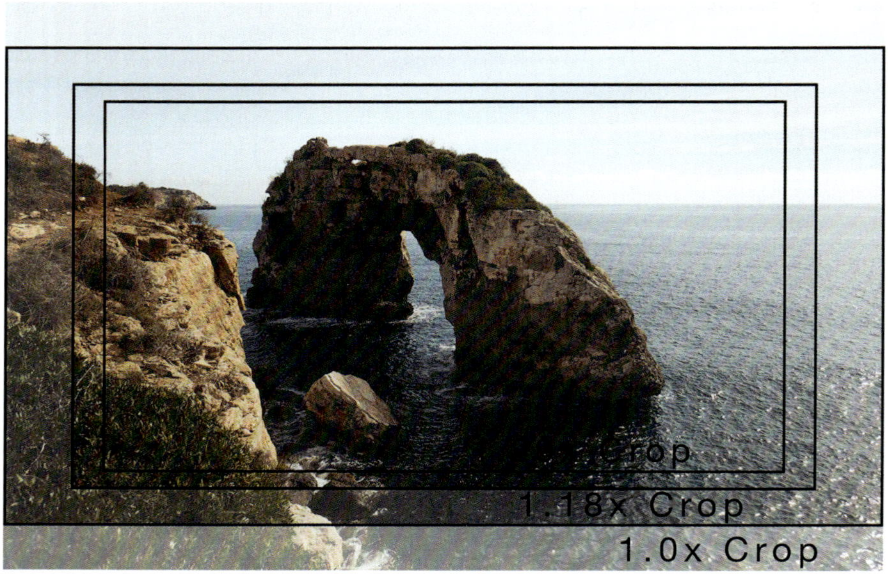

Abbildung 135: Die unterschiedlichen Bildraten weisen unterschiedliche Beschnitte auf. Die 4K 50p- und 59.94p-Optionen werden zusätzlich um einen Faktor von 1.18x beschnitten. Die FullHD-Hochgeschwindigkeitsaufnahme weist einen Beschnitt von 1.29x auf. Ab Firmware 2.0 zeigt Ihnen die Kamera im oberen linken Eck den aktuellen Beschnitt an.

Dieser zusätzliche Beschnitt ist bei der Objektivwahl zu berücksichtigen. So sind die Bildwinkel eines Fujinon XF16mmF1.4 R WR ohne Beschnitt und Fujinon XF14mmF2.8 R mit 1.18x Beschnitt beinahe identisch.

Der gleiche Beschnitt von 1.18x ergibt sich auch bei unterschiedlichen Einstellungen für interne (SD) und externe (HDMI) Aufzeichnung (FILM-EINSTELLUNG > F-Log/HLG AUFZEICHNUNG), selbst wenn kein externes Ausgabegerät angeschlossen ist. Sie können sich diesen zusätzlichen Beschnitt auch als Digitalzoom in der Kamera zunutze machen.

Auch bei FullHD-Aufnahmen wird, ähnlich 4K-Aufnahmen mit 23.98p/24p/25p/29.97p, die ganze Breite des Sensors aufgenommen. Das Bild wird ebenfalls überabgetastet, es werden also deutlich mehr Pixel ausgelesen, als für FullHD notwendig wären. Jedoch wird nicht, wie bei den 4K-Varianten, jeder Pixel ausgelesen, sondern einzelne Pixel werden dabei ausgelassen (Line Skipping). Dies führt dazu, dass die X-T3 in 4K Aufnahmen mit weniger Rauschen bei gleichzeitig höherem Dynamikumfang als in FullHD erzeugen kann.

Die Verwendung von FullHD als Aufnahmeformat macht deshalb vor allem dann Sinn, wenn die Wiedergabegeräte keine Wiedergabe von 4K erlauben, man ein 50/59.94p-Bild ohne zusätzlichen Beschnitt benötigt oder die höheren Anforderungen an die Hardware in der Nachbearbeitung vermieden werden sollen.

FullHD-Hochgeschwindigkeitsaufnahmen

TIPP 109

Die X-T3 bietet einen FullHD-Hochgeschwindigkeitsmodus mit bis zu 120 Bildern pro Sekunde. Anders als die anderen Bildraten ist dieser Modus als eigener Menüpunkt umgesetzt und verändert eigenständig die Kompressionsmethode auf Long GOP.

Die Aufnahme entsteht entweder mit 100 oder 120 Bildern in der Sekunde, wobei die Datei bereits verlangsamt als Slow Motion für eine der sechs Frameraten (23.98, 24, 25, 29.97, 50, 59.94) abgespeichert und so auf Wiedergabegeräten direkt als Zeitlupe abgespielt wird. Da das eigentliche Video jedoch 100 beziehungsweise 120 Bilder in der Sekunde hat, lässt sich die Art der Zeitlupe in einem Videobearbeitungsprogramm leicht anpassen.

Der FullHD-Hochgeschwindigkeitsmodus arbeitet mit einem Crop-Faktor von 1.29x und verwendet ein geringeres Oversampling als andere Modi, was zu stärkerem Rauschen und einer höheren Anfälligkeit gegenüber Artefakten wie Moiré führen kann. Da der FullHD-Hochgeschwindigkeitsmodus als separater Menüpunkt geführt wird und unabhängig von anderen Frameraten arbeitet, lässt er sich für eine schnellere Aktivierung auch in das Schnellmenü oder auf Fn-Tasten legen.

***Wichtig:** Bei FullHD-Hochgeschwindigkeitsaufnahmen wird kein Ton aufgezeichnet.*

TIPP 110 Die Bedeutung von Blende, Verschlusszeit und ISO bei Videos

Im Videomodus stehen Ihnen in der X-T3 prinzipiell dieselben Möglichkeiten zur Verfügung, die Belichtung und Bildhelligkeit zu steuern, wie bei Fotos: Blende, Verschlusszeit und ISO. Die Blende ist weiterhin für die Steuerung der Schärfentiefe und die Verschlusszeit für Bewegungsunschärfe der einzelnen Bilder verantwortlich. Da es bei Video jedoch nicht um das einzelne Bild, sondern eine Sequenz dieser geht, bringt dies einige Limitationen mit sich.

Eine größere Blende (niedrigerer Blendenzahl) resultiert in einem geringeren scharf abgebildeten Tiefenbereich. Sollten Sie während einer einzelnen Videosequenz die Blende verändern müssen, so bedenken Sie, dass alle autofokussierenden Objektive des Fujifilm X-Systems dies in 1/3 Blendenstufen tun. Dies kann dazu führen, dass es im Video zu Helligkeitssprüngen kommt.

Sollten Sie regelmäßig die Blende verändern und diese Helligkeitssprünge unbedingt vermeiden wollen, so empfehle ich die Verwendung der Fujifilm MK Cinema-Objektive für das X-Bajonett oder manuelle Objektive mit stufenloser Blende (»Clickless Aperture«). Der koreanische Hersteller Samyang, dessen Produkte weltweit unter verschiedenen Namen vertrieben werden, bietet mehrere solcher Objektive für das Fujifilm X-System an, viele andere lassen sich über Adapter an Ihre Fujifilm X-T3 montieren.

Die **Verschlusszeit** steuert die Bewegungsunschärfe. Anders als in der Fotografie ist Bewegungsunschärfe in Videos jedoch oft gewollt, da sie hilft, Bewegung zu betonen und gleichzeitig das Bild harmonischer wirken zu lassen. Kurze Verschlusszeiten und der oft damit einhergehende Stakkato-Effekt stören den fließenden Ablauf und werden oft mit Amateuren und Smartphone-Filmern assoziiert.

Bei Filmern hat es sich eingebürgert, die Verschlusszeit entsprechend der Bildrate anzupassen, was hilft, den Videos eine »cinematische Bewegungsunschärfe« zu verpassen. Die bekannteste und am weitesten verbreitete Regel hierzu ist die »180-Grad-Shutter-Regel«. Hierbei wird die Verschlusszeit auf 1/(2 × Bildrate) gesetzt. Für ein Video, das in 25p aufgenommen wird, wählen Sie demnach eine Verschlusszeit von 1/50 s. Für solche in 30p (29.97p) folglich 1/60 s und so weiter.

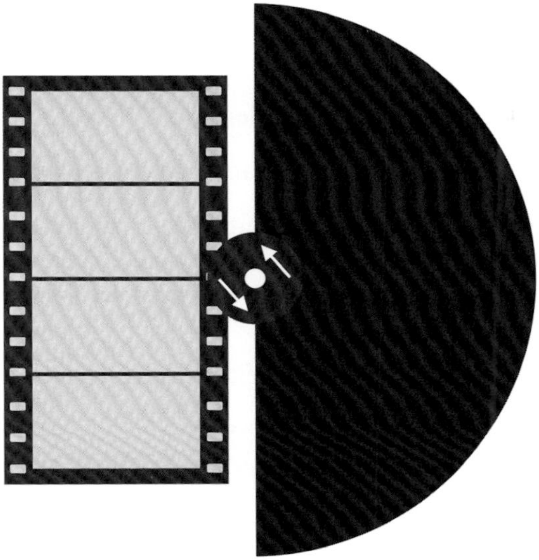

Abbildung 136: Wie so viele andere Dinge in der Fotografie hat die 180-Grad-Shutter-Regel einen historischen Bezug. Der mechanische Umlaufverschluss von analogen Filmkameras deckte in der Regel 180 Grad ab. Wie auch mit 24p dürfte hier über die Jahre eine gewisse Konditionierung stattgefunden haben.

Sie sollten stets bedenken, dass es sich bei der 180-Grad-Shutter-Regel um eine Faustregel handelt und Sie niemand davon abhält, auch andere Verschlusszeiten zu nutzen. Diese können durchaus dazu beitragen, Ihre Aufnahmen zu verbessern. Speziell bei Aufnahmen von schnellen Bewegungen oder wissenschaftlichen Aufnahmen muss Bewegungsunschärfe nicht immer gewünscht sein.

ISO dient dazu, die Bildhelligkeit zu steuern, indem das Signal verstärkt wird. Wenn Sie die Verschlusszeit nicht verlängern können, beispielsweise weil Sie auf die 180-Grad-Shutter-Regel setzen und die Blende nicht weiter öffnen können, weil Teile Ihres Motivs dadurch unscharf werden würden, kann der ISO-Wert erhöht werden, um die gewünschte Helligkeit im Bild zu erlangen.

Wie auch im Fotomodus erstreckt sich der native Bereich, in dem ISO verändert werden kann, von 160 bis 12800. Es können im Video jedoch keine ISO L-Werte genutzt werden. Im erweiterten Bereich steht nur ISO H (25600) zur Verfügung. Beachten Sie, dass ISO H (25600) nicht zur Verfügung steht, wenn:

- der Dynamikbereich auf DR200% oder DR400% gestellt wird
- F-Log oder HLG (intern oder extern) aufgezeichnet werden soll

Sollten Sie mit Auto-ISO arbeiten, so nutzt die Kamera folgende ISO-Bereiche:

- ISO 160–12800 für Aufnahmen mit einer Filmsimulation und DR100%
- ISO 320–12800 für Aufnahmen mit einer Filmsimulation und DR200%
- ISO 640–12800 für Aufnahmen mit einer Filmsimulation und DR400% oder für Aufnahmen im F-Log-Format
- ISO 1000–12800 für Aufnahmen im HLG-Format

Anders als bei Fotoaufnahmen geschieht die ISO-Anpassung nicht in Drittelblenden, sondern deutlich feiner abgestuft und beinahe fließend, um Helligkeitsschwankungen gering zu halten.

Lernen Sie mit den Einschränkungen, die sich ergeben, umzugehen! Wenn Sie Blende und Verschlusszeit gewählt haben, Ihr Video jedoch zu dunkel ist, können Sie den ISO-Wert erhöhen. Im gegenteiligen Szenario, wenn Ihr Video zu hell ist, werden Sie in der Videografie vor ein Problem gestellt. In der Fotografie würde in vielen Szenarien einfach eine kürzere Verschlusszeit gewählt werden, doch eine für Video interessante Bewegungsunschärfe kann Sie hier stark einschränken.

Abhilfe schaffen ND-Filter. Diese verringern das Licht, das auf den Sensor fällt, und dunkeln somit das Video ab. Um bei Situationen mit sich ändernden Lichtverhältnissen nicht ständig an den Filter denken zu müssen, bietet es sich an, einen etwas stärkeren Filter zu verwenden und Auto-ISO die Helligkeit regulieren zu lassen. So können Sie sich auf die Komposition und Kameraführung konzertieren.

Richtig belichten im Video

TIPP 111

Da im Video komprimierte 8-Bit- oder 10-Bit-Dateien und keine RAWs abgespeichert werden und somit die Bearbeitungsmöglichkeiten eingeschränkt sind, ist die richtige Belichtung essenziell. In der X-T3 stehen Ihnen mehrere Hilfsmittel zur Beurteilung der Belichtung zur Verfügung. Die Kamera unterstützt zwei Arten von Histogrammen. Das kleinere Histogramm lässt sich dauerhaft einblenden und zeigt die Gesamthelligkeit an.

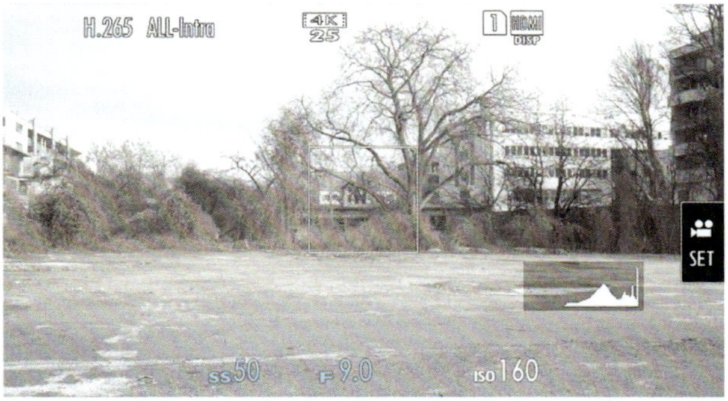

Abbildung 137: Das kleinere Standard-Histogramm kann unter EINRICHTUNG > DISPLAY-EINSTELLUNG > DISPLAY EINSTELL. > HISTOGRAMM aktiviert werden. Es zeigt die Verteilung der Helligkeitswerte.

Alternativ lässt sich ein RGB-Histogramm auf die Funktionstasten programmieren. Dieses ist größer und zeigt zusätzlich die Kanäle Rot, Grün, Blau getrennt voneinander an. Da Sie hierdurch viel leichter erkennen können, welcher Farbkanal ausbrennt, ist dieses Histogramm eine große Hilfe. Die Belegung der Funktionstasten finden Sie unter EINRICHTUNG > TASTEN/RAD-EINSTELLUNG > FUNKTIONEN (Fn). Alternativ kann die Funktionstastenbelegung auch durch Drücken und Halten der DISP/BACK-Taste aufgerufen werden.

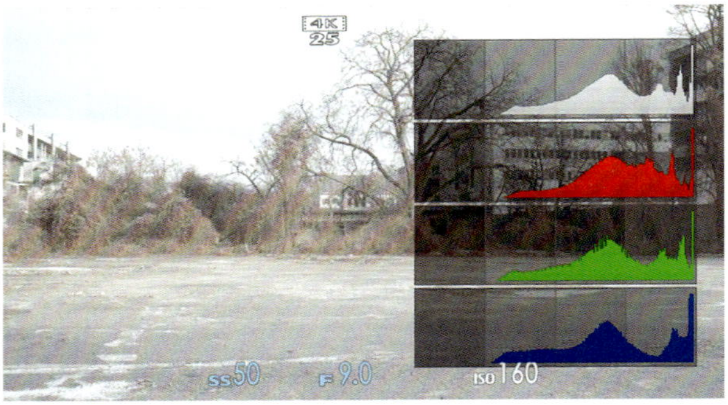

Abbildung 138: Das deutlich größere RGB-Histogramm zeigt die Helligkeitsverteilung in den einzelnen Farbkanälen. Wie auch beim normalen Histogramm bedeutet ein Balken am rechten Rand, dass es zum Überlaufen eines Farbkanals kommt. Dieses Histogramm lässt sich auf beliebige Funktionstasten legen und auch während der Aufnahme rasch aktivieren und deaktivieren.

Nutzen Sie die Histogramme, um die passende Helligkeit im Video zu erreichen, und achten Sie dabei insbesondere auf Ihr Motiv und die bildwichtigen Lichter. Da im Video ein viel geringerer Bearbeitungsspielraum beim Retten der Lichter und Aufhellen der Schatten zur Verfügung steht, sollten die Aufnahmen von vornherein die passende Helligkeit aufweisen.

Wichtig: *Die Histogramme werden aus dem Live-View berechnet. Sie beziehen also auch Dynamikerweiterungen mit ein. Sollten Sie jedoch die natürliche Liveansicht (Natural Live View) nutzen, so bezieht sich das Histogramm auf diese und liefert Ihnen falsche Werte.*

Als **Zebrafunktion** (FILM-EINSTELLUNG > ZEBRA-EINSTELLUNG) wird eine Belichtungshilfe bezeichnet, die ab einem einstellbaren Grenzwert eine optische Warnung ausgibt. Dieses gestreifte, schwarz-weiße Muster erinnert an ein Zebra, daher auch der Name.

In der Fujifilm X-T3 lässt sich dieser Grenzwert im Bereich von 50–100 % in 5 %-Schritten einstellen. Die Prozentanzahl repräsentiert hierbei den sogenannten IRE-Wert [77], eine Einheit, die Videosignale bewertet. Schwarz wird dabei mit 0 IRE angegeben, während Weiß ein Wert von 100 IRE zugewiesen ist. Die Zebrafunktion kann auf eine Funktionstaste gelegt werden und wechselt dann zwischen Schraffur nach rechts (ZEBRA RE), Schraffur nach links (ZEBRA LI) und AUS. Der Schwellenwert reflektiert hierbei die

Helligkeit des Motivs. Wenn Sie wissen, wie hell Ihr Motiv sein soll, so können Sie mithilfe dieser Funktion die passende Belichtung finden.

Typische Schwellenwerte der Zebrafunktion sind:

- **55 %.** Knapp unter diesem Wert sollte sich Mittelgrau befinden. Wenn Sie also beispielsweise eine Graukarte verwenden, erhöhen Sie die Belichtung zunächst, bis die Karte das Zebra-Muster aufweist, und reduzieren Sie dann die Belichtung erneut so weit, dass der Effekt gerade wieder verschwindet.
- **~70 %.** Hier liegt die korrekte Belichtung eines Gesichts mit mitteleuropäischem Hauttyp. Diese Einstellung ist somit relevant, wenn Personen Ihr Hauptmotiv sind. Verfahren Sie beim Einstellen wie im vorherigen Beispiel.
- **100 %.** Dieser Wert liegt knapp unter der Sättigung des Sensors unter Einbezug der aktuellen JPEG-Einstellungen. Nutzen Sie diese Einstellung, um zu verhindern, dass relevante Teile Ihres Bilds zu ausgefressenen Lichtern werden. Sie können die Zebrafunktion hierzu auch auf 95 % stellen, um bei Auftreten der Schraffur nicht direkt ausbrennende Regionen im Video zu haben, sondern entsprechend reagieren zu können.
- **46 %.** Da es bei Log-Profilen zum Einsatz einer logarithmischen Kurve kommt, ist dort auch Mittelgrau an einer anderen Stelle zu finden. Im Falle von F-Log ist dies bei 46 IRE. Da die Kamera als geringsten Schwellenwert jedoch nur 50 % (50 IRE) zulässt, können Sie wie folgt vorgehen: Nutzen Sie 55 % als Schwellenwert Ihrer Zebras und erhöhen Sie die Verstärkung (höhere ISO) um eine Blende. Dann stellen Sie die Belichtung entsprechend der Zebras ein. Zum Schluss wird ISO wieder um eine Blende reduziert. Da F-Log eine logarithmische Kurve aufweist, ist dies jedoch nur eine Approximation.

Da die Zebrafunktion alle Werte über dem Schwellenwert schraffiert, macht dies die weitere Beurteilung der hellen Regionen kompliziert. Deshalb empfehle ich, die Zebrafunktion auf eine Funktionstaste zu legen, um diese jederzeit an- beziehungsweise ausschalten zu können. Leider kann die Zebrafunktion aktuell nur zwischen Aufnahmen und nicht während der Aufnahme aktiviert beziehungsweise deaktiviert werden.

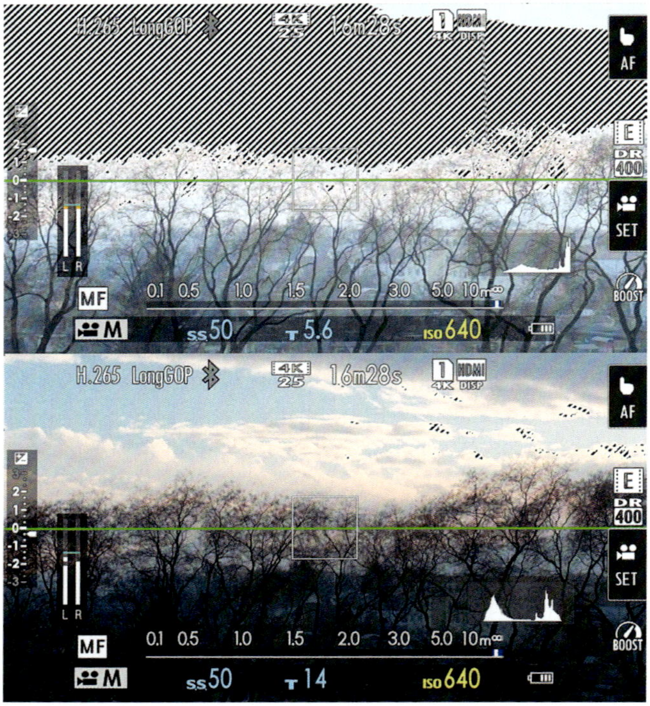

Abbildung 139: Die beiden Bilder zeigen den Einsatz der Zebrafunktion, um die Highlights zu schützen. Der Schwellenwert wurde auf 100 % gesetzt, die Verschlusszeit ist entsprechend der 180-Grad-Shutter-Regel 1/50 s bei 25p. Die Blende wurde so weit geschlossen, dass die Highlights im Bild noch Zebras aufweisen. Direkt vor der Aufnahme sollten Sie auch noch diese Highlights schützen, sodass keine Zebras mehr zu sehen sind.

***Wichtig:** Die Zebrafunktion bezieht sich auf die Helligkeit wie auch auf das Standardhistogramm. Dadurch können einzelne Kanäle bereits überlaufen bzw. den eingestellten Grenzwert deutlich überschreiten. Es empfiehlt sich daher, die Zebrafunktion bewusst in Kombination mit dem RGB-Histogramm zu verwenden.*

JPEG-Einstellungen für Video

TIPP 112

Die X-T3 erlaubt im Videomodus die Nutzung derselben Filmsimulationen und JPEG-Einstellmöglichkeiten, die Sie schon vom Fotomodus kennen. Die Einstellungen für den Videomodus werden jedoch in einem separaten Menü gespeichert und können daher unabhängig geändert werden. Die X-T3 nutzt in den meisten Videomodi eine Überabtastung des Bildes. Es wird eine deutlich größere Anzahl an Pixeln aufgenommen und zum finalen Bild skaliert, was eine extrem hohe Detailzeichnung mit sich bringt. Deshalb sollten Sie vor allem auf die Schärfung achten.

Um kein überschärft wirkendes Video zu erhalten, rate ich, den Wert für die Schärfe zu reduzieren. Ebenso empfehle ich, bei niedrigen ISO-Werten die Rauschreduzierung zu verringern, da diese zu verlorenen Details im Video führen kann.

Besonders erwähnenswert ist die Filmsimulation ETERNA, benannt nach einer Reihe von Super35- und Super16-Filmen für Kinoproduktionen von Fujifilm. ETERNA erzeugt ein extrem flaches Profil mit hohem Dynamikumfang und ist vor allem aufgrund seiner schönen Wiedergabe von Hauttönen beliebt. Diese Filmsimulation ist insbesondere als Ausgangsbasis für die Nachbearbeitung interessant, mit der man mit wenig Aufwand zu guten Ergebnissen kommt. Für Einsteiger in das Thema Video-Nachbearbeitung ist ETERNA als Filmsimulation deshalb die erste Wahl.

Zusammen mit der Filmsimulation und den JPEG-Einstellungen wird auch der Weißabgleich in das Video »eingebrannt«. Starke nachträgliche Veränderung kann zu Tonwertabrissen führen. Deshalb ist es wichtig, den Weißabgleich von vornherein richtig zu wählen. Wenn Sie das Video unter gleichbleibenden Verhältnissen aufnehmen, empfehle ich, den Weißabgleich manuell einzustellen. Ein automatischer Weißabgleich kann im Video zu Farbänderungen führen, die schwer zu korrigieren sind.

TIPP 113 JPEG-Einstellungen für die Nachbearbeitung

Sollten Sie vorhaben, Ihre Videos am Computer nachzubearbeiten, so empfehle ich, folgende Einstellungsänderungen vorzunehmen:

- Reduzieren Sie die Schärfe (FILM-EINSTELLUNG > SCHÄRFE), da in der Nachbearbeitung nachgeschärft werden kann, Artefakte durch Überschärfung jedoch sehr schwer zu entfernen sind.
- Reduzieren Sie die Rauschreduktion (FILM-EINSTELLUNG > RAUSCHREDUKTION). Eine zu hohe Rauschreduktion während der Aufnahme führt zu verminderten Details, das Entrauschen kann in der Nachbearbeitung gezielt vorgenommen werden.
- »Expose to the right«. Belichten Sie so reichlich es geht, denn eine nachträgliche Tonwertkurve kann die Schatten problemlos abdunkeln, beim Aufhellen kommt es hingegen zu verstärktem Rauschen und teilweise Farbproblemen. Achten Sie jedoch darauf, keine bildwichtigen Lichter ausbrennen zu lassen.

TIPP 114 Wie Sie den maximalen Dynamikumfang nutzen

Um einen möglichst großen Tonwertumfang aufzunehmen und in der Nachbearbeitung nutzen zu können, beachten Sie folgende Punkte:

- Verwenden Sie eine flache Filmsimulation (FILM-EINSTELLUNG > FILM-SIMULATION) wie ETERNA oder PRO NEG. STD, die von Haus aus einen größeren Dynamikumfang bieten.
- Schützen Sie Schwarz- und Weißpunkt. Stellen Sie hierfür die Einstellungen TON LICHTER und SCHATTIER. TON jeweils auf den Wert –2.
- Die Funktion DYNAMIKBEREICH bietet drei Einstellungen: DR100%, DR200% und DR400%. Durch Anpassen der Tonwertkurve erweitert diese Funktion den nutzbaren Dynamikumfang der Lichter um eine (DR200%) beziehungsweise zwei (DR400%) Blenden.

- Als Alternative bietet sich die Verwendung einer logarithmischen Kurve im sogenannten F-Log an. Diese erlaubt es, den größten Dynamikumfang aufzuzeichnen. Weitere Anpassungen wie Filmsimulation oder Dynamikbereich-Modi werden hier ignoriert, da F-Log von Haus aus auf maximalen Dynamikumfang ausgelegt ist. Die Verwendung von F-Log setzt jedoch eine Nachbearbeitung voraus und stellt somit nicht automatisch die ideale Wahl für jeden Filmemacher dar.
- Die HLG-Option bietet einen ähnlich großen Dynamikumfang wie F-Log und lässt ebenfalls keine weiteren Anpassungen zu.

Beachten Sie, dass es bei den Funktionen Dynamikbereich, F-Log und HLG zu einer automatischen Anpassung des ISO-Bereichs durch die Kamera kommt. Die Mindest-ISO der einzelnen Einstellungen liegt bei:

- ISO 160 für DR100%
- ISO 320 für DR200%
- ISO 640 für DR400%
- ISO 640 für F-Log
- ISO 1000 für HLG

Lassen Sie sich nicht durch die höheren ISO-Werte abschrecken. Bei gleicher Belichtung liefert ein Bild mit DR400% und ISO 640 meist bessere Ergebnisse als eine ansonsten gleiche Aufnahme mit DR100% und ISO 160, nachdem beide durch Tonwertkurven in der Nachbearbeitung zum gleichen Ergebnis angepasst wurden.

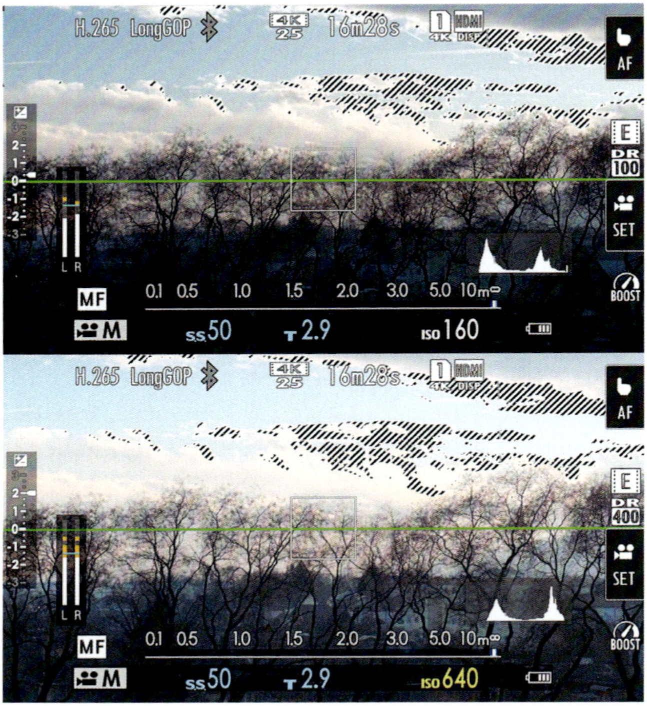

Abbildung 140: Die beiden Bilder wurden mit derselben Belichtung gemacht: Verschlusszeit 1/50 s und Blende f/2.8. Das obere Bild wurde mit ISO 160 und DR100% aufgenommen, das untere Bild mit ISO 640 und DR400%. Trotz der um zwei Blenden erhöhten ISO bleiben die Lichter unangetastet, knapp unter der Sättigungsgrenze des Sensors (Zebra 95 %). Die höhere ISO-Einstellung hat nur die Tiefen und Mitteltöne um zwei Blenden angehoben, die Lichter jedoch unberührt gelassen, da DR400% den Dynamikumfang in den Lichtern um zwei Blenden vergrößert. Dieser Effekt ist auch sehr gut am Histogramm zu erkennen.

TIPP 115 Rauschreduktion und Interframe-Rauschreduzierung

Wie auch die anderen JPEG-Einstellungen lässt sich die Rauschreduktion für Video getrennt von den Einstellungen für Fotos bestimmen. Bei der Funktion RAUSCHREDUKTION versucht die Kamera, jedes aufgenommene Bild einzeln zu analysieren und Helligkeits- sowie Farbrauschen zu entfernen. Da dies auf Kosten von Details geht, empfehle ich, einen Wert im negativen

Bereich zu wählen. Bei Verwendung sehr niedriger ISO-Werte verwende ich hierzu –4. Sollten Sie Ihre Videos nachbearbeiten, so empfehle ich, das Entrauschen lieber in der Nachbearbeitung selektiv durchzuführen.

Die Zwischenbild-Rauschreduzierung (INTERF-RAUSCHMIND) beschränkt sich bei der Bildanalyse nicht auf ein einzelnes Bild, sondern bezieht auch zuvor und danach gemachte Aufnahmen mit ein. Dadurch erkennt die Kamera besser, welche Bereiche rauschen.

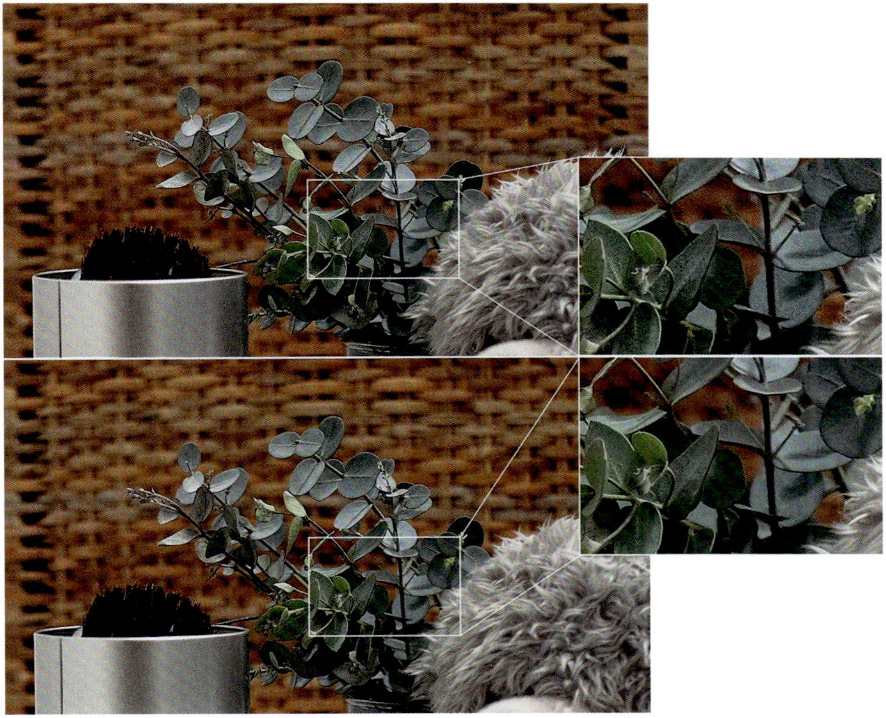

Abbildung 141: Diese beiden ISO 800-Aufnahmen zeigen, dass die Interframe-Rauschreduzierung (unten) weniger Rauschen aufweist. Jedoch resultiert dies in minimal weniger Details. Beide Aufnahmen wurden stark vergrößert und bearbeitet, um die Unterschiede besser sichtbar zu machen.

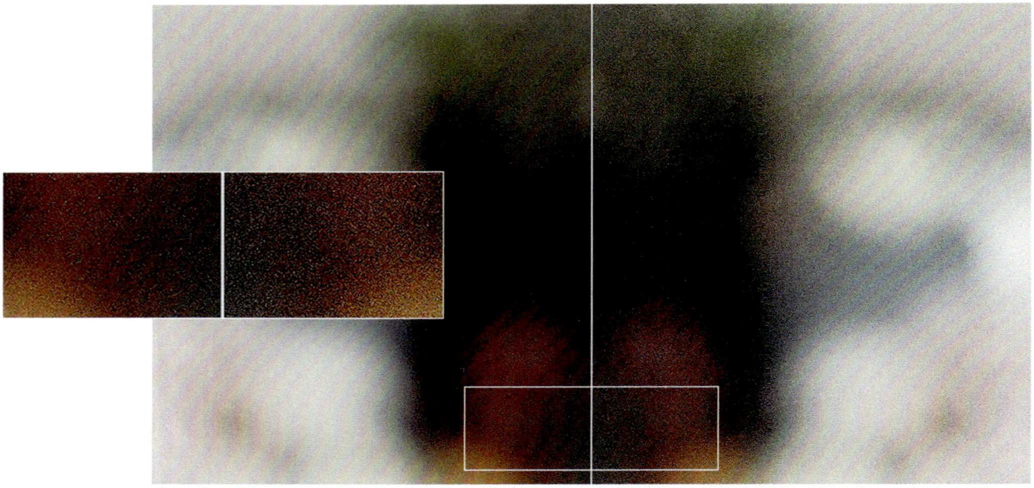

Abbildung 142: Bei höheren ISO-Werten kann die Interframe-Rauschreduzierung gerade in den Teilen des Bildes mit wenigen Details, wie dem Bokeh, zu einer deutlichen Verringerung des Rauschens führen. Auf der linken Seite war die Interframe-Rauschreduzierung hierzu aktiv. Beide Aufnahmen wurden mit ISO 12800 gemacht und stark bearbeitet, vergrößert und geschärft, um die Unterschiede besser sichtbar zu machen.

Da die Interframe-Rauschreduzierung in ihrer Intensität nicht steuerbar ist und zu einem leichten Verlust an Details führt, sollte diese nur gezielt eingesetzt werden. Da aufeinanderfolgende Bilder analysiert werden, funktioniert die Interframe-Rauschreduzierung deutlich besser bei einer festen Kameraposition und wenig Bewegung im Video.

Die Interframe-Rauschreduzierung kann in folgenden Situationen sehr hilfreich sein:

- Aufnahmen vom Stativ aus mit mittleren ISO-Werten
- Aufnahmen mit extrem hohen ISO-Werten, die erst durch Verwendung der Interframe-Rauschreduzierung nutzbar werden
- Aufnahmen mit DR400%, bei denen Rauschen in den aufgehellten Schatten sichtbar wird

Sollten Sie die Aufnahmen nachbearbeiten, so empfehle ich, das Entrauschen am Computer durchzuführen. Dies gilt insbesondere auch für Aufnahmen im F-Log-Format. Die veränderte Gammakurve, welche sich im höheren Basis-ISO ausdrückt, macht das Rauschen in den Schatten sichtbar und mag zum Erhöhen der Rauschreduktion verleiten. Da F-Log jedoch zwangsläufig mit einer Nachbearbeitung einhergeht, sollten Sie stets bedenken, dass die Rauschreduzierung auch in der Nachbearbeitung erledigt werden kann, verlorene Details aber nicht rekonstruiert werden können.

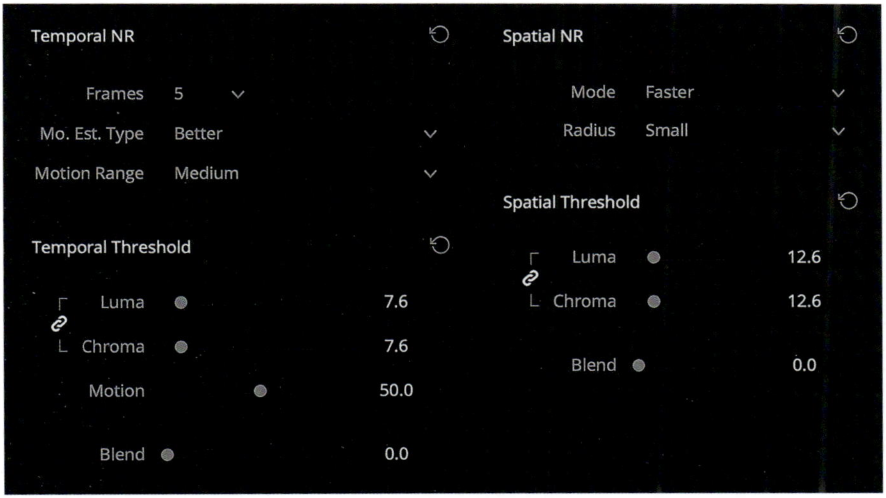

Abbildung 143: Moderne Videobearbeitungsprogramme, wie DaVinci Resolve, sind in der Regel deutlich besser beim Entfernen von Rauschen und können dies auch selektiv anwenden. Deshalb empfehle ich, die Rauschreduktion in der Kamera gering zu halten.

F-Log richtig nutzen — TIPP 116

Wie schon die Fujifilm X-T2 und X-H1, erlaubt auch die X-T3 Aufnahmen in einem Log-Profil, dem sogenannten F-Log. Sie ist jedoch die erste Fujifilm-Kamera, die dies in optionalen 10 Bit anstelle von ausschließlich 8 Bit ermöglicht. Um grundsätzlich zu verstehen, was ein Log-Profil ist, muss man die Arbeitsweise moderner, digitaler Kameras kennen. In der X-T3 arbeitet ein Sensor, der einen Analog-Digital-Konverter mit einer Bittiefe von bis zu 14 Bit besitzt. Die Art, wie Informationen in digitalen Daten gespeichert werden, führt dazu, dass die Lichter viele feine Abstufungen aufweisen, während in den Schatten kaum noch Differenzierung stattfindet.

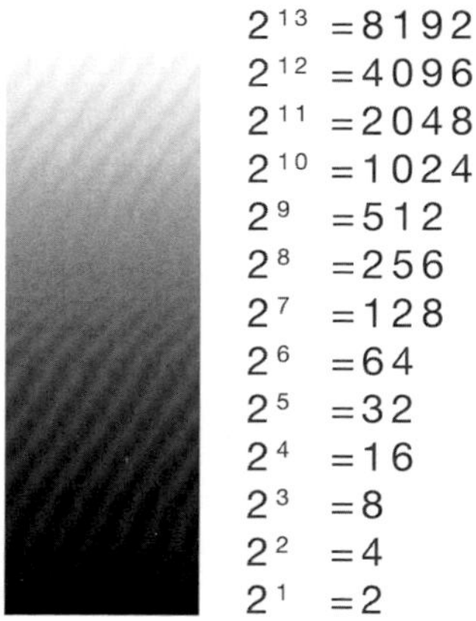

Abbildung 144: Von den 16384 darstellbaren Tonwerten eines 14-Bit-RAW entfällt bereits die Hälfte, also 8192, auf die hellste Stufe der Lichter. In den Schatten ist die Abstufung dagegen sehr gering.

Dies kann zu einem verringerten nutzbaren Dynamikumfang, mangelhafter Qualität in den Schatten sowie eingeschränkten Möglichkeiten in der Nachbearbeitung führen. Ein Log-Profil mit logarithmischer Kurve hilft dabei, diese Probleme zu verringern, und lässt den Schatten einen höheren Stellenwert zukommen.

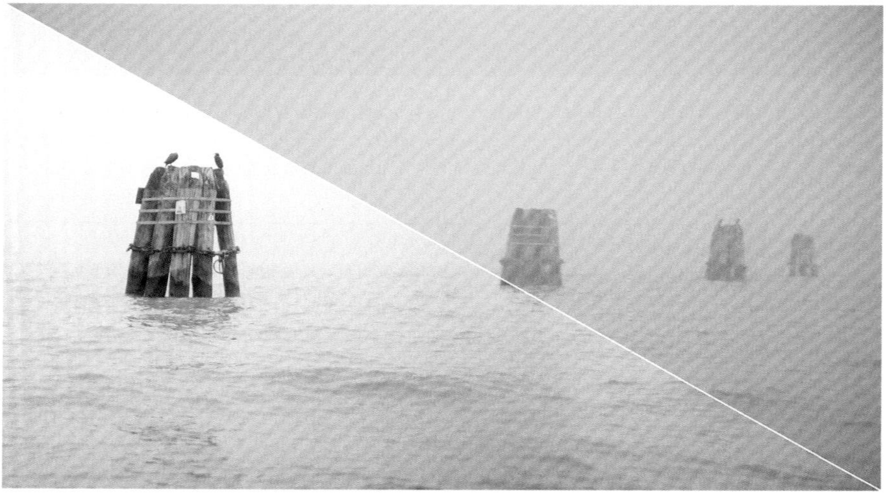

Abbildung 145: Das F-Log-Bild rechts oben wirkt extrem flach. Durch die logarithmische Kurve werden die eigentlichen Schatten deutlich heller dargestellt. Dadurch bieten sich in der Nachbearbeitung mehr Möglichkeiten, um so einen möglichst großen Dynamikumfang auszunutzen. Der Ausschnitt links unten zeigt das bearbeitete Bild.

Um dieses flache Bild in ein ansehnliches Bild zu entwickeln, bietet es sich an, die zugehörigen LUTs zu nutzen. Ein LUT, kurz für Look-up Table, ist eine invertierte Log-Kurve, mit deren Hilfe das Bild für eine Wiedergabe auf einem Display zurückgewandelt wird. Sie können die F-Log-LUTs auf Fujifilms Webseite herunterladen [78].

Es können natürlich auch andere LUTs verwendet werden. Manche sind dabei kameraspezifisch (wie beispielsweise die der Software FilmConvert [79]), andere sind nicht spezifisch, liefern aber dennoch interessante Ergebnisse. Alternativ kann auch von Hand das Video entsprechend angepasst und korrigiert werden. Dieser Prozess der Farbkorrektur und Anpassung [80], in dem nicht nur Farben, sondern auch Kontrast, Sättigung und viele andere Attribute verändert werden, wird oft als Color Grading bezeichnet [81].

Wichtig: *Anders als viele andere Hersteller liefert Fujifilm für sein F-Log-Profil nicht ein generisches LUT für alle Fuji-Kameramodelle, sondern bietet kameraspezifische Profile. Achten Sie daher darauf, dass Sie bei der Verwendung der X-T3 auch die X-T3 LUTs verwenden.*

Die Fujifilm X-T3 ist die erste Fujifilm-Kamera (und eine der ersten Consumer-Kameras überhaupt), die es erlaubt, Log-Aufnahmen auch in 10 Bit abzuspeichern. Dies hat gerade bei starker Nachbearbeitung Vorteile. Deshalb empfehle ich, bei F-Log auf 10 Bit und damit den H.265 Codec zu setzen.

Wer tiefer in den technischen Hintergrund eintauchen möchte, findet das White Paper zu F-Log auf Fujifilms Webseite [82].

Aber benötigen Sie unbedingt F-Log?

Sofern Sie Ihrem gewünschten Look schon in der Kamera entsprechend nahekommen, benötigt es kein F-Log. Auch wenn F-Log, speziell mit 10 Bit, eine feine Abstufung und großes Bearbeitungspotenzial bietet, so bleibt es doch bei einem umständlicheren Workflow. Der H.265 Codec erfordert stärkere Computerhardware und die bei F-Log notwendige Nachbearbeitung ist zeitaufwendig.

Bei Verwendung von F-Log kommt es in den Schatten durch die Gammakorrektur/Kurvenanpassung zu erhöhtem Rauschen. Dieses wird durch den höheren Basis-ISO-Wert angezeigt. Versuchen Sie, dieses Rauschen gering zu halten, indem Sie versuchen, möglichst viel Licht zu sammeln. Es bietet sich an, die Belichtung durch Nutzung des RGB-Histogramms und der Zebrafunktion zu optimieren.

Die Funktion NATÜRLICHE LIVEANSICHT kann Ihnen helfen, das Ergebnis durch eine kontrastreichere Darstellung abzuschätzen. Dies ist jedoch nur vor dem Starten der Aufnahme möglich. Die NATÜRLICHE LIVEANSICHT entspricht etwa einer REC.709-Konvertierung. Bedenken Sie jedoch, dass diese Funktion auch Histogramme und Zebras beeinflusst, die Belichtungseinstellungen sollten zu diesem Zeitpunkt bereits fixiert sein.

Beim Logprofil handelt es sich nicht um RAW, somit werden einige Einstellungen in das fertige Video »miteingebrannt«. Dazu zählen der Weißabgleich und die Einstellungen zu Schärfung und Rauschreduktion.

TIPP 117 Wie Sie HLG (Hybrid Log Gamma) richtig nutzen können

Hybrid Log Gamma (HLG) ist ein High-Dynamic-Range-(HDR-)Standard, der von der BBC und der japanischen Rundfunkgesellschaft NHK entwickelt wurde. Der Standard soll die Wiedergabe sowohl auf High-Dynamic-Range-(HDR-) wie auch Standard-Dynamic-Range-(SDR-)Geräten ermöglichen. Dazu wird in den Lichtern eine logarithmische Kurve eingesetzt, während in den Mitteltönen und Schatten auf die SDR-Gamma-Kurve gesetzt wird.

Aufnahmen im HLG-Format mit großem Dynamikumfang sind deshalb auch zum Abspielen auf HDR-Fernsehgeräten gut geeignet. Die Kamera nutzt in diesem Format automatisch den H.265 Codec, da der Standard die Verwendung von 10 Bit oder 12 Bit vorsieht [83].

Die Fujifilm X-T3 bietet bei HLG-Aufnahmen einen ähnlich großen Dynamikumfang wie mit F-Log. Anders als bei F-Log ist das Bild bei HLG jedoch bereits für die direkte Wiedergabe geeignet.

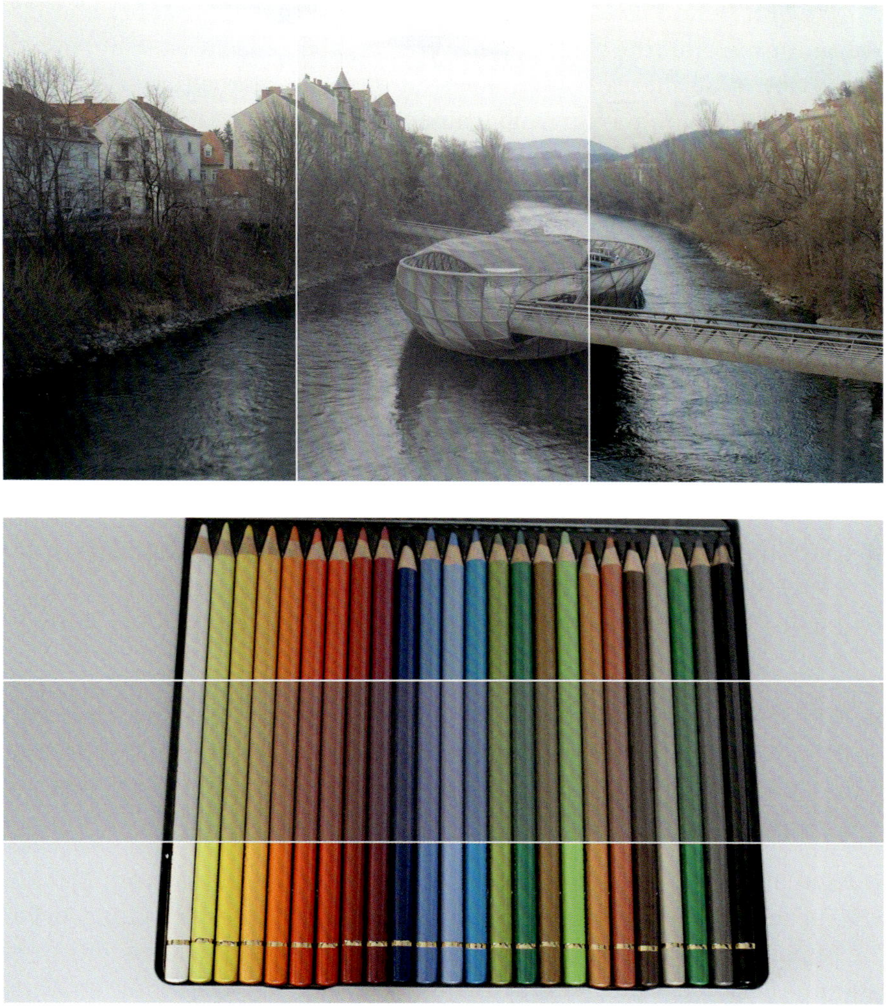

Abbildung 146: In diesen beiden Vergleichen sieht man das neue Hybrid-Log-Gamma-Format (als SDR Export links/oben), das F-Log-Format in unbearbeiteter Form (in der Mitte) sowie F-Log in gegradeter Form (rechts/unten). HLG und F-Log haben einen sehr ähnlichen Dynamikumfang.

Auch wenn Hybrid Log Gamma eigentlich als Ausgabeformat beziehungsweise für die einfache und schnelle Wiedergabe gedacht ist, hält Sie niemand davon ab, dieses Format auch für die Nachbearbeitung zu nutzen. Durch die SDR-Gamma-Kurve über einen weiten Bereich ist die Beurteilung der Belichtung oft einfacher als mit F-Log. HLG liefert einen hohen Dynamikumfang mit einem gleichzeitig kontrastreichen Bild und bietet dazu ein eigenes Farbprofil. In einem SDR-(Standard-Dynamic-Range-)Workflow kann Hybrid Log Gamma deshalb als eine weitere Filmsimulation mit hohem Dynamikumfang eingesetzt werden. Beachten Sie dabei jedoch folgende Dinge:

- Hybrid Log Gamma reagiert sehr empfindlich auf Unter- und Überbelichtung. Achten Sie deshalb rigoros auf die bildwichtigen Lichter und Schatten. Zum Schutz gegen Überbelichtung sollte Zebra mit 100 % herangezogen werden.
- Aufgrund der starken Manipulation in der Nachbearbeitung sollte in der höchstmöglichen Qualität aufgenommen werden. Nutzen Sie H.265 10 Bit mit 400 Mbps (beziehungsweise 200 Mbps für 50p- und 59.94p-Aufnahmen) oder einen externen Rekorder.
- Hybrid Log Gamma, in der von Fujifilm genutzten Form, platziert Mittelgrau deutlich tiefer, als es andere Modi tun. Ein externer Monitor mit LUT-Unterstützung kann bei der Beurteilung von Bildinhalten und Belichtung helfen.

Nutzen Sie in der Nachbearbeitung ein LUT, um die Videos vom BT.2020 HLG in den BT.709 Gamut zu überführen [84]. Tun Sie dies unbedingt, bevor Sie Anpassungen an den Farben vornehmen. Die meisten Videoschnittprogramme (NLE, nichtlinearer Videoschnitt [85]) haben solche Profile ab Werk, ansonsten können Sie relativ einfach ein entsprechendes LUT mit dem Onlinetool LUTCalc [86] erstellen.

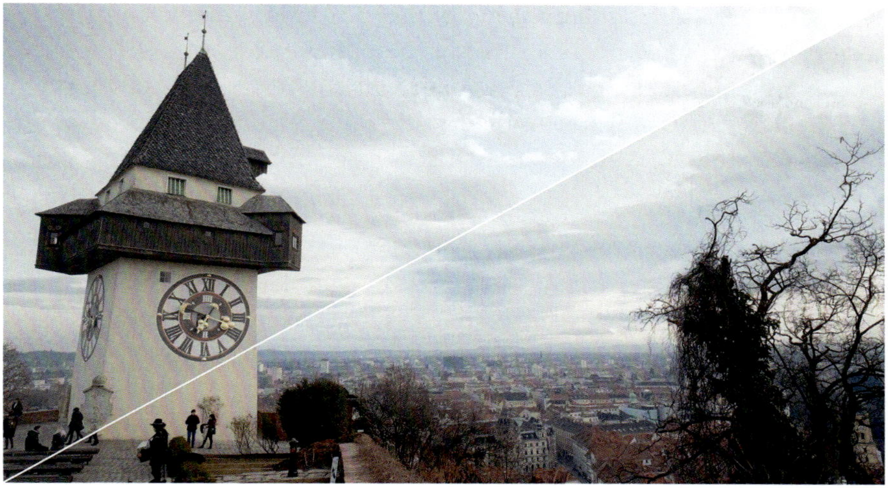

Abbildung 147: Der direkte Vergleich von F-Log oben links (mit F-Log nach Eterna BT.709 LUT und minimalen Farbanpassungen) und HLG unten rechts (BT.2020 HLG nach BT.709 konvertiert mit minimalen Farbanpassungen) zeigt, wie HLG als weitere Filmsimulation genutzt werden kann. Die Helligkeitskurve unterscheidet sich genauso wie die Farben. HLG liefert auch artefaktfreie blaue Regionen im Himmel, während F-Log in seltenen Fällen magentafarbenen Blöcken produzieren kann.

Bedenken Sie in der Nachbearbeitung, auf welche Ausgabegeräte Sie abzielen. Hybrid Log Gamma ist in erster Linie dafür gedacht, auf HDR-Fernsehgeräten gut auszusehen und gleichzeitig auf SDR-Geräten ein akzeptables Bild zu liefern. Beachten Sie, dass nur wenige Computermonitore einen entsprechend großen Dynamikumfang liefern und dass, gerade auf Notebookbildschirmen, das Bild in der Nachbearbeitung deutlich anders als auf einem HDR-Gerät aussehen kann. Zu einem HDR-Workflow bieten die meisten Softwarehersteller von Videoschnittprogrammen entsprechende Guides an [87].

Autofokuseinstellungen für Videos

TIPP 118

Die Fujifilm X-T3 bietet im Video viele der aus der Fotografie bekannten Autofokuseinstellungen. So lassen sich sowohl Einzel-AF (AF-S) als auch kontinuierlicher Autofokus (AF-C) verwenden. Die Wahl des Autofokusfelds kann der Kamera überlassen (MEHRFELD) oder selber vorgenommen werden (VARIO AF). Anders als in den Fotooptionen steht im Videomodus jedoch nur eine einzige Größe des Fokusfelds zur Verfügung. Sollten Sie im MEHRFELD-Modus den Touchscreen nutzen, um einen Fokuspunkt zu setzen, so wechselt die Kamera automatisch in den VARIO AF-Modus.

- Mit **AF-S** fokussiert die Kamera einmalig zu Beginn der Aufnahme. Sie kann zum erneuten Fokussieren gebracht werden, indem der Auslöser halb durchgedrückt, die AF-On-Funktion oder der Touchscreen mit der Einstellung AF genutzt wird. Wenn Sie VARIO AF nutzen, können Sie das Fokusfeld mithilfe des Fokus-Sticks oder des Touchscreens (mit der Einstellung Area) verschieben. Ich empfehle, auf den AF-S zu setzen, wenn Sie den Fokus nicht verändern wollen oder in Situationen, in denen Ihnen der AF-C zu unsicher agiert. Gerade mit einer akzeptablen Schärfentiefe ist eine neue Fokussierung auch bei sich minimal bewegenden Motiven oft nicht notwendig. Beachten Sie, dass sich die AF-C BENUTZERDEF. EINST. auch auf die Neufokussierung im AF-S auswirken. Die Geschwindigkeit, mit der diese Fokussierung stattfindet, wird durch die Einstellung AF-Geschwindigkeit beeinflusst.
- **AF-C** führt den Fokus konstant nach, was ihn vor allem für bewegte Motive interessant macht. In der Videografie wird der Prozess des Fokussierens mitaufgezeichnet und wirkt sich daher auf das Video aus, weshalb hier andere Dinge als in der Fotografie relevant werden. Aus diesem Grund besitzt die X-T3 separate benutzerdefinierte Einstellungen für den kontinuierlichen Fokus im Videomodus. Um zu verhindern, dass die Kamera den Fokus ständig verändert, nutzen Sie die VERFOLGUNGS-EMPFINDLICHKEIT in den AF-C BENUTZERDEF. EINST. Alternativ steht Ihnen auch die AF-L-Funktion zur Verfügung.

Die Fujifilm X-T3 bietet eigene benutzerdefinierte Autofokusfeineinstellungen für die Videonutzung (FILM-EINSTELLUNG > AF-C BENUTZERDEF. EINST.). Hier können zwei Parameter verstellt werden:

- VERFOLGUNGS-EMPFINDLICHKEIT. Entgegen der Erwartung bedeutet ein höherer Wert keine höhere Empfindlichkeit, sondern Sie kontrollieren hiermit die Sperre, mit der die Kamera aktiv verhindert, auf neue Motive scharfzustellen. Verwenden Sie einen hohen Wert, wenn vor Ihrem Motiv Objekte das Fokusfeld kreuzen. Bedenken Sie, dass diese Einstellung auch das gewollte Scharfstellen auf ein neues Motiv verzögern kann.

- AF-GESCHWINDIGKEIT. Mit dieser Einstellung steuern Sie die Geschwindigkeit, mit der die Kamera den Fokus verändert. Höhere Werte sind vor allem bei sich schnell bewegenden Motiven wie Tieren und Sportaufnahmen wichtig. Langsamere Geschwindigkeiten erlauben einen sanfteren Übergang.

Abseits von schnell bewegten Motiven empfehle ich, eine geringe AF-GESCHWINDIGKEIT (negative Werte) und mäßige Sperre (VERFOLGUNGS-EMPFINDLICHK. +3) als Ausgangsbasis zu verwenden.

Schärfeziehen mit dem Autofokus (»Pulling Focus«) TIPP 119

Das Verschieben der Fokusebene wird in Videoaufnahmen oft als stilistisches Mittel eingesetzt und als Schärfe ziehen [88] (Pulling Focus beziehungsweise Focus Rack) bezeichnet. So fokussieren Sie beispielsweise anfangs auf ein Objekt im Vordergrund und von dort wird der Fokus auf ein anderes Motiv mit unterschiedlicher räumlicher Tiefe verändert. Es kann als kreativer Prozess genutzt werden, um die Aufmerksamkeit des Zusehers zu leiten. Alternativ können Sie es als Übergang zwischen Sequenzen verwenden. Dabei sollte der Fokus mit gleichmäßiger Geschwindigkeit verändert werden, ohne über das Ziel hinauszuschießen oder zu pumpen.

Um einen »Focus Pull« mithilfe des Autofokussystems der X-T3 durchzuführen, müssen Sie VARIO AF gewählt haben. Sollten Sie MEHRFELD AF gewählt haben, so wechselt die Kamera durch Verwendung des Touchscreens automatisch in den VARIO AF-Modus.

Ich empfehle, den Fokuspunkt mithilfe des Touchscreens zu ändern. Das Verschieben des Feldes durch den Joystick kann, in Kombination mit AF-C, dazu führen, dass zuerst auf andere Objekte fokussiert wird – und so zu einem ungleichmäßigen Übergang.

Beim Schärfeziehen mittels Autofokus bedenken Sie:

- Wenn VERFOLGUNGS-EMPFINDLICHK. zu hoch eingestellt ist, kann die Kamera erst verzögert mit dem Focus Pull starten oder diesen nicht konstant vollziehen.
- Wenn VERFOLGUNGS-EMPFINDLICHK. zu niedrig eingestellt ist, kann es geschehen, dass am Ende des Focus Pulls die Kamera bereits eine weitere, neue Korrektur des Fokus durchführen möchte.
- Wenn AF-GESCHWINDIGKEIT zu hoch ist, kann es geschehen, dass der Fokus über das Ziel hinausschießt und nachkorrigiert werden muss.
- Wenn AF-GESCHWINDIGKEIT zu niedrig ist, kann es geschehen, dass ein einzelner Focus Pull mehrere Sekunden dauert.

Aus eigener Erfahrung empfehle ich, anfangs mit einer VERFOLGUNGS-EMPFINDLICHK. von 1 und einer AF-GESCHWINDIGKEIT von –1 zu starten. Je nach Motiv und Situation bedarf es kleiner Änderungen.

TIPP 120 Filmen mit Gesichts- und Augenerkennung

Die Fujifilm X-T3 erlaubt bei Videos die Verwendung von Gesichts- sowie Augenerkennung. Anders als im Fotomodus aktiviert die Kamera mit aktivierter Gesichts- und Augenerkennung automatisch den kontinuierlichen Fokus (AF-C).

Aus den folgenden Gesichts- und Augenerkennungseinstellungen kann gewählt werden:

- GESICHTSERKENNUNG EIN/AUGE AUS. In diesem Modus wird die Fokuspriorität auf das gesamte Gesicht gelegt.
- GESICHTSERKENNUNG EIN/AUGE AUTO. In diesem Modus versucht die Kamera automatisch auf das Auge scharfzustellen, das näher zur Kamera ist.
- GESICHTSERKENNUNG EIN/PRIOR. AUGE RECHTS. In diesem Modus versucht die Kamera auf das rechte Auge der erkannten Person scharfzustellen.

- GESICHTSERKENNUNG EIN/PRIOR. AUGE LINKS. In diesem Modus versucht die Kamera auf das linke Auge der erkannten Person scharfzustellen.
- AUS. Die Gesichts- und Augenerkennung ist deaktiviert.

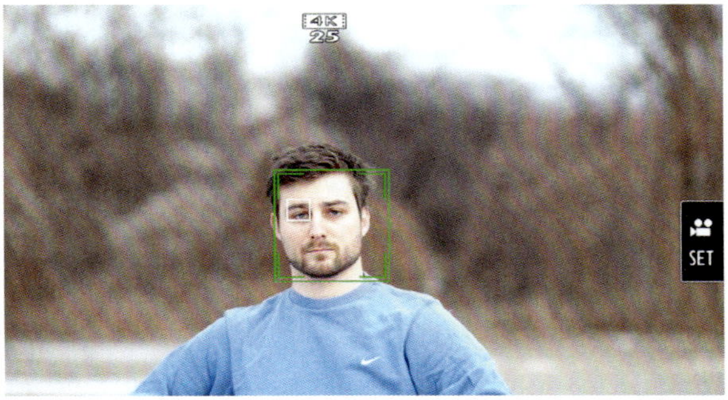

Abbildung 148: Seit Firmware 3 zeigt die X-T3 bei erkanntem Auge nur noch ein weißes Quadrat um das ausgewählte Auge. Sollte die Kamera nicht mehr in der Lage sein, ein Auge zu erkennen, beispielsweise weil sich der Abstand zur Kamera zu stark vergrößert oder die Person sich zur Seite dreht, so fällt die Kamera auf die reine Gesichtserkennung zurück, die auch in diesen Situationen meist noch sehr gut arbeitet.

Beachten Sie, dass in Situationen, in denen ein möglichst ruhiger Fokus notwendig ist, die *reine* Gesichtserkennung (ohne Augenerkennung) manchmal bessere Ergebnisse liefert als die kombinierte Gesichts- und Augenerkennung. Durch die Priorisierung des Auges und damit eines sehr kleinen Bereichs können selbst winzige Bewegungen (oder der automatischen Wechsel zwischen den erkannten Augen) dazu führen, dass die Kamera den Fokus leicht verändert.

Die Gesichts- und Augenerkennung respektiert in gewissem Ausmaß auch die in den AF-C BENUTZERDEF.-EINST. vorgenommenen Werte. In Situationen mit ruhenden Menschen sollten keine zu hohen Werte für AF-GESCHWINDIGKEIT eingestellt werden. Bei schnell bewegten Personen sollte diese entsprechend erhöht werden. Gerade bei längeren Brennweiten und extrem lichtstarken Objektiven empfehle ich das Abblenden um ein oder zwei Blenden.

Die Funktion GESICHTSAUSWAHL erlaubt es Ihnen, zwischen verschiedenen erkannten Gesichtern zu wechseln. Sie können hierzu den Fokus-Stick verwenden oder durch Klicken auf das gewünschte Gesicht am aktivierten Touchscreen den Fokus verschieben. Sollten mehrere Gesichter im Bild sein und die Kamera das ausgewählte verlieren, so wird die Kamera auf das nächste Gesicht fokussieren. Sie können die Funktion AF-L auch bei der Gesichts- und Augenerkennung dazu verwenden, den Fokus generell zu sperren.

Die Funktion GESICHTSAUSWAHL aktiviert und deaktiviert die Gesichts- und Augenerkennung. Bei Aktivierung wird der zuletzt verwendete Modus aktiviert. Für eine möglichst einfache Handhabung mit Gesichts- und automatischer Augenerkennung gehen Sie wie folgt vor:

- Aktivieren Sie FILM-EINSTELLUNG > GES./AUGEN-ERKENN.-EINST. > GESICHTSERKENNUNG EIN > AUGE AUTO. Anschließend stellen Sie die GES./AUGEN-ERKENN.-EINST. auf AUS. Stellen Sie sicher, dass Sie dies in den FILM-EINSTELLUNGEN tun und nicht in den AF/MF-EINSTELLUNGEN.
- Stellen Sie sicher, dass eine Funktionstaste mit der Funktion GESICHTSAUSWAHL belegt ist. Beim Drücken dieser Taste wird die Gesichtserkennung inklusive Augenerkennung aktiviert und Sie können dazu zwischen Gesichtern im Bild wählen.
- Falls Sie dennoch zwischen Gesichtserkennung (GESICHTSERKENNUNG EIN/AUGE AUS) und Augenerkennung (GESICHTSERKENNUNG EIN/AUGE AUTO) wechseln beziehungsweise das präferierte Auge selber bestimmen wollen, so legen Sie sich die Funktion GESICHTSERKENNUNG GES-/AUGEN-ERKENN.-EINST. in das Quick-Menü oder MEIN MENÜ. Beachten Sie bei der MEIN MENÜ-Erstellung, dass diese Funktion sowohl im Foto- als auch Videomenü zu finden ist.

Sollten sowohl Augen als auch Gesichter verloren gehen, so fällt die Kamera auf den eingestellten Autofokusmodus zurück.

Wichtig: *Weder GESICHTSAUSWAHL noch die Gesichtserkennung (GESICHTS-ERK. EIN/AUS) lassen sich während der Aufnahme aktivieren oder deaktivieren. Diese Einstellungen müssen vor dem Start der Aufnahme festgelegt werden.*

Manuelles Fokussieren

TIPP 121

Beim Fokussieren in Videos ist es nicht nur wichtig, dass das Motiv scharf ist, sondern auch, dass die Veränderung des Fokus nicht abrupt erfolgt und dadurch ablenkt. Deshalb stellt das manuelle Fokussieren auch heute noch einen wichtigen Teil der Videografie dar. Obwohl Autofokussysteme den Fokus heutzutage extrem schnell nachführen können, kommt es immer wieder zu Pumpbewegungen, die im Video nicht gerne gesehen werden. Um das manuelle Fokussieren möglichst einfach zu gestalten, bietet die X-T3 mehrere Einstellhilfen:

- **Fokuskontrolle.** Die X-T3 erlaubt es, in das gewählte Fokusfeld zu zoomen. Dies geschieht entweder durch das Drücken einer Funktionstaste (standardmäßig durch Drücken des hinteren Einstellrades) oder durch doppeltes Tippen auf den Touchscreen (die Funktion TASTEN/RAD-EINSTELLUNG > TOUCHSCREEN-EINSTELLUNG > EINST. DOPPELKLICKEN muss hierfür auf AN gestellt sein). Durch Drehen am hinteren Einstellrad kann die Vergrößerung verändert werden und das Fokusfeld lässt sich entweder mithilfe des Fokus-Sticks oder durch Drücken an die Ränder des Touchscreens während der Vergrößerung verschieben.
- **Focus Peaking** (FILM-EINSTELLUNG > MF-ASSISTENT > FOCUS PEAKING). Hierbei werden Kanten mit hohem Kontrast farbig hinterlegt und so die Fokusebene leichter bestimmbar. Sie können zwischen vier Farben in je zwei Intensitäten wählen. Das Focus Peaking ist auch zusammen mit der Fokuskontrolle verfügbar.

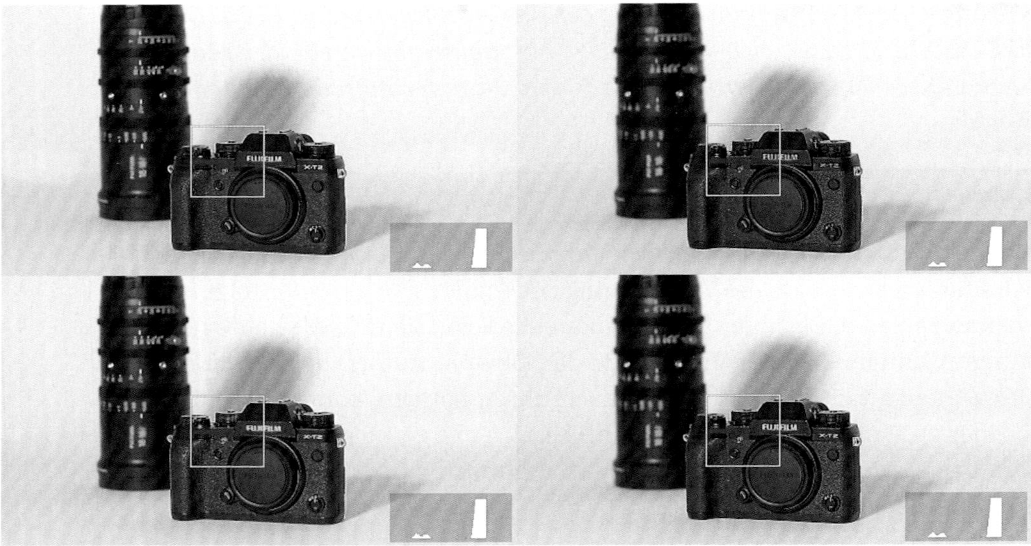

Abbildung 149: In dieser Abbildung sind die vier möglichen Farben des Focus Peakings in hoher Intensität gezeigt. Je nach Motiv und Vorliebe sollten Sie Farben verwenden, die sich vom Motiv gut abheben.

Beachten Sie, dass das Focus Peaking aus der Live-View-Anzeige berechnet wird. Sie können sich dies zunutze machen, indem Sie bei F-Log-Aufnahmen die NATÜRLICHE LIVEANSICHT aktivieren, um ein kontrastreicheres Bild und damit ein stärkeres Focus Peaking zu erhalten. NATÜRLICHE LIVE-ANSICHT wird jedoch mit dem Starten der Aufnahme deaktiviert.

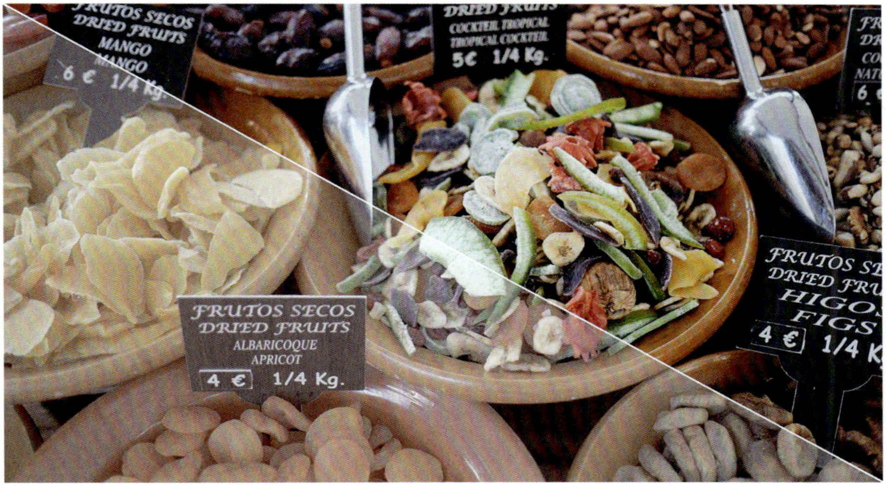

Abbildung 150: F-Log im Vergleich zu einer kontrastreichen Filmsimulation. Der hohe Kontrast kann hilfreich sein, Focus Peaking besser zu erkennen.

Fujifilms Autofokusobjektive für das X-System sind sogenannte »Focus by wire«-Objektive. Der Fokusring ist dabei nicht mechanisch an die Fokusgruppe im Objektiv gekoppelt, sondern ein Sensor nimmt die Drehbewegung wahr, übermittelt die Daten an die Kamera, die dann dem Fokusmotor mitteilt, welche Position er einzunehmen hat.

Es gibt zwei unterschiedliche Arten von Focus by Wire-Objektiven:

- Objektive mit mechanischer Kupplung (XF14mmF2.8, XF16mmF1.4, XF23mmF1.4). Diese Objektive lassen sich durch das Betätigen der mechanischen Kupplung in den manuellen Fokusmodus bringen. Hier wird die Drehung mechanisch an der Naheinstellgrenze sowie bei Unendlich gestoppt und die Fokussierung erfolgt linear. Diese Objektive weisen auch eine Skala für die Schärfentiefe auf. Diese entsprechen der Einstellung FILMFORMAT-BASIS der elektronischen TIEFENSCHÄRFESKALA.
- Objektive ohne Kupplung. Hier lässt sich der Fokusring vollkommen frei drehen. Die Kamera muss für das manuelle Fokussieren in den manuellen Fokusmodus versetzt werden, indem der Fokuswahlhebel an der Vorderseite auf M gestellt wird.

Objektive ohne Kupplung erlauben eine genaue und zugleich schnelle Fokussierung. Dafür wird auf die Geschwindigkeit, mit welcher der Fokusring gedreht wird, zurückgegriffen. Schnelle Bewegungen führen zu einem sehr weiten Verstellen des Fokus, langsame Bewegungen lassen eine äußerst präzise Fokussierung zu.

In der Videografie ist diese Eigenschaft jedoch oft unerwünscht, da ein und dieselbe Distanz bei unterschiedlicher Drehgeschwindigkeit zu unterschiedlich verstelltem Fokus führt und so keine reproduzierbaren oder eintrainierten Focus Pulls möglich sind. Die Fujifilm X-T3 bietet hierfür einen linearen Fokusbetrieb an (EINRICHTUNG > TASTEN/RAD-EINSTELLUNG > FOKUSRINGBETRIEB > LINEAR). Dieser wirkt sich sowohl auf den Foto- als auch Videobetrieb aus. Mit dem FOKUSRINGBETRIEB auf LINEAR verändert der Fokus sich, unabhängig von der Drehgeschwindigkeit, immer im gleichen Maße. Diese Option ist besonders für die Verwendung von Schärfezieheinrichtungen (Follow Focus) wichtig. Beachten Sie, dass der Ziehwinkel bei den meisten Objektiven jedoch spürbar über 360° beträgt, was die direkte Bedienung mit der Hand in manchen Fällen etwas schwierig gestalten kann.

Unabhängig davon, ob Sie die Objektive direkt fokussieren oder einen Follow Focus verwenden, erlaubt der lineare Fokusbetrieb reproduzierbare Ergebnisse. Dennoch ist manuelle Fokussierung ein extrem schwieriges Unterfangen. Bei größeren Produktionen von Kinofilmen oder TV-Serien ist das manuelle Fokussieren meist die Aufgabe eines eigenen Assistenten. Dieser als »First Assistant Camera« oder auch als »Focus Puller« bezeichnete Assistent ist einzig für die exakte Führung des Fokus verantwortlich.

Lassen Sie sich also nicht demotivieren, wenn Ihre ersten Versuche des manuellen Fokussierens nicht Ihren Ansprüchen genügen, sondern üben Sie weiter. Trainieren Sie das manuelle Fokussieren in Ruhe zu Hause und testen Sie dabei die unterschiedlichen Fokushilfen aus. Training hilft, gewisse Bewegungen über das »Muskelgedächtnis« wiederholbar abrufen zu können.

Sollten Sie eine Schärfezieheinrichtung (Follow Focus) nutzen, so können relevante Fokuspositionen auch markiert werden, um ein genaues Wechseln zwischen diesen Positionen zu gewährleisten.

Die Fujifilm X-T3 erlaubt es auch, die Drehrichtung der Fokussierung von Objektiven ohne Kupplung zu ändern (EINRICHTUNG > TASTEN/RAD-EINSTELLUNG > FOKUSRING).

Empfohlene Tastenbelegung und Menüanpassungen für Videos — TIPP 122

Die Fujifilm X-T3 bietet drei Arten, benutzerdefinierte Anpassungen abzuspeichern:

- **Schnellmenü.** Nutzen Sie das Schnellmenü, um Optionen zu hinterlegen, die nur wenige Unterpunkte aufweisen und nicht während der Aufnahme verstellt werden müssen.
- **MEIN MENÜ.** Hier lassen sich beinahe alle Menüoptionen abspeichern und so der Zugriff beschleunigen. Ich empfehle hier Einstellungen abzuspeichern, die komplexere Untermenüs aufweisen und nicht während der Aufnahme verändert werden sollen.
- **Funktionstasten.** Die Fujifilm X-T3 besitzt 13 frei programmierbare Tasten. Vier davon sind sogenannte T-Fn-Tasten (Touch-Funktionstasten), die durch Wischgesten auf dem Touchscreen aktiviert werden.

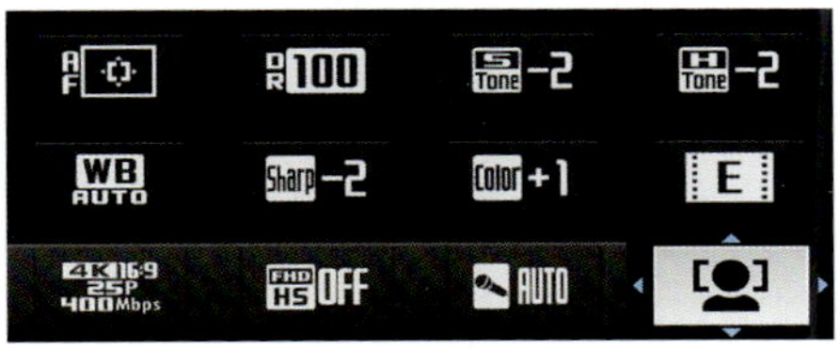

Abbildung 151: Das Schnellmenü ist praktisch, um Optionen zu speichern, auf die nicht während der Aufnahme zugegriffen werden muss. Beispiele hierfür wären der FullHD-Hochgeschwindigkeitsmodus, die Gesichts- und Augenerkennung, die JPEG-Feineinstellungen oder die Farbe und Intensität des Focus Peakings.

Gehen Sie bei der Belegung der Funktionstasten praxisorientiert vor. Die T-Fn-Tasten arbeiten beispielsweise vollkommen lautlos, was bei Verwendung des eingebauten Mikrofons wichtig sein kann. Auf einem Gimbal montiert sind hingegen gerade die weiter oben und vorne platzierten Tasten leichter erreichbar.

Nachfolgend einige für Videonutzer sehr nützliche Funktionen, die sich auf Funktionstasten programmieren lassen:

- **RGB-Histogramm.** Aktiviert und deaktiviert das große RGB-Histogramm, mit dessen Hilfe Sie die Belichtung leicht beurteilen können.
- **Zebras.** Dient ebenfalls zur Beurteilung der Belichtung. Beachten Sie, dass die Zebrafunktion während der Aufnahme weder aktiviert noch deaktiviert werden kann. Der Schwellenwert lässt sich ebenfalls nicht ändern.
- **Fokuskontrolle.** In den Fokus-Modi AF-S und M kann in das Bild gezoomt werden, um den Fokus zu kontrollieren. Diese Funktion funktioniert auch während der Aufnahme und wird standardmäßig durch Drücken des hinteren Einstellrades aktiviert.
- **Internes/externes Mikrophon.** Ich empfehle, diese Funktion auf eine Funktionstaste zu legen, falls mit einem zusätzlichen Mikrofon an der Kamera gearbeitet wird.
- **Natürliche Liveansicht.** Wenn Sie mit F-Log arbeiten, kann die natürliche Liveansicht nützlich sein, um ein kontrastreicheres Vorschaubild zu bekommen. Die natürliche Liveansicht lässt sich aktuell nicht während der Aufnahme aktivieren, dennoch empfiehlt es sich, eine Funktionstaste dafür zu wählen, um sie vor der Aufnahme schnell ein- und ausschalten zu können.
- **Gesichtsauswahl.** Mit aktivierter Gesichtsauswahl können Sie zwischen Gesichtern im Bild wechseln. Nutzen Sie dazu Fokus-Stick oder Touchscreen. Die Funktion lässt sich jedoch nicht während einer Aufnahme aktivieren oder deaktivieren. Da nur die Gesichts-/Augenerkennung (GES./ AUGEN-ERKENN.-EINST.) in das Schnellmenü oder MEIN MENÜ gelegt werden kann, empfehle ich, GESICHTSAUSWAHL auf eine Funktionstaste zu legen.

Wenn Sie mit Ihrer Fujifilm X-T3 hauptsächlich Videos aufnehmen, empfehle ich die T-Stellung des Verschlusszeitenrads. Dadurch lässt sich die Verschlusszeit über das vordere oder hintere Einstellrad (einstellbar im Menü EINRICHTUNG > TASTEN/RAD-EINSTELLUNG > BEDIENRAD-EINST.) steuern. Dies erlaubt das schnelle und leise Verstellen der Verschlusszeit.

Die Silent Movie Controls

TIPP 123

Um schnell zwischen Foto- und Filmmodus wechseln zu können, bietet die Fujifilm X-T3 die sogenannte **Video-Stummschaltsteuerung,** gerne auch als »Silent Movie Controls« bezeichnet, an (FILM-EINSTELLUNG > VIDEO-STUMMSCHALTSTEUERUNG). Sie erlaubt es, für Video wichtige Einstellungen getrennt abzuspeichern und automatisch abzurufen, wenn die Videofunktion aktiviert wird.

So können hier beispielsweise eine der 180-Grad-Shutter-Regel entsprechende Verschlusszeit und die flache Filmsimulation ETERNA einstellen, während im Fotomodus auf komplett unterschiedliche Einstellungen gesetzt wird. Sie können die Einstellungen ändern, indem Sie an der rechten Seite auf das Videosymbol mit der Bezeichnung SET drücken. Sobald das Menü angezeigt wird, kann über Wischgesten, den Fokus-Stick oder das Steuerkreuz navigiert werden.

Wichtig: *Die Einstellungen der Video-Stummschaltsteuerung gehen verloren, falls Sie die Funktion deaktivieren. Bei erneuter Aktivierung werden die jeweils aktuellen Einstellungen übernommen.*

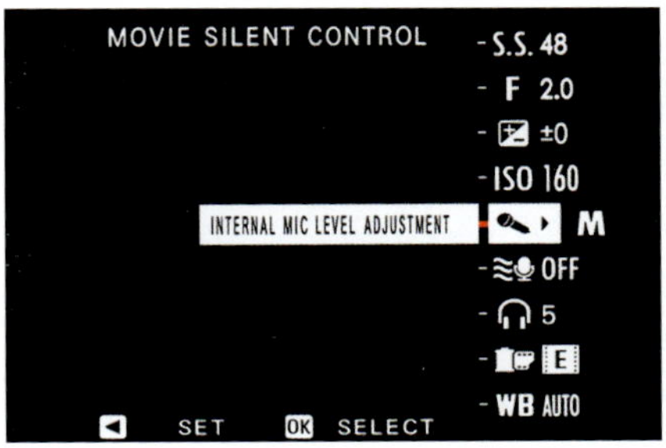

Abbildung 152:
Die Silent Movie Controls erlauben durch ein Overlaymenü das Einstellen der wichtigsten Videoparameter.

Einschränkungen der XF- und XC-Objektive im Videogebrauch

TIPP 124

Alle Fujifilm-Autofokus-Objektive eignen sich optisch hervorragend für 4K-Aufnahmen. Da die meisten Objektive jedoch in erster Linie auf die Fotografie und nicht Videografie ausgelegt sind, bringen sie einige Einschränkungen mit sich:

- Die mechanischen Blendenringe erzeugen Geräusche. Wer diese vermeiden möchte, kann an der X-T3 die Blende mit einem Einstellrad verstellen. Hierzu muss die Option TASTEN/RAD-EINSTELLUNG > BLENDENRING-EINSTELLUNG(A) auf BEFEHL geändert und das gewünschte Einstellrad unter TASTEN/RAD-EINSTELLUNG > BEDIENRAD-EINST. entsprechend belegt werden. Alternativ können Sie die VIDEO-STUMMSCHALTSTEUERUNG verwenden.
- Die Blende lässt sich nur in 1/3 Blendenstufen verstellen. Eine Veränderung der Blende führt dadurch zu einer sichtbaren (kurzfristigen) Änderung der Bildhelligkeit.
- Die Fokussierung erfolgt mittels »Focus-by-Wire«. Im Menü lässt sich dies auf linear ändern, was beim manuellen Fokussieren hilft (EINRICHTUNG > TASTEN/RAD-EINSTELLUNG > FOKUSRINGBETRIEB). Jedoch kann der Ziehwinkel von teilweise deutlich über 360° gerade für Einzelanwender problematisch werden.
- Einige Fokusmotoren erzeugen wahrnehmbare Geräusche. Dazu zählen speziell ältere Objektive mit ALG-Fokussierung (XF18mmF2.0 R, XF35mmF1.4 R, XF60mmF2.4 R). Da die Fokussierung über »Focus-by-Wire« funktioniert, tritt dies auch beim manuellen Fokussieren auf. Sollten Sie Geräusche vom Objektiv in Ihren Aufnahmen haben, so empfiehlt es sich, auf ein externes Mikrofon zu setzen, das gegebenenfalls weiter vom Objektiv entfernt platziert wird. Viele neuere Fujifilm-Objektive nutzen beinahe lautlose Fokusmotoren. Dazu zählen alle Objektive mit Linearmotoren, welche die Kennzeichnung »LM« tragen, sowie jene mit Steppermotoren, die in der neuen Reihe von kompakten, abgedichteten Festbrennweiten verwendet werden (XF16mmF2.8 R WR, XF23mmF2 R WR, XF35mmF2 R WR, XF50mmF2 R WR).

Sollte Sie einer dieser Punkte zu sehr einschränken, gibt es als Alternative die hervorragenden MK Cinemazoom-Objektive für das X-Bajonett.

TIPP 125 Die MK Cine-Objektive

Mit den MK Cine-Zooms bietet Fujifilm Nutzern von X-Serie-Kameras die Möglichkeit, native, qualitativ hochwertige Cine-Objektive zu nutzen und deren Vorteile zu genießen. Diese bieten einige optische Eigenschaften, die sonst nur bei deutlich teureren Produkten zu finden sind.

Die beiden Objektive Fujinon MK18–55mmT2.9 und Fujinon MK50–135mmT2.9 haben die exakt gleichen Außenabmessungen und das gleiche Gewicht. Außerdem sind Frontdurchmesser, Filtergewindedurchmesser sowie die Position der Zahnräder (für Blende, Zoom und Fokus) identisch und erlauben so nicht nur die Verwendung desselben Zubehörs, sondern auch einen schnellen Wechsel zwischen den Objektiven bei Verwendung eines komplexen Rigs mit Mattebox und Schärfeziehvorrichtung.

Für den Fokusring wurde ein Ziehwinkel von 200° gewählt – ein guter Kompromiss zwischen direkter Anwendung mit der Hand und Verwendung einer Schärfeziehvorrichtung.

Wichtig: *Während die beiden Gegenlichtblenden der Objektive Fujinon MK18–55mmT2.9 und Fujinon MK50–135mmT2.9 dieselben Außenabmessungen besitzen, unterscheiden sie sich, um ideale Leistung mit dem jeweiligen Objektiv zu liefern. Die Verwendung der falschen Gegenlichtblende kann zu Vignettierung und erhöhtem Risiko von Flares führen.*

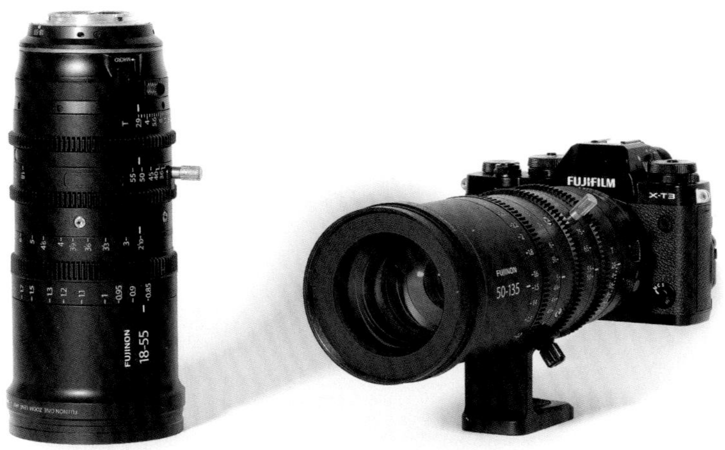

Abbildung 153: Die beiden Cine-Objektive Fujinon MKX18–55mmT2.9 und Fujinon MKX50–135mmT2.9 sind verhältnismäßig kompakte und leichte Cinema-Zooms. Sie bieten ambitionierten Filmern die Möglichkeit, verhältnismäßig günstig in den Bereich der Cinema-Zooms einzusteigen.

Viele für die Fotografie optimierte Objektive fokussieren, indem sie die Brennweite reduzieren und somit den Bildausschnitt verändern. Dieses Verhalten ist auch als »Focus Breathing« bekannt. In der Videografie ist ein solches Verhalten unerwünscht. Deshalb wurden die beiden Fujinon MK-Objektive optisch so konstruiert, dass dieses Verhalten so gut wie vollkommen eliminiert wurde.

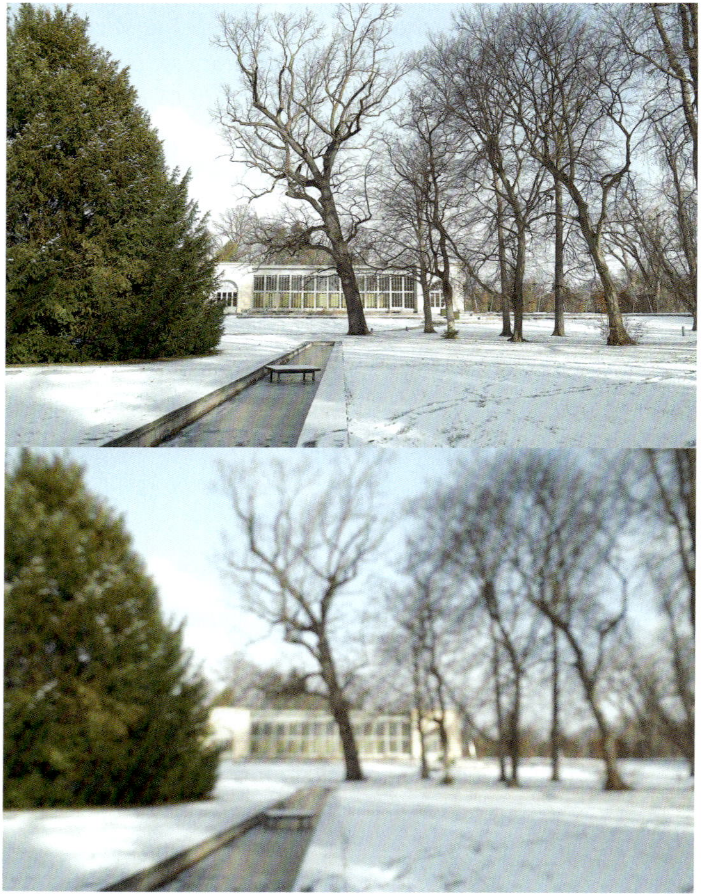

Abbildung 154: Egal bei welcher Brennweite, die Objektive Fujinon MK18–55mm T2.9 und Fujinon 50–135mm T2.9 sind optisch so gerechnet, dass sie denselben Bildausschnitt bei jeder Fokusposition zeigen. Dies erlaubt das Ziehen der Schärfe (Focus Pulls), ohne vom Phänomen des Focus Breathings abgelenkt zu werden.

Eine weitere wichtige Eigenschaft der Fujinon MKX-Objektive ist ihre Parfokalität. Unter einem parfokalen Objektiv versteht man ein Zoomobjektiv, das beim Zoomen nicht die Position der Fokusebene verändert. In der Fotografie hat dieses Verhalten einen relativ geringen Wert, in der Videografie bringt es aber klare Vorteile mit sich:

- Sie können den Effekt des Zoomens kreativ nutzen. Während des Zoomvorgangs bleibt Ihr Motiv immer perfekt scharf.
- Sie können sich diese Eigenschaft zunutze machen, um maximale Bildschärfe zu erzielen. Dazu fokussieren Sie in gezoomter Stellung und reduzieren anschließend die Brennweite auf den gewünschten Wert.

Während manche Consumer-Fotoobjektive immer wieder als parfokal bezeichnet werden, zeigen Tests, dass diese deutlich von der Leistung von Cine-Objektiven entfernt sind [89]. Zudem besitzen die MK-Objektive die Möglichkeit, den Rückflansch-Abstand einzustellen und so sicherzustellen, dass situations- und temperaturunabhängig ein parfokaler Betrieb gewährleistet ist [90].

Insgesamt ist die optische Leistung der Fujinon MKX-Objektive hervorragend. Beide Objektive zeichnen sich durch schönen Kontrast und hohe Schärfe über den gesamten Bereich aus. Neben ihrer großartigen optischen Leistung heben sich die Fujinon MK-Objektive aber vor allem durch einen extrem einheitlichen Look hervor. Die Objektive liefern Ergebnisse mit denselben Farben und einem sehr ähnlichen Ausmaß an Aberrationen.

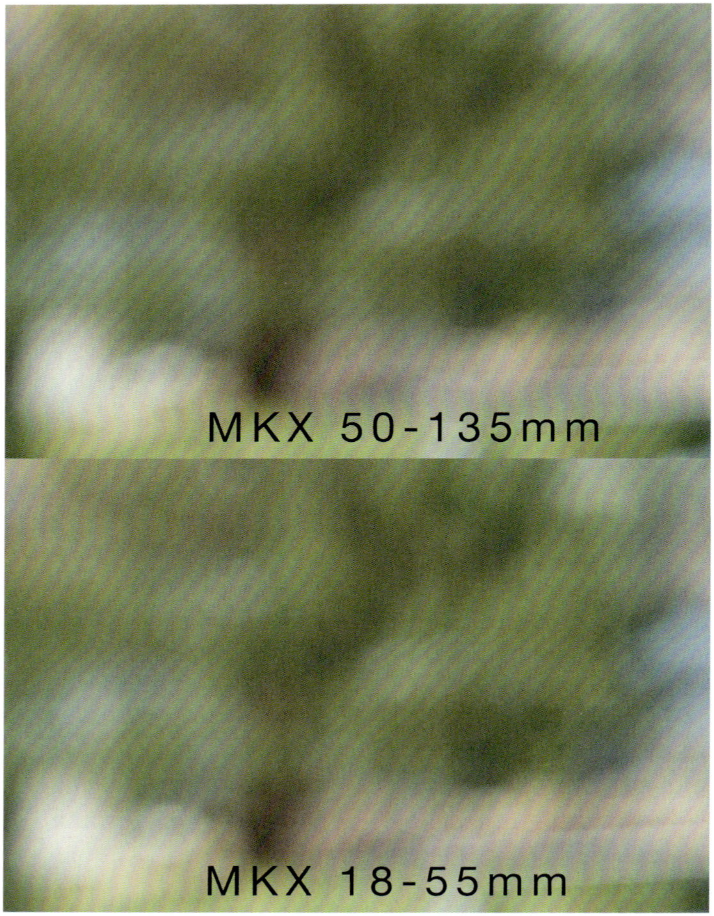

Abbildung 155: Im überschneidenden Brennweitenbereich von 50–55 mm sind selbst in starker Vergrößerung von 100 % oder mehr kaum Unterschiede im Bokeh und generellen Rendering zu finden.

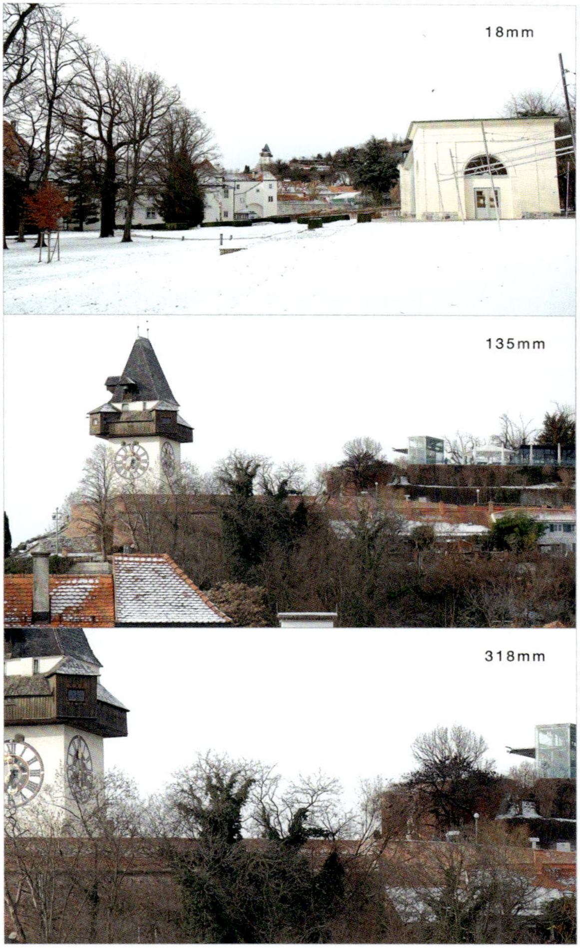

Abbildung 156: Diese Bilder verdeutlichen den Bereich, der mit den beiden Objektiven Fujinon MKX18–55mmT2.9 und Fujinon MKX50–135mmT2.9 abgedeckt werden kann. Die letzte Aufnahme zeigt einen 1080p-Ausschnitt aus einer 4K 60p-(1.18x Crop-)Aufnahme. Dies entspricht einer Aufnahme mit 318 mm an einer Kleinbildkamera. Selbst hier ist die Qualität noch erstaunlich gut.

Die Fujinon MK-Objektive sind für Sony E-Mount, Micro Four Thirds und Fujifilm X-Mount verfügbar. Während es sich bei den Objektiven für das Sony- sowie Micro Four Thirds-Bajonett um sogenannte »dumme« Objektive handelt (also solche ohne jegliche Kommunikation mit der Kamera), hat Fujinon die MK-Objektive für das Fujifilm X-Bajonett mit elektronischen Kontakten ausgestattet, die den Objektiven viele der Eigenschaften von autofokussierenden XF- und XC-Objektive verleihen.

Beispielsweise kann so auf eine Kombination aus optischer und digitaler Korrektur gesetzt werden. Die Korrektur der leichten Verzeichnung des Fujinon MK18–55mmT/2.9 erfolgt auch im Videomodus durch die Kamera. Diese Korrekturen funktionieren selbstverständlich auch für Fotoaufnahmen. Bei JPEG-Aufnahmen passiert dies automatisch, bei RAW-Aufnahmen wird die Korrektur in die Metadaten eingetragen, die vom eingebauten wie auch von externen RAW-Konvertern genutzt werden können.

Neben der Korrektur von Aberrationen erlaubt die Kommunikation von Kamera und Objektiv auch die Nutzung der digitalen Schärfentiefeskala.

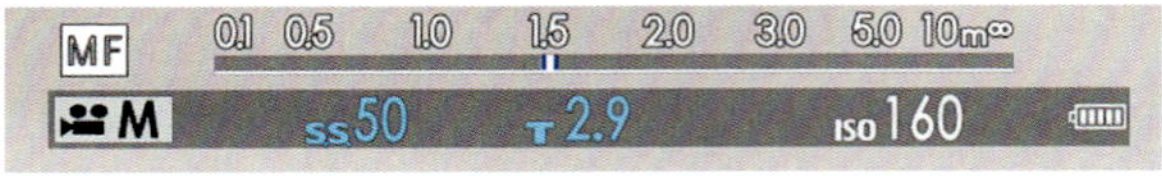

Abbildung 157: Die digitale Fokuspositions- und Schärfentiefeskala hilft einzuschätzen, welcher Bereich die gewünschte Schärfe aufweisen wird. Sie beruht bei Videoaufnahmen auf den gleichen PIXEL-BASIS- oder FILMFORMAT-BASIS-Einstellungen wie im Fotomodus. Deshalb ist die Berechnung anhand der PIXEL-BASIS selbst für Aufnahmen im 4K-Format zu konservativ.

Die MK Cine-Zooms für das X-Bajonett arbeiten auch perfekt mit dem IBIS der X-H1 und möglichen weiteren zukünftigen Kameras mit integriertem Stabilisator im Gehäuse zusammen. Die genaue Brennweite ist Voraussetzung für eine Stabilisierung der ersten drei Achsen (Roll, Gier, Neig), während die Fokusposition die Stabilisierung der zwei weiteren Achsen (Translation in X- und Y-Richtung) erlaubt. Somit erlauben die MK-Objektive für das Fujifilm X-System eine vollständige Fünf-Achsen-Stabilisierung.

Auch die Blendendaten werden vom Objektiv an die Kamera übermittelt. Da es in der Videografie oft wichtiger ist zu wissen, welche tatsächliche Menge an Licht auf dem Sensor landet (»t-Nummer«), als die Größe der Blendenöffnung (»f-Nummer«), erlaubt die X-T3 Ihnen, zwischen diesen Werten zu wechseln.

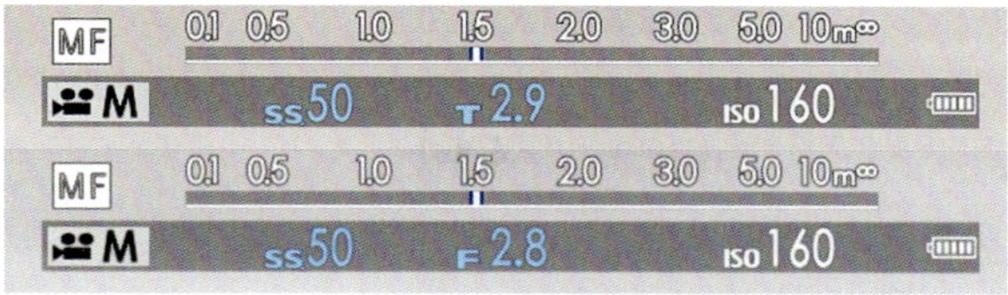

Abbildung 158: Im Menü EINRICHTUNG > DISPLAY-EINSTELLUNGEN > BLENDE FÜR KINOOBJEKTIV lässt sich an der Fujifilm X-T3 einstellen, ob man bei Verwendung der MK-Cine-Objektive den T- oder F-Wert in der Kamera angezeigt bekommen möchte.

Nützliches Zubehör für Videos — TIPP 126

Mithilfe des passenden Zubehörs kann aus der verhältnismäßig leichten und kompakten Fujifilm X-T3 schnell ein großes, schweres Rig gebaut werden. Hier soll ein Überblick über einige bekanntere und sinnvolle Arten von Zubehör gegeben werden.

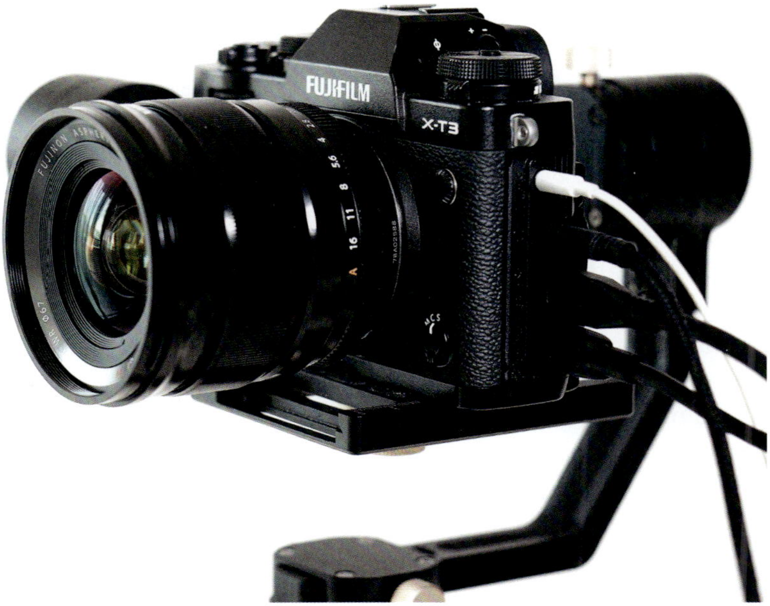

Abbildung 159: Die Klappe an der linken Seite der Fujifilm X-T3 kann entfernt werden, um besseren Zugang zu den Ports zu schaffen. An der Oberseite befindet sich hierzu eine Verriegelung.

Neutraldichte (ND) Filter [91] reduzieren die Lichtmenge, die auf den Sensor fällt, und helfen dadurch in sehr heller Umgebung. Generell unterscheidet man zwischen zwei Arten an ND-Filtern:

- Standard- bzw. konstante ND-Filter
- Variable ND-Filter

Ich empfehle, Filter zu kaufen, die mit den Frontdurchmessern Ihrer größten Objektive harmonieren. An kleineren Objektiven können diese mittels Step-up-Ringen befestigt werden.

Ein **konstanter Neutraldichtefilter** ist eine eingefärbte Glasscheibe. Diese kann in ein Metallgehäuse mit Filtergewinde eingefasst sein oder in anderer Form wie zum Beispiel als Stecksystem vorliegen.

Sollten Sie mit konstanten ND-Filtern unter sich ändernden Bedingungen arbeiten, gibt es zwei Möglichkeiten:

- Wechseln Sie den ND-Filter jedes Mal, wenn sich das Umgebungslicht ändert.
- Verwenden Sie einen starken ND-Filter und lassen Sie die Kamera durch ISO-Erhöhung die Helligkeit regeln. Dies kann zu erhöhtem Rauschen führen.

Aufgrund ihrer Filtergewinde lassen sich ND-Filter auch stapeln. Dies sollte aber nur in Ausnahmefälle gemacht werden, da das Stapeln von Filtern zu Farbverschiebungen, geringerer Auflösung und Artefakten wie Reflexionen führen kann.

Anders als bei konstanten ND-Filtern handelt es sich bei **variablen ND-Filtern** nicht um gefärbtes Glas, sondern um zwei Polarisationsfilter in entgegengesetzter Richtung. Dies erlaubt es, die Stärke der Lichtdurchlässigkeit variabel zu verändern.

Der Vorteil von variablen ND-Filtern liegt auf der Hand. Sie erlauben es, ohne nerviges Filterwechseln rasch die Bildhelligkeit anzupassen. Außerdem erlauben sie Änderungen, die deutlich kleiner als eine Blende sind (in der Regel die Abstufung konstanter ND-Filter).

Variable ND-Filter haben jedoch auch einige Nachteile:

- Aufgrund ihrer Funktionsweise und der notwendigen Steuerung sind sie in der Regel deutlich dicker als normale ND-Filter.
- Die größere Anzahl an Glasflächen kann zu mehr Reflexionen sowie einer Reduktion der Auflösung führen.
- Es kann zum sogenannten X-Muster bzw. X-Effekt kommen.
- Qualitativ hochwertige variable ND-Filter sind viel teuer als konstante ND-Filter.

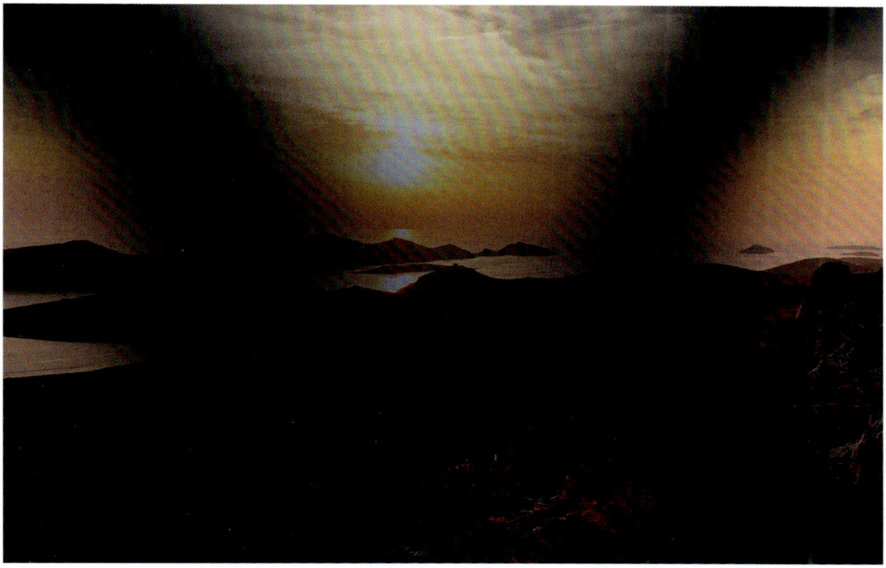

Abbildung 160: In diesem Beispiel ist das kreuzförmige Muster, gerne als X-Effekt beschrieben, zu sehen, welches vor allem bei Verwendung von vergleichsweise billigen variablen ND-Filtern und starker Abdunkelung auftreten kann. Dieser Effekt ist gerade bei Verwendung von Weitwinkelobjektiven sehr gut zu sehen.

Gute variable ND-Filter gibt es unter anderem von B+W, Nisi oder SLR Magic. Diese hochwertigen Modelle weisen meist einen verringerten Einstellbereich auf, was dazu führen kann, dass bei Verwendung von extrem lichtstarken Objektiven wie beispielsweise dem XF56mmF1.2 R ein zusätzlicher normaler ND-Filter angeschraubt werden muss.

Bedenken Sie, dass billige normale ND-Filter oft eine optisch deutlich bessere Leistung als sehr teure Exemplare variabler ND-Filter erbringen. Deshalb stellt ein Set aus normalen ND-Filtern, kombiniert mit einem Schnellwechselsystem, oft eine bessere Wahl dar.

Ein für viele Videonutzer sehr wichtiger Punkt ist die **Stabilisierung** ihrer Aufnahmen. Die auszugleichenden Bewegungen reichen vom Zittern der Hände bis zu Geh- und Laufbewegungen. Drei Arten der Stabilisierung erfreuen sich dabei besonderer Beliebtheit:

- OIS-Objektive (optische Bildstabilisierung)
- Gimbals
- Stative

Viele native Fujifilm-Objektive bieten einen eingebauten Stabilisator. Während **OIS** besonders gut gegen das Zittern der Hände wirkt, ist es als Ausgleichen von Verwacklung durch Gehen oder Rennen nur bedingt geeignet.

Bei einem motorisierten **Gimbal** wird die Kamera in einer Art kardanischen Aufhängung montiert [92]. Sensoren und Elektromotoren an drei Achsen helfen, Bewegungen auszugleichen. Beachten Sie, dass ein Gimbal vertikale Bewegungen, die beispielsweise durch schnelles Gehen, Hüpfen oder Ähnliches erzeugt werden, *nicht* korrigiert. Trainieren Sie am besten einen ruhigen, sanften Gehstil. Dies mag im ersten Moment ungewohnt sein, hilft jedoch sehr, die Aufnahmen deutlich besser zu stabilisieren [93].

Vor Verwendung eines Gimbals muss die Kamera, mitsamt des zu verwendenden Objektives, darauf ausbalanciert werden [94]. Dies hilft, die Elektromotoren zu schonen, spart Energie und vermeidet Vibrationen, durch ständig arbeitende Motoren, die in das System und die Aufnahme eingebracht werden können.

Wichtig: *Mit Stand Herbst 2019 war die Unterstützung der Kamerasteuerung von Fujifilm-Kamera durch Gimbalhersteller verhältnismäßig eingeschränkt. Mit der im Dezember 2019 veröffentlichten Firmware Version 3.10 wurde der Funktionsumfang in Kombination mit Gimbals jedoch deutlich ausgebaut. Erkundigen Sie sich dennoch vor dem Kauf eines Gimbals, ob Ihre gewünschten Funktionen funktionieren oder in naher Zukunft nachgeliefert werden sollen.*

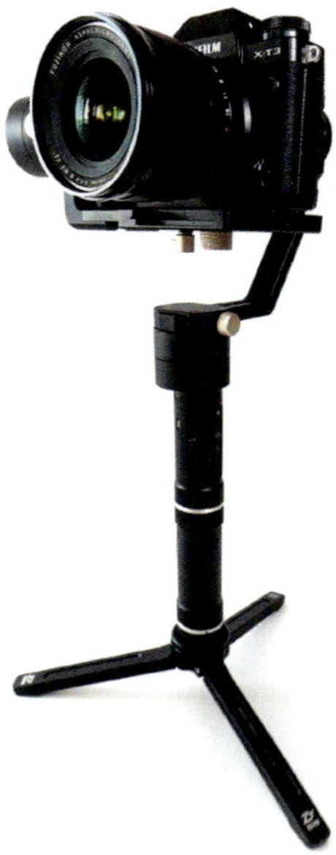

Abbildung 161:
Aufgrund ihres geringen Gewichts und ihrer Abmessungen funktioniert die X-T3 auch hervorragend mit kleineren Gimbals, wie hier dem Zhiyun Crane Plus. Die hier gezeigte Kombination mit der X-T3 und einem Fujifilm XF16mm f/1.4 wiegt unter 2 kg (exklusive Ministativ).

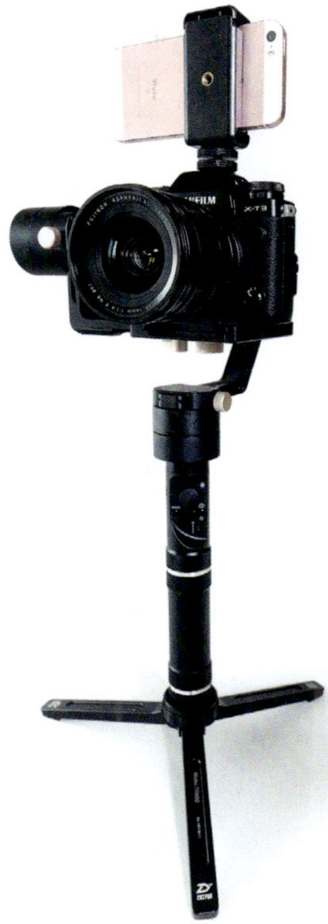

Abbildung 162:
Ein Smartphone kann am Blitzschuh der X-T3 montiert werden und neue Funktionen ermöglichen. Das Gimbal kommuniziert mit dem Smartphone und nutzt dessen Kamera und Rechenleistung, um Motive zu verfolgen. Bei stationären Motiven und bewegtem Gimbal liefert dies recht gute Ergebnisse, bei sich schnell bewegenden Motiven sind die Ergebnisse jedoch meist unzureichend mit ruckartigen Bewegungen und Überkorrektur.

Das klassische **Stativ** ist und bleibt eine der beliebtesten Formen der Stabilisierung. Wenn es um gezielte Schwenks oder das Verfolgen eines sich bewegenden Motivs von einem festen Standpunkt aus geht, so liefert das Stativ sehr gute Ergebnisse bei einfacher Handhabung. In Verbindung mit einer kompakten Kamera wie der Fujifilm X-T3 und den meisten dazugehörigen Objektiven liefern auch Fotostative gute Ergebnisse. Noch stabiler, dafür auch sperriger und schwerer, sind in der Regel eigene Videostative. Auf alle Fälle empfiehlt es sich, auf einen Videokopf anstelle eines für Fotografie beliebten Kugelkopfs zu setzen. Der Videokopf erlaubt eine deutlich genauere und einfachere Ausrichtung, gerade in Bewegung.

Unter einem **Käfig** (auf Englisch Cage) versteht man in der Videografie ein Metallgehäuse mit vielen Schraubgewinden. Dieses erlaubt das Montieren von unterschiedlichem Zubehör an den verschiedensten Stellen. Dazu zählen beispielsweise:

- Mikrofone
- Zusatzgriffe
- Monitore und/oder externe Rekorder
- Lichtequipment
- Rail-Systeme zur Nutzung eines Follow Focus, Matteboxen oder Lens Supports
- Akkupacks

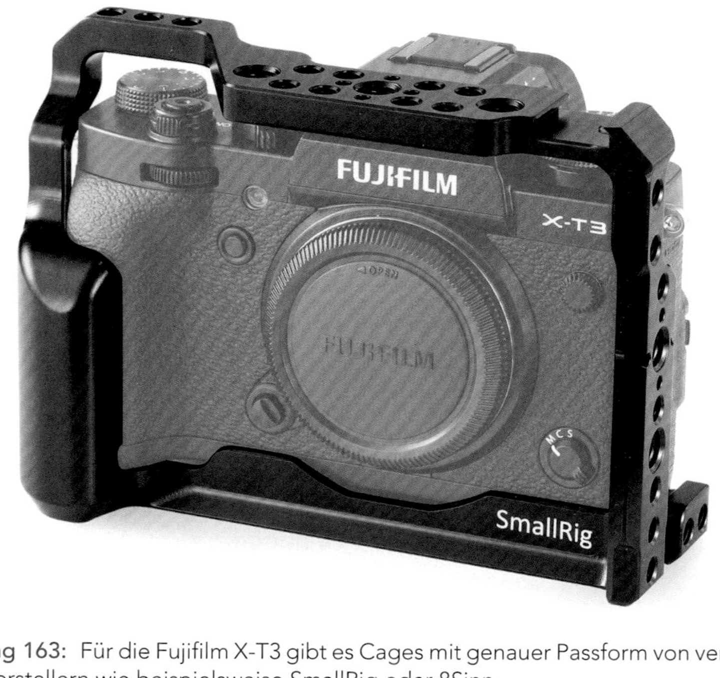

Abbildung 163: Für die Fujifilm X-T3 gibt es Cages mit genauer Passform von verschiedenen Herstellern wie beispielsweise SmallRig oder 8Sinn.

Externe Rekorder

TIPP 127

Ein externer Rekorder dient dazu, das Videosignal der Fujifilm X-T3 extern wiederzugeben und gegebenenfalls auch aufzuzeichnen. Während Preise von mehreren Hundert bis spürbar über Tausend Euro auf den ersten Blick extrem hoch erscheinen mögen, so erlauben externe Rekorder einige Dinge, die mit der Kamera alleine nicht möglich sind: Rekorder können in ProRes oder DNxHD/DNxHR aufzeichnen, verwenden günstigere Aufzeichnungsmedien und besitzen hellere, größere Monitore sowie zusätzliche Werkzeuge zur Bestimmung der perfekten Belichtung. Außerdem haben sie keine Aufnahmelimits, können mit extrem hohen Bitraten sowie 10 Bit 4:2:2 aufzeichnen und bieten weitere Zubehöroptionen.

Die Codecs ProRes und DNxHD/DNxHR liefern hohe Qualität und sind dennoch wenig anspruchsvoll in Bezug auf die Hardware in der Nachbearbeitung. Während für die flüssige Verarbeitung von H.265 moderne Hardware notwendig ist, können ProRes und DNxHD/HR selbst auf älteren Geräten meist problemlos angezeigt und bearbeitet werden.

Externe Rekorder werden meist mit SSDs betrieben. Deren Preise belaufen sich auf einen Bruchteil der Kosten von qualitativ hochwertigen, schnellen UHS-II SD-Karten. Bei längeren Aufzeichnungen kann sich ein externer Rekorder somit auch finanziell schnell lohnen.

Die meisten externen Rekorder besitzen verschiedene Fokushilfen. Sie erlauben unterschiedliche Vergrößerungen sowie Focus Peaking in diversen Farben und Ausprägungen. Außerdem lassen sich oft unterschiedliche Seitenformate wie 2.41:1, 2.35:1, 1.9:1 oder 1.85:1 anzeigen, die sich in der Kamera weder einstellen noch über Hilfslinien einblenden lassen.

Externe Rekorder bieten eine Vielzahl an Optionen, die helfen können, die optimale Belichtung zu erzielen [95]. Viele dieser Optionen, wie Vektorskop (Vectorscopes), Falschfarbendarstellung (False Color) oder Wellenform-Monitore (Waveform Display), sind in der Kamera nicht vorhanden [96]. Der externe Rekorder kann auch LUTs anwenden und anzeigen. Dies kann Ihnen gerade bei Verwendung von F-Log und HLG helfen, das Endergebnis besser abzuschätzen.

In Videospezifikationen finden sich oft Angaben wie 4:4:4, 4:2:2 oder 4:2:0. Diese beschreiben Formen der Farbunterabtastung (Chroma Subsampling). Bei internen Aufnahmen unterstützt die X-T3 eine 4:2:0 Farbunterabtastung, bei externen Aufnahmen ist es möglich, auch 4:2:2 aufzuzeichnen. Dies ist vor allem bei Visual-Effects-Arbeiten relevant, beispielsweise Greenscreens (Chromakeying).

Im Menü FILM-EINSTELLUNG > F-LOG/HLG AUFZEICHNUNG können Sie festlegen, welche Art von Aufnahme (Filmsimulation, F-Log, HLG) jeweils intern und extern aufgezeichnet werden soll. Beachten Sie, dass bei Auswahl von unterschiedlichen Optionen für die interne und externe Aufzeichnung (etwa Filmsimulation + F-Log) ein Cropfaktor von 1.18x aktiv wird.

Mit den Menüpunkten 4K-FILM-AUSGABE und FULLHD-VIDEO-AUSGABE steuern Sie, welche Auflösung (FullHD/4K) intern sowie extern aufgezeichnet werden soll. Auch die reine Ausgabe an ein externes Gerät ist möglich.

Die Option INFO-ANZEIGE HDMI AUSGABE erlaubt es, die Anzeige des gesamten Displays und nicht nur das reine Videosignal an den Rekorder zu senden. Bedenken Sie, dass es hierbei auch zur Aufzeichnung dieser Informationen im Bild sowie in anderen möglicherweise eingeblendeten Hilfsmitteln wie Histogramm oder Zebras kommt.

Falls Ihr Rekorder offiziell 4K mit 50p oder 60p unterstützt, Sie aber dennoch Probleme haben sollten, überprüfen Sie bitte Ihre HDMI-Kabel. Nur HDMI-Kabel, die zumindest den Standard 2.0 erfüllen, unterstützen 4K-Aufzeichnungen mit 50p oder 60p. HDMI-Kabel, die den Standard 2.0 unterstützen, werden mit »HDMI Premium High Speed« bezeichnet. Kabel, die den neuen Standard 2.1 unterstützen, tragen den Namen »HDMI Ultra High Speed«. Alternativ können Sie auch auf die Übertragungsrate achten. Diese sollte mindestens 18 Gbit/s betragen.

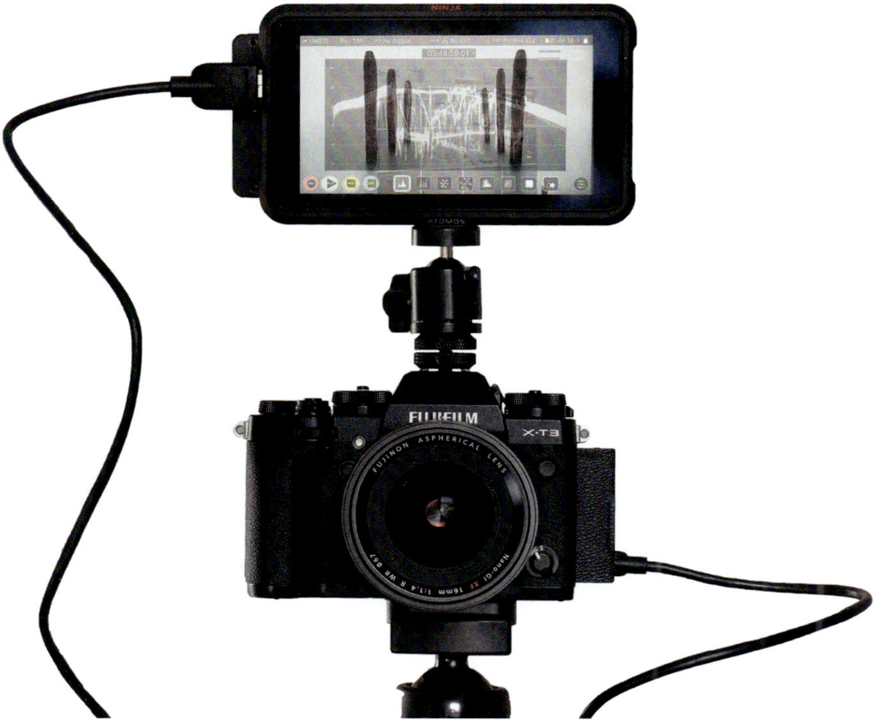

Abbildung 164: Der **Atomos Ninja V** unterstützt sämtliche Frameraten der X-T3 in allen Formaten. Er kann 4K mit bis zu 60p und 10 Bit Farbe aufnehmen. Er kann direkt im Blitzschuh der Kamera, an einem Käfig, einem Gimbal oder Rig angebracht werden. In diesem Beispiel sitzt er auf einem kleinen Kugelkopf im Blitzschuh, um ihn frei rotieren zu können.

Wie Sie möglichst lange aufnehmen können TIPP 128

In der X-T3 gibt es mehrere Aufnahmelimits:

- 20 Minuten, wenn Sie in 4K 50p oder 60p aufnehmen
- 29 Minuten und 59 Sekunden, wenn Sie in allen anderen Formaten aufnehmen

Die Einschränkung auf unter 30 Minuten ergibt sich aufgrund einer alten Regelung der Europäischen Union. Bei höheren Frameraten dient das Aufnahmelimit dagegen als Überhitzungsschutz. Das Limit von 20 Minuten bedeutet jedoch nicht, dass die Kamera nach 20 Minuten nicht mehr aufnehmen kann. In den meisten Fällen lassen sich nach den 20 Minuten problemlos weitere Aufnahmen machen. Wie lange Sie aufnehmen können, bevor die Kamera wegen Überhitzung stoppt, hängt neben dem Aufnahmeformat von der Umgebungstemperatur, der verwendeten Stromzufuhr, Kameraeinstellungen wie der Displayhelligkeit und anderen Faktoren ab.

Mit einem externen Recorder lassen sich diese Zeitlimits umgehen. Er erlaubt es, sowohl die 30-Minuten-Grenze zu überschreiten als auch die Temperaturentwicklung gering zu halten und dadurch auch mit höheren Frameraten länger aufzunehmen. Beachten Sie, dass bei einer gleichzeitigen Aufnahme sowohl intern als auch über HDMI weiterhin die vorhandenen Limits gelten.

Wenn Sie längere Sequenzen am Stück aufnehmen wollen, sollten Sie auch an die Stromversorgung denken. Der NP-W126S-Akku wurde mit einer geringeren Wärmeabgabe entwickelt. Ältere NP-W126-Akkus sowie Akkus von Drittherstellern können zu schnellerem Überhitzen führen. Aufgrund seiner kompakten Abmessungen ist die Kapazität des NP-W126S beschränkt. Es können rund 45 Minuten in 4K aufgezeichnet werden. Es gibt jedoch Wege, die Aufnahmezeit deutlich zu verlängern:

- Der Batteriegriff erweitert die Kapazität der X-T3 auf insgesamt drei Akkus. Damit verlängert sich die insgesamt nutzbare Videoaufnahmedauer auf etwa 120 Minuten. Anders als bei älteren Fujifilm-Modellen ist der Übergang zwischen den Akkus fließend und sollte die Aufnahme nicht unterbrechen.
- Die X-T3 bietet zwei Möglichkeiten, über Netzstrom betrieben zu werden. Zum einen liegt dem Batteriegriff ein externes Netzteil bei, zum anderen bietet Fuji den CP-W126-Gleichstromkuppler an.
- Sie können die Kamera im eingeschalteten Zustand mit Strom versorgen. Hierzu ist jedoch ein eingelegter, nicht komplett entleerter Akku notwendig. Auch während die Kamera mittels USB mit Strom versorgt

wird, kann es passieren, dass sich der Kamera-Akku entlädt, wenn auch sehr viel langsamer. Fujifilm empfiehlt konkret die Verwendung von Modellen der Firma Anker, und zwar den PowerCore Speed 20000 PD und PowerCore+26800 PD. Um bestmögliche Ergebnisse zu bekommen, achten Sie beim Kauf auf Power Delivery (PD) mit mindestens 24W.

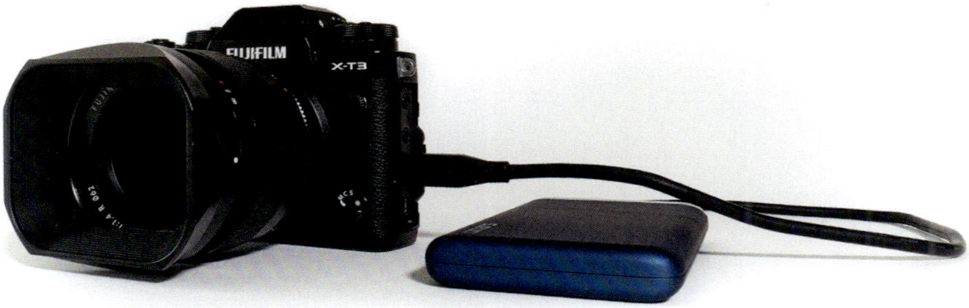

Abbildung 165: Selbst mit günstigen Akkupacks kann die Akkulaufzeit der X-T3 deutlich verlängert werden. Die hier abgebildete Powerbank mit 18 W reicht jedoch nur aus, um die Laufzeit auf etwa 2,5 Stunden zu verlängern.

Lernen Sie die Vorteile und Restriktionen der Smartphone-App kennen. TIPP 129

Die Fujifilm Cam Remote-App erlaubt es, die Kamera in begrenztem Ausmaß zu steuern. So kann die Aufnahme über eine Bluetooth-Verbindung gestartet und angehalten werden.

Alternativ lässt sich die Kamera über Wi-Fi auch fernsteuern. Diese Option bringt jedoch Einschränkungen mit sich. So wird die Aufnahme in 1080p und maximal 100 Mbps durchgeführt, selbst wenn Sie 4K und höhere Bitraten in der Kamera eingestellt haben.

Wenn Sie ein Autofokusobjektiv im manuellen Fokusmodus nutzen, zwingt die Smartphone-App die Kamera zur automatischen Scharfstellung. Die Kameraeinstellungen ändern sich automatisch auf AF-C und MEHRFELD-Fokusmodus.

Des Weiteren orientiert sich die Smartphone-App an den Einstellungen der mechanischen Einstellräder und ignoriert die VIDEO-STUMMSCHALT-STEUERUNG. Um alle Einstellungen manuell vornehmen zu können, dürfen deshalb die Räder für Blende und Verschlusszeit nicht auf »A« stehen.

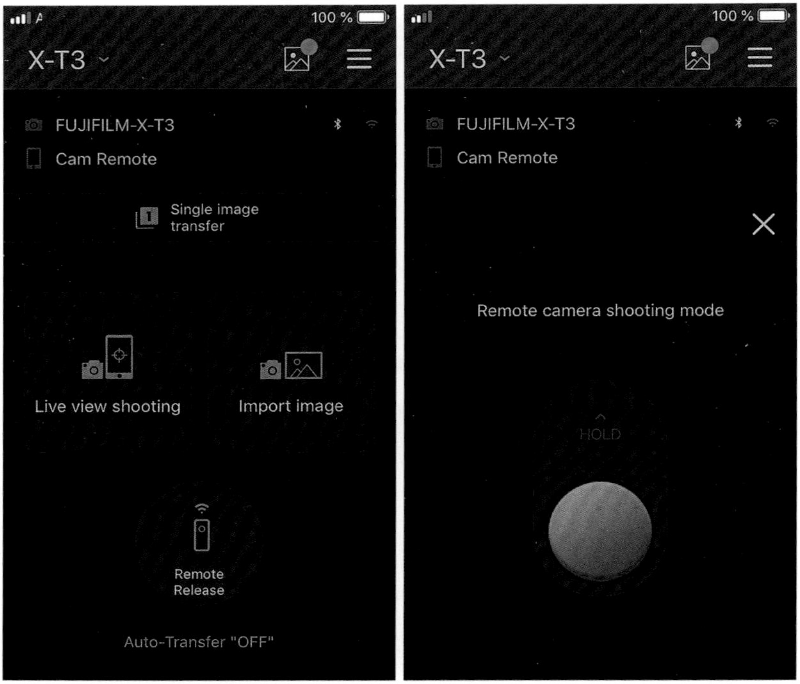

Abbildung 166: Die Camera Remote-App erlaubt die Fernsteuerung der Kamera. Bei Verwendung des Bluetooth-Fernauslösers (rechts) wird die Aufnahme auf Tastendruck gestartet und gestoppt. Der Live-View-Aufnahmemodus (links) überschreibt die in der Kamera gewählten Einstellungen und kann deshalb nur bedingt empfohlen werden.

2.7 FOTOGRAFIEREN MIT BLITZLICHT

Blitzfotografie ist eine Art Doppelbelichtung. Die Aufnahme setzt sich aus zwei Komponenten zusammen, die übereinander belichtet werden: dem **Umgebungslicht** und dem **Blitzlicht**.

- Die **Umgebungslichtkomponente** wird wie bei einer »regulären« Aufnahme in der Kamera gemessen. Anhand der Belichtungsmessung wählt die Belichtungsautomatik (P, A oder S) eine passende Belichtung aus, die Sie wie üblich mit dem Belichtungskorrekturrad anpassen können. Dabei helfen Ihnen Live-View und Live-Histogramm. Wahlweise können Sie die Belichtung im Modus M auch manuell einstellen – darauf schwöre ich in fast allen Situationen. Grundsätzlich funktioniert die Belichtung für die Umgebungslichtkomponente genau wie die Belichtung einer Szene ohne Blitz.
- Die **Blitzlichtkomponente** kann mithilfe der eingebauten Blitzlichtmessung ebenfalls von der Kamera bestimmt werden. TTL [97] bedeutet »Through the Lens« und weist darauf hin, dass hier (wie bei der Umgebungslichtkomponente) das durch das Objektiv effektiv einfallende Licht gemessen wird. Der intelligente Blitz der X-T3 ermittelt die passende Blitzlichtmenge automatisch, und zwar mithilfe eines vorangehenden Messblitzes sowie anderer Daten. Auch hier haben Sie wieder die Möglichkeit, die von der Kamera ermittelte Blitzbelichtung nach oben oder unten zu korrigieren, und zwar unabhängig von der Korrektur der Umgebungslichtkomponente. Dies geschieht auf der Menüseite BLITZ-EINSTELLUNG > EINSTELLUNG BLITZFUNKTION oder – sofern verfügbar – direkt an einem externen Fujifilm-TTL-Blitz wie dem EF-X20 oder dem EF-X500. Leider können Sie die Helligkeit der Blitzlichtkomponente vor der Aufnahme nicht abschätzen, da Live-View und Live-Histogramm sich ausschließlich auf das Umgebungslicht beziehen.

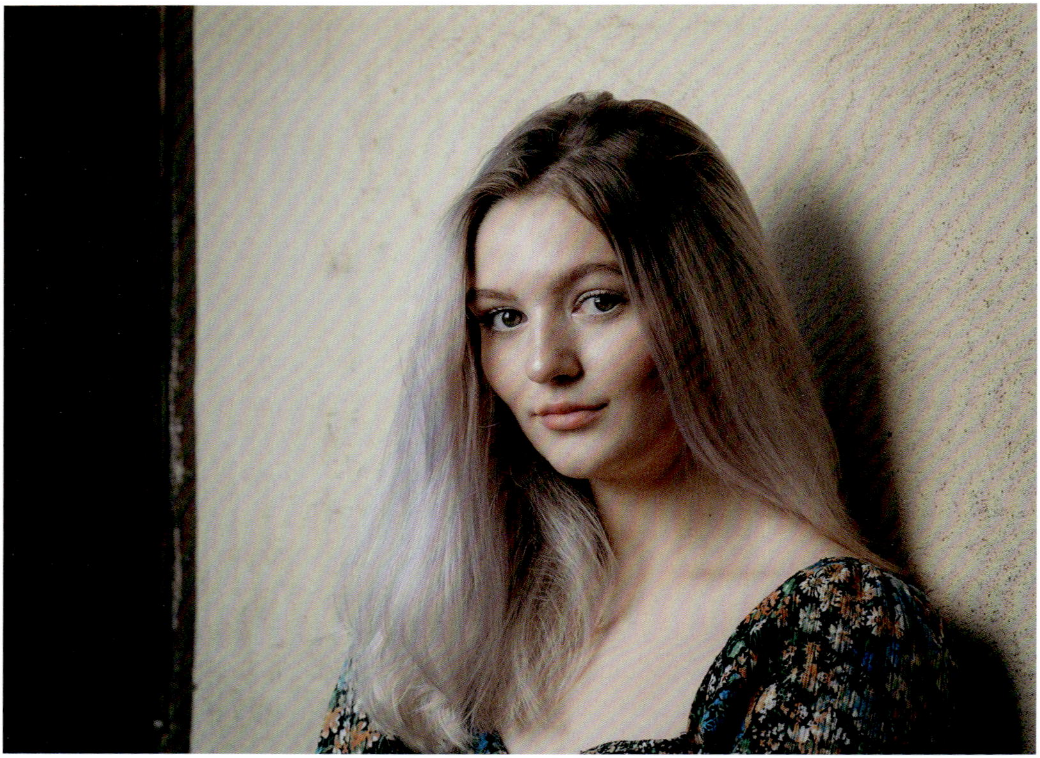

Abbildung 167: Häufig geht es bei der **Blitzfotografie** darum, ein ausgewogenes Verhältnis zwischen dem natürlichen Umgebungslicht und dem künstlichen Blitzlicht zu finden.

Neben externen TTL-Blitzgeräten von Fujifilm oder kompatiblen Anbietern können Sie grundsätzlich auch beliebige Blitzgeräte anderer Hersteller verwenden. Nahezu alles, was auf den Blitzschuh der Kamera passt, funktioniert. Dabei müssen Sie dann jedoch auf die TTL-Blitzbelichtungsmessung der Kamera verzichten und die abgegebene Blitzlichtmenge manuell am Blitzgerät einstellen. Oder Sie verwenden einen sogenannten Automatikblitz mit einem eigenen Belichtungssensor im Gerät, der die Ausgangsleistung kameraunabhängig misst und einstellt.

Die X-T3 unterstützt im Rahmen ihrer TTL-Blitzbelichtung verschiedene Blitzmodi, die Sie im Schnellmenü oder im Aufnahmemenü über BLITZ-EINSTELLUNG > EINSTELLUNG BLITZFUNKTION festlegen können:

- TTL AUTOBLITZ steht nur im Belichtungsmodus P zur Verfügung und aktiviert einen ausgeklappten und einsatzbereiten TTL-Blitz bei Bedarf selbst. Dieser Modus ist nicht allzu empfehlenswert, da Sie selbst in der Regel besser als die Kamera wissen, wann Sie Blitzlicht brauchen und wann nicht.
- TTL STANDARD (früher auch als ERZW. BLITZ bekannt) löst den Blitz in jedem Fall aus. Diese Funktion steht in allen vier Belichtungsmodi (P, A, S und M) zur Verfügung.
- TTL LANGSAME SYNC. arbeitet wie der erzwungene Blitz, erlaubt jedoch bei Bedarf längere Belichtungszeiten (bis zu einer Dauer von 1/8 s) für das Umgebungslicht. Auf diese Weise ist es möglich, bei Dunkelheit oder Schummerlicht mehr Umgebungslicht einzufangen. Dieser Blitzmodus steht naturgemäß nur in den Belichtungsmodi P und A zur Verfügung.
- MANUELLER BLITZ funktioniert wie TTL LANGSAME SYNC., Sie geben die Lichtleistung jedoch selber an. Diese Funktion steht in allen vier Belichtungsmodi (P, A, S und M) zur Verfügung.
- COMMANDER ist ein Steuerblitzlicht, mit dessen Hilfe Sie externe Blitzgeräte optisch ohne Kabel auslösen können, sofern diese über einen entsprechenden Sensor verfügen. Neben einigen Geräten von Drittanbietern ist auch der EF-X20 per Commander-Licht drahtlos steuerbar. In diesem Fall müssen Sie die Blitzleistung an Ihrem Blitzgerät jedoch *manuell* einstellen. Denken Sie außerdem daran, dass auch der Commander-Blitz speziell bei höheren ISO-Werten die Gesamtbelichtung Ihrer Aufnahme beeinflussen kann. Der COMMANDER-Modus steht in allen vier Belichtungsmodi (P, A, s, M) zur Verfügung.
- AUS deaktiviert die Blitzfunktion. Es wird also auch dann nicht geblitzt, wenn ein Blitzgerät mit der Kamera verbunden und eingeschaltet ist.

- Auf der Menüseite EINSTELLUNG BLITZFUNKTION gibt es als weitere Option die Synchronisation des Blitzlichts auf den zweiten Verschlussvorhang. In diesem Fall löst der Blitz erst zum Ende des Belichtungsvorgangs aus. Dies ist bei längeren Belichtungszeiten relevant, wenn Sie keine statischen, sondern sich bewegende Objekte fotografieren. Erinnern wir uns: Blitzbelichtung ist eine Doppelbelichtung mit Umgebungslicht- und Blitzlichtkomponente. Bei längeren Belichtungszeiten kommt es bei sich bewegenden Objekten zwangsläufig zu Bewegungsunschärfe und Wischeffekten, während die Blitzlichtkomponente das Objekt einfriert. In Verbindung mit dem High-End-Blitzgerät EF-X500 gibt es außerdem eine Synchronisierungsoption namens FP alias »Focal Plane«. Hierbei handelt es sich um Fujifilms Version von HSS (High-Speed-Synchronisation), bei der Blitzgeräte auch mit kurzen Verschlusszeiten bis zu 1/8000 s verwendet werden können.

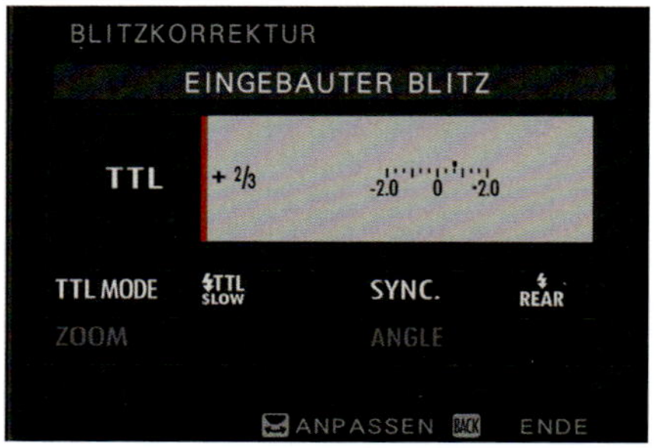

Abbildung 168: Die Menüseite EINSTELLUNG BLITZFUNKTION erlaubt die Steuerung wichtiger Parameter wie Blitzmodus, Blitzsynchronisationsmodus und Blitzbelichtungskorrektur.

TIPP 130

Blitzen in den Belichtungsmodi P und A: Limits für die längstmögliche Belichtungszeit

In den Belichtungsmodi P und A wählt die Kamera selbstständig die passende Belichtungszeit für die Umgebungslichtkomponente aus.

- In den Blitzmodi TTL AUTOBLITZ, TTL STANDARD und COMMANDER gilt grundsätzlich ein hartes Limit von 1/60 s, das unabhängig von der eingesetzten Brennweite und den Lichtverhältnissen nicht überschritten werden kann. Dieses Limit kann abends oder nachts schnell dafür sorgen, dass die Umgebungslichtkomponente unterbelichtet wird.

- Im Blitzmodus TTL LANGSAME SYNC. sowie im MANUELLEN BLITZMODUS erlaubt die Kamera grundsätzlich eine Langzeitsynchronisation mit längeren Belichtungszeiten bis zu höchstens 1/8 s. Es gelten hier keine anderen – etwa von der gewählten Brennweite oder einem aktiven OIS abhängigen – Grenzwerte. Für noch längere Belichtungszeiten verwenden Sie bitte den Belichtungsmodus S oder M.

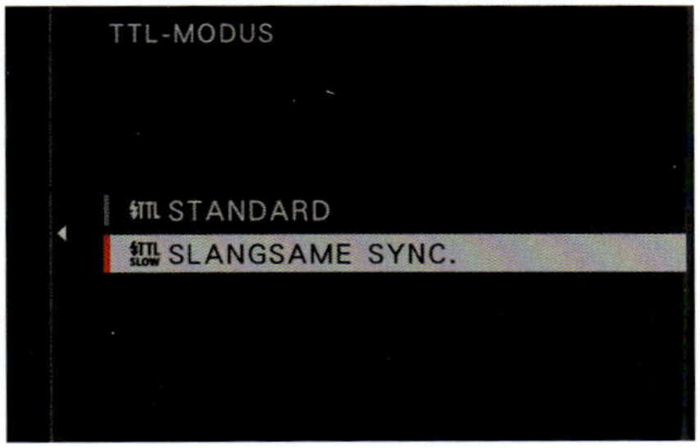

Abbildung 169: Wenn Sie die Umgebungslichtkomponente Ihres Blitzbildes unbedingt automatisch mit den AE-Modi P oder A belichten müssen, dann verlängert die Auswahl von TTL LANGSAME SYNC die Verschlusszeit, mit der die Kamera zum Blitz synchronisiert werden kann, auf 1/8 s. Beachten Sie, dass dies immer noch zu kurz sein kann, um den Hintergrund bei schlechten Lichtverhältnissen hell genug darzustellen. Dies ist ein weiterer Grund dafür, warum ich die Belichtung der Umgebungslichtkomponente in Modus M sehr empfehle. Der Hauptgrund dafür besteht natürlich in der vollen Kontrolle über das Bildergebnis und die Ausgewogenheit zwischen Umgebungs- und Blitzlicht.

Wichtig: *Die Verwendung von Auto-ISO in Kombination mit einem Blitz kann in den Belichtungsmodi A und P zu unerwarteten Ergebnissen führen, da die Kamera Verschlusszeiten erzeugen kann, die kürzer sind als die in der Auto-ISO-Konfiguration eingestellte minimale Verschlusszeit oder die Zeitsynchronisationsgrenze von 1/8 s. Aus diesem Grund empfehle ich, bei Verwendung eines Blitzes in den Belichtungsmodi A und P Auto-ISO auszuschalten. Stellen Sie den gewünschten ISO-Wert stattdessen lieber manuell ein.*

TIPP 131 Steuerung der Umgebungslichtkomponente

Wenn Sie mit der X-T3 ein Motiv einmal mit ausgeschalteter und einmal mit eingeschalteter Blitzfunktion anmessen, werden Sie feststellen, dass sich die Belichtung dabei nicht ändert. Anders gesagt: Mit Blitz belichtet die Kamera die Umgebungslichtkomponente genauso wie ohne Blitz. Die Blitzlichtkomponente kommt einfach *hinzu*, es wird also nicht automatisch weniger Umgebungslicht eingefangen, um das zusätzliche Blitzlicht auszugleichen.

Diese Erkenntnis ist wichtig: Wir müssen uns keine Gedanken darüber machen, ob die Messung des Umgebungslichts in irgendeiner Weise beeinträchtigt wird, sobald der Blitz ins Spiel kommt, denn wir wissen: Die Messfunktion der Kamera liefert konsistente Ergebnisse. Das bedeutet aber auch, dass *wir* als Fotografen uns selbst ein Bild von dem Verhältnis machen müssen, das Umgebungslicht und Blitzlicht zueinander einnehmen sollen.

Wenn Sie den Blitz lediglich zum Aufhellen eines zu dunklen Vordergrunds verwenden möchten, wird die Blitzlichtkomponente die zu dunklen Bereiche im Vordergrund der Umgebungslichtkomponente aufhellen. Blitzen Sie hingegen eine auch ohne Blitz bereits »korrekt« belichtete Umgebung an, dürfte das Ergebnis entweder zu hell ausfallen oder die Blitzlichtkomponente im TTL-Betrieb wird kaum oder gar nicht sichtbar sein, weil die Blitzbelichtungssteuerung der Kamera erkennt, dass die Szene bereits ausreichend belichtet ist und kein zusätzliches Blitzlicht benötigt wird. Der Blitz wird dann zwar ausgelöst, jedoch mit so geringer Leistung, dass seine Wirkung im Bild kaum sichtbar ist. Wollen Sie also die Blitzlichtkomponente betonen, dann müssen Sie die Belichtung der Umgebungslichtkomponente zurücknehmen.

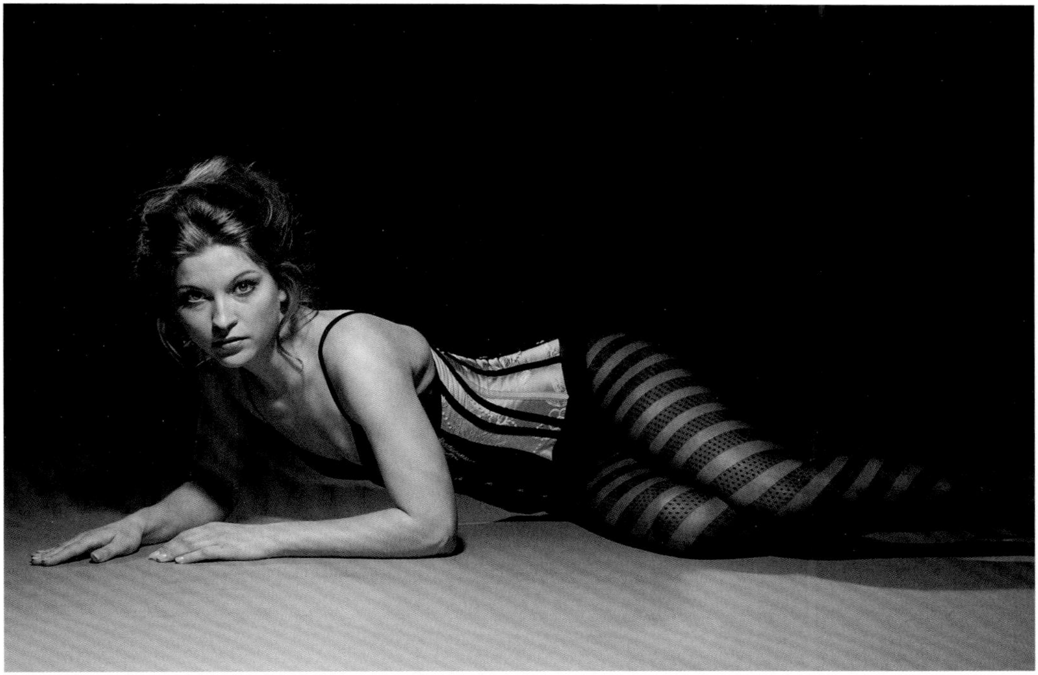

Abbildung 170: Das **Zurückfahren der Umgebungslichtkomponente** zum Abdunkeln des Hintergrunds lässt uns mehr Raum für die Blitzlichtkomponente. Besonders im Studio ist das ziemlich einfach, denn hier haben Sie die volle Kontrolle über die Intensität der beiden Lichtkomponenten.

So geht's:

- Regulieren Sie die Umgebungslichtkomponente wie gewohnt mit dem Belichtungskorrekturrad Ihrer Kamera oder stellen Sie die Belichtung (ISO, Blende, Belichtungszeit) manuell ein. Je weniger Umgebungslicht Sie zulassen, umso stärker wird die Blitzlichtkomponente ausfallen, da die TTL-Blitzbelichtungsautomatik stets versuchen wird, ein insgesamt korrekt belichtetes Ergebnis abzuliefern. Das Bedienen des Einstellrades für die Belichtungskorrektur hat hier übrigens keine Wirkung auf die Blitzlichtkomponente der Aufnahme, denn die Belichtungskorrektur beeinflusst nur die Belichtung der Umgebungslichtkomponente.

- Um die Umgebungslichtkomponente im manuellen Modus M als Vorschau korrekt darstellen zu können, muss die Belichtungsvorschau im manuellen Modus aktiviert sein, da Live-View und Live-Histogramm sonst nicht aussagekräftig sind. Wählen Sie EINRICHTUNG > DISPLAY-EINSTELLUNG > BEL.-VORSCHAU/WEISSABGLEICH MAN. > VORSCHAU BEL./WA aus.
- In einer Studioumgebung möchte man die Umgebungslichtkomponente häufig minimieren und die Szene vollständig mit Blitzlicht ausleuchten. In solchen Fällen verwendet man eine kleinere Blende (d.h. eine größere Blendenzahl), den ISO-Basiswert 160 und eine möglichst kurze Belichtungszeit. Die kürzeste Blitzsynchronzeit der X-T3 beträgt 1/250 s. Wenn Sie Motive mit reduziertem Umgebungslicht im manuellen Modus M arrangieren, sollten Sie EINRICHTUNG > DISPLAY-EINSTELLUNG > BEL.-VORSCHAU/WEISSABGLEICH MAN. > AUS einstellen, um im Sucherbild überhaupt noch etwas außer Dunkelheit erkennen zu können.
- Manchmal reicht auch die kürzeste Blitzsynchronzeit nicht aus, um die Umgebung mit dem ISO-Basiswert passend zur gewählten Blende nicht zu hell zu belichten. Natürlich können Sie dann abblenden, gewinnen dabei jedoch zusätzliche Schärfentiefe und weniger Objektfreistellung. Dies ist häufig unerwünscht. In solchen Fällen ist es sinnvoll, einen neutralen Graufilter [41] (ND-Filter) vor dem Objektiv zu verwenden, der den Lichteinfall um einige Blendenstufen (typischerweise 3 bis 6 EV) reduziert. Alternativ verwenden Sie einen Fuji-kompatiblen Blitz, der HSS unterstützt.
- Ähnlich wie die DR-Funktion wird Blitzlicht häufig verwendet, um große Kontrastunterschiede zwischen einem dunklen Vordergrund und einem hellen Hintergrund auszugleichen. Sie können den TTL-Blitz (oder auch jeden manuellen Blitz) trotzdem mit der DR-Funktion der Kamera kombinieren. Schließlich kann auch der Hintergrund für sich genommen so kontrastreich sein, dass die DR-Funktion sehr gute Dienste leistet. Denken Sie etwa an einen nächtlichen Hintergrund mit Straßenbeleuchtung, vor dem Sie ein Porträt mit Blitzlicht aufnehmen möchten. Das Blitzlicht gilt dann der Person im Vordergrund, während die DR-Funktion dafür sorgt, dass die Straßenbeleuchtung im Hintergrund nicht ausfrisst. Die DR-Funktion ist auch sehr praktisch, wenn Sie im Raum gestaffelte Mo-

tive anblitzen, wobei die näher zur Kamera befindlichen Motivbereiche gerne überbelichtet werden. DR400% gibt Ihnen hier einen zusätzlichen Überbelichtungsschutz von 2 EV, den Sie etwa beim Entwickeln der Aufnahme mit einem externen RAW-Konverter zur Geltung bringen können.

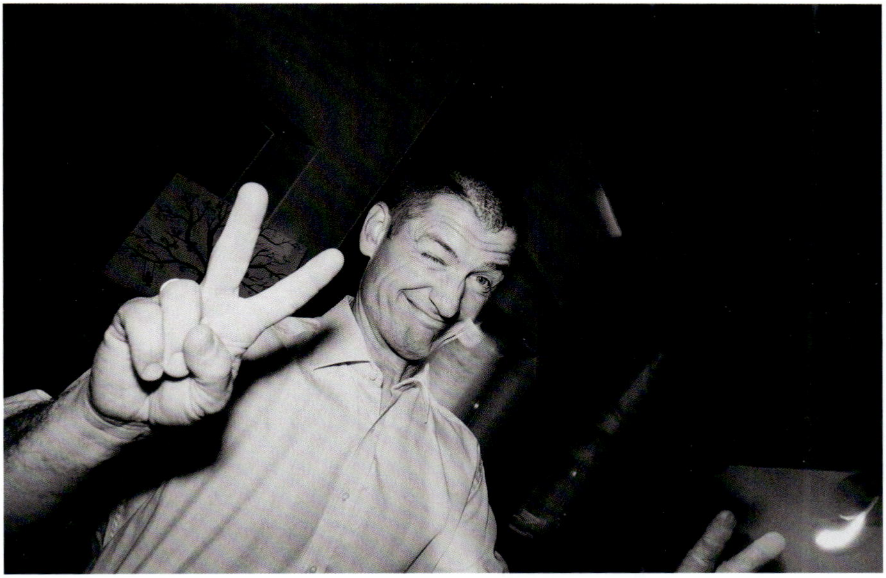

Abbildung 171: Großaufnahmen mit **Aufsteckblitz und Weitwinkelobjektiv** können eine knifflige Angelegenheit sein. Für diesen Schnappschuss verwendete ich ein XF16mmF1.4-Objektiv bei f/6.4, 1/6 s und ISO 800/DR400% im Belichtungsmodus M. Die Hand des Partygastes befindet sich viel näher an der Kamera (und damit am TTL-Blitz) als sein Gesicht, sodass bei jeder »normalen« Kamera die Hand entweder überbelichtet oder das Gesicht durch das Blitzlicht unterbelichtet würde. Aber nicht mit Fujifilm. Hier kommt uns die DR-Funktion zu Hilfe. Durch die manuelle Einstellung von DR400% kann die Hand des Gastes durch den TTL-Blitz um bis zu 2 EV überbelichtet werden, und wir können sie trotzdem bei der externen RAW-Konvertierung noch vollständig wiederherstellen. In diesem Fall habe ich Lightroom verwendet.

- Die vorhin besprochenen harten Verschlusszeitenlimits im Blitzbetrieb können in den Belichtungsmodi P und A dazu führen, dass die Umgebungslichtkomponente zu knapp belichtet wird. Diese Limits sind dennoch keine Schikane, sondern erfüllen einen konkreten Zweck: Sie sollen bei Blitzaufnahmen einen verwischten Hintergrund vermeiden. Wenn

Sie allerdings mit einem Stativ arbeiten oder Ihnen ein verwischter Hintergrund nichts ausmacht, sollten Sie die Limits aushebeln, indem Sie im Blitzmodus LZ-SYNCHRO fotografieren oder eine längere Belichtungszeit in den Belichtungsmodi S oder M einstellen. Ich persönlich ziehe den M-Modus vor.

- Umgebungslicht und Blitzlicht besitzen häufig unterschiedliche Farbtemperaturen, der Weißabgleich steht dann vor einer nahezu unlösbaren Herausforderung. Externe Konverter wie Lightroom ermöglichen dabei dann auch eine selektive Korrektur des Weißabgleichs: Sie können den (meist wärmeren) Hintergrund markieren und mit einer anderen Farbtemperatur entwickeln als den (meist kälteren) vom Blitz beleuchteten Vordergrund. Eine weitere Methode ist die Verwendung eines Farbfilters vor dem Blitzgerät, um das Blitzlicht wärmer oder kühler zu machen und es so besser an das Umgebungslicht anzupassen.

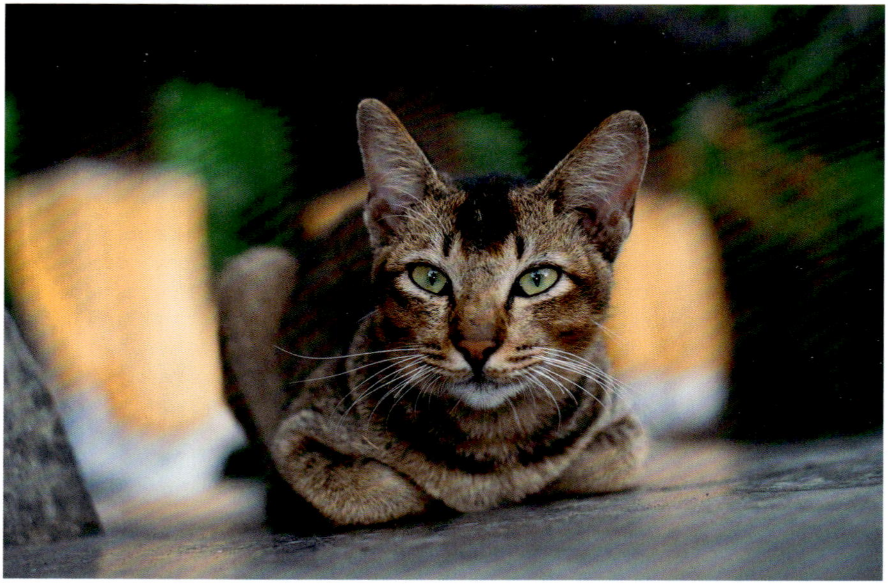

Abbildung 172: Steht das **Umgebungslicht** im Vordergrund, nimmt die Blitzlichtkomponente eine untergeordnete Rolle ein. In diesem (mit einer EF-20 aufgenommenen) Beispiel sorgt es für etwas Glanz in den Katzenaugen. Die besten Blitzaufnahmen sind oft jene, die man nicht als solche erkennen kann.

Steuerung der Blitzlichtkomponente TIPP 132

Analog zum Umgebungslicht können Sie auch den Blitzlichtanteil regulieren. Sie müssen nichts der Kameraautomatik überlassen.

- Um den automatischen TTL-Blitz zu steuern, verwenden Sie die Blitzlichtkorrektur. Diese Funktion finden Sie im Aufnahmemenü auf der Seite BLITZ-EINSTELLUNG > EINSTELLUNG BLITZFUNKTION oder an vielen externen TTL-Blitzgeräten. Wenn Sie die Blitzbelichtungskorrektur in der Kamera und am externen Blitzgerät miteinander kombinieren, addieren sich die beiden Korrekturen (der EF-X500 und der Metz M400 bilden hier allerdings Ausnahmen).
- Häufig werden Sie ansprechendere Ergebnisse erhalten, wenn Sie den Blitz von der Decke reflektieren lassen, da das grelle Blitzlicht hierdurch weicher wird. Natürlich erfordert dieses sogenannte indirekte Blitzen mehr Leistung, weswegen Sie möglicherweise einen stärkeren Blitz benötigen. Außerdem möchte ich nicht vergessen zu erwähnen, dass, wenn Sie eine farbige Reflexionsfläche anblitzen, das Blitzlicht entsprechend eingefärbt wird.
- Wenn Sie Ihr Blitzlicht gezielt einfärben oder seine Farbtemperatur ändern möchten, können Sie Farbfolienfilter vor Ihrem Reflektor anbringen. Die Farbtemperatur von ungefiltertem Blitzlicht entspricht in der Regel dem normalen Tageslicht.
- Die Reichweite Ihres Blitzgerätes hängt von der eingestellten Blende, der ISO-Einstellung und – natürlich – der Blitzleistung ab. Im TTL-Modus passt die Kamera die Blitzstärke automatisch an, aber viele Blitzgeräte haben auch einen manuellen Modus. Wenn Sie diesen nutzen, haben Sie volle Kontrolle über die Blitzleistung. Im manuellen Modus M hat das Ändern der Verschlusszeit keinen Einfluss auf die Helligkeit der Blitzlichtkomponente Ihrer Aufnahme, solange Sie bei oder oberhalb der offiziellen kürzesten Synchronisationszeit von 1/250 s bleiben. Daher stellt das Ändern der Verschlusszeit eine unkomplizierte Möglichkeit dar, die Belichtung der Umgebungslichtkomponente anzupassen, ohne Ihre manuell sorgfältig austarierte Blitzlichtkonfiguration zu gefährden.

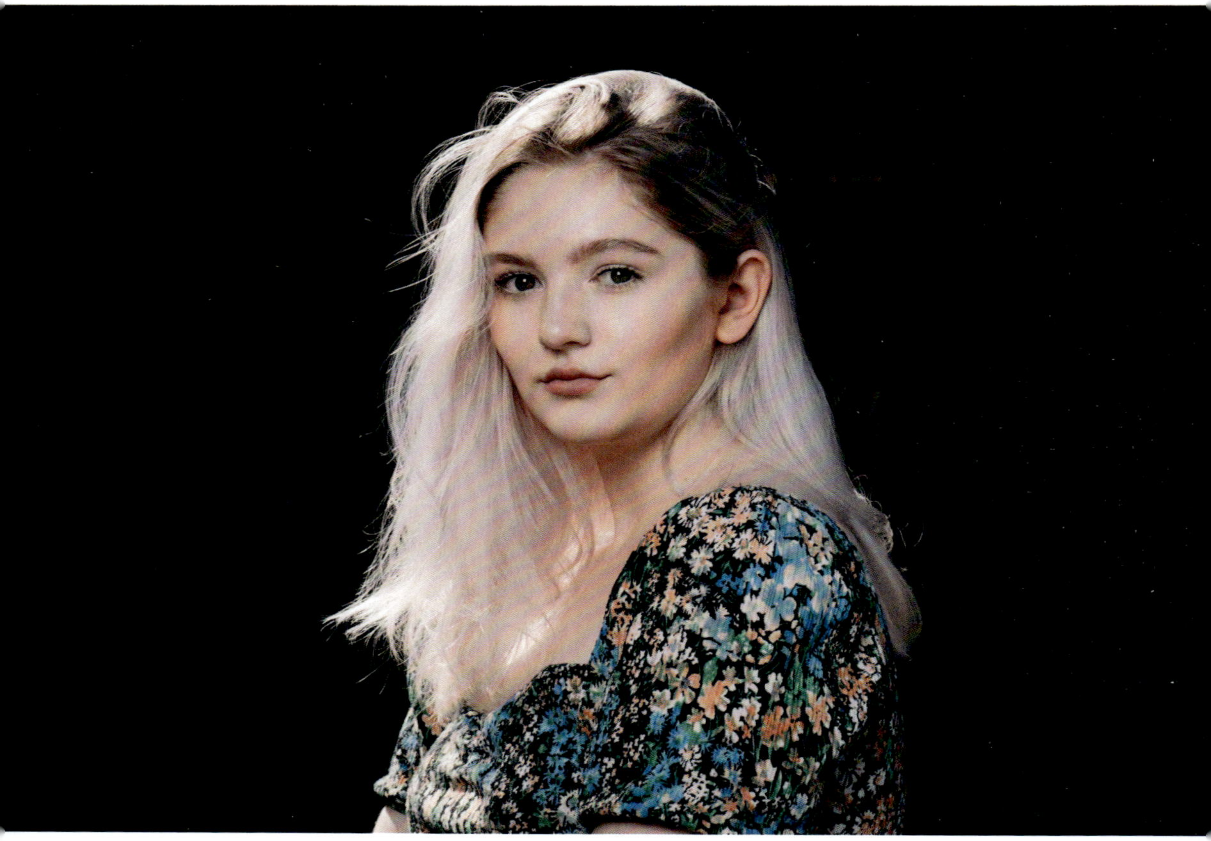

Abbildung 173: Wenn es darum geht, ein ausgewogenes Verhältnis zwischen Blitz- und Umgebungslicht herzustellen, ist, sofern genügend Zeit vorhanden ist, um alle erforderlichen Vorkehrungen zu treffen, die **uneingeschränkte manuelle Kontrolle über beide Lichtkomponenten** der von mir bevorzugte und daher auch empfohlene Ansatz.

- Denken Sie bei der Verwendung eines Aufsteckblitzes immer daran, dass große Objektive und Streulichtblenden Teile des Blitzlichts abschirmen können, was zu unangenehmen Schatten führen kann. Dann gilt: Nehmen Sie die Streulichtblende ab oder verwenden Sie einen entfesselten Blitz.
- Einige Weitwinkelobjektive decken einen größeren Bildwinkel ab als der Reflektor Ihres Blitzes, was zu einer unschönen Vignettierung führen kann. Auch in solchen Fällen kann das indirekte Blitzen wahre Wunder wirken, oder Sie setzen einen Diffusor vor den Blitzreflektor. Viele Blitzgeräte verfügen bereits über integrierte Diffusoren, Sie dürfen nur nicht vergessen, sie in Betrieb zu nehmen.

Blitzsynchronisierung – zum ersten oder zweiten Vorhang? TIPP 133

Blitzaufnahmen sind eine Doppelbelichtung, bestehend aus Umgebungslicht und Blitzlicht. Bei Aufnahmen mit längeren Verschlusszeiten stellt sich die Frage, wann während dieser längeren Belichtung des Umgebungslichts die sehr viel kürzere Blitzbelichtung erfolgen soll. Normalerweise wird der Blitz immer zu *Beginn* der Aufnahme ausgelöst, also zusammen mit dem ersten Verschlussvorhang des Schlitzverschlusses Ihrer X-T3. Wenn Sie allerdings den Synchronisationsmodus REAR/2. VORHANG auswählen, erfolgt die Blitzauslösung erst zum Ende der Belichtung mit dem zweiten Verschlussvorhang.

Dieser Unterschied ist vor allem dann beachtenswert, wenn Sie Objekte anblitzen, die sich schnell bewegen. In diesem Fall erhalten Sie in Verbindung mit längeren Verschlusszeiten nämlich einen Wischeffekt in der Umgebungslichtkomponente (Bewegungsunschärfe), zu dem sich die aufgrund der kurzen Blitzabbrenndauer scharfe (die Bewegung »einfrierende«) Blitzlichtkomponente addiert. Naturgemäß hat ein sich bewegendes Objekt am Anfang der Belichtung eine andere Position als am Ende.

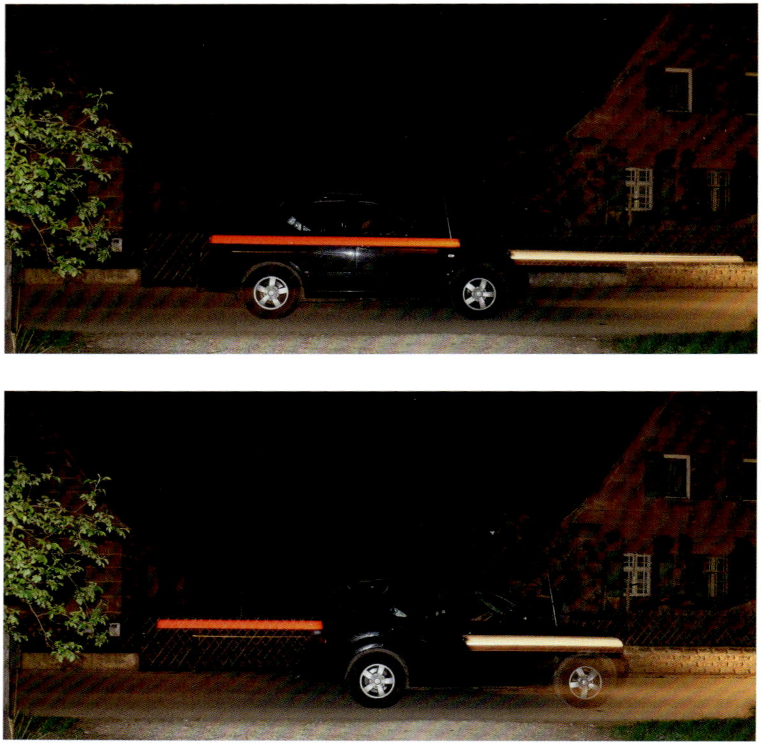

Abbildung 174: **Erster und zweiter Verschlussvorhang:** Diese Szene wurde oben auf den ersten, unten auf den zweiten Verschlussvorhang geblitzt. Dementsprechend friert der Blitz das Fahrzeug einmal am Anfang und einmal am Ende der Belichtung ein. Gut zu sehen ist in diesem Beispiel auch die Natur von Blitzaufnahmen als Doppelbelichtungen: Teile des helleren Hintergrunds überlagern in beiden Fällen das angeblitzte schwarze Fahrzeug. Um solche Effekte zu vermeiden oder zu vermindern, reduzieren Sie die Belichtung der Umgebungslichtkomponente und/oder verstärken die Blitzlichtkomponente.

TIPP 134 Blitzsynchronzeiten: Wo liegt die Grenze?

Die kürzestmögliche Verschlusszeit zur Blitzsynchronisation [98] beträgt bei der X-T3 offiziell 1/250 s. Daraus folgt:

- In den Belichtungsmodi P und A wird die Kamera niemals eine kürzere Belichtungszeit als 1/250 s anbieten. Ist diese Zeit für die herrschenden Lichtverhältnisse zu lang, wird die Umgebungslichtkomponente der Szene überbelichtet. Die Verschlusszeit wird in diesem Fall als Warnung rot im Sucher angezeigt. Blenden Sie dann entweder weiter ab, reduzieren Sie den ISO-Wert (jedoch nicht unter 160) oder verwenden Sie einen neutralen Graufilter [99] (ND-Filter) an Ihrem Objektiv.

- In den Belichtungsmodi **S** und **M** können Sie im Blitzbetrieb kürzere Belichtungszeiten als 1/250 s einstellen. Ihre Kamera wird diese Einstellungen auch honorieren. Allerdings kommt es dabei zunehmend zu Abschattungen im Bild (Jalousie-Effekt). In der Praxis ist es mit einigen Blitzgeräten jedoch möglich, Werte zu verwenden, die die offizielle kürzeste Synchronzeit geringfügig unterschreiten, ohne dass dieser störende Effekt auftritt. Probieren Sie es am besten selbst aus.

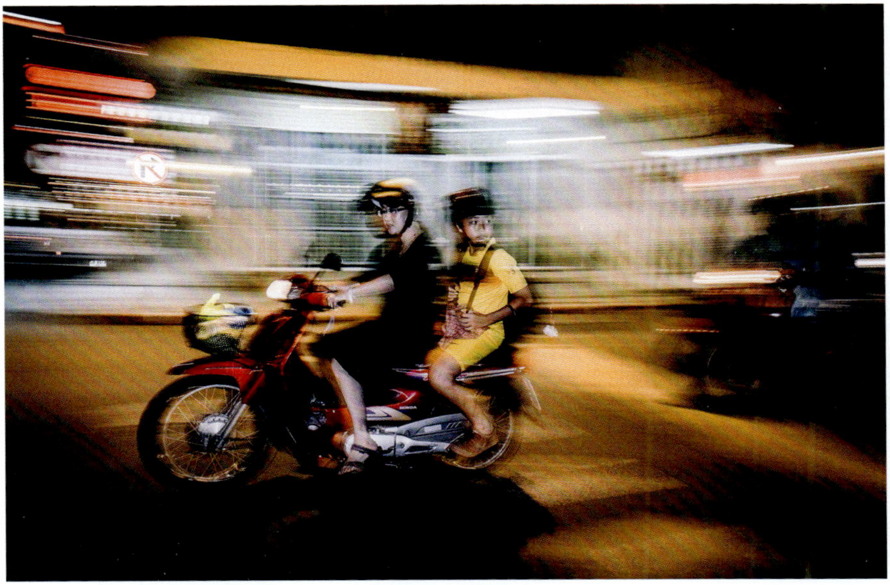

Abbildung 175: Viele Fotografen wünschen sich für ihre Kamera kürzere **Blitzsynchronzeiten** als 1/250 s. Man kann aus der Not allerdings auch eine Tugend machen und bewusst mit längeren Belichtungszeiten arbeiten, um einen verwischten Hintergrund mit einem vom Blitzlicht schärfer konturierten Vordergrund zu kombinieren. Das Beispielbild entstand mit einem EF-X500.

- High-Speed-Synchronisation (HSS, wird manchmal auch als FP-Modus bezeichnet) wird in der X-T3 offiziell bis zu 1/8000 s unterstützt, allerdings gibt es zurzeit (Stand Dezember 2019) mit dem EF-X500 nur ein HSS-kompatibles Blitzgerät von Fuji. Glücklicherweise unterstützen auch verschiedene Fuji-kompatible TTL-Blitzgeräte und -Systeme von Drittanbietern HSS (Godox, Metz M400 usw.).
- HSS/FP erfordert eine höhere Blitzleistung, sodass Sie möglicherweise ein stärkeres Blitzgerät benötigen, um die entstehenden Energieverluste auszugleichen. Je nach Marke und Typ Ihres Blitzgeräts kann die effektive Leistungsreduzierung, die am Übergangspunkt zwischen normaler Synchronisation und HSS auftritt, zwischen 2/3 EV (Godox AD200 oder AD600) und fast 2 EV (einige Speedlights) betragen.

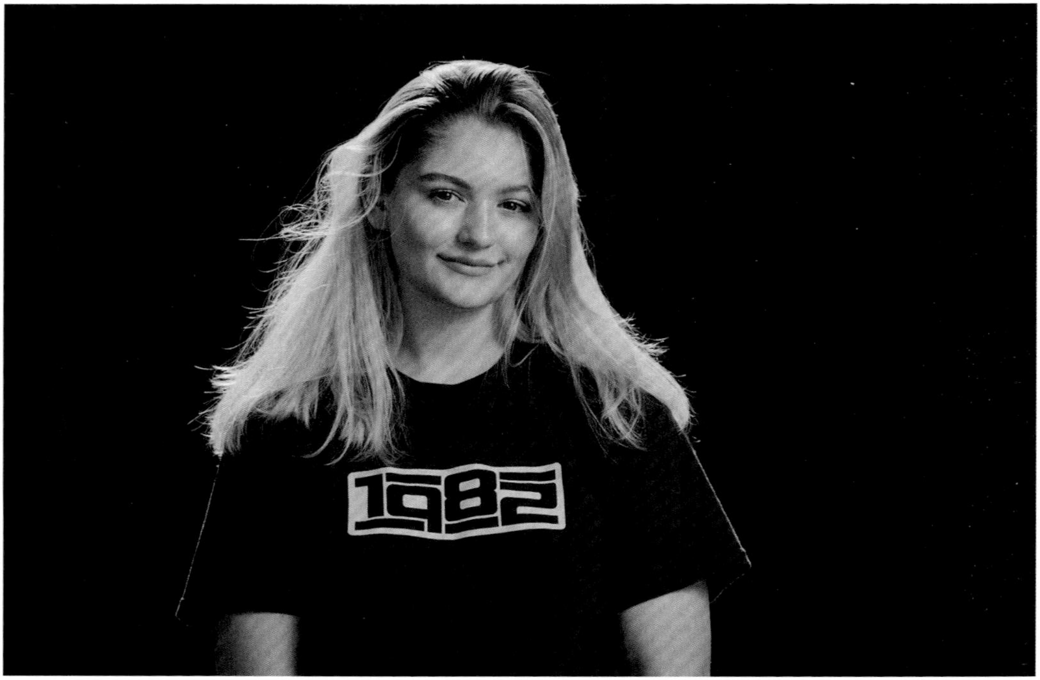

Abbildung 176: Diese manuell eingestellte **HSS-Aufnahme** wurde mit einer Verschlusszeit von 1/4000 s mit einem Godox V1 in einer kleinen Softbox und einem Godox X2T-F-Funksender gemacht.

Rote-Augen-Korrektur: Zwei Stufen führen zum Erfolg TIPP 135

Wenn sich Blitzgerät und Objektiv auf nahezu derselben optischen Achse befinden, kann es beim direkten Anblitzen von Personen (oder auch Tieren) zu unschönen Reflexionen in den Augen kommen: dem Rote-Augen-Effekt [100].

- Wenn Sie im Aufnahmemenü BLITZ-EINSTELLUNG > ROTE-AUGEN-KORR. und dann entweder BLITZ oder BLITZ+ENTFERNUNG einstellen, emittiert die Kamera vor jeder Blitzaufnahme einen Vorblitz, der die Pupillen der fotografierten Person verkleinert und den Effekt auf diese Weise reduziert.
- Unabhängig davon kann man mit BLITZ-EINSTELLUNG > ROTE-AUGEN-KORR. und dann entweder ENTFERNUNG oder BLITZ+ENTFERNUNG eine Gesichtserkennung in der JPEG-Datei durchführen und auftretende rote Augen automatisch retuschieren. Diese Funktion steht noch einmal unter WIEDERGABE-MENÜ > ROTE-AUGEN-KORR. zur Verfügung. Wenn Sie neben dem bearbeiteten Bild auch das unretouchierte JPEG behalten möchten, müssen Sie EINRICHTUNG > DATENSPEICHER-EINSTELLUNG > ORG.BLD SPEICHERN > AN auswählen. Auf die RAW-Datei hat die automatische Retusche keinen Einfluss, sie bleibt davon unberührt.

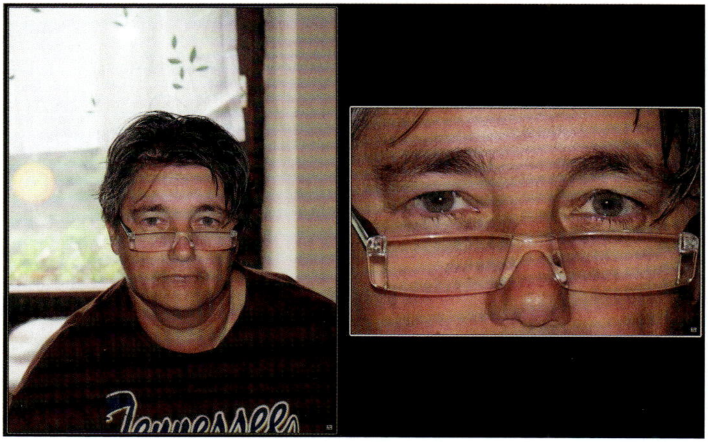

Abbildung 177: Die **Rote-Augen-Korrektur** arbeitet mit einem hellen Vorblitz, sodass sich die Pupillen der angeblitzten Person zusammenziehen.

TIPP 136 Arbeiten mit TTL-Lock

Zu den Blitzfunktionen zählt auch TTL-Lock. Hiermit kann die zuletzt gemessene Blitzbelichtung (analog zum AE-Lock) gespeichert werden, sodass mehrere hintereinander aufgenommene Blitzaufnahmen unabhängig von Änderungen beim Motiv oder der Bildkomposition stets mit derselben Blitzlichtmenge ausgeleuchtet werden. Um TTL-Lock nutzen zu können, muss die Funktion TTL-SPERRE einer der Fn-Tasten zugewiesen werden.

TTL-Lock funktioniert auf zweierlei Weise:

- Sie können den Belichtungswert der aktuellen Blitzbelichtung durch Betätigung der TTL-Lock-Taste speichern (Aufnahmemenü > BLITZ-EINSTELLUNG > TTL-LOCK-MODUS > MIT LETZT BLITZ SPERR.).
- Im Blitzmenü kann außerdem als Option eingestellt werden, dass TTL-Lock vor dem Speichern der Blitzbelichtung einen neuen Messblitz abfeuert und die Blitzbelichtung auf dessen Basis fixiert (Aufnahmemenü > BLITZ-EINSTELLUNG > TTL-LOCK MODUS > MIT MESSBL. SPERREN).

TTL-Lock erweist sich in Situationen als praktisch, in denen Sie mehrere Aufnahmen desselben Motivs machen und dabei eine konsistente Blitzleistung über die gesamte Reihe hinweg aufrechterhalten möchten. In einem typischen Setting werden Sie zunächst die Option MIT LETZT BLITZ SPERR. auswählen und dann einige Testaufnahmen des Motivs machen und mit der Blitzbelichtungskorrektur experimentieren, bis Sie mit dem Ergebnis zufrieden sind. Dann drücken Sie die TTL-Lock-Taste, um diese »perfekte« Blitzbelichtung zu fixieren, und machen weitere Aufnahmen.

TIPP 137 Fujifilm EF-X20: das Helferlein

Der Systemblitz EF-X20 wurde speziell für Retrokameras der X-Serie entworfen und passt deshalb hervorragend zur X-T3. Neben dem Einsatz als TTL-Blitz können Sie den EF-X20 auch mit manuellen Einstellungen verwenden und dabei sogar mit einem Steuerungsblitz (Commander) drahtlos und somit entfesselt auslösen:

- Stellen Sie den Blitz an der X-T3 auf den COMMANDER-Modus ein.
- Stellen Sie den Moduswahlschalter am EF-X20 auf die Position »N«.
- Stellen Sie am EF-X20 die gewünschte Blitzleistung manuell ein. Dafür stehen Ihnen sieben Stufen von 1/1 bis 1/64 zur Verfügung.

Wenn Sie mit der X-T3 nun eine Aufnahme machen, triggert der Blitz auf der Kamera den drahtlos entfesselten EF-X20. Bitte denken Sie daran, dass auch der Commander-Blitz der Kamera abhängig von den Gegebenheiten und der Motiventfernung Licht auf die Szene werfen kann.

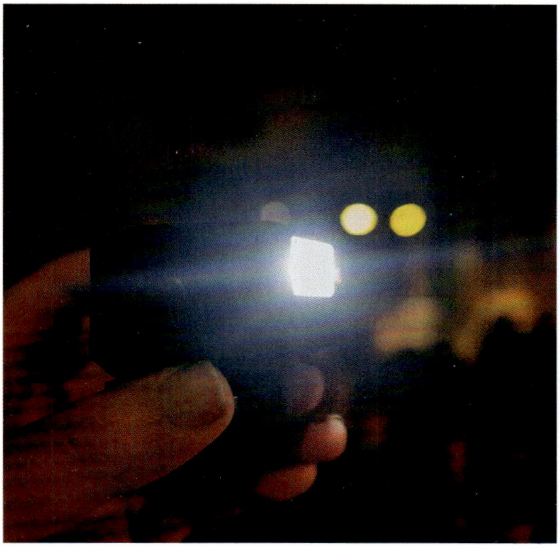

Abbildung 178: Der **EF-X20** als optisch ausgelöster Slave-Blitz

Fujifilm EF-X500: der Meisterblitz — TIPP 138

Der EF-X500 ist Fujifilms professioneller Aufsteckblitz. Er bietet eine drahtlose TTL-Steuerung von mehreren Blitzgeräten (organisiert in bis zu drei voneinander unabhängigen Gruppen), Stroboskopblitzen sowie einen LED-Zweitreflektor, der als Aufhelllicht [101], als stärkeres AF-Hilfslicht oder als Videolampe dienen kann. Über den FP-Modus steht High-Speed-Synchronisation (HSS) für kurze Verschlusszeiten bis zu 1/8000 s zur Verfügung.

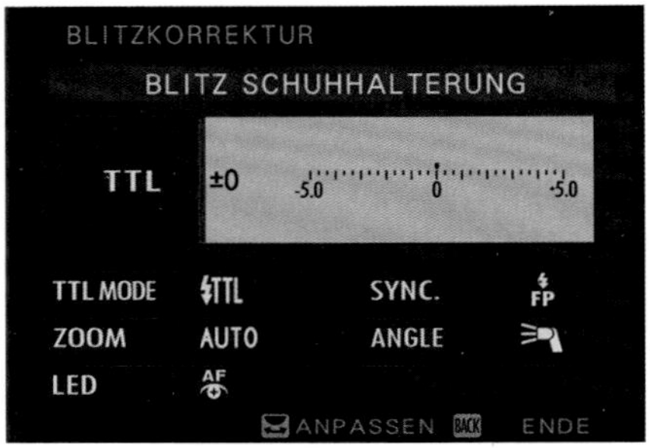

Abbildung 179:
In Verbindung mit dem **EF-X500** bietet das Menü EINSTELLUNG BLITZFUNKTION zusätzliche Einstellungsoptionen wie High-Speed-Sync (FP), Zoom-Einstellungen, Steuerung des Reflektor-Ausleuchtwinkels sowie Einstellungen für den LED-Zweitreflektor.

Sie können den EF-X500 als einzelnen Ansteckblitz oder in Master-Slave-Setups mit mehreren drahtlos verbundenen Blitzgeräten einsetzen. Die Kommunikation zwischen den Geräten läuft dabei über Lichtsignale.

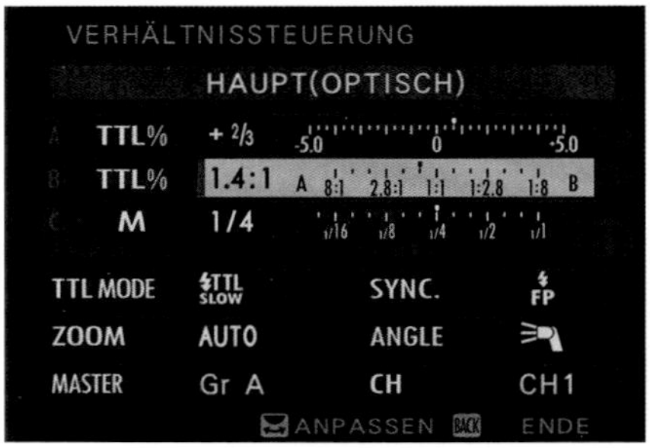

Abbildung 180:
Im **TTL-Master-Modus** kann ein EF-X500 mithilfe von Lichtsignalen mehrere kompatible Blitzgeräte steuern, die auf bis zu drei voneinander unabhängige Gruppen (A, B, C) verteilt sind. Die Lichtleistung jeder Gruppe kann über TTL, ein TTL-Verhältnis oder manuell gesteuert werden.

Zwar bietet der EF-X500 viele tolle Funktionen und liefert gute Qualität, doch gibt es auch einige Nachteile, die an dieser Stelle nicht verschwiegen werden sollen:

- Der Blitz ist ziemlich groß, schwer und teuer.
- Die drahtlose TTL-Kommunikation läuft über ein veraltetes Lichtprotokoll statt über zeitgemäße Funktechnik.
- Benutzer müssen sich entweder einen großen, schweren und teuren EF-X500 oder einen Metz M400 als Funksteuereinheit zulegen. Der mitgelieferte EF-X8 fällt als Master zur Steuerung anderer Blitze leider aus.

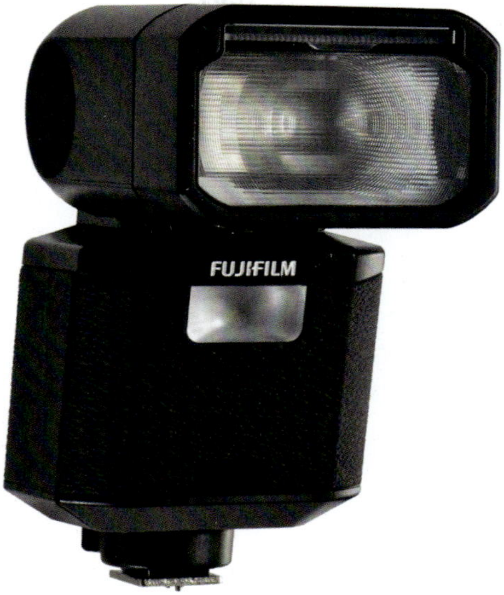

Abbildung 181: Der **EF-X500** ist Fujifilms Blitzgerät der Profiklasse – und damit schwer, etwas unhandlich und vor allem kostspielig. Bei Geräten dieser Klasse sollte man eigentlich TTL auf Funkbasis statt der veralteten Lichtsignalsteuerung erwarten können.

Deswegen bieten zunehmend mehr Dritthersteller Fuji-kompatible Blitzgeräte mit drahtloser TTL-Funksteuerung, Gruppenunterstützung und HSS an. Ich kann insbesondere Modelle von Godox und den Metz M400 empfehlen.

Metz M400: die gute Alternative — TIPP 139

Metz gehörte zu den ersten Blitzherstellern, die das neue Blitzsystem von Fujifilm unterstützten – einschließlich HSS/FP, AF-Hilfslicht und komfortabler Steuerung über die Blitzkonfigurationsseite der Kamera. Dies macht den Metz M400 [102] zu einer interessanten Alternative zum größeren und teureren EF-X500.

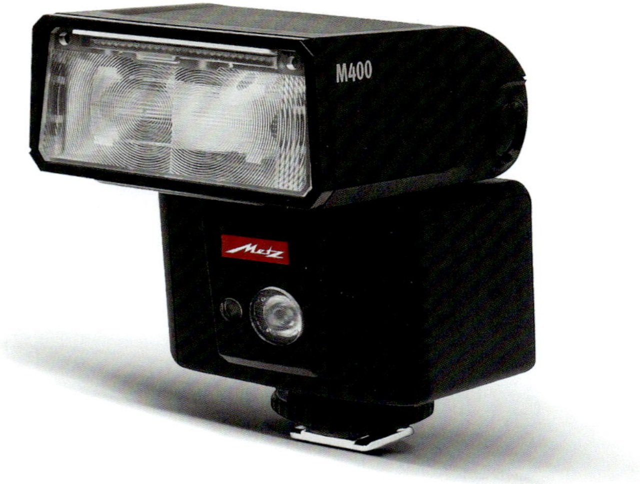

Abbildung 182: Wenn Sie auf der Suche nach einem uneingeschränkt kompatiblen Aufsteckblitz sind, der erschwinglicher und weniger sperrig ist als der Fujifilm EF-X500, dann ist die Fujifilm-Edition des **Metz M400** vielleicht genau das Richtige für Sie.

Der M400 nutzt eine moderne Fly-by-Wire-Benutzeroberfläche, die keine Einstellräder mit festen Markierungen aufweist. Stattdessen gibt es vier universelle Steuertasten und ein LC-Display, das bei Tag wie auch bei Nacht gut ablesbar ist. Dank dieser flexiblen Oberfläche kann der M400 per Firmware zumindest theoretisch vollkompatibel zu jeder Kamera gemacht werden. Außerdem treten niemals Diskrepanzen zwischen den Blitzeinstellungen der Kamera und jenen auf, die direkt am Blitzgerät vorgenommen werden. Die meisten Blitzfunktionen lassen sich auf der Blitzkonfigurationsseite und in den Menüs Ihrer Kamera bequem aufrufen und ändern.

Außerdem verbessert Metz seine Blitz-Firmware fortlaufend und stellt kostenlose Updates zur Verfügung, die vom Benutzer über die in das Blitzgerät integrierte USB-Schnittstelle installiert werden können. So ist sichergestellt, dass das Blitzgerät auch mit künftigen Fujifilm-Kameramodellen und womöglich ganz neuen Merkmalen und Funktionen kompatibel bleiben kann.

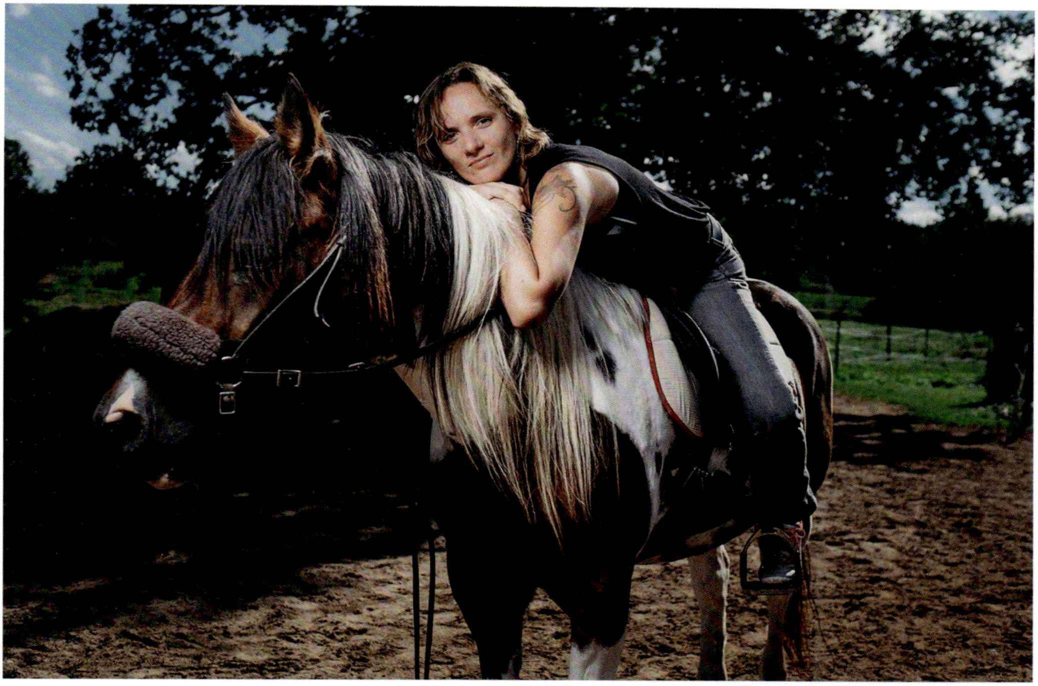

Abbildung 183: Trotz seiner kompakten Größe bietet der **Metz M400** genügend Power für den Einsatz mit kleinen Lichtformern. Für dieses Beispiel habe ich ihn in eine 40 cm × 40 cm große Softbox gesteckt und über einen EF-X500 ferngesteuert ausgelöst.

Arbeiten mit »fremden« Blitzgeräten

TIPP 140

An die X-T3 können Sie nicht nur Fujifilm-kompatible Systemblitzgeräte, sondern im Prinzip fast jedes Blitzgerät und jede Blitzanlage anschließen – sowohl per Kabel über den Blitzschuh als auch drahtlos mittels Funkauslöser.

Bitte beachten Sie dabei, dass der Betrieb systemfremder Blitzgeräte nur im manuellen Blitzmodus möglich ist. Das heißt, Sie müssen die Leistung der Blitze an den Geräten selbst einstellen – die Kamera misst und steuert nichts, sondern löst die angeschlossenen Blitzgeräte lediglich synchron aus. HSS wird auch nicht unterstützt.

Aufgrund dieser Faktoren ist die Verwendung von Fremdblitzen zwar möglich, aber durchaus mit Einschränkungen behaftet. Glücklicherweise unterstützen große Blitzmarken wie Broncolor, Profoto und Elinchom Fujifilm jetzt mit speziellen Sendern für die Fujifilm X-Serie – und HSS-Funktionalität!

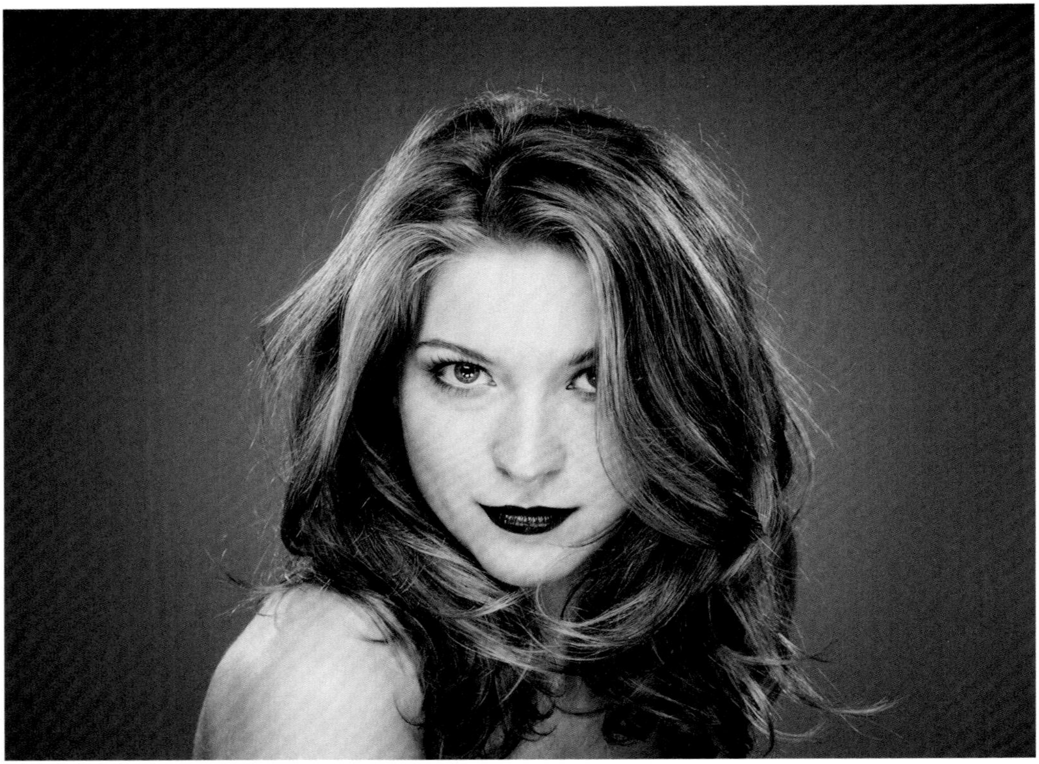

Abbildung 184: Manuell gesteuerte Studioaufnahme mit Blitz

Wichtig: *Beim Anschluss von Canon-kompatiblem TTL-Blitzzubehör kann es unter Umständen zur Überhitzung der Kamera kommen, weil die Blitzschuhe von Fujifilm und Canon zwar hardwareseitig identisch sind, die Kontaktbelegung und die Kommunikationsprotokolle jedoch nicht übereinstimmen. Kleben Sie die Kontakte in solchen Fällen ab oder verwenden Sie einen Blitzschuhadapter, der nur das Sync-Signal und keine TTL-Kontakte durchschleift.*

2.8 FOTOGRAFIEREN MIT ADAPTIERTEN OBJEKTIVEN

Aufgrund des weltrekordverdächtig kurzen Auflagemaßes des X-Bajonetts kann man im Prinzip fast jedes existierende Kleinbild-, Mittelformat- oder APS-C-Objektiv an der X-T3 verwenden. Alles, was Sie dafür brauchen, ist ein passender Adapter. Zu den etwa zwei Dutzend nativen XF- und XC-Objektiven von Fujinon und Zeiss gesellen sich damit Hunderte von weiteren Optionen.

Der richtige Objektivadapter TIPP 141

X-Mount-Objektivadapter gibt es mittlerweile für sehr viele ältere und aktuelle Objektivanschlüsse. Beachten Sie bei der Auswahl eines Adapters bitte die folgenden Punkte:

- Adapter gibt es in allen Preis- und Qualitätsklassen. Wie üblich gilt: *You get what you pay for*. Sparen Sie daher nicht am falschen Ende. Hervorragende Qualität zu einem leider sehr hohen Preis bietet der deutsche Hersteller Novoflex. Aber auch Anbieter wie Kipon und Metabones haben sich auf dem Adaptermarkt einen guten Namen gemacht und unterstützen eine große Auswahl von Fremdbajonetten.
- Rein mechanisch adaptierte Objektive kann man nur mit manueller Scharfstellung verwenden. Intelligente elektronische Adapter können allerdings zwischen Fujis AF-Protokoll und den AF-Protokollen bekannter Marken wie Canon übersetzen und auch die Blende des Objektivs steuern. Einige unterstützen sogar den OIS des Fremdobjektivs.
- Auch die Blendeneinstellung erfolgt stets manuell, rein mechanisch adaptierte Objektive operieren also immer mit der gerade eingestellten Arbeitsblende. Das bedeutet, dass der Sensor (und mit ihm Live-View und Live-Histogramm) beim Abblenden zunehmend weniger Licht abbekommt. Aufgrund der manuellen Blendensteuerung können mechanisch adaptierte Objektive deshalb auch nur in den Belichtungsmodi

A und **M** verwendet werden. Bei intelligenten Adaptern sollten dagegen alle Belichtungsmodi verfügbar sein.

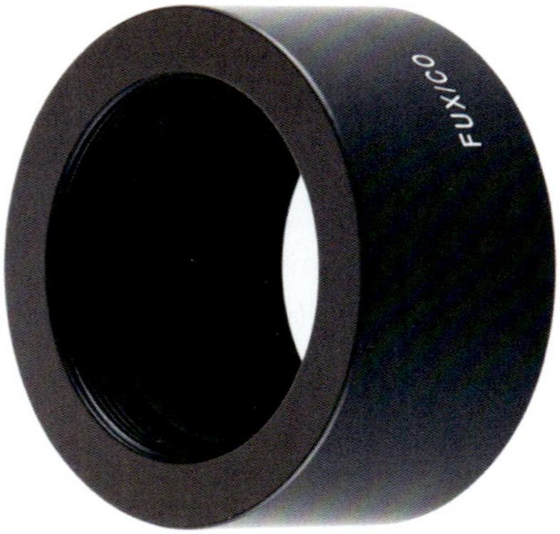

Abbildung 185:
Mechanische **M42-Adapter** wie dieses High-End-Modell von Novoflex ermöglichen es Ihnen, alte M42-Schraubobjektive an X-Mount-Kameras anzuschließen.

- Moderne Objektive ohne mechanischen Blendenring, wie sie unter anderem Canon und Nikon im Programm haben, lassen sich zwar mechanisch adaptieren, es gibt jedoch keine Möglichkeit, die elektronisch gesteuerte Blende solcher Objektive von der Kamera aus zu verstellen. Einige dieser Objektivadapter besitzen deshalb eigene Blendenringe und -lamellen, mit denen man freilich nicht den Look des adaptierten Objektivs erzielen kann. Deswegen sollten Sie, sofern möglich, einen intelligenten Adapter für solche Objektive verwenden.
- Elektronische Features moderner Objektive wie eine Bildstabilisierung (OIS) werden von mechanischen Adaptern mangels Kommunikation zwischen Kamera und adaptierten Objektiven nicht unterstützt. Die Kamera geht vielmehr davon aus, dass überhaupt kein Objektiv angeschlossen ist. Einige Smart-Adapter bieten dagegen OIS-Unterstützung.
- Mit dem *Speed Booster Ultra* von Metabones ist es möglich, Kleinbildobjektive mit klassischen Bajonetten wie Contax/Zeiss, Canon FD, Nikon G, Minolta MD oder Leica R an X-Mount-Kameras ohne den sonst üblichen Bildwinkelbeschnitt (Crop) zu verwenden. Mit dem Speed Booster können Sie stattdessen nahezu den vollen Kleinbild-Bildwinkel auf den APS-C-Sensor abbilden. Es handelt sich hierbei um einen Reduktions-

adapter (das Gegenteil eines Telekonverters) [103], der die Brennweite eines angeschlossenen Kleinbildobjektivs um den Faktor 0,71 verringert und die Lichtstärke dabei um ca. eine Blendenstufe erhöht. Speed-Booster-Adapter sind mit ca. 400 bis 600 Dollar alles andere als günstig, qualitativ jedoch besser als Nachahmerprodukte wie der Lens Turbo II von Zhongyi Mitakon.

- Fujifilm hat einen eigenen X-Mount-Adapter für das M-System von Leica im Programm. Dieser einzige »offizielle« Adapter verfügt über elektronische Kontakte und wird deshalb automatisch von der Kamera erkannt und akzeptiert. Er besitzt außerdem eine eigene Funktionstaste, mit der Sie direkt in das Menü ADAPTEREINST. der Kamera gelangen. Bei allen anderen Adaptern müssen Sie vor dem Fotografieren EINRICHTUNG > TASTEN/RAD-EINSTELLUNG > AUFN. OHNE OBJ. auf AN stellen, andernfalls macht die Kamera keine Fotos.

- Vorsicht vor billigen Makrozwischenringen mit elektronischen Kontakten. Diese aus Fernost stammenden Billigadapter sind dafür gedacht, den Abbildungsmaßstab von nativen XF-Objektiven zu verbessern und sie makrotauglicher zu machen. Allerdings schwankt die Qualität dieser Adapterringe so stark, dass sie Kameras und Objektive beschädigen können. Ich empfehle stattdessen die Verwendung von Fujis eigenen Makro-Zwischenringen.

- Kombinieren Sie nicht mehrere Adapter – einer ist genug! Die Qualitätsverluste, die durch das Hintereinanderschalten mehrerer Adapter (etwa Canon FD auf Leica M und anschließend Leica M auf Fuji X) auftreten, sind nicht nur mess-, sondern meist auch sichtbar. Besorgen Sie sich lieber einen passenden Adapter (etwa Canon FD auf Fuji X).

Fremdobjektive adaptieren — TIPP 142

Nachdem die mechanische Kompatibilität mit einem passenden Adapter hergestellt wurde, können Sie das Fremdobjektiv an das X-Bajonett Ihrer X-T3 anschließen. Die Kamera wird davon (mangels elektronischer Kontakte im Adapter) in der Regel freilich nichts bemerken und folglich davon ausgehen, dass kein Objektiv angeschlossen ist.

- Wählen Sie deswegen EINRICHTUNG > TASTEN/RAD-EINSTELLUNG > AUFN. OHNE OBJ. > AN.
- Wählen Sie im Aufnahmemenü unter AUFNAHME-EINSTELLUNG > ADAPTEREINST. die Brennweite des adaptierten Objektivs aus. Sie können hier Brennweiten für bis zu sechs verschiedene Objektive angeben. Bitte verwenden Sie hier stets die tatsächliche Brennweite des Objektivs (also das, was auf der Optik steht), nicht das Kleinbildäquivalent. Ein korrekter Eintrag stellt sicher, dass die Brennweite in den EXIF-Daten Ihrer Aufnahmen richtig angezeigt wird. Die einzigen Ausnahmen sind Fälle, in denen Sie einen speziellen optischen Adapter verwenden, der die Brennweite des adaptierten Objektivs ändert. Exemplarisch sei hier der Brennweitenreduktor Speed Booster von Metabones genannt.

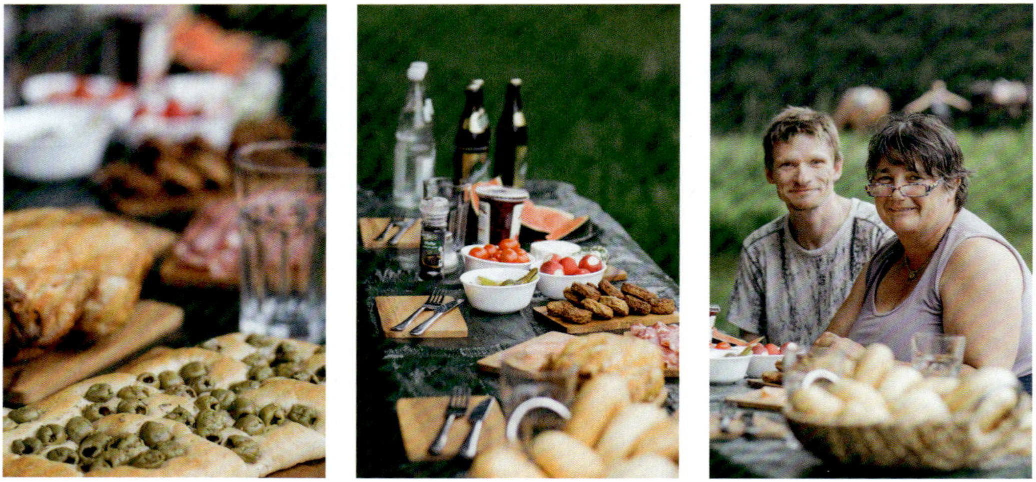

Abbildung 186: Mit **»charakterstarken« Fremdobjektiven** können Sie Aufnahmen machen, die sich durch einen unverwechselbaren Look und Bokeh auszeichnen. Für diese Reihe habe ich ein Voigtländer Heliar 75mmF1.8 M-Mount-Objektiv angeschlossen und bei f/1.8 mit Offenblende fotografiert.

Belichten mit mechanisch adaptierten Objektiven

TIPP 143

Mit mechanisch adaptierten Objektiven stehen Ihnen nur die Zeitautomatik **A** sowie der manuelle Modus **M** zur Verfügung. Doch auch in diesen beiden Modi gibt es Unterschiede gegenüber der Arbeit mit nativen Objektiven:

- Während native Objektive die gewählte Arbeitsblende erst beim Andrücken des Auslösers einstellen, dunkeln mechanisch adaptierte Objektive direkt ab, wenn man am Blendenring eine kleinere Blende wählt.
- Beim Abblenden erhöht sich im Sucherbild die Schärfentiefe, gleichzeitig fällt weniger Licht auf den Sensor, sodass die Kamera das elektronische Sucherbild noch mehr verstärken muss, was sich bei schwachem Licht und kleinen Blenden negativ auf die Qualität der Anzeige und die Bildwiederholrate auswirken kann.
- Für die Kamera stellt sich die Situation so dar, als wäre gar kein Objektiv angeschlossen. Mangels Datenübertragung wird als eingestellte Blende deshalb stets »F0« im Sucher angezeigt. Auch in den EXIF-Daten wird die eingestellte Blende somit nicht vermerkt.
- Wenn Sie bei schwachem Licht fotografieren und dabei mit adaptierten Objektiven abblenden, kann es passieren, dass das Licht, das auf den Sensor fällt, nicht mehr für eine WYSIWYG-Darstellung im Live-View ausreicht. Live-View und Live-Histogramm erscheinen dann dunkler, als die Aufnahme tatsächlich ausfällt, da die Sucherbildverstärkung ihr Limit erreicht hat und das Sucherbild nicht weiter aufgehellt werden kann. Die Belichtungsmessung arbeitet jedoch weiterhin korrekt und die Kamera zeigt die korrekte Verschlusszeit an.
- Da dem Live-View bei mechanisch adaptierten Objektiven keine schnelle Lichtmengenkontrolle über eine variable Blende zur Verfügung steht, dauert es etwas länger, bis sich die Kamera (und damit die Belichtungsmessung) auf schnell wechselnde Lichtverhältnisse einstellt. Sie können das selbst ausprobieren, indem Sie die X-T3 mit einem adaptierten Objektiv von einem sehr hellen zu einem dunklen Motiv und wieder zurück schwenken. Geben Sie der Kamera ein bis zwei Sekunden Zeit, um sich an neue Lichtverhältnisse anzupassen.

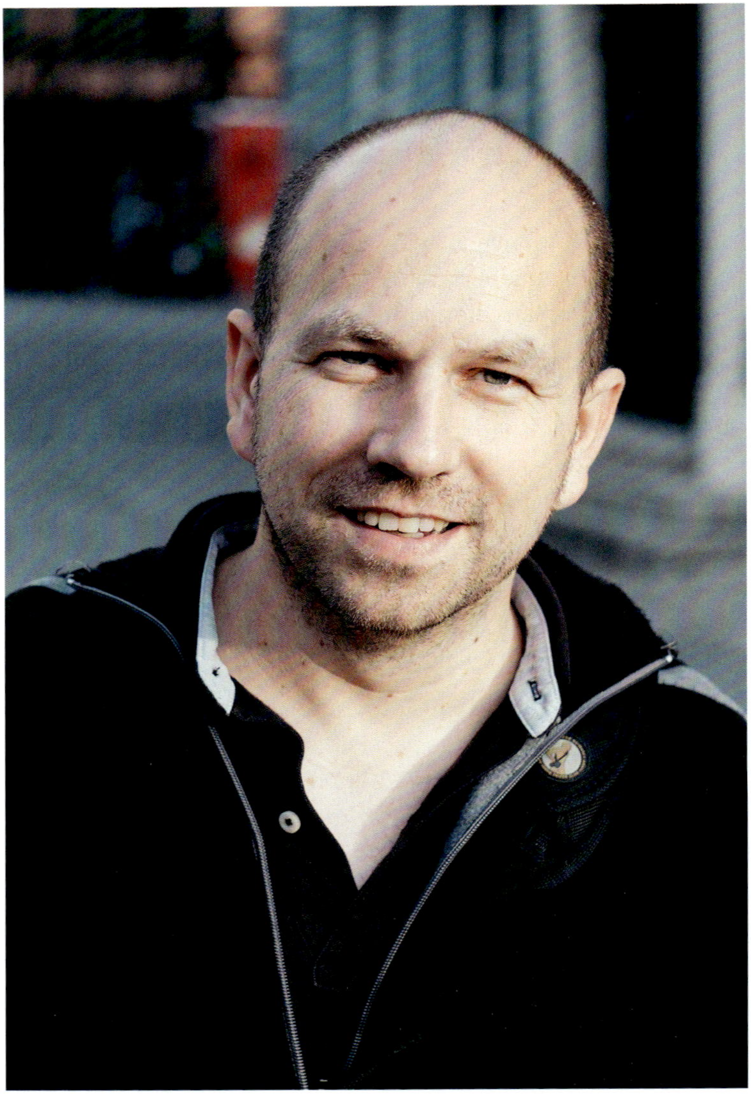

Abbildung 187: Bei mechanischen Adaptern ist das **Belichten mit adaptierten Objektiven** nur in den Modi A und M möglich, und die Messung findet stets bei Arbeitsblende statt. Aufgrund dessen zeigen die EXIF-Daten unabhängig von der eingestellten Blende stets f/1 an. Für dieses Straßenporträt habe ich ein Helios 44M-4-Objektiv mit einem Novoflex M42-Adapter an meiner Kamera befestigt.

Fokussieren mit mechanisch adaptierten Objektiven

TIPP 144

Mechanisch adaptierte Objektive können nur mit manueller Fokussierung betrieben werden. Folgendes sollten Sie beachten:

- Stellen Sie die Kamera auf manuellen Fokus. Nur in diesem Modus stehen Ihnen Fokushilfen wie die zweistufige Sucherlupe, Focus Peaking und das digitale Schnittbild zur Verfügung.
- Die elektronische Entfernungs- und Schärfentiefeskala der Kamera ist bei mechanisch adaptierten Objektiven nutzlos, da diese keine Daten an die Kamera übertragen können. Verwenden Sie stattdessen die auf vielen Objektiven eingeprägten Entfernungs- und Schärfentiefeskalen. Bedenken Sie dabei jedoch, dass diese Angaben gerade bei älteren Objektiven oft deutlich liberaler als bei nativen X-Mount-Objektiven sind. Die Analogskala garantiert keineswegs pixelscharfe Resultate bei 100%-Vergrößerung – bestenfalls entsprechen sie der Schärfentiefeskala-Option FILMFORMAT-BASIS.
- Das wohl wichtigste Hilfsmittel beim manuellen Fokussieren ist die Sucherlupe, die Sie durch Drücken des hinteren Einstellrads aktivieren können (das natürlich nur, wenn Sie die Standardeinstellung für die Fn-Taste nicht geändert haben). Drehen Sie dann am hinteren Einstellrad, um zwischen den Vergrößerungsstufen zu wechseln. Auch hier gilt: Vermeiden Sie es, mit dem mittleren Fokusfeld zu fokussieren und anschließend zu verschwenken. Verschieben Sie den Fokusrahmen stattdessen mit dem Fokus-Stick zu dem Motivbereich, auf den Sie manuell scharfstellen möchten.
- Verwenden Sie Focus Peaking oder einen anderen Fokusassistenten. Sie können zwischen den verschiedenen Assistenten und der Standardansicht wechseln, indem Sie das hintere Einstellrad jeweils einige Sekunden lang gedrückt halten. Die Sucherlupe steht Ihnen auch in Kombination mit Focus Peaking, dem digitalen Schnittbild und dem digitalen Mikroprisma zur Verfügung, wobei beim digitalen Schnittbild nur eine Vergrößerungsstufe möglich ist.

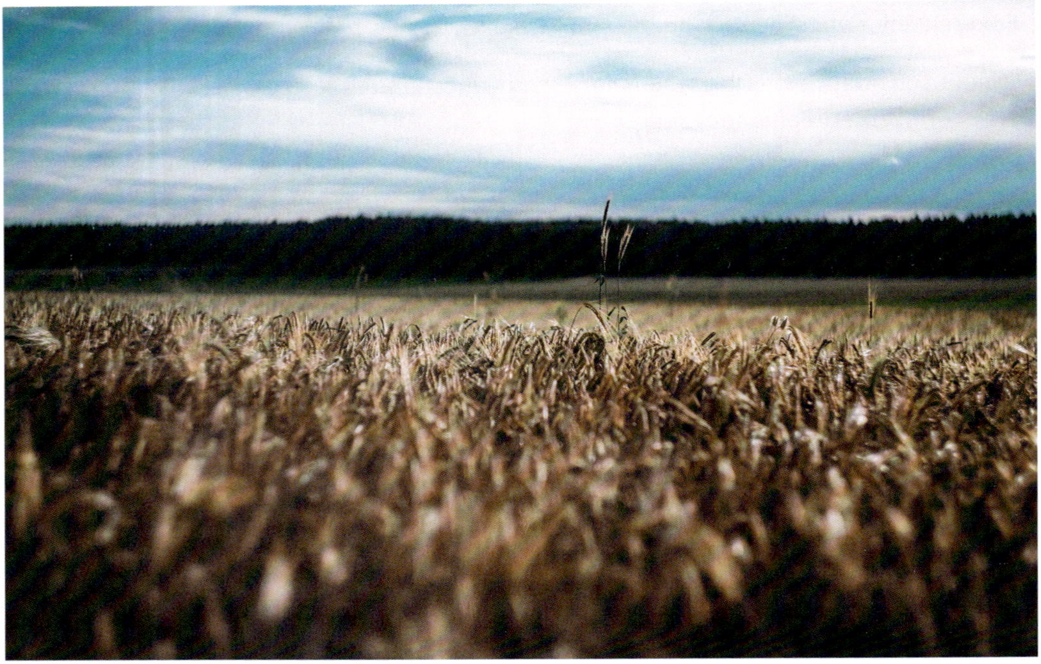

Abbildung 188: Die **Fokussierung mechanisch angepasster Objektive** kann schwierig sein. Meine bevorzugte Methode zum manuellen Erreichen des optimalen Fokuspunkts ist die Verwendung von Focus Peaking in Verbindung mit der Sucherlupe. Dieses Beispiel wurde mit einem Helios 44M-4-Objektiv aufgenommen, das mit einem Lens Turbo II-Brennweitenverkürzer adaptiert wurde.

- Sucherlupe und Fokusassistenten arbeiten am effektivsten, wenn sie bei weit offener Blende eingesetzt werden. Die Schärfentiefe ist bei Offenblende am geringsten, sodass punktgenaues Scharfstellen einfacher möglich ist. Allerdings: Manche Objektive haben einen ausgeprägten »Fokusdrift«, d.h., ihre Fokusebene verschiebt sich beim Abblenden. In diesem Fall kann es sein, dass die durchs Abblenden gewonnene Schärfentiefe nicht ausreicht und sich das Motiv auf einmal außerhalb der Schärfezone befindet. Bei Objektiven mit ausgeprägtem Fokusdrift ist es deshalb besser, in den sauren Apfel zu beißen und mit (oder zumindest nahe) der Arbeitsblende scharfzustellen. Übrigens: Der Fokusdrift ist keine Frage des Preises: Selbst (einige wenige) High-End-Objektive von Leica und Zeiss fallen damit recht unangenehm auf.

Arbeiten mit dem Fujifilm M-Mount-Adapter

TIPP 145

Der Leica M-Mount-Adapter ist Fujis einziger offizieller Adapter für Fremdobjektive.

- Der Fuji M-Adapter besitzt elektronische XF-Kontakte, die ihn gegenüber der Kamera als offizielles Fujifilm-Produkt ausweisen. Diese Kontakte übertragen jedoch keine Daten vom adaptierten Objektiv zur Kamera. Die Kontakte verengen außerdem den Anschluss, sodass einige M-Objektive mit diesem Adapter nicht mechanisch kompatibel sind. Eine Liste mit kompatiblen und nicht kompatiblen Objektiven finden Sie auf der Website von Fujifilm [104]. Darüber hinaus liegt dem Adapter eine Schablone bei, mit der Sie selbst feststellen können, ob Ihr M-Objektiv mechanisch an den Adapter passt.
- Eine Funktionstaste auf dem Adapter ruft ohne Umwege das Adaptermenü der Kamera auf, wo Sie die Brennweite des adaptierten Objektivs auswählen oder einstellen können.
- Das Adaptermenü der Kamera bietet bei Verwendung des Fuji M-Adapters einige zusätzliche Funktionen, die normalerweise (also mit anderen Adaptern) nicht zur Verfügung stehen. Dabei handelt es sich um Korrektureinstellungen für Verzeichnung, Farbsäume und Vignettierung. Die dort eingestellten Korrekturen wirken sich direkt auf die in der Kamera erzeugten JPEGs aus, werden jedoch auch als Metadaten in den RAW-Dateien vermerkt, wo sie externen RAW-Konvertern zur Verfügung stehen. Diese Programme können die Korrekturdaten für Verzeichnung und Vignettierung dann genauso wie bei nativen XF- oder XC-Objektiven nutzen. Mit den Farbsaumkorrekturen können die Programme bisher allerdings nichts anfangen. Sie müssen für jedes adaptierte Objektiv die passenden Korrekturwerte für Verzeichnung, Vignettierung und Farbsaumkorrekturen selbst ermitteln, um sie eingeben zu können. Auch mir sind leider keine Referenzlisten bekannt.

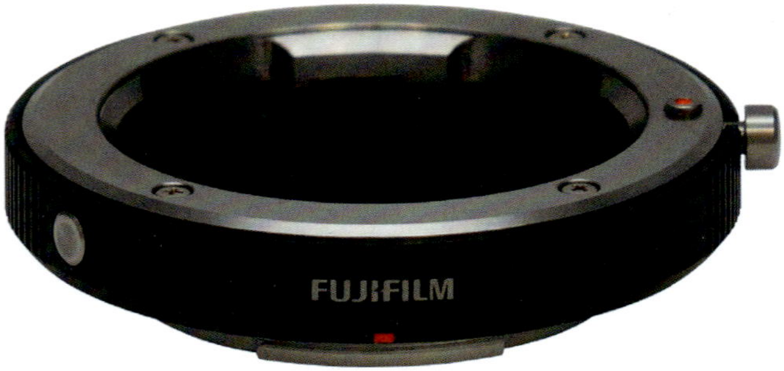

Abbildung 189: Der Fujifilm **M-Mount-Adapter** besitzt elektronische Kontakte und eine Funktionstaste, mit der sich das Adaptermenü der Kamera direkt aufrufen lässt.

TIPP 146 Elektronische Smart-Adapter

Elektronische Smart-Adapter wurden für moderne Fremdobjektive wie das Canon EF-System entwickelt. Diese Objektive kommunizieren über elektronische Kontakte mit dem Kameragehäuse, um Funktionen wie Autofokus, elektronische Blendensteuerung und optische Bildstabilisierung (OIS) zu ermöglichen. Auch die Stromversorgung erfolgt über das Kameragehäuse.

Der Anschluss moderner EF-Objektive an die X-T3 mit einem einfachen mechanischen Adapter ist eine ausgesprochen frustrierende Angelegenheit. Weder lässt sich die Blende ändern, solange das Objektiv an der Fuji-Kamera befestigt ist, noch gibt es Autofokus oder OIS, und von einer Übertragung der EXIF-Daten zur Kamera kann auch keine Rede sein.

Doch Rettung naht: Verwenden Sie einen elektronischen Smart-Adapter. Die meisten Smart-Adapter sind zwar für die Adaptierung von Canon EF-Objektiven (wie auch weiteren EF-kompatiblen Objektiven) ausgelegt, aber ein Smart-Adapter für aktuelle Spiegelreflexobjektive von Nikon ist vielleicht schon in Sichtweite.

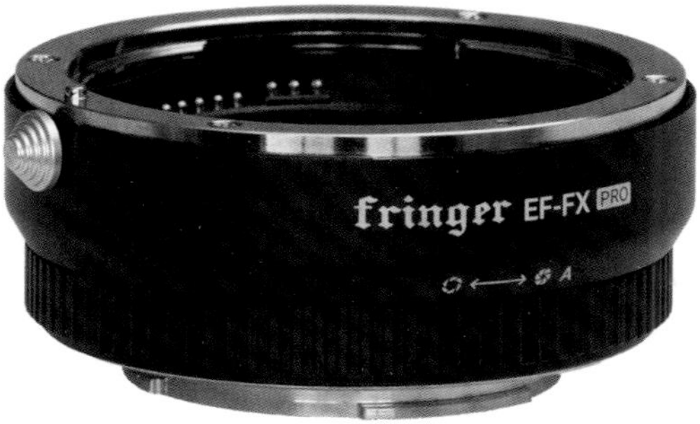

Abbildung 190: Der **Fringer EF-FX** war einer der ersten Smart-Adapter für die Adaptierung von EF auf XF. Erhältlich ist auch eine (hier abgebildete) EF-FX Pro-Version mit integriertem elektronischen Blendenring.

Der ideale Smart-Adapter sollte die folgenden Funktionen beinhalten:

- Vollständig elektronische Blendensteuerung
- Unterstützung für Autofokus (PDAF/CDAF, AF-S, AF-C, Gesichtserkennung, Video usw.)
- Unterstützung für in adaptierte Objektive eingebaute optische Bildstabilisatoren (OIS)
- Unterstützung für IBIS (X-H1) bei adaptierten Objektiven, die kein integriertes OIS haben
- EXIF-Datenübertragung und -aufzeichnung (Brennweite, Blende, adaptiertes Objektivmodell, Seriennummer usw.)
- Datenübertragung und Konvertierung der digitalen Objektivkorrektur (chromatische Aberrationen, Verzerrung, Vignettierung)
- Kompatibilität mit den meisten oder allen Objektiven des adaptierten Systems, einschließlich beliebter Fremdprodukte wie Sigma- oder Tamron EF-Objektive
- Regelmäßige Firmware-Updates zur Verbesserung und Aufrechterhaltung der Kompatibilität. Neue Firmware-Updates sollten sich über macOS- und Windows-Computer einfach installieren lassen.

Smart-Adapter sind bei verschiedenen Anbietern erhältlich. Einige bieten sogar eingebaute Brennweitenverkürzer (wie der Speed Booster), um den vollen Bildkreis des adaptierten Kleinbildobjektivs auf den kleineren APS-C-Sensor der X-Mount-Kamera zu projizieren.

2.9 DRAHTLOSE FERNSTEUERUNG UND TETHERING

Mit Fujifilms Camera Remote-App, die auf iOS- und Android-Geräten läuft, kann man die Kamera mit einem Live-View-Bild und einer Touchscreen-Oberfläche fernsteuern und dabei den Fokuspunkt sowie verschiedene Aufnahmeparameter festlegen.

TIPP 147 Arbeiten mit der Camera Remote-App

Mit Camera Remote für iOS und Android steuern Sie die X-T3 von einem Smartphone oder Tablet aus. Um Camera Remote zu verwenden, müssen Sie die App zuerst herunterladen und auf Ihrem Smartphone oder Tablet installieren. Sie finden entsprechende Links und weitere Informationen zur Bedienung der App online [8].

So funktioniert Camera Remote bei meinen iOS-Geräten (und bei Android-Geräten sollte es nicht viel anders sein):

- Koppeln Sie Ihre Kamera über Bluetooth mit Ihrem Smartphone oder Tablet (EINRICHTUNG > VERBINDUNG-EINSTELLUNG > BLUETOOTH-EINSTELLUNGEN > KOPPLUNGSREGISTRIERUNG) und vergewissern Sie sich, dass Bluetooth eingeschaltet ist. Auf diese Weise kann sich Ihr Smartphone automatisch mit dem WLAN Ihrer Kamera verbinden.
- Öffnen Sie die Camera Remote-App, stellen Sie sicher, dass Ihre X-T3 ausgewählt ist, und wählen Sie »Remote Control« aus. Das Mobilgerät übernimmt jetzt die Kontrolle über Ihre X-T3. Sie sehen dort nun einen Live-View und (je nach Belichtungsmodus) Einstellungen für die Blende, die

Belichtungszeit oder die Belichtungskorrektur. Es gibt auch einen virtuellen Auslöser sowie ein kleines Aufnahmememenü, in dem Sie Parameter wie ISO, die Filmsimulation, den Weißabgleich, Makro, den Blitzmodus oder den Selbstauslöser einstellen können.

- Zum Fokussieren tippen Sie einfach zweimal schnell hintereinander auf den Teil des Live-Views, auf den die Kamera scharfstellen soll. Die Fokusbestätigung erfolgt dann wie gewohnt über einen grünen Fokusfeldrahmen. Findet die Kamera keinen Fokus, wird das Fokusrechteck in Rot dargestellt.
- Passen Sie die Belichtung nach Wunsch an. Dabei hilft Ihnen die Helligkeit des Live-Views in der Camera Remote-App. Leider steht kein Live-Histogramm zur Verfügung.

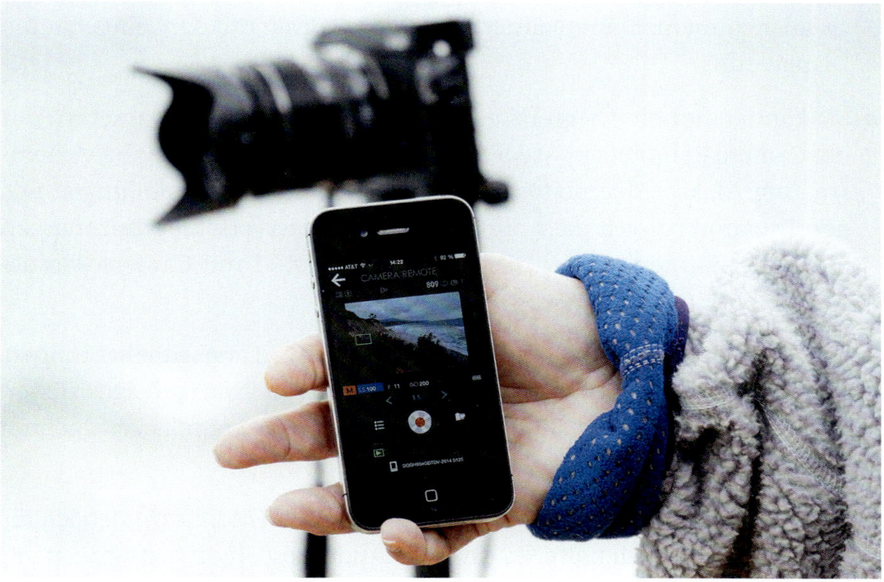

Abbildung 191: **Camera Remote** stellt eine einfache Oberfläche zur Verfügung, um die X-T3 von einem Mobilgerät aus fernzusteuern. Zum Fokussieren tippen Sie mit dem Finger zweimal auf die gewünschte Stelle des WYSIWYG-Live-Views und warten auf den grünen Bestätigungsrahmen. Leider gibt es in Camera Remote kein Live-Histogramm und keine Ausschnittvergrößerung. Es gibt lediglich ein rudimentäres Aufnahmemenü, einen virtuellen Auslöseknopf und eine Wiedergabefunktion, mit der Sie bereits gemachte Aufnahmen anzeigen und auf Ihr Mobilgerät übertragen können.

Folgendes sollten Sie über Camera Remote wissen:

- Mit der Camera Remote-App können Sie zwar Aufnahmeparameter wie Blende, Verschlusszeit, ISO oder Belichtungskorrektur anpassen, nicht jedoch den Belichtungsmodus ändern. Das bedeutet, dass Sie den Belichtungsmodus (P, A, S oder M) selbst an der Kamera vorwählen müssen, *bevor* Sie die Remote-Verbindung aufbauen. Um den Belichtungsmodus während einer laufenden Remote-Session zu ändern, müssen Sie Camera Remote deshalb erst abbrechen, den Belichtungsmodus in der Kamera umstellen und das Netzwerk der X-T3 anschließend neu mit dem Mobilgerät und Camera Remote verbinden. Das ist – gelinde gesagt – ausgesprochen umständlich und mühsam.
- Camera Remote stellt weder ein Live-Histogramm noch eine elektronische Wasserwaage zur Verfügung. Wenn Sie die Kamera auf einem Stativ ausrichten möchten, sollten Sie das also vorher mit dem eingebauten Display tun.
- Sie können nur eine begrenzte Auswahl von Aufnahmeparametern mit der Camera Remote-App steuern (ISO, Filmsimulation, Weißabgleicheinstellung, Makro, Blitzmodus, Selbstauslöser). Andere Einstellungen wie den Dynamikbereich oder die Auto-ISO-Mindestverschlusszeit müssen Sie an der Kamera vornehmen, *bevor* Sie die X-T3 mit Camera Remote verbinden.
- Camera Remote besitzt keine Bulb-Funktion für Langzeitbelichtungen. Verwenden Sie in solchen Fällen besser einen regulären (kabelgestützten oder kabellosen) Fernauslöser oder den in der App ebenfalls verfügbaren Auslöser auf Bluetooth-Basis.
- Ich verwende die App überwiegend im manuellen Modus M, den ich für besonders praktisch halte, da sich jede Änderung eines Aufnahmeparameters (Blende, Belichtungszeit, ISO) direkt auf die Anzeige auf dem Mobilgerät auswirkt.
- Einige Benutzer berichten manchmal von Verbindungsabbrüchen aufgrund von Interferenzen mit anderen Netzen, die auf dem gleichen WLAN-Kanal senden wie die Kamera. Leider kann man den WLAN-Kanal

an der Kamera nicht wechseln, und außerdem unterstützt die X-T3 nur langsame 2,4-GHz-Verbindungen.

- Um JPEGs von der Kamera mit voller Auflösung auf Ihr Mobilgerät zu übertragen, wählen Sie EINRICHTUNG > VERBINDUNGS-EINSTELLUNG > ALLG. EINSTELLUNGEN > VERKLEINERN > AUS. Ansonsten überträgt die Kamera Ihre Aufnahmen nur mit einer reduzierten Auflösung von 3 Megapixel.
- Manuell vorgenommene DR-Erweiterungseinstellungen wie DR200% oder DR400% werden in Camera Remote im Live-View simuliert. Auch JPEG-Einstellungen wie etwa für den Kontrast (TON LICHTER, SCHATTIER. TON) oder der Weißabgleich werden in Camera Remote dargestellt. Im manuellen Modus M zeigt der Live-View von Camera Remote außerdem auch die Einstellung an, die in EINRICHTUNG > DISPLAY-EINSTELLUNG > BEL.-VORSCHAU/WEISSABGLEICH MAN. ausgewählt wurde.
- Dank Bluetooth können Standortdaten sowie Datum und Uhrzeit automatisch von Ihrem Smartphone oder Tablet aus synchronisiert werden. Ein weiterer Vorteil ist die einfache Bluetooth-basierte Fernauslösefunktion, und es besteht die Möglichkeit, Firmware-Updates der Kamera automatisch abzurufen und zu installieren. Um Bluetooth mit Camera Remote zu verwenden, müssen Sie die Kamera in jedem Fall mit Ihrem Smartphone oder Tablet koppeln. Weitere Informationen zu diesen und anderen Funktionen finden Sie im Online-Handbuch zur Camera Remote-App [8].

Live-View-Streaming über HDMI — TIPP 148

Die X-T3 bietet Live-View-Streaming über ihren HDMI-Ausgang, d. h., Sie können den Inhalt des Live-Views über ein passendes HDMI-Kabel auf einem HD-Fernseher, Beamer oder Monitor spiegeln. Sie müssen lediglich die Micro-HDMI-Buchse der Kamera an einen geeigneten Monitor mit Digitaleingang (HDMI, DVI usw.) anschließen. Das Echtzeit-Streaming startet automatisch, sobald die Verbindung hergestellt ist.

Es handelt sich hierbei um ein nützliches Feature für Workshops, Produktdemonstrationen oder Produktionen für Kunden, die »live« sehen wollen, was der Fotograf gerade aufnimmt.

Sie können den HDMI-Output der Kamera auch in einen HD-Frame-Grabber einspeisen, den Sie wiederum an Ihren Computer anschließen. Auf diese Weise können Sie den Live-View-Inhalt als Video aufzeichnen oder Screenshots erstellen.

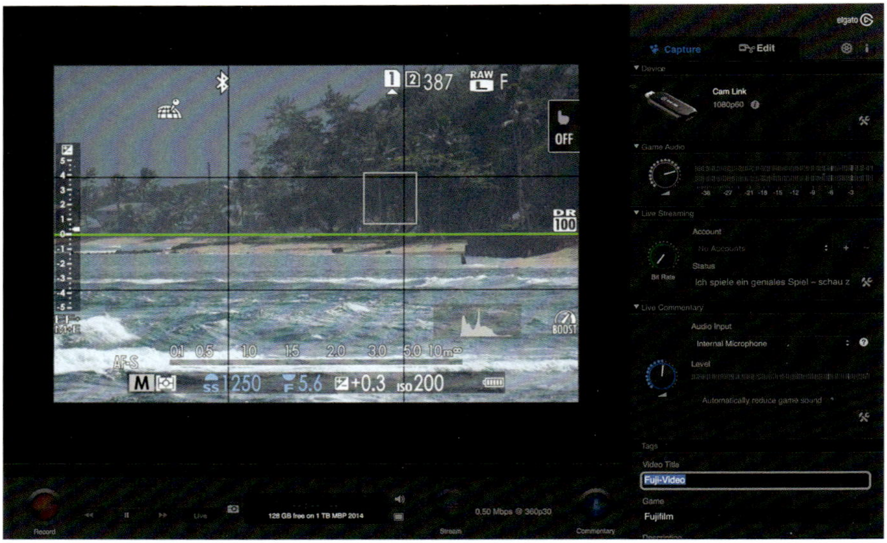

Abbildung 192: Zum Erstellen der Kamera-Screenshots in diesem Buch habe ich den Live-View über den HDMI-Ausgang auf mein MacBook Pro gestreamt. Dort habe ich dann mithilfe von **Elgato Cam Link** [105] mit Game Capture HD-Software die Screenshots aufgenommen. Mit dieser Hardware-Software-Kombination können auch Sie HD-Videoaufnahmen des Live-Views Ihrer Kamera mit 60 fps erstellen.

TIPP 149 Tethering via USB oder WLAN

Tethering ist die Steuerung der Kamera über einen Computer, der in diesem Fall über ein USB-Kabel oder per WLAN mit der Kamera verbunden ist.

Damit Sie das USB-Tethering verwenden können, müssen Sie unter EINRICHTUNG > VERBINDUNGS-EINSTELLUNG > PC-ANSCHLUSS-MODUS entweder USB-TETHERING AUFNAHME AUTOMATIK oder USB-TETHERING

AUFNAHME FEST eingestellt haben. Auf diese Weise erkennt die Kamera automatisch eine Tether-Computerverbindung (AUTO) oder wird dazu gezwungen (FEST), wodurch die Steuerung der Kamera an den PC und die auf ihm laufende Tethering-Software abgegeben wird. Für das WLAN-Tethering [106] wählen Sie dagegen DRAHTLOSES TETHERING AUFNAHME FEST aus.

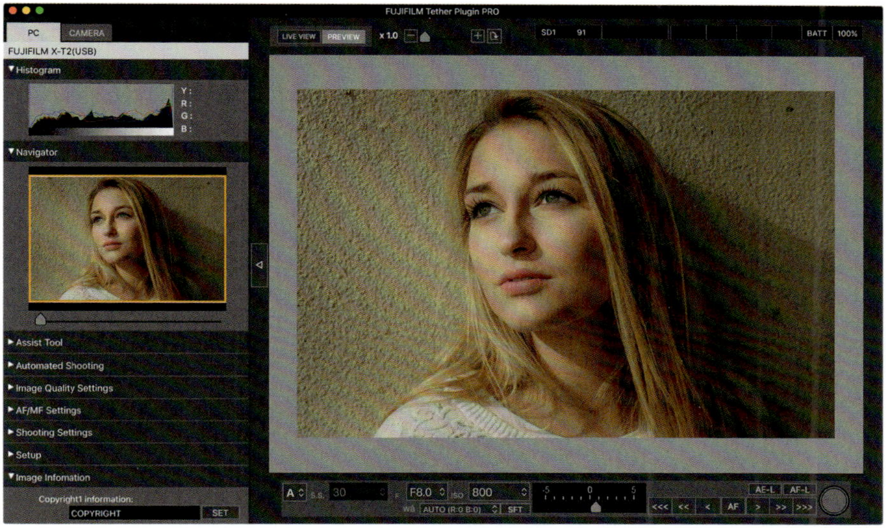

Abbildung 193: Das **Tether Shooting-Plug-in PRO für Adobe Lightroom** bietet ein Live-View-Bild sowie umfassende Steuerungsmöglichkeiten für die Kamera. Zu den Funktionen zählen ein Farbhistogramm, Fokus-Bracketing, erweiterte Belichtungsreihen (AE-Bracketing) und die Möglichkeit, Copyright-Informationen einzutragen. Außerdem können Sie komplette Kamerakonfigurationen abspeichern und auf Knopfdruck in die Kamera hochladen.

Fujifilm X Acquire [107] ist eine einfache kostenlose App für macOS und Windows, die Bilder in einem Hot Folder speichert, aus dem andere Apps sie dann abrufen können. Sie ermöglicht zudem die Sicherung aller Kameraeinstellungen auf Ihrem Mac oder PC und deren Wiederherstellung.

Fujifilm Tether Shooting Plug-in [108] und **Tether Shooting Plug-in Pro** [109] sind Plug-ins für Lightroom/ACR. Die Pro-Version bietet Aufnahmemöglichkeiten mit einem Remote-Live-View und erlaubt die Fernsteuerung der meisten Kameraeinstellungen.

Auch **Capture One Pro** [110] bietet dank der fünfjährigen Partnerschaft zwischen Fujifilm und PhaseOne, die auf der Photokina 2018 offiziell gemacht wurde, Unterstützung für direktes Tethering.

2.10 SONST NOCH WAS?

Dieses Buch hat hoffentlich viele Ihrer Fragen rund um die X-T3 beantwortet. Das Ende der Fahnenstange ist damit allerdings noch nicht erreicht. Wenn Sie über das Fujifilm X-System auf dem Laufenden bleiben möchten, empfehle ich Ihnen, meine beiden Blogs sowie das FUJILOVE-Magazin, die sich mit dem X-System beschäftigen.

TIPP 150 Blogs, Fachzeitschriften und Workshops

- Hochauflösende Versionen ausgewählter Abbildungen dieses Buches gibt es auf Flickr [111].
- Auf Fuji X Secrets [112] finden Sie Artikel und Besprechungen zu besonderen Merkmalen, neuer Firmware und aktuellen Produkten für Kameras der X-Serie.
- Mein kostenloses Blog »X-Pert Corner« [113] behandelt eine Vielzahl von Themen rund um die Fujifilm X-Serie. Hier finden Sie alles von Serviceartikeln, die den Rahmen dieses Buchs sprengen würden, bis hin zu Previews zu Kameras und Objektiven.
- Für FUJILOVE [114], ein monatlich erscheinendes Fachmagazin zu allen Themen, die Fuji X betreffen, schreibe ich regelmäßig Artikel zu neuer Hardware.
- Bücher, Blogs: alles schön und gut. Aber doch oft ein bisschen unpersönlich, nicht wahr? Auf meiner Website Fuji X Secrets [112] biete ich eine Reihe fortgeschrittener Workshops für Nutzer der Fuji X-Serie an. Diese

behandeln ähnliche Themen wie dieses Buch, gehen aber mehr in die Breite und Tiefe und umfassen unter anderem auch praxisorientierte Demonstrationen und viele Beispielbilder. Wir arbeiten in kleinen Gruppen, und die Tagesordnung wird von den Teilnehmern bestimmt. Hier erhalten Sie Antworten zu allen Fragen, die Sie zur X-Serie haben, aber sich vielleicht noch nie zu stellen trauten.

3 WEBSEITEN

[1] http://www.fujifilm.com/support/digital_cameras/manuals/
[2] https://charger.nitecore.com/product/fx1
[3] http://digital-cameras.support.fujifilm.com/app/answers/detail/a_id/20151/p/8453
[4] http://www.fujifilm.com/support/digital_cameras/software/
[5] http://digital-cameras.support.fujifilm.com/app/answers/detail/a_id/19061/kw/firmware/p/43/c/1524
[6] http://digital-cameras.support.fujifilm.com/app/answers/detail/a_id/18998/kw/firmware/p/43/c/1524
[7] http://digital-cameras.support.fujifilm.com/app/answers/detail/a_id/18997/kw/firmware/p/43/c/1524
[8] http://app.fujifilm-dsc.com/en/manual/camera_remote/
[9] http://app.fujifilm-dsc.com/en/camera_remote/fw_update.html
[10] https://de.wikipedia.org/wiki/Live-View
[11] https://de.wikipedia.org/wiki/Formatfaktor
[12] https://de.wikipedia.org/wiki/Bildstabilisierung
[13] https://de.wikipedia.org/wiki/Bewegungsunschärfe
[14] https://de.wikipedia.org/wiki/Mitziehen
[15] https://de.wikipedia.org/wiki/Schärfentiefe
[16] https://de.wikipedia.org/wiki/Zerstreuungskreis
[17] https://www.cambridgeincolour.com/tutorials/diffraction-photography.htm
[18] https://de.wikipedia.org/wiki/Vignettierung
[19] https://de.wikipedia.org/wiki/Verzeichnung
[20] https://de.wikipedia.org/wiki/Chromatische_Aberration
[21] https://de.wikipedia.org/wiki/Exchangeable_Image_File_Format
[22] http://app.fujifilm-dsc.com/en/manual/camera_remote/index.html
[23] http://app.fujifilm-dsc.com/en/manual/camera_remote/usage/remote_release/
[24] http://app.fujifilm-dsc.com/en/manual/camera_remote/usage/live_view/

[25] https://de.wikipedia.org/wiki/Bildsensorkalibrierung
[26] https://de.wikipedia.org/wiki/Rohdatenformat
[27] https://de.wikipedia.org/wiki/JPEG
[28] http://www.fujifilm.com/support/digital_cameras/software/myfinepix_studio/rfc/
[29] https://de.wikipedia.org/wiki/WYSIWYG
[30] https://de.wikipedia.org/wiki/Zonensystem
[31] http://www.cambridgeincolour.com/tutorials/histograms1.htm
[32] http://www.cambridgeincolour.com/tutorials/histograms2.htm
[33] https://de.wikipedia.org/wiki/Zeitautomatik
[34] https://de.wikipedia.org/wiki/Blende_(Optik)
[35] https://de.wikipedia.org/wiki/Blendenautomatik
[36] https://de.wikipedia.org/wiki/Belichtungszeit
[37] https://de.wikipedia.org/wiki/Langzeitbelichtung
[38] https://de.wikipedia.org/wiki/Verwackeln
[39] https://de.wikipedia.org/wiki/Programmautomatik
[40] https://de.wikipedia.org/wiki/Belichtungsreihe
[41] https://de.wikipedia.org/wiki/Neutraldichtefilter
[42] https://en.wikipedia.org/wiki/Film_speed#Digital_camera_ISO_speed_and_exposure_index
[43] https://www.flickr.com/gp/ricopfirstinger/m8DvhF
[44] https://de.wikipedia.org/wiki/High_Dynamic_Range_Image
[45] https://de.wikipedia.org/wiki/Rolling-Shutter-Effekt
[46] http://www.fujifilm.com/products/digital_cameras/x/fujifilm_x_h1/features/page_05.html
[47] https://digital-photography-school.com/the-problem-with-the-focus-recompose-method/
[48] https://fujifilm-x.com/af/en/
[49] https://de.wikipedia.org/wiki/Hyperfokale_Entfernung
[50] https://www.youtube.com/watch?v=7FR3l6S12JA
[51] https://www.youtube.com/watch?v=rnkib7FZ8S8
[52] https://de.wikipedia.org/wiki/Hyperfokale_Entfernung
[53] http://www.fujifilm.com/products/digital_cameras/accessories/pdf/mcex_01.pdf

[54] https://photography.tutsplus.com/tutorials/how-to-calculate-the-sharpest-aperture-for-any-lens--cms-25153
[55] https://de.wikipedia.org/wiki/Focus_stacking
[56] https://www.heliconsoft.com/heliconsoft-products/helicon-focus/
[57] https://de.wikipedia.org/wiki/Weißabgleich
[58] https://de.wikipedia.org/wiki/Graukarte
[59] http://www.fujifilm.com/support/digital_cameras/software/application/
[60] https://de.wikipedia.org/wiki/Kontrast
[61] https://de.wikipedia.org/wiki/Farbsättigung
[62] https://de.wikipedia.org/wiki/Farbraum
[63] https://de.wikipedia.org/wiki/SRGB-Farbraum
[64] https://de.wikipedia.org/wiki/Adobe-RGB-Farbraum
[65] https://de.wikipedia.org/wiki/Gamut
[66] https://fujifilm-x.com/en-us/stories/fujifilm-x-raw-studio-features-users-guide/
[67] https://www.howtogeek.com/342416/what-is-hevc-h.265-video-and-why-is-it-so-important-for-4k-movies/
[68] http://www.dibvision.de/info/difference-between-the-h-264-and-h-22971571.html
[69] https://www.blackmagicdesign.com/at/products/davinciresolve/
[70] https://www.premiumbeat.com/blog/differences-all-i-ipb-compression/
[71] https://de.wikipedia.org/wiki/Phase_Alternating_Line
[72] https://de.wikipedia.org/wiki/National_Television_Systems_Committee
[73] http://www.paradiso-design.net/videostandards.html
[74] https://www.premiumbeat.com/blog/advanced-look-into-frame-rates/
[75] https://nofilmschool.com/Aspect-Ratio-Examples-For-Filmmakers
[76] https://filmpuls.info/filmformat-seitenverhaeltnis-bildgroesse/2/
[77] https://de.wikipedia.org/wiki/IRE_(Einheit)
[78] http://www.fujifilm.com/support/digital_cameras/software/lut/
[79] https://www.filmconvert.com/camera-packs

[80] https://www.picmention.de/blog/color-grading-color-correction-farbkorrektur-video-173/
[81] https://www.premiumbeat.com/blog/the-video-editors-guide-to-color-grading/
[82] http://www.fujifilm.com/support/digital_cameras/software/lut/pdf/F-Log_DataSheet_E_Ver.1.0.pdf
[83] https://www.itu.int/dms_pubrec/itu-r/rec/bt/R-REC-BT.2100-2-201807-I!!PDF-E.pdf
[84] https://de.wikipedia.org/wiki/Gamut
[85] https://de.wikipedia.org/wiki/Videoschnitt#Nichtlinearer_Schnitt
[86] https://cameramanben.github.io/LUTCalc/LUTCalc/index.html
[87] https://images.apple.com/final-cut-pro/docs/Working_with_Wide_Color_Gamut_and_High_Dynamic_Range_in_Final_Cut_Pro_X.pdf
[88] https://www.frag-den-neudeck.de/Archive/51543
[89] https://www.lensrentals.com/blog/2016/03/mythbusting-parfocal-photo-zooms/
[90] https://www.youtube.com/watch?v=alyzgdR8ET0
[91] https://de.wikipedia.org/wiki/Neutraldichtefilter
[92] https://dielichtfaenger.com/blog/welcher-gimbal-zum-filmen
[93] https://wolffilms.de/10-gimbal-tipps-tricks-fuer-jeden-gimbal/
[94] https://fstoppers.com/education/balancing-any-gimbal-stabilizer-smooth-cinematic-video-280764
[95] https://helpx.adobe.com/de/premiere-pro/using/using-waveform-monitors-vectorscope.html
[96] https://nofilmschool.com/2016/11/learn-how-read-6-different-scopes-ensure-proper-exposure-and-color-balance
[97] https://de.wikipedia.org/wiki/Blitzbelichtungsmessung
[98] https://de.wikipedia.org/wiki/Blitzsynchronzeit
[99] https://de.wikipedia.org/wiki/Neutraldichtefilter
[100] https://de.wikipedia.org/wiki/Rote-Augen-Effekt
[101] https://de.wikipedia.org/wiki/Aufheller
[102] https://www.metz-mecatech.de/de/aufnahmelicht/blitzgeraete/systemblitzgeraete/mecablitz-m400/ausstattung/mecablitz-m400-fujifilm.html

[103] https://de.wikipedia.org/wiki/Telekonverter
[104] http://www.fujifilm.com/products/digital_cameras/accessories/lens/mount/fujifilm_m_mount_adapter/compatibility_chart/index.html
[105] https://www.elgato.com/de/gaming/cam-link-4k
[106] http://app.fujifilm-dsc.com/de/tether/tether_wireless.html
[107] https://fujifilm-x.com/en-gb/stories/fujifilm-x-acquire-features-users-guide/
[108] https://www.fujifilm.com/products/digital_cameras/accessories/others/#soft
[109] https://fujifilm-x.com/global/stories/fujifilm-tether-plug-in-pro-features/
[110] https://www.phaseone.com/fujifilm
[111] https://www.flickr.com/gp/ricopfirstinger/717Gpx
[112] https://fuji-x-secrets.net/
[113] http://www.fujirumors.com/category/x-pert/
[114] https://fujilove.com/

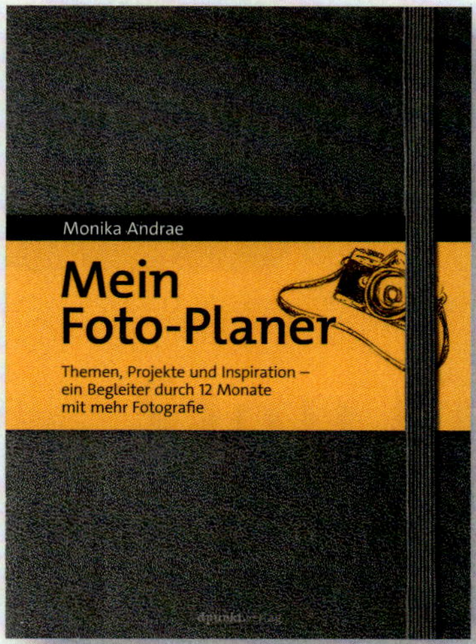

Monika Andrae

Mein Foto-Planer

Themen, Projekte und Inspiration –
ein Begleiter durch 12 Monate
mit mehr Fotografie

2020
296 Seiten, Festeinband
€ 24,90 (D)

ISBN:
Print 978-3-86490-716-6

Inspirieren lassen. Planen. Fotografieren. Repeat.

Kreativität braucht Talent, aber auch Disziplin und Fokus, wenn man von gelegentlichen Fotos zu wirklich guten Bildern kommen will. Der Foto-Planer hilft dir, diesen Weg zu beschreiten.

Der Foto-Planer ist ein Lernbuch und Organizer. Er begleitet dich 12 Monate lang mit Fotoaufgaben, Inspiration und vielen Tipps. Jahres-, Monats- und Wochenübersichten lassen dich deine Fotoaufgaben und -projekte leichter verwalten und verfolgen. Er hilft dir, Themen und Projekte zu finden, regelmäßiger und fokussierter zu fotografieren, deine Arbeit zu reflektieren und so deine Fotografie weiterzuentwickeln.

»Das lohnt sich für einen selbst, oder aber als Geschenk für einen Fotografen hervorragend. Man erfährt von Beginn an wie man den Kalender zu verwenden hat, und letzten Endes fungiert er als kompetente Übersicht bei all den anstehenden Fotografie-Projekten, die man so vor sich hat. Zudem motiviert es auch mit seinen ganzen Tipps, Tricks und Kniffen zum ›Nachmachen‹.«

Amazon-Kunde

dpunkt.verlag
www.dpunkt.de